工程项目经济评价与企业成本控制

孙宇燕　张浩　茹轶伦　主编

中国石化出版社

图书在版编目(CIP)数据

工程项目经济评价与企业成本控制 / 孙宇燕，张浩，茹铁伦主编．—北京：中国石化出版社，2021．5
ISBN 978-7-5114-6229-9

Ⅰ．①工… Ⅱ．①孙… ②张… ③茹… Ⅲ．①企业管理-项目管理-经济评价-关系-企业管理-成本控制
Ⅳ．①F272．7②F275．3

中国版本图书馆 CIP 数据核字(2021)第 067334 号

中国石化出版社出版发行
地址:北京市东城区安定门外大街 58 号
邮编:100011　电话:(010)57512500
发行部电话:(010)57512575
http://www.sinopec-press.com
E-mail:press@sinopec.com
北京艾普海德印刷有限公司印刷
全国各地新华书店经销
*
787×1092 毫米 16 开本 19.25 印张 478 千字
2021 年 5 月第 1 版　2021 年 5 月第 1 次印刷
定价:98.00 元

《工程项目经济评价与企业成本控制》参编人员

主　编　孙宇燕　湖南交通国际经济工程合作有限公司

张　浩　中铁二十一局集团有限公司财务资金部

茹轶伦　云南润滇工程技术咨询有限公司

副主编　邵银龙　中国电建集团华东勘测设计研究院有限公司

于　毅　贵州省建材产品质量检验检测院

王　维　中铁二十局集团第五工程有限公司

王博文　中国三峡发展有限公司

编　委　张玉飞　云南云水工程技术检测有限公司

马　源　中建铁路投资建设集团有限公司

袁德明　中铁十九局集团第六工程有限公司

周海军　核工业西南勘察设计研究院有限公司

李德雨　河南省水利第二工程局

孟红霞　贵州省交通建设咨询监理有限公司

王清平　成都华川公路建设集团有限公司

前言

随着社会经济的快速发展，我国的工程项目日益增多，加强对工程项目的经济评价，不仅可以为企业带来最大的经济效益，还可以保证工程项目的安全有序运行。但是，目前我国工程项目经济评价的体系还不够完善，造成许多项目出现了诸多问题。

企业成本控制是现代企业管理的重要内容，从某种角度来讲，企业成本控制在一定程度上决定了一个企业是成功还是失败。另外，企业通过认真开展成本控制来加强企业的成本管理不但是推进现代化企业管理水平的重要手段，而且也是不断提高企业经济效益的重要举措。企业成本控制的好坏也直接决定企业在激烈的市场竞争中能否成功，关系到企业生存发展潜力的高和低，所以一个企业要想得到不断的发展和壮大就必须努力探索企业的耗费支出与经济效益的最佳比例，只有这样才能用尽量小的投入来获得最大化的收益。所以说，加强企业成本控制在企业发展过程中有着重要的意义。目前，企业成本控制技术依然存在着一些突出问题，在一定程度上降低了企业成本控制的效果。

基于以上背景，本书主要围绕工程项目经济评价与企业成本控制进行研究，全书共分为十一章，内容涉及工程项目经济评价及可行性研究、企业成本系统、成本控制、作业成本法、施工企业财务管理等。本书由孙宇燕、张浩、茹轶伦担任主编，邵银龙、于毅、王维、王博文担任副主编，张玉飞、马源、袁德明、周海军参与编写。具体编写分工如下：孙宇燕负责编写第九章节以及第十章部分内容，合计 15 万字；张浩负责编写第十章部分内容以及第十一章，合计 10 万字；茹轶伦负责编写第一到第三章，合计 5 万字；邵银龙负责编写第七、第八章；于毅负责编写第四、第五章；王维、王博文共同负责编写第六章；张玉飞、马源、袁德明、周海军提供了相关资料并参与了相关章节的编写。

在本书的编写过程中，我们参阅并应用了国内外学者的有关著作和论述，并从中受到了启迪，特向他们表示诚挚的敬意！由于我们的知识与经验的局限性，书中的错误和疏漏之处在所难免，恳请广大读者提出宝贵的意见和建议。

目录

第一章　认识工程项目经济评价

第二章　工程项目可行性研究

第三章　工程项目经济评价分析

第四章　企业成本控制

第五章　低成本战略与成本优势

第六章　企业成本系统

第七章　作业成本法

第八章　目标成本管理

第九章　成本控制分述

第一章
认识工程项目经济评价

拟建工程项目的经济评价是项目可行性研究的有机组成部分和重要内容。它是在项目决策前的可行性研究中，对拟建项目计算期(寿命期，包括建设期和生产期)内的投入、产出等经济因素进行调查、预测、分析研究和计算论证，比选出最佳方案，作为项目决策的重要依据。

第一节　工程项目经济评价的概念与原则

一、工程项目经济评价的基本概念

工程项目经济评价是项目可行性研究的重要组成部分，是从国家、地区及企业的角度，对拟建项目的方案在技术和经济等方面进行全面分析，其作用是在对预测、选址、技术方案等多项内容进行研究的基础上，对项目投入产出的各种经济因素进行调查研究，通过多项指标的计算，对项目的经济合理性、财务可行性以及抗风险能力做出全面的分析与评价，从而确定项目未来发展的前景，为项目决策提供重要依据。一般而言，这种论证和评价应从正、反两个方面提出意见，为决策者选择项目及实施方案提供多方面的信息，并力求客观、准确地将与项目执行有关的资源、技术、市场、财务、社会等方面的基本数据资料和实况真实、完整地汇集、呈现于决策者面前，使其处于比较有利的地位，实事求是地做出正确、恰当的决策，同时也为工程项目的执行和全面检查奠定良好的基础。

工程项目经济评价根据评价的角度不同，分为两个层次：财务评价和国民经济评价。

财务评价，又可称为微观经济评价，是指根据国家现行财政、税收制度和现行价格，从项目方案本身或企业的角度对项目方案竣工投产后的获利能力以及偿还借款能力等情况所作的评价；国民经济评价，又可称为宏观经济评价，是指从国家或社会的角度，运用影子价格、影子汇率、影子工资和社会折现率等经济参数，分析项目需要国家付出的代价和对国家与社会的贡献，计算项目的经济净收益，考察项目投资的经济合理性。

二、工程项目经济评价的一般原则

工程项目经济评价是一项技术性强、涉及面广的综合分析工作，它是对工程项目在建设、生产全过程中经济活动的评述，也是工程项目投资决策的重要依据。因此，工程项目的经济评价必须遵循一定的原则，正确处理好评价过程中的各项关系。

在我国目前的经济条件下，对拟建工程项目的经济分析与评价所遵循的原则，可概括为以下几个方面：

1. 遵循社会主义基本经济规律原则

工程项目经济评价是在特定的社会生产方式下进行的，不同的社会制度对工程项目评价有不同的原则要求。社会主义市场经济条件下的工程项目经济评价必然受到社会主义基本经济规律的制约，以服务于社会主义市场经济为目的。最大限度地满足人民群众日益增长的物质文化需要，是我们一切经济工作的基本出发点和制定各项方针、政策、制度的基本依据。贯彻这一原则，就要求在经济评价中不仅要进行项目财务效益的评价，而且要从满足全社会的需要出发进行评价。低利、微利甚至无利可图但其宏观经济效益和社会效益(如可促进经济增长、增加就业、促进分配公平等)很好的工程项目，在国家财力、物力可能的情况下也是可取的。但工程项目评价在强调国民经济效益或社会效益的同时，也必须重视项目本身的经济效益。事实上，在我国社会主义市场经济制度下，对工程项目的评价，仍然要谋求项目自身的经济效益，做到财务效益与国民经济效益或社会效益的统一，否则，项目经济评价就失去了其应有的意义。这就要求在具体工程项目经济评价中，必须以国民经济发展规划和经济建设方针政策为依据，严格执行国家有关经济工作的各项规章制度和技术经济政策。

2. 综合评价原则

综合评价原则是经济评价必须遵循的一条基本原则，这一原则的基本含义是：在评价项目经济效益时，不仅要重视微观经济效益评价，还要重视宏观经济效益评价；不仅要对近期经济效益进行评价，还要对远期经济效益进行评价；不仅要对局部利益进行评价，还要对全局利益进行评价。在具体的经济评价中，项目的取舍主要取决于国民经济评价的结果，并应在保证对国民经济有利的前提下，照顾企业的经济效益。就一个项目来说，其本身的经济效益也许并不显著，但从国民经济的综合经济效益来看，效益或许是显著的，这就要求把项目实施以后所产生的诸方面效益和影响综合起来评价，这是我们在评价中应该注意的一个重要原则。当然，对于那些微观效益不好而宏观效益较好的工程项目则可通过调整价格、税收或采取其他措施，改革现行价格与财政政策中不合理的部分，使项目的财务效益能达到财务评价的最佳要求。

3. 评价方法的规范性原则

工程项目经济分析和评价指标可采用价值指标、实物指标以及时间指标，还可提出补充的比较指标。在具体的工程项目经济评价中，评价方法和指标的选择要严格按照《建设项目经济评价的方法》操作，使工程项目经济评价符合同一性的要求。同时，在多方案的比较过程中，必须遵循可比原则。在项目经济评价中，为了实现某种经济目标，必须提出两个或两个以上的技术经济方案，并在这些方案中进行各种指标的比较分析，选择最优方案。因此，各个方案之间的可比性，事实上就成为经济评价的前提条件。

以上我们提出的经济评价原则，是在评价中必须遵循的一般准则。事实上，在复杂的经济评价工作中，这些原则是远远不够的，必须根据具体项目评价的特点和要求来把握评价的原则，使经济评价结果建立在科学的基础上，并成为正确投资决策的客观依据。

三、工程项目经济评价的具体要求

1. 动态分析与静态分析相结合，以动态分析为主

动态分析是指利用资金时间价值的原理对现金流量进行折现分析，静态分析是指不对现金流量进行折现分析。工程项目经济评价的核心是折现，所以分析评价要以折现(动态)指标为主。非折现(静态)指标与一般的财务和经济指标的内涵基本相同，比较直观，但是只能作为辅助指标。

在以往的投资管理工作中，对项目进行的财务评价主要是静态分析，对资金的时间因素往往不作价值形态的定量分析，所采用的指标和测算办法很难反映未来时期的发展变化情况，致使由此做出的投资决策失误较多。动态分析则可以弥补上述方法的不足，强调考虑时间价值因素对投资效益的影响，反映投资项目整个寿命期的发展变化情况，使投资者和决策者牢固树立资金周转观念、利息观念、投入产出观念，使投资决策科学化、合理化、规范化，对合理利用有限的建设资金，提高投资经济效益具有十分重要的意义。因此，在工程项目财务评价中，必须以动态分析为主要方法。

2. 定量分析与定性分析相结合，以定量分析为主

工程项目经济评价的本质要求是通过效益与费用的计算，对项目建设和生产过程中的诸多因素给出明确、综合的数量概念，从而进行经济分析和比较。但是一个复杂的工程项目，总会有一些因素不能量化，不能直接进行数量分析，对此，则应进行实事求是、准确的定性描述，并与定量分析结合在一起进行评价。

3. 全过程经济效益分析与阶段经济效益分析相结合，以全过程经济效益分析为主

工程项目经济评价的最终要求是考察项目的计算期，即建设期和生产经营期全过程的经济效益，强调将工程项目评价的出发点和归宿点放在全过程的经济分析上，采用一些能反映项目整个计算期内经济效益的指标，并用这些指标作为项目取舍的判别依据。过去，由于工程项目的建设和生产经营分属不同的部门来管理，在项目经济评价时，往往偏重建设投资的多少、工期的长短、造价的高低，而对项目投产后的经济效益如何则不重视，应该强调把工程项目经济评价的出发点和归宿点放在全过程的经济效益分析上。

4. 宏观效益分析与微观效益分析相结合，以宏观效益分析为主

对项目进行经济评价，不仅要看项目本身获利多少，有无财务生存能力，还要考虑项目的建设和经营对国民经济有多大贡献以及需要国民经济付出多大代价。财务评价与国民经济评价均可行的项目可以通过；反之，应予以否定。国民经济评价不可行的项目，一般应予以否定；对某些财务评价不可行、国民经济评价可行的项目，可进行再设计，必要时可提出采取优惠经济措施的建议。

5. 价值量分析与实物量分析相结合，以价值量分析为主

工程项目评价过程中要设立若干价值指标与实物指标，强调把物资因素、劳动因素、时间因素等量化为资金价值因素，在评价中对不同项目或方案都用可比的同一价值量进行分析，并据以判别项目或方案的可行性。

6. 预测分析和统计分析相结合，以预测分析为主

对工程项目进行经济评价，既要以现状、现有水平为基础，又要做有根据的预测。在对项目效益、费用流入流出的时间、数额进行常规预测的同时，还应对某些不确定因素和风险做出估计。

第二节　工程项目经济评价的意义与程序

一、工程项目经济评价的意义

工程项目经济评价作为可行性研究的重要组成部分，其目的在于最大可能地提高投资决策的正确性，最大限度地提高项目的投资效益。工程项目经济评价不仅是实现项目投资决策科学化、民主化和法制化的重要的有效途径，而且它作为一种宏观调控的方式，也有利于引导项目的投资方向，控制投资规模，调整投资结构，增加项目的宏观效益。因此，开展工程项目经济评价对提高项目投资决策的正确性和投资经济效果，有效地实现国家宏观管理具有重要的现实意义。工程项目经济评价的意义主要表现在以下几个方面：

1. 经济评价是投资决策的重要基础

工程项目的投资决策，是一项科学性很强的工作，必须认真对待。一个项目能不能建，需要进行大量的调查研究工作。只有通过周密的调查，掌握大量正确可靠的资料数据，并据此进行深入细致的科学分析，才能弄清拟建项目的必要性及在技术上、财务上、经济上的可行性。项目的生产条件、市场的供求趋势以及合理的建设规模和工艺技术方案等关系到拟建项目存亡的一系列重大问题，这就要求在工程项目规划和投资决策中，必须通过充分的技术经济论证，找出经济效益比较好的方案，做出项目投资的最后决策。这些方面的具体工作和要求，正是开展项目经济评价的最终目的和工作重点。决策部门只有在项目经济评价中掌握了拟建项目所需的基础资料和数据，在做投资决策时才有可能避免或减少项目决策失误或风险。

2. 经济评价是全面提高投资经济效益的重要手段

随着我国固定资产投资规模的逐年扩大，全面提高固定资产经济效益显得更加重要和紧迫。开展项目经济评价工作的最终目的就是为了全面提高投资经济效益。当前，我国正面临着世界“新技术革命”的挑战，不仅要在投资方向上进行重新选择，而且在投资决策中，也要经受新的考验。如何排除市场、技术和资源方面的因素对项目投资决策的制约和影响，使每一个拟建项目都能建立在既稳妥可靠，又积极可行的基础之上，将直接影响投资效益的高低。因此，搞好工程项目的经济评价工作，必将大大促进投资经济效益的全面提高。

3. 进行工程项目经济评价，有利于调整和控制宏观投资结构

因为运用经济评价中的内部收益率、投资回收期、借款偿还期等指标及体现宏观意图的影子价格、影子汇率、行业基准收益率、社会折现率等参数，可以起到促进或抑制某些项目或行业发展的作用，有利于调整投资方向，较好地引导国家稀缺资源的合理配置和有效使用，同时又能比较真实地反映国家资源的实际价值，使每个工程项目合理地在国民经

济各部门、各地区进行安排，这样就能较顺利地达到调整和控制宏观投资结构的目的。

4. 进行工程项目经济评价，有利于控制投资规模

这主要通过社会折现率来实现，社会折现率是一种使社会投放于未来效益和费用上的价值随时间推移而下降的比率。在现代工程项目评价中，不管是财务评价还是国民经济评价，都是按折现现金流量法来计算项目的净现值，以衡量项目的净效益。社会折现率的高低，直接影响着工程项目净现值的大小，进而影响工程项目的取舍。因此，工程项目经济评价可以通过社会折现率这个重要参数的调整选择出既符合国家宏观需要，又能使宏观经济效益最大的项目群，并可根据当前国民经济结构调整的需要、国民收入可使用额和项目效益的高低进行项目选择，使所选择的项目和投资规模控制在合适的范围内，从而达到控制投资总规模的目的。我国目前在控制在建项目投资总规模时，已注意到应从控制项目入手。要提高项目投资决策的科学性，关键是要做好工程项目的经济评价。

5. 进行工程项目经济评价，有利于理顺进出口商品和非进出口商品间的比价关系

过去我国人民币汇率偏高(经过几次调整后有所好转)，导致进出口商品和非进出口商品间比价关系不合理，影响了企业出口创汇的积极性。而进行工程项目经济评价，有利于理顺这种不合理的比价关系。因为在项目经济评价中，用影子汇率对现行官方汇率进行了调整，调整官方汇率时考虑到了全部进出口商品及其关税和补贴，还考虑到了外汇黑市等情况，因而影子汇率更加客观地反映了进出口商品和非进出口商品间的比价关系。当然，影子汇率的合理与否，还取决于国家关税政策是否合理等。

二、工程项目经济评价的程序

工程项目经济评价不仅是一项经济技术性很强的工作，而且是一项重要、复杂、难度较大的工作。具体而言，每一个工程项目的经济评价都是一次独特的研究过程，所有可供选择的评价工具和方法都应该有选择地、符合实际地运用到这一过程中。要使工程项目经济评价工作顺利地进行，并取得可靠的效果，达到预期的目的，就要遵循科学的程序。工程项目经济评价一般分为以下几个步骤：

1. 调查研究，收集相关资料

在拟定一个工程项目前，首先必须进行大量的调查研究工作，对与项目有关的各方面进行深入细致的调查研究，收集有关数据和资料，并进行分析、计算和整理。

2. 测算各种基础数据

根据调查研究的结果，对工程项目的投资额、利息、生产流动资金、生产经营成本、销售收入、利润以及税金等指标，按照经济评价的要求进行较为准确的测算，为经济评价提供基础数据。

3. 工程项目财务评价

工程项目财务评价是指根据国家现行财税制度和现行价格，分析测算项目的效益和费用，考察项目的获利能力、债务清偿能力及外汇效果等财务状况，以判别工程项目财务上的可行性。在这个阶段，要运用有关技术方法，使用基本计算报表(如现金流量表等)，对有关指标(包括内部收益率、投资回收期、净现值、净现值率、投资利润率、投资利税率、

外汇净现值和换汇成本及节汇成本等)进行计算。

4. 工程项目国民经济评价

工程项目国民经济评价即从国家整体角度考察工程项目的效益和费用，包括应用影子价格、影子工资、影子汇率和社会折现率，计算分析项目对国民经济的净贡献，评价项目在经济上的合理性。这一阶段是工程项目经济评价的核心内容，也是决定工程项目取舍的根本依据，一般以经济内部收益率为主要的评价指标。

5. 工程项目不确定性分析

工程项目经济评价所采用的数据，大部分来自预测和估算，有一定程度的不确定性。因此，在上述评价的基础上，必须分析不确定因素(如：价格、投资、建设工期、生产能力和工艺、生产经营成本、政治经济和国内外市场等)对经济评价指标的影响，以预测项目可能承担的风险，并确定项目在财务、经济上的可靠性。不确定性分析包括盈亏平衡分析、敏感性分析和概率分析三项内容。其中，盈亏平衡分析只适用于财务评价，敏感性分析和概率分析可同时适用于财务评价和国民经济评价。

6. 工程项目经济总评价

工程项目经济总评价就是在上述分析评价的基础上，进行技术上的可行性、经济上的合理性和财务上的盈利性的总评价。在总评价阶段中，一是要对拟投资的各种方案进行比较论证，并做出决策；二是要对筛选出的方案进行全面总结，写出评价报告和相应的政策建议。

第三节　工程项目经济评价的基本要素

一、投资

（一）投资的概念

投资，一般是指经济主体为获得预期的经济效益而垫付一定数量的货币或其他经济资源于某些事业的经济活动。

投资的构成要素包括投资主体、投资目的、投资方式和投资行为，它们相互联系，形成了投资资金不断循环周转的运动过程。投资主体，也称投资者或投资方，它是具有投资决策权和资金来源的法人或自然人，如各级政府、企业、事业单位、社会团体、个人或其他经济实体；投资主体的投资目的是获得预期的经济效益，取得最大经济效益是投资活动的出发点和归宿。不同的投资主体的投资目的也不完全相同，如政府投资除了追求经济效益之外，还要兼顾社会效益和生态效益。投资可以运用多种方式，直接投资用于购建固定资产和流动资产，形成实物资产；间接投资用于购买股票、债券，形成金融资产。投资行为不是单一的一次性投入，而是一种连续进行的活动，表现为从资金筹集、分配、使用到回收和增值的全过程的不断循环和周转的过程。

投资是一项复杂的经济活动，具有诸多特点，其中收益性和风险性是两个基本特征。

任何投资项目的组织实施都是以一定的资金投入取得预期收益即尽可能大的增值(利润)为目的，特别是生产经营性投资更是如此。投资常伴随着收益不确定性的投资风险，投资实施的结果并不一定会有较高的收益，也会出现亏损而无法回收。投资的收益性与风险性特征，是进行投资项目经济评价，从而优选方案的前提条件。

投资的类型，从形成资产的形态划分，可分为直接投资和间接投资；从投资的用途划分，可分为生产性投资和非生产性投资；从投资的性质划分，可分为固定资产投资和流动资金投资；从工程内容划分，可分为主体工程投资和附属工程投资以及相关工程投资、配套工程投资等。

(二) 固定资产投资

固定资产是指在社会再生产中可以长期反复使用的物质资料，是社会再生产活动的基本物质基础。固定资产在使用期内长期反复地参与生产过程，在生产过程中始终保持其原有的物质形态不变，而将其价值通过折旧等方式逐渐转移到利用它所生产的新产品中。在固定资产管理中，划分固定资产的标准，一是使用年限在一年以上，二是单位价值在规定的限额以上。我国现行企业财务制度规定，固定资产是指使用期限超过一年的房屋、建筑物、机器、机械、运输工具以及其他与生产经营有关的设备、器具、工具等。不属于生产经营主要设备的物品，单位价值在2000元以上，并且使用期限超过两年的，也应当作为固定资产。

用于建筑、安装和购置固定资产以及与之相联系的其他工作的投资，称为固定资产投资。固定资产投资可以通过扩大生产能力或增加工程效益的新建、扩建、迁建、恢复固定资产的基本建设实现，也可以通过对现有企业原有设备和设施进行更新和技术改造实现，还可以通过零星购置和建造等其他形式来实现。一般地，固定资产投资由以下几个部分构成：

1. 建筑工程投资

建筑工程投资是指建筑和购置建筑物、构筑物的建设费用，包括厂房、住宅、办公楼、仓库、实验室等建筑物、房屋建筑和包括在房屋预算内的各种管道，照明、通信、电气线路的铺设工程以及设备基础、支柱、窑炉砌筑、金属结构工程，油田、矿井、道路、水利、防空等特殊工程投资。

2. 设备、工具、器具购置投资

设备、工具、器具购置投资包括购置的达到固定资产标准的生产工艺设备，运输、生产维修等设备，试验和化验用仪器、模具、工具台等以及为新建、扩建单位的新建车间设计购置的全部设备、工具和器具。

3. 安装工程投资

安装工程投资是指用于设备安装工程所追加的设备本身购置价值以外的费用，包括工艺、计量、仪表、电力、通信、化验、医疗、维修等设备的安装、绝缘、防腐、保温、油漆，设备内部填充，附属设备及附件管线的装配和装设，设备单机试运转，系统联动无负荷试运转等费用。

4. 其他投资

其他投资是指不属于以上三种投资的其他费用，如土地征用费、迁移补偿费、勘察设计费、建设单位管理费、生产人员培训费、办公及生活家具购置费、科学研究试验费、建设期内贷款利息费、国外引进项目的其他费用等。

5. 预备费

预备费是指在初步设计概算中难以预料的工程费用。预备费用于在设计、施工中增加的工程费用、一般自然灾害所造成的损失和预防自然灾害所采取的措施的费用，验收委员会或验收组鉴定工程质量所必须开挖和修复隐蔽工程而支付的费用以及因物价上涨所需增加的费用。

需要说明的是，这里所说的固定资产投资与企业财务会计核算中的固定资金有所不同。如土地征用费、建设单位管理费，在财务会计核算中作为无形资产和递延资产而不作为固定资金核算。

（三）流动资金

流动资金是指在生产和经营过程中供周转使用的资金。流动资金投资形成流动资产。流动资产投入生产和经营后，作为实物形态的材料、构件、燃料、动力等，随着生产和经营活动的深入，不断改变其原有物质形态，或在一个生产周期全部被消耗掉，与此同时其价值也随着实物消耗一次全部地转移到新产品中，并在新产品的实现价值(即销售收入)中得到补偿。流动资金是流动资产的价值形态，在项目筹建阶段，最初表现为货币资金；在项目建设过程中，大部分以原材料、燃料等生产储备资金的形式被占用，投产后这些生产储备资金在生产过程中分别表现为在产品资金、半成品资金和产成品资金，通过销售产成品或半成品，收回其价值，还原其货币资金形态。如此循环反复，周转使用，直到项目使用寿命期终结时一次性收回。

由于建筑企业的生产对象具有单件性、非定型性且体积大、生产周期长等特点，建筑产品生产企业所需要的流动资金不同于一般的工业产品生产企业，它具有需求量不定、波动性大的特点。主要表现在建筑产品生产企业承建规模不同、结构相异、用途有别的工程项目时，所需要的流动资金数额是不同的，甚至相差悬殊。即使在同一项目的施工期内，所处的施工阶段不同、施工内容不同也会使流动资金需用量有所不同。况且由于工程合同的内容不同，有时需要施工企业垫付流动资金，有时由建设单位供应建筑材料，特别是施工企业在原有工程施工已接近收尾，新的施工任务尚未落实的时期，企业留存大量的流动资产必将闲置浪费遭受损失。因此，从建筑产品生产企业的生产特点出发，必然要求对流动资金的需求数量有较大的灵活性，能随着生产的要求不断调整流动资金的投入量。固定资产投资和流动资金投资的总和构成了建设项目的总投资。

二、成本

（一）成本的概念

在生产性投资项目中，产品成本是生产和销售产品所消耗的活劳动和物化劳动的货币表现。成本的实质是资源或劳动的消耗，其数量大小用货币额来反映。产品成本的大小受许多因素的影响。在同一种产品的生产中采用的生产技术、生产规模、组织管理方式、物资供应方式不同，在不同的自然和社会环境、商品销售市场、生产要素市场等条件下，形成的产品成本都可能有所差别，甚至差别很大。

项目经济分析中所使用的产品成本概念与企业财务制度中使用的产品成本概念有所不同。首先，二者的构成要素不同。企业财务制度中使用的产品成本，称为产品制造成本，由企业生产过程中实际消耗的直接材料、直接工资、其他直接支出和制造费用或间接费用构成；项目经济分析中所使用的产品成本称为产品总成本费用，是一定时期内生产和销售一定数量的产品所发生的全部费用，它除了产品制造成本外，还应包括管理费用、财务费用和销售费用。其次，企业财务会计中核算的产品成本，是实际发生的成本，是在特定条件下形成的确定的数额；项目经济分析是对拟建项目未来生产中产品劳动消耗总量用历史数据进行的估计和预测，它要受到项目实施中的一些不确定的因素的影响，因而与实际值会有一定的偏差。最后，项目经济分析中除了产品成本概念以外，还有经济成本、边际成本、机会成本、沉没成本等概念。

（二）总成本费用的构成

在建筑产品生产企业中，施工企业和房地产开发企业的生产具有不同的特点，因而它们所生产的产品的总成本费用的构成也有所不同。

1. 施工企业的产品总成本费用构成

（1）直接费用

直接费用是指施工企业为完成建筑产品建造合同所发生的、可以直接计入合同成本核算对象的各项费用支出，它包括以下 4 个部分：①耗用的人工费用。主要包括从事工程建造的人员的工资、奖金、福利费、工资性质的津贴等支出。②耗用的材料费用。主要包括施工过程中消耗的构成工程实体或有助于形成工程实体的原材料、辅助材料、构配件、零件、半成品的成本和周转材料的摊销及租赁费用。③耗用的机械费用。主要包括施工生产过程中使用自有施工机械所发生的机械使用费、租用外单位施工机械所发生的租赁费和施工机械的安装、拆卸和进出场费。④其他直接费用。主要包括有关的设计和技术援助费用、施工现场材料的二次搬运费、生产工具使用费、检验试验费、工程定位复测费、工程点交费用、场地清理费用等。

（2）现场经费

现场经费是指企业下属施工单位或生产单位为组织和管理生产活动所发生的费用，包括临时设施摊销费用和施工、生产单位管理人员工资、奖金、职工福利费、劳动保护费、固定资产折旧费及修理费、物料消费、低值易耗费摊销、取暖费、水电费、办公费、差旅费、财产保险费、工程保修费、排污费等。

（3）管理费用

管理费用是指企业行政管理部门为组织和管理生产经营活动所发生的各项费用以及企业为订立施工合同而发生的差旅费、投标费等。

（4）财务费用

财务费用是指企业为筹集生产经营资金而发生的费用，如企业生产经营期间发生的利息净支出、汇兑净损失、金融机构手续费以及为筹资发生的其他费用。

2. 房地产开发企业的产品总成本费用构成

(1) 土地征用拆迁补偿费

土地征用拆迁补偿费包括土地征用费、耕地占用税、劳动力安置费及有关地上、地下附着物拆迁补偿的净支出、安置动迁用房支出等。

(2) 前期工程费

前期工程费包括规划、设计、项目可行性研究、水文、地质、测绘、“三通一平”等支出。

(3) 建筑安装工程费

建筑安装工程费包括建造商品房的直接费用和间接费用。

(4) 基础设施建设费

基础设施建设费包括建造基础设施的直接费用和间接费用。

(5) 公共配套设施费

公共配套设施费包括建造公共配套设施的直接费用和间接费用。

(6) 销售费用

销售费用是指企业在销售产品或提供劳务等过程中所发生的各项费用以及专设销售机构的各项费用。

(7) 管理费用

管理费用是指企业行政管理部门为管理和组织经营活动而发生的各项费用。

(8) 财务费用

财务费用是指企业为筹集资金而发生的各项费用。

三、折旧

(一) 折旧的概念

固定资产折旧，简称折旧，是指固定资产在使用过程中，逐渐损耗而消失的那部分价值。固定资产在使用中损耗的这部分价值，应当在固定资产的有效使用年限内进行分摊，形成折旧费用，计入各期的产品成本。

生产中的固定资产可以长期反复参加生产经营活动，并在这一活动中保持其原有的实物形态不变，但其价值却随着固定资产的使用损耗而逐渐转移到所生产的产品中构成了生产费用，然后通过产品的销售活动，形成销售收入，收回货款，弥补了成本费用，从而使这部分价值损耗得到了补偿。固定资产的损耗可分为两种，即有形损耗和无形损耗。有形损耗是指生产因素和自然因素的影响所引起的固定资产使用价值和价值的物理损耗和化学损耗；无形损耗是指科学技术进步致使同类产品生产费用降低所引起的原有固定资产贬值的损耗，也称为精神损耗。有形损耗是显而易见的，如机械磨损、自然侵蚀等，因而有形损耗也较容易测定和计量，而无形损耗的数量却较难准确地测定和计量，并且随着科学技术的日新月异，产品更新周期不断缩短，固定资产的无形损耗有时比有形损耗更为严重，对计算折旧的影响很大。

(二) 影响折旧的因素

影响折旧额计算的因素主要有以下三个方面：

1. 折旧基数

折旧基数，指计算固定资产折旧的基数，一般为取得固定资产的原始成本，即固定资产原值。不同类型固定资产的原值的构成也有所不同。新建项目的固定资产原值包括建筑安装工程费用、设备工具、器具购置费、其他投资费用摊销等；改扩建或更新改造项目的固定资产原值，是指建设前的原值加上建设中的费用支出，再减去不需用或报废的原值；零星购置的固定资产原值，是固定资产的购置、安装、调试等费用的总和。

2. 固定资产净残值

固定资产净残值是指预计在固定资产报废时可以收回的残余价值扣除预计清理费用后的数额。残余价值和清理费用只有在它被清理并在市场上出售后才能准确地计量，而折旧却是在使用中逐期计提的，因此折旧计算只能人为地估计，这不可避免地会产生主观臆断。为了避免人为调整净残值数额从而人为地调整计提折旧额，进而影响企业实现的利润和所得税的缴纳，我国企业会计制度规定，净残值按照固定资产原值的3%~5%，由企业自主确定。由于情况特殊，需调整残值比例的，应报主管机关备案。

3. 固定资产使用年限

固定资产使用年限的长短直接影响着生产经营各期应计提的折旧额。确定固定资产使用年限时，不仅要考虑固定资产的有形损耗，还要考虑固定资产的无形损耗。由于这两种损耗难以准确估计，因此，固定资产的使用年限也只能预计，同样具有主观随意性。国家为了控制所得税税源，对各类固定资产使用年限的范围做了规定，企业应根据国家的有关规定，结合本企业的具体情况合理地确定固定资产的折旧年限。

四、收入、税金和利润

（一）营业收入

营业收入是建筑产品生产企业一定时期内在生产经营活动中，通过生产、销售建筑产品和提供劳务所取得的货币收入。由于建筑产品生产企业的生产经营特点不同，营业收入的计算方法也有所不同。

1. 施工企业的营业收入的计算公式

$$营业收入=建筑工程施工收入+安装工程施工收入+其他业务收入$$

式中：

$$建筑工程施工收入=\sum 建筑产品总面积\times 单位面积工程造价$$

$$安装工程施工收入=\sum 安装产品数量\times 单位产品工程造价$$

$$其他业务收入=作业收入+产品销售收入+多种经营收入+其他收入$$

2. 房地产开发企业的营业收入的计算公式

营业收入=商品房销售收入+配套设施销售收入+代建工程施工收入+房屋出租收入+其他业务销售收入

式中：

$$商品房销售收入=\sum 商品房销售面积\times 单位面积销售价格$$

$$配套设施销售收入=\sum 配套设施销售量\times 单位配套设施销售价格$$

$$房屋出租收入=\sum 房屋出租数量\times 单位房屋租金$$

代建工程施工收入、其他业务收入与施工企业建筑工程施工收入、其他业务收入的计算方法相同。

营业收入是一定时期内建筑产品生产企业以产品或商品出售时的市场价格(结算价或成交价)计算的劳动成果，是反映项目真实收益的经济参数，是项目现金流入的一个重要组成部分。

(二) 税金

税金是国家依法对有纳税义务的单位和个人征收的财政资金。对于纳税义务人，税金是其财务上的一种支出或费用。我国现行税金由税务机关、财政机关和海关管理部门分别征收，其中税务机关征收的称为工商税。建筑产品生产企业经济评价中涉及的主要税金有如下几种。

1. 营业税

营业税是以在我国境内提供应税劳务、转让无形资产或销售不动产所取得的营业额为征税对象而征收的一种工商税。

营业税的税目包括交通运输业、建筑业、金融保险业、邮电通信业、娱乐业、服务业、转让无形资产、销售不动产。税率分3%、5%、10%和15%四个档次。

建筑业，是指建筑安装工程作业，适用税率3%，营业税征收范围包括建筑、安装、修缮、装饰和水利、道路、钻井、建筑或构筑物拆除、平整场地、爆破、搭拆脚手架等其他工程作业。

销售不动产，是指有偿转让不动产所有权的行为，包括销售建筑物或构筑物，销售其他土地附着物。

不动产租赁，属服务业税目，营业税税率为5%。

营业税应纳税额的计算公式如下：

$$营业额应纳税额=营业额\times 适用税率$$

2. 城市维护建设税

城市维护建设税，是国家为了加强城市维护和建设，向缴纳增值税、消费税、营业税的单位和个人征收的专用于城市维护和建设的一种工商税。

城市维护建设税以纳税人实际缴纳的增值税、消费税、营业税税额为计税依据，分别与增值税、消费税和营业税同时缴纳。税率因纳税人所在地不同而有所差别。纳税人所在地在省辖市、地辖市市区的，税率为7%；纳税人所在地在县城、镇的，税率为5%；城市郊区、县城城郊的国有企业，税率分别为7%和5%；工矿区内的企业，税率为5%；凡不在上述范围内的企业，税率为1%。

城市维护建设税应纳税额的计算公式如下：

$$城市维护建设税应纳税额=(营业税+增值税+消费税)\times 适用税率$$

3. 教育费附加

教育费附加是为了加快地方教育事业的发展，扩大地方经费的资金来源而开征的一项附加费用。教育费附加收入纳入财政预算管理，作为教育专项基金，主要用于改善各地教学设施和办学条件。

缴纳增值税、消费税、营业税的单位和个人除缴纳农村教育事业费附加的单位外，都应当按规定缴纳教育费附加。教育费附加随增值税、营业税、消费税同时缴纳，由税务机关负责征收。

教育费附加以各纳税人实际缴纳的增值税、消费税、营业税为计征依据，税率为3%，其计算公式如下：

应纳教育费附加=(营业税+增值税+消费税)×3%

4. 土地增值税

土地增值税是对纳税人转让房地产所取得的土地增值额所征收的一种工商税。凡是转让国有土地使用权、地上建筑物及其附着物的经营活动，无论是出售土地使用权还是房屋产权和土地使用权一并出售，均要缴纳土地增值税。

土地增值税以纳税人转让房地产所取得的增值额，即以纳税人转让房地产所取得的收入减去允许扣除项目金额后的余额为计税依据。土地增值税允许扣除的项目有：取得土地使用权所支付的金额；开发土地的成本、费用；新建房及配套设施的成本、费用，或者旧房及建筑物的评估价格；与转让房地产有关的税金；财政部规定的其他扣除项目。土地增值税的计算公式如下：

土地增值税应纳税额=增值额×适用税率-扣除项目金额×速算扣除系数

另外，纳税人建造普通标准住宅出售，增值额未超过扣除项目金额的20%以及因城市实施规划，国家建设需要而被政府批准依法征用、收回的房地产免征土地增值税。

5. 企业所得税

企业所得税是指对企业生产、经营所得和其他所得征收的一种工商税。企业的生产经营所得和其他所得，包括来源于中国境内和境外的所得。企业所得税的纳税人包括国有企业、集体企业、私营企业、联营企业、股份制企业和有生产、经营所得和其他所得的其他实行独立经济核算的企业或组织。

企业所得税的计税依据是应纳税所得额，即纳税人每一纳税年度的收入总额减去国家规定准予扣除项目后的余额。企业所得税的计算公式如下：

应纳税额=应纳税所得额×适用税率

(三) 利润

利润是企业生产经营活动的最终成果的体现，利润最大化是投资者的主要经济目标，评价投资项目的经济效益应以利润为主要依据。项目经济分析中涉及的利润包括利润总额和税后利润。

利润总额=营业利润+投资净收益+营业外收支净额

其中，营业利润=营业收入-销售税金及附加-营业成本-管理费用-销售费用-财务费用

税后利润是利润总额扣除企业所得税后的余额。

第二章 工程项目可行性研究

本章主要围绕工程项目可行性进行探讨，内容包括可行性研究的概念、作用、阶段、内容、要求以及工作程序等。

第一节 可行性研究概述

一、可行性研究的概念

可行性研究是在投资决策之前，对拟建工程项目进行全面的技术经济分析论证并试图对其做出可行或不可行评价的一种科学方法。它是投资前期工作的重要内容，是投资建设程序的重要环节，是项目的投资决策中必不可少的一个工作程序。在投资项目管理中，可行性研究是指在项目投资决策之前，调查、研究与拟建项目有关的自然、社会、经济、技术资料，分析、比较可能的投资建设方案，预测、评价项目建成后的社会经济效益，并在此基础上，综合论证项目投资建设的必要性、财务上的盈利性、经济上的合理性、技术上的先进性和适用性以及建设条件上的可能性和可行性，从而为投资决策提供科学依据的工作。一个完整的可行性研究报告至少应包括以下三个方面的内容：一是分析论证投资项目建设的必要性。这主要是通过市场预测工作(即通过市场预测分析项目所生产的产品的市场需求情况)来完成的。二是项目投资建设的可行性。这主要是通过生产建设条件、技术分析和生产工艺论证来完成的。三是项目投资建设的合理性(财务上的盈利性和经济上的合理性)。这主要是通过项目的效益分析来完成的。其中项目投资建设的合理性是可行性研究中最核心的问题。

项目可行性研究的任务就是通过对拟建项目进行投资方案规划，工程技术论证，经济效益的预测和分析，经过多个方案的比较和评价，为项目决策提供可靠的依据和可行的建议，并明确回答项目是否应该投资和怎样进行投资。

二、可行性研究的作用

对投资项目进行可行性研究的主要目的在于为投资决策从技术经济多方面提供科学依据，以提高项目投资决策的水平，提高项目的投资经济效益。具体来说，项目的可行性研究具有以下作用：

① 作为项目投资决策的依据。一个项目的成功与否及效益如何，会受到社会的、自然的、经济的、技术的诸多不确定因素的影响，而项目的可行性研究，有助于分析和认识这些因素，并依据分析论证的结果提出可靠或合理的建议，从而为项目的决策提供强有力的依据。

② 作为项目筹集资金的依据。银行等金融机构或金融组织是否给一个项目贷款融资，其依据是这个项目是否能按期、足额归还贷款。银行只有在对贷款项目的可行性研究方面进行全面、细致的分析评估之后，才能确认是否给予贷款。例如，世界银行等国际金融组织都视项目的可行性研究报告为项目申请贷款的先决条件。

③ 作为编制设计和进行建设工作的依据。在可行性研究报告中，对项目的建设方案、产品方案、建设规模、厂址、工艺流程、主要设备和总图布置等做了较为详细的说明，因此，在项目的可行性研究得到审批后，即可作为项目编制设计和进行建设工作的依据。

④ 作为签订有关合同、协议的依据。项目的可行性研究是项目投资者与其他单位进行谈判，签订承包合同、设备订货合同、原材料供应合同、销售合同的重要依据。

⑤ 作为项目进行后评价的依据。要对投资项目进行投资建设活动全过程的事后评价，就必须有项目的可行性研究作为参照物，作为项目后评价的对照标准，尤其是项目可行性研究中有关效益分析的指标项目后评价的重要依据。

⑥ 作为项目组织管理、机构设置、劳动定员的依据。

⑦ 作为环保部门审查项目环境影响的依据，也作为向项目所在地政府和规划部门申请建设执照的依据。

第二节　可行性研究的阶段和内容

一、可行性研究的阶段

可行性研究是一种通过详细的调查研究，对拟建项目的必要性、可能性以及经济社会有利性进行全面、系统、综合的分析和论证，以便进行正确的决策的研究活动，是一种综合的经济分析技术。可行性研究的任务是以市场为前提，以技术为手段，以经济效果为最终目标，对拟建的投资项目，在投资前期全面、系统地论证该项目的必要性、可能性、有效性和合理性，做出对项目可行或不可行的评价。

第二次世界大战结束后，由于科学技术的发展和经济建设的需要，可行性研究在大型工程项目中得到了广泛应用，成为投资项目决策前的一个重要的工作阶段。现在，世界各国对重要的投资项目普遍要进行可行性研究。1978 年，联合国工业发展组织为了推动和帮助发展中国家的经济发展，编写出版了《工业项目可行性研究手册》一书，系统地说明了工业项目可行性研究的内容与方法。我国从 1979 年开始，在研究了西方国家运用可行性研究的经验后，经过反复酝酿，逐步将可行性研究纳入建设程序。1981 年 1 月，国务院在《技术引进和设备进口工作暂行条例》中，明确规定“所有技术引进和设备进口项目，都要编制项目建议书和可行性研究报告”。1982 年 9 月，原国家计委在《关于编制建设前期工作计划的通知》中，进一步扩大了需要进行可行性研究工作的建设项目的范围。1983 年 2 月原国家计委制定和颁发了《建设项目进行可行性研究的试行管理办法》，1991 年又对此做了修订，该办法对我国基本建设项目可行性研究的编制程序、内容、审批等进行了规定。

《工业项目可行性研究手册》将可行性研究工作分为 3 个阶段，即机会研究、初步可行性研究和详细可行性研究。

1. 机会研究

机会研究主要是为项目投资者寻求具有良好发展前景、对经济发展有较大贡献且具有较大成功可能性的投资、发展机会，并形成项目设想。可以说，机会研究是项目生成的摇篮。机会研究的一般方法是从经济、技术、社会及自然情况等方面发生的变化中发掘潜在的发展机会，通过创造性的思维提出项目设想。对于工业项目来说，机会研究主要通过以下几个方面来寻找投资机会：①在加工或制造方面有潜力的自然资源的新发现；②作为工业原材料的农产品生产格局的状况与趋向；③由于人口或购买力增长而具有需求增长潜力的产品以及类似新产品的情况；④有应用前景的新技术发展情况；⑤现有经济系统潜在的不平衡，如原材料工业与加工制造业的不平衡；⑥现有各工业行业前向或后向扩展与完善的可能性；⑦现有工业生产能力扩大的可能性、多种经营的可能性和生产技术改造的可能性；⑧进口情况以及替代进口的可能性；⑨投资环境，包括宏观经济政策、产业政策等；⑩生产要素的成本和可得性；⑪出口的可能性等。

总之，机会研究围绕着是否具有良好发展前景的潜在需求开展工作。这种研究是大范围的、粗略的，要求时间短、花钱少。机会研究阶段相当于我国的项目建议书阶段，其主要任务是提供可能进行建设的投资项目。如果证明项目投资的设想是可行的，再进行更深入的调查研究。

2. 初步可行性研究

初步可行性研究又称预可行性研究。判断机会研究所提出的项目设想是否真正可行，需要对项目设想做进一步的分析和细化，从产品的市场需求、经济政策、法律、资源、能源、交通运输、技术、工艺及设备等方面对项目的可行性进行系统的分析。然而，一个完善的可行性研究的工作量是十分巨大的，需消耗大量的人力、物力、财力，且时间较长。因此，在投入必要的资金、人力及时间进行详细可行性研究之前，先要进行初步可行性研究。初步可行性研究主要对项目在市场、技术、环境、选点、资金等方面的可行性进行初步分析，基本上是粗线条的。

（1）初步可行性研究的主要任务

① 分析机会研究的结论，并在详尽资料的基础上做出投资决定；

② 根据项目设想产生的依据，确定是否进行下一步的详细可行性研究；

③ 确定哪些关键性问题需要进行辅助性专题研究，如市场需求预测、实验室试验、实验工厂试验等；

④ 判断项目设想是否有生命力，能否获得较大的利润。

初步可行性研究是机会研究与详细可行性研究之间的一个中间阶段，它与机会研究的区别主要在于所获资料的详细程度不同。如果项目机会研究有足够的资料，也可以越过初步可行性研究阶段，直接进行详细可行性研究。如果机会研究阶段项目的有关资料不足，获利情况不明显，则要通过初步可行性研究来判断项目是否值得投资建设。

(2) 初步可行性研究主要解决的问题

① 产品市场需求量的估计，预测产品进入市场的竞争能力；

② 机器设备、建筑材料和生产所需原材料、燃料动力的供应情况及其价格变动的趋势；

③ 工艺技术在实验室或实验工厂试验情况的分析；

④ 厂址方案的选择，重点是估算并比较交通运输费用和重大工厂设施的费用；

⑤ 合理经济规模的研究，对几种不同生产规模的建厂方案，估算其投资支出、生产成本、产品售价和可获得的利润，从而选择合理的经济规模；

⑥ 生产设备的选型，着重研究决定项目生产能力的主要设备和一些投资费用较大的设备。

在提出初步可行性研究报告时，还应提出项目总投资。

3. 详细可行性研究

详细可行性研究又称最终可行性研究。通过初步可行性研究的项目一般都不会被淘汰，但具体实施方案和计划还需要通过详细可行性研究来确定。项目采用哪种方案来实现以及实现后的实际效果主要取决于详细可行性研究的结果。详细可行性研究的主要任务是对项目的产品纲要、技术工艺及设备、厂址与厂区规划、投资需求、资金融通、建设计划以及项目的经济效果等多方面进行全面、深入、系统的分析和论证，通过多方案比较，选择最佳方案。虽然详细可行性研究的研究范围没有超出初步可行性研究的范围，但研究深度却远大于初步可行性研究的深度。

可行性研究各个阶段的研究深度不同，所花费的时间和费用也不同。一般来说，机会研究需要 1 个月左右的时间，研究费用约占项目总投资的 0.2%~1.0%；初步可行性研究需要 1~3 个月的时间，研究费用约占 0.25%~1.25%；详细可行性研究需要 3~6 个月或更长的时间，研究费用大项目约占 0.8%~1.0%，小项目约占 1.0%~3.0%。

在实际工作中，可行性研究的 3 个阶段未必十分清晰。有些小型和简单的项目，常把机会研究与初步可行性研究合二为一。在我国，许多项目的前两个阶段与详细可行性研究工作常常也是交织在一起进行的。下面介绍的可行性研究主要是指详细可行性研究。

二、可行性研究的主要内容

可行性研究的内容非常广泛，这里仅介绍市场调查和研究、技术分析及经济评价等内容。

1. 市场调查和研究

(1) 市场需求调查与预测

市场需求是指在一定区域、一定时间内以及一定的营销环境和一定的营销费用水平的条件下，消费者可能购买的商品总量。研究某一特定产品的市场需求量，预计可能占有的市场份额，从而确定产品方案和生产规模，是工业项目可行性研究的重要步骤。

① 市场需求调查与预测的意义。做好市场需求预测是搞好项目可行性研究的前提和基

础，是提高可行性研究工作水平的需要。市场需求预测将确认产品是否有市场，是否为社会所需要，以确定项目是否有必要建设。可行性研究中的技术分析和经济评价所必需的有关产品的品种、数量、规格、用户要求以及销售量等资料，都有待于市场需求预测来提供，并以此为依据。

市场需求预测是提高投资决策水平和社会经济效益的需要。在日新月异的科技时代，面对激烈的市场竞争，企业要能在变化的市场中求得生存和发展，要取得满意的投资效果，必须首先考虑投资项目的产品是否有生命力和竞争力，而搞好市场预测是提高投资决策水平和企业经济效益的保证。许多项目决策失误，主要是由于不重视市场调研、分析和预测而造成的。

② 市场需求调查与预测的内容。项目可行性研究中市场需求预测的基本内容是预测社会对拟建项目所生产商品的需求。这种需求有两个方面：一是质的方面，如对商品的品种、规格、型号、性能、质量、价格及式样等的需求；二是量的方面，这是在定性需求基础上以及在一定市场环境和销售能力下，社会对该商品在数量上的需求。具体内容有市场需求量预测、市场占有率预测、技术发展预测、资源预测等。

市场需求量预测就是通过对过去和现在的产品在市场上的销售状况和影响市场需要的各种因素的分析和判断，预测市场对产品的需要量有多大，发展变化趋势如何。市场需求量受两类因素的影响：一类是市场环境，如政府政策、经济发展状况、家庭收入、竞争情况等，这是企业本身不能控制的因素；另一类是营销方面，如改善质量、办展销会、重视广告宣传、加强售后服务等，这是企业本身能够加以控制的因素。所谓市场占有率是指企业生产的某种产品销售量(或销售额)占市场上该种产品全部销售量(或销售额)的比重。可用下式表示：

$$S=\frac{Q_1}{Q}\times 100\%$$

式中 S——市场占有率；

Q_1——企业某种商品的销售量(或销售额)；

Q——市场上该种商品的全部销售量(或销售额)。

市场占有率预测着重考虑的是商品本身的特征和销售能力等对销售量的影响。在市场总需求不变的情况下，一家企业市场占有率的提高就意味着另外几家企业市场占有率的降低。市场占有率预测，实质上是对工程项目竞争能力的预测。因此不但要对老的竞争对手的生产经营水平进行预测，而且还要对潜在的即新的对手进行预测。

新技术、新工艺、新材料、新产品等技术创新的出现会影响产品的需求，技术发展预测就是对这种影响产品需求的状况做出估计。

资源的供应直接关系到产品的生产。资源预测是对原材料、能源供应的保证程度和发展趋势及其价格的变动情况加以估计。如以矿产品为原料的工程项目，必须对未来资源是否短缺、成本是否会大幅度上升做出很好的分析、预测，尽量避免因资源矛盾给项目带来的严重威胁。

③ 市场需求预测的方法。市场需求预测可分为定性和定量两大类方法。定性方法一般是指以市场调查为基础的经验判断法；定量方法则是指以统计资料为基础的分析计算法。

经验判断法是通过对熟悉情况的有关人员做调查，然后根据个人主观判断来进行预测。

第一，购买者意向调查。购买者意向调查就是在营销环境和条件既定的情况下，预测顾客可能购买什么。在顾客购买意向非常明显时，此方法非常有效。此外，还要调查消费者目前和将来的购买能力和对经济前景的预测。

第二，专家意见法。这种方法是以通信形式向专家直接征询意见，并将其一致的意见汇总后加以有效利用，从而做出对未来的预测。这种方法的特点是：一是“反馈”，整个征询意见的过程要经过多次反复；二是“匿名”，专家只与预测组织者联系，避免了心理因素的干扰。

分析计算法就是利用过去积累的统计资料，进行分析计算后作出的预测。它可分为以下几种：

第一，时间序列分析法。这是利用过去的销售统计数据所表明的趋势来推测未来的需求量。因为事物的发展有它的连续性，未来的发展将遵循过去的运行轨迹。时间序列法的种类很多，主要有移动平均法、加权移动平均法。

第二，回归分析法。回归分析法是一种数据统计方法，是建立在大量实际数据的基础上，寻求随机性现象的统计规律的一种方法。通过对预测对象的数据进行分析，可以找出变量之间的互相依存关系，从而预测未来需求量。

(2) 项目规模选择

项目的规模是指劳动力和生产资料的集中程度。衡量项目规模的大小有多种指标，如生产能力、投资额、所需人数等。在可行性研究和项目评估中，评价项目规模的指标主要是生产能力。

① 影响生产规模选择的主要因素。市场需求是决定项目规模的主要因素。建设项目只有按市场需求确定生产规模，才能保证项目获得较好的经济效益。

a. 行业的技术经济特点。由于不同部门有不同的生产技术特点，其规模与技术经济指标的依存关系也不同，故其有各自不同的规模结构。例如机械工业，其产品结构较复杂，品种规格多，就应以少数大型企业为中心，在搞好专业协作的基础上，主要发展中小型企业；采掘业的规模，主要取决于矿物储藏量和地质条件；电力业的规模，主要取决于发电机机组的大小和负荷程度等。

b. 资源、设备制造能力、资金等供应的可能性。除了考虑上述两项因素外，还需充分考虑资金条件、土地条件、设备条件和原材料、能源、水资源、交通运输条件、协作配套条件等。

c. 规模经济的要求。所谓规模的经济性，就是生产规模多大时才能够达到成本最低、利润最大、投资也相对最小的经济要求。在一定生产力水平下，各种产品都有一个适应的规模区域。一般来说，投资大、所用技术设备先进而复杂的行业，如冶金、汽车、化工、航空制造等，其适度规模较大；相反，对于投资需要少、所用设备简单的行业，如服装、饮食等，规模小才能更灵活地适应市场需求的变化，其适度规模也小。

d. 投资主体风险承受能力。规模越大，项目越复杂，投资额也越大，因而投资主体要承担的风险也就越大。如果项目主体没有雄厚的实力以及丰富的项目管理经验，投资大项目是十分危险的。

总之，在确定企业规模时，必须对上述几个因素进行综合分析和比较，既要从满足需要出发，又要考虑是否具有可能，更要注意经济效益，切不可把确定企业规模的工作简单化。

② 合理规模的选择。除产品本身的特点外，影响企业经济规模的因素归纳起来可以分为两类：一类是企业内部因素，如生产技术、生产组织的管理水平等，这些因素都会影响企业的生产效率、产品成本；另一类是外部因素，如原材料供应状况、运输条件、消费区域、竞争状况等，这些因素影响产品的销售费用，如运输成本。一般来讲，考虑企业合理规模，应综合考虑上述因素影响，反复比较几个方案，从中选出最优方案。

定性分析的内容：第一，是否符合一定时期的市场条件。市场从投入和产出两个方面决定着项目的规模。从投入角度看，原材料及能源供应的价格、数量和质量，筹资条件是否有利，设备供应、零配件的协作情况等都影响建设规模。从产出角度看，市场对项目产品的品种、规格及数量的要求是确定规模的前提条件。第二，是否符合专业化分工和协作生产的要求。对专业化分工和协作生产进行有效组织，可以创造出新的生产力，取得更多的经济效益。第三，是否满足技术上先进、经济上合理的规模。项目的规模应有利于采用先进技术，同时应使得先进的工艺设备得到充分的利用。

定量分析的内容：第一，最小规模的确定。不少行业都有一个最小规模界限。这个方法的核心就是寻找盈亏平衡点的位置，即确定保本点产量，利用盈亏平衡分析法来确定最小规模。第二，起始经济规模的确定。起始经济规模的一种含义是长期边际成本曲线最低点所对应的生产规模。由于长期边际成本曲线很难确定，因此实际操作中很难依其确定起始经济规模。另一种含义是能获得社会平均资金利润率的生产规模。其本意是，作为一个企业起码应该获取社会平均资金利润率。所以起始经济规模不是盈亏平衡时的规模，而应该是能够获得社会平均资金利润率时的规模。第三，最佳经济规模确定。最佳经济规模是指企业获取最佳经济效益时的生产规模。

常用的最佳经济规模的确定方法如下：

a. 成本函数——统计估计法。这是一种利用已有的工厂规模与生产成本关系的资料进行归纳分析，整理出规模和平均成本之间的函数关系，求导数得到平均成本最低时的规模的方法。

b. 适者生存法。其具体做法是：先计算不同时点产业各规模层企业附加价值占全产业附加价值的比重，然后计算这一比重的增长系数，增长系数最高的规模层就是该产业的最佳经济规模。这种方法是建立在完全市场竞争基础上的，因而假定这些企业都处于最高效率，其单位成本都低于最低点。

c. 工程技术法。通过选择代表产品，确定不同规模下对应的工艺技术设备方案，测算不同规模下的各种投资、消耗定额以及其他费用，比较不同规模下工程技术方案的单位产品成本或社会成本，从中选出成本最低的方案，这个方案所对应的生产能力即为这个基本生产系统的最佳经济规模。

2. 技术分析

(1) 技术选择

① 工艺流程的选择。工艺流程是指项目生产产品所采用的制造方法及生产过程。生产

过程是指从原材料进厂一直到产品出厂的全部过程。一般来讲，一个产品的生产，总是有几个可供选择的工艺，采用不同的工艺，需要具备不同的条件并会产生不同的后果。在编制工艺流程时，首先要搜集、了解各种已成熟的能用于工业化生产的工艺方法以及这些方法所要求的工艺条件。在搜集过程中，还要对每种方法的优点和缺点加以具体分析，对这些方法在生产中的应用情况、应用效果、复杂程度和约束条件(主要是指设备和投资)做分析。工艺流程的编制一般采用工艺流程图，在编写工艺流程图时，应详细地说明每一步要完成的事，要从原料的进厂、入库、检验开始，到产品的包装、检验、入库和出厂为止，不要遗漏和简化。在编制工艺流程图时，还要配以适当的文字、图表、计算公式、反应式等来说明该流程。工艺流程确定后，同时也就确定了主要设备方案和技术方案的选择。

② 合理布置总平面。这包括地面布置和建筑物内布置。地面布置要使厂内的原料、半成品、制成品、水、电、气及工业废料的流转在经济上和技术上最合理。当然这要根据工艺流程来排定。同时，要使工厂内部运输和服务系统与厂外设施能实现有机的结合，各个车间之间的关系、室内外设备的衔接、厂内道路、专用铁路、堆场和仓库、办公和生产指挥中心、福利设施等，均要在工艺流程的基础上做出妥善的安排，建筑物内的布置更是直接与工艺有关。机器和设备布置、产品物料流向、工作场地面积、通道、通风、照明、维修、安全保护等，都要通盘考虑。

③ 技术选择中的环境制约。环境保护是可行性研究的重要内容之一，不仅应在可行性研究报告中有专章论述，而且另外需有专门的环境影响报告书。

环境影响可以是自然环境污染，也可以是社会环境污染。可行性研究中的污染，是指自然环境污染，指由于人类的社会经济活动对自然界造成破坏，从而恶化了人类生活环境的现象。生产过程中，危害自然环境的因素主要有废水、废渣、粉尘、废弃物、放射性物质、噪声等。在可行性研究阶段，除要求编制环境影响报告书或填报环境影响报告书外，在可行性研究报告中，还应有环境保护的专门论述。在工业生产中污染物的产生是不可避免的，关键是怎么防止和减轻污染物对环境的危害，也就是怎么进行污染治理以及治理后应达到的标准。一般原则是，面对现实，处在什么样的科学技术水平，解决什么样的问题。污染治理的方法虽然很多，但要完全消除污染，几乎是不可能的，也是不必要的，而且从经济上来看也是不合算的。

一般是把污染控制在不对环境造成危害的程度上。我国自 20 世纪 70 年代以来颁布了许多种类的环境保护标准，它们有的是衡量环境质量的标准，有的是分析工程项目排污程度是否符合环境保护要求的依据。可行性研究要对项目提出环境保护的措施，就要了解可能产生的环境污染程度，这就要求对环境状况有充分的了解。要从工程项目的实际情况出发，搜集项目所在地的基础资料，如地形、水、农业生产、与城市的关系等。在此基础上，根据项目污染物的实际排放情况，对自然环境的影响进行估计，然后再对消除和减轻这些影响的环境保护措施进行研究和设计。

(2) 厂址选择

在工程项目的可行性研究中，当拟建项目的产品品种、生产规模、原料和技术路线确定以后，便要进行厂址选择工作。厂址选择既是技术问题，又是经济问题。一个好的厂址不仅要满足生产的要求，而且在项目投产后要有较好的经济效益。厂址选择不当，对工业布局、基建投资、产品生产成本、生态环境乃至建成后的正常生产，都将产生不利影响，有些影响甚至是长期的。厂址选择有新建企业和老企业扩建两种情况。扩建由于受老企业影响，厂址选择的余地很小。而新建企业厂址选择的内容包括两个层次：选点和定址。选点又称建厂地区的选择，是确定工厂所在的地理区域；定址就是确定拟建企业的具体厂址，确定工程项目具体坐落的位置。项目发起人的身份不同，考虑的侧重面也就不同。国家级投资项目往往投资额大，对国民经济影响大，建厂地区研究时考虑的范围是全国性的，而地方级投资项目建厂地区研究的范围很窄，往往直接与厂址选择联系在一起。同时项目发起人的投资意向常常限制厂址和建厂地区的选择。

① 建厂地点选择的步骤如下：

第一步，拟订建厂条件指标。根据设置的生产规模和采用的技术，拟订建厂条件指标，包括占地面积(生产用房、公用工程、附属工程、仓库、厂区道路等用地以及施工用地和发展预留地)、全厂原料和燃料的种类及数量、运输量及运输和储存的特殊要求、用水量及对水质的要求、污水量及性质、用电量及最高负荷量和负荷等级、需要的高压蒸汽量及低压蒸汽量、全厂定员及生活区占地面积、土建工程内容和工作量、对其他厂协作的要求。第二步，进行现场踏勘并收集选厂基础资料。收集选厂基础资料要针对拟订的建厂条件指标。第三步，方案比较和分析论证。根据现场踏勘的结果，对各个方案进行比较，经过综合论证提出推荐方案。第四步，提出选址报告。选址报告是厂址选择工作的最终成果，其内容包括：选厂依据、采用的工艺路线、建厂条件指标以及选厂的主要经过；建设地区的概况(包括自然的、经济的以及社会的概况)；厂址建设条件概述；厂址方案比较，并提出厂址技术方案比较表及厂址建设投资和经营费用比较表；各厂址方案的综合分析论证，推荐方案及推荐理由；当地领导部门、环保部门、交通部门、地震地质部门对厂址的意见；存在的问题及解决方法。选址报告要附厂址规划示意图和工厂总平面布置示意图。

② 厂址选择的方法如下：

一是最小费用法。这是一种偏重经济方面考虑的选择方法。如果某方案的投资费用和经营费用均低，则为最优方案。如果某方案的建设投资费用大，但经营费用少，或者投资少，经营费用高，则可采用追加投资回收期、费用年值等指标评选。二是评分优选法。在实际工作中经常遇到几个方案在满足建厂条件方面各具特色、互有优劣势，而这些优劣势很难折算成费用，这时可采用评分优选法。

3. 经济评价

项目的经济效益要从企业财务效益和国民经济效益两个方面进行综合评价，主要内容包括投资估算、资金规划及经济评价三个部分。这里仅简述经济评价的内容。

(1) 财务评价

① 财务评价的概念。投资项目的财务评价是根据国家现行的财税制度和价格体系，分析、计算项目直接发生的财务效益和费用，编制财务报表，计算评价指标，考察项目的盈利能力、清偿能力以及外汇平衡能力，从而据以判别项目在财务上的可行性。

② 财务评价的特点。评价目标是追求项目投资给企业(或投资主体)带来的财务收益(利润)最大化。

a. 评价角度。站在项目投资主体或项目系统自身的角度进行经济评价。

b. 费用与效益的识别。财务评价中的费用是指由于项目的实施给投资主体带来的直接费用支出；财务评价中的效益是指项目实施给投资主体带来的直接收益。

c. 价格。费用与效益的计算均采用市场价格。

d. 主要参数。利率、汇率、税收及折旧等参数均按国家现行财税制度的规定执行。

③ 财务评价的费用与效益识别。费用和效益都是相对于评价目标而言的。效益就是对评价目标的贡献；费用则是对评价目标的反贡献，是负效益。在项目经济评价中，费用与效益是追求目标下的对立统一关系。没有费用，就没有效益。为了与国民经济评价中的费用与效益相区别，习惯上把财务评价中的费用统称为支出，把效益统称为收益。支出是指以企业(实施者或投资主体)或投资项目系统自身为系统边界，由于投资项目实施发生的货币支付(即由企业内流向企业外的货币)，也称直接费用或现金流出。收益是指以企业或投资项目系统自身为系统边界，由于投资项目实施而带来的货币收入(即由企业外流向企业内的货币)，也称为直接收益或现金流入。

④ 财务评价的程序。项目或技术方案财务评价一般要依次经过以下四步：财务收益和支出的识别；财务收益和支出的测算；财务评价报表的编制；财务评价指标体系的计算与分析评价。

⑤ 财务评价的内容与评价指标体系。投资项目或技术方案的财务评价包括项目的盈利能力分析、清偿能力分析和不确定性分析等内容。

项目的盈利能力分析主要是考察项目投资的盈利水平。盈利能力分析要分别考察项目全部投资盈利能力、自有资金的盈利能力以及总投资的盈利能力。

项目的清偿能力分析主要是考察项目计算期内各年的财务状况及偿债能力，需要计算借款偿还期、利息备付率、偿债备付率等评价指标。

不确定性分析主要是估计项目可能承担的风险及抗风险能力，以考核项目在不确定情况下的财务可靠性，包括盈亏平衡分析、敏感性分析和概率分析三种方法。

(2) 项目的国民经济评价

投资项目或技术方案的国民经济评价又称费用与效益分析，它与投资项目或技术方案的财务评价，共同组成投资项目或技术方案的经济评价。投资项目或技术方案的国民经济评价的目的在于把有限的资源用于最需要的投资项目，使全社会可用于投资的有限资源能得到合理配置和有效利用，使国民经济能持续稳定地发展。

① 国民经济评价的概念。国民经济评价(费用与效益分析)是按照资源合理配置的原则，从国家整体角度考察技术方案的效益与费用，用影子价格、影子工资、影子汇率和社会折现率等经济参数，分析计算技术方案对国民经济的净贡献，从而评价技术方案的经济合理性。

② 国民经济评价的对象。宏观经济效果的好坏是投资决策的主要依据，国民经济评价是技术方案经济评价的重要组成部分，并起着关键性的作用。因此，原则上，所有项目均应进行国民经济评价，并以国民经济评价的结论作为主要决策依据。

③ 国民经济评价与财务评价的区别。国民经济评价和财务评价是项目经济评价的两个层次。

由于财务评价和国民经济评价有区别，可能出现同一项目的财务评价结论与国民经济评价结论不一致的情况。决策原则如下：

财务评价和国民经济评价结论均可行，项目予以通过。

财务评价和国民经济评价结论均不可行，项目予以否定。

财务评价结论可行，国民经济评价结论不可行，项目一般予以否定。

财务评价结论不可行，国民经济评价结论可行，项目一般予以推荐。

④ 国民经济评价的内容与程序。国民经济评价主要包括费用和效益的识别、计量和比较以及国民经济盈利能力分析。此外，还应对难以量化的外部效果进行定性分析。

(3) 建设项目经济评价内容的选择

建设项目的经济评价结果将对项目决策、实施和运营产生重大影响。如果这类项目产出品的市场价格基本上能够反映其真实价值，且财务评价的结果能满足决策需要，可以不进行费用与效益分析。对于关系国家安全、国土开发、公共利益和市场不能有效配置资源等具有较明显的外部效果的项目(一般为政府审批或核准项目)，除应进行财务评价外，还应进行费用与效益(国民经济)分析；对于特别重大的建设项目，除进行财务评价和费用与效益分析外，还应进行区域经济与宏观经济影响分析。

第三节　可行性研究的要求与工作程序

一、可行性研究的要求

为了使项目的可行性研究能够为项目的投资决策提供依据和具有一定的质量，可行性研究应达到以下要求：

① 可行性研究应具有科学性、公正性。可行性研究是一项政策性、技术性和经济性很强的综合研究工作，为保证它的公正性、科学性和客观性，在可行性研究工作中，必须坚持实事求是，在调查研究和科学预测的基础上，进行方案分析和比较，按客观实际情况进行分析论证和评价，切忌为“可行”而研究，使可行性研究流于形式。

② 承担可行性研究的单位应具有相应的条件和资格。为了保证可行性研究的质量，必须要求承担研究和编制任务的单位是具有丰富的实践经验、雄厚的技术力量和相当资质的专业单位。

③ 可行性研究的深度应达到一定的标准和要求。虽然可行性研究的内容、深度因项目的具体要求会有所侧重和不同，但其基本内容应做到完整和有说服力，研究深度应达到《有关建设项目进行可行性研究的试行管理办法》《建设项目经济评价方法与参数》和《投资项目可行性研究指南》等文件中所规定的要求。

④ 落实可行性研究的费用来源。在国外，可行性研究的费用一般占到项目投资的1%左右，这是因为可行性研究是一项牵涉面广、要求高、专业性强的工作。所以在我国，可行性研究的费用来源应是由项目的投资者按项目投资额的一定百分比(可根据项目的特点等具体情况确定)计提支付。落实好可行性研究的费用，有助于更好、更细致、更深入地开展可行性研究工作。

二、可行性研究的工作程序

根据项目的投资建设程序和《关于建设项目进行可行性研究的试行管理办法》，我国可行性研究一般要经历如下工作程序：

1. 项目投资者提出项目建议书和初步可行性研究报告

项目投资者必须根据国民经济发展的长远规划、经济建设的方针和技术经济政策，结合资源情况、建设布局等条件，在详细地调查研究、收集资料、勘察建设地点、初步分析投资效果的基础上，提出需要进行可行性研究的项目建议书和初步可行性研究报告。

2. 进行可行性研究或委托有关单位进行可行性研究工作

当项目建议书经审定批准后，项目的投资建设者即可自行进行或委托有关具有相应研究资格的设计、咨询单位进行可行性研究工作。

3. 承担单位进行可行性研究工作

承担单位在承接研究任务后，即可按以下5个步骤进行：

① 组建研究小组，制订研究计划；

② 进行调查研究，收集有关资料；

③ 进行方案设计与优选；

④ 进行经济分析和评价；

⑤ 编制可行性研究报告。

4. 可行性研究报告的预审与复审

① 编制和上报的可行性研究报告，按项目大小应在预审前1~3个月交预审主持单位；

② 预审主持单位组织有关设计单位、科研机构、企业和有关专家组成评议组，对可行性研究报告进行预审并提出预审意见；

③ 当发现可行性研究报告存在原则性错误或报告的基础依据与社会经济环境条件有重大变化时，应按有关规定对可行性研究报告进行修改和复审。

5. 可行性研究报告的审批

可行性研究报告的审批一般按行政隶属关系及国家的有关规定进行。

第三章 工程项目经济评价分析

本章主要对工程项目不确定性、技术经济评价、财务评价、国民经济评价以及项目后评价进行系统分析。

第一节 工程项目不确定性分析

一、不确定性概述

作为投资决策依据的技术经济分析，建立在分析人员对未来事件所作的预测与判断基础之上。由于影响各种方案经济效果的政治、经济形势，资源条件，技术发展情况等因素的未来变化带有不确定性，加上预测方法和工作条件的局限性，对方案经济效果评价中使用的投资、成本、产量、价格等基础数据的估算与预测结果不可避免地会有误差。这使得方案经济效果的实际值可能偏离其预期值，从而给投资者和经营者带来风险。例如，投资超支、建设工期拖长、生产能力达不到设计要求、原材料价格上涨、劳务费用增加、产品售价波动、市场需求量变化、贷款利率及外币汇率变动等都可能使一个工程项目达不到预期的经济效果，甚至发生亏损。导致这种偏差出现的原因，可分为主观原因和客观原因。从主观上看，虽然数据的得出都是基于科学的预测或估算方法，但原始统计上的误差、统计样本不足、统计和预测方法的局限性、未知的或受抑制的因素的限制、不能定量表示的因素、不现实或不准确的假设、预测模型不适当的简化等，都会导致一定程度的失误出现。从客观上看，投资项目实施结果在很大程度上受环境因素的影响，如不可预见的社会变革、技术进步所引起的新老产品及工艺的替代、不同时期的经济政策变化对资本市场利率及通货膨胀的影响、在开放经济条件下国际竞争格局变化等，这些客观因素的变化，大多数是难以准确预测的。

为了尽量避免决策失误，我们需要了解各种外部条件的变化对投资方案经济效果的影响程度，需要了解投资方案对各种外部条件变化的承受能力以及对应于可能发生的外部条件的变化，投资方案经济效果的概率分布，需要掌握风险条件下正确的决策原则与方法。

二、盈亏平衡分析

盈亏平衡分析是在完全竞争或垄断竞争的市场条件下，研究工程项目特别是工业项目产品生产成本、产销量与盈利之间平衡关系的方法。对于一个工程项目而言，随着产销量的变化，盈利与亏损之间一般至少有一个转折点，我们称这种转折点为盈亏平衡点(Break Even Point，BEP)，在这一点上，销售收入与成本费用相等，既不亏损也不盈利。盈亏平衡分析就是要找出项目方案的盈亏平衡点。一般说来，对工程项目的生产能力而言，盈亏平衡点越低，项目盈利的可能性就越大，对不确定因素变化所带来的风险的承受能力就越强。

盈亏平衡分析的基本方法是建立成本与产量、销售收入与产量之间的函数关系，通过对这两个函数及其图形的分析，找出盈亏平衡点。

三、敏感性分析

(一) 敏感性分析与敏感因素

敏感性分析又称敏感度分析，它是项目经济决策中一种常用的不确定性分析方法。敏感性分析是通过测定一个或多个不确定性因素的变化所引起的项目经济效果评价指标的变化幅度，计算项目预期目标受各个不确定性因素变化的影响程度；分析不确定性因素对于项目预期目标的敏感程度，并根据因素的敏感程度大小制定相应的对策，使项目达到预期目标。

可能对方案经济效果产生影响的不确定性因素很多，一般有产品销售量、产品售价、主要原材料和动力价格、固定资产投资、经营成本、建设工期和生产期等。其中有的不确定性因素微小的变化就会引起方案经济效果发生很大的变化，对项目经济评价的可靠性产生很大的影响，则这些不确定性因素称为敏感因素；反之，称为不敏感因素。与不敏感因素相比，敏感性因素的变化给项目带来的风险会更大一些，所以，敏感性分析的核心问题，是从众多的不确定因素中找出影响投资项目经济效果的敏感因素，并提出有针对性的控制措施，为项目决策服务。

(二) 敏感性分析的步骤

1. 确定分析指标

这里所述的分析指标就是敏感性分析的具体分析对象。评价一个项目经济效果的指标有多个，如净现值、净年值、净现值率、内部收益率、投资回收期等，都可以作为敏感性分析指标。但是，对于某一个具体的项目而言，没有必要对所有的指标都作敏感性分析，因为不同的项目有不同的特点和要求，各个经济效果指标都有各自特定的含义，分析、评价所反映的问题也有所不同。因此，应根据经济评价的深度和具体情况来选择敏感性分析指标。

选择原则有以下两点：①敏感性分析的指标应与确定性分析的指标相一致，不应超出确定性分析所用指标的范围，另立指标；②确定性经济分析中所用指标比较多时，应选择最能够反映该项目经济效益和经济合理与否的一个或几个最重要的指标作为敏感性分析的对象。一般在项目的机会研究阶段，各种经济数据较为粗略，常使用简单的投资收益率和投资回收期指标，而在详细可行性研究阶段，经济指标主要采用内部收益率和净现值等动态指标，并通常附以投资回收期指标。

2. 选择不确定性因素，并设定其变化幅度

影响方案经济效果的不确定性因素很多，如前所述，这些因素中的任何一个发生变化，都会引起方案经济效果的变动。但是在实际工作中，不可能也没有必要对影响经济效果的所有因素都进行不确定性分析，而应该根据经济评价的要求和项目的特点，将发生变化的可能性比较大、对项目方案经济效果影响比较大的几个主要因素设定为不确定性因素。对于一般的项目而言，常用作敏感性分析的因素有投资额、建设期、产量或销售量、价格、经营成本、折现率等。对于具体的项目来说，还要做具体的选择和考虑。在选定了需要分析的不确定性因素后，还要结合实际情况，根据各不确定性因素可能波动的范围，设定不确定性因素的变化幅度，如5%、10%、15%等。

3. 计算设定的不确定性因素的变化幅度对经济指标的影响数值

对于各个不确定性因素的各种可能的变化幅度，分别计算其对分析指标影响的具体数值，即固定其他不确定性因素，变动某一个或某几个因素，计算经济效果指标值。

4. 寻找敏感因素

敏感因素是指数值变化能显著影响分析指标的不确定性因素。判别敏感因素的方法有相对测定法和绝对测定法两种。

(1) 相对测定法

假设各不确定性因素有一个相同的变化幅度，比较在同一变化幅度下各因素的变动对分析指标的影响程度，影响程度大者为敏感因素。这种影响程度可以用敏感度系数表示。敏感度系数的计算公式如下：

$$\beta=\frac{\Delta A}{\Delta F}$$

式中 β——评价指标 A 对于不确定性因素 F 的敏感度系数；

ΔF——不确定性因素 F 的变化率,%；

ΔA——不确定性因素 F 发生 ΔF 变化率时，评价指标 A 相应的变化率,%。

相对测定法仅仅从评价指标对不确定性因素变化的敏感程度来鉴别敏感因素，而没有考虑各个不确定性因素本身可能变化的情况。事实上，鉴别某个因素是否为敏感因素，不仅要考虑评价指标对该因素变化的敏感程度，还要考虑该因素可能出现的最大变化幅度。

(2) 绝对测定法

设各个不确定性因素均向对方案不利的方向变化，并取其可能出现的对方案最不利的数值，据此计算方案的经济效果指标，看其是否达到使方案无法被接受的程度，如 $NPA<0$ 或 $IRR<i_0$。如果某个因素可能出现的最不利数值使方案变得不可接受，则表明该因素为方案的敏感因素。

绝对测定法的一个变通方法是先设定分析指标将方案从可行转变为不可行，即 $NPA=0$ 或 $IRR=i_0$ 等，然后分别求解各不确定因素所对应的变化幅度——临界点，并与其可能出现的最大变化幅度比较。如果某个因素可能出现的变化幅度超过其临界点，则表明该因素是

方案的敏感因素。临界点可用临界点百分比或者临界值表示，临界点百分比表示不确定性因素变化幅度的相对值，临界值表示不确定性因素变化达到的绝对数值。

5. 结合确定性分析进行综合评价，并对项目的风险情况作出判断

根据敏感因素对方案评价指标的影响程度及敏感因素的多少判断项目风险的大小，结合确定性分析的结果做进一步的综合判断，寻求对主要不确定性因素变化不敏感的项目，为项目决策提供可靠的依据。

根据项目经济目标，如经济净现值或经济内部收益率等所做的敏感性分析称为经济敏感性分析，而根据项目财务目标所做的敏感性分析称为财务敏感性分析。根据每次计算时考虑的变动不确定性因素数目的不同，敏感性分析可以分为单因素敏感性分析和多因素敏感性分析。

四、概率分析

盈亏平衡分析和敏感性分析是不确定性分析最常用的两种方法，但这两种分析方法都隐含了一个假设，即各个不确定性因素发生变动的可能性相同。事实上，各个不确定性因素在未来发生某一幅度的变动的概率是不尽相同的，这就提出了概率分析的要求。《建设项目评价方法与参数》指出，在完成盈亏平衡分析和敏感性分析之后，根据项目特点和实际需要，有条件时还应进行概率分析。概率分析的基本原理是：假设影响方案经济效果的各种不确定性因素是服从某种分布的随机变量，则以这些不确定性因素为参数的经济效果函数也必然是一个随机变量。在进行概率分析时，先对各个不确定性因素作出概率估计，并以此为基础计算方案的经济效果，最后通过经济效果的期望值、累计概率、标准差及离差系数等来表示方案的风险和不确定程度。

第二节　工程项目技术经济评价

一、项目计算期的确定

项目计算期也称项目经济寿命期，是指对拟建项目进行现金流量分析时应确定的项目服务年限。项目计算期包括拟建项目的建设期和生产期两个阶段。

项目建设期是指工程项目从开始施工阶段至全部建成投产所需要的时间，其长短与投资规模、行业性质及建设方式有关，应根据实际情况确定。项目建设期内只有投资，很少有产出，从投资成本及获利机会的角度来看，项目建设期应在保证工程质量的前提下，尽可能地缩短。

项目生产期是指项目从建成到主要固定资产报废为止所经历的时间。项目生产期不能等同于项目投资后的服务期(物理寿命期)，而应根据项目的性质、技术水平、技术进步及实际服务期的长短合理确定。对工业项目其生产期主要根据固定资产综合分析寿命期来定，一般不超过20年，而水利、交通等项目的生产期可延长至25年，甚至30年以上。对于项

目寿命期的确定，主要根据主体结构的经济性、维护的可行性、关联设施的实用性、经济计划管理的适应性及预测精度等综合确定。

不同的投资项目，其现金流量的分布、资金的回收时间安排往往会有差异。一方面，若项目的计算期确定得太短，就有可能在决定项目取舍或投资方案比较和选择时，错过一些具有更大潜在盈利机会的投资项目，但项目的计算期又不宜定得过长，因为计算期定得过长，经济情况发生变化的可能性会变大，从而使计算误差变大；另一方面按折现法计算，将几十年以后的收益金额折现为现值，数额较小，不会对评价结论发生关键性的影响。因此，我们在投资项目的经济分析和投资决策中应该合理地确定项目的计算期。

二、工程项目技术经济评价的基本内容

工程项目技术经济评价的基本内容包括单方案检验、多方案比选。

1. 单方案检验

单方案检验是指对某个初步选定的投资方案，根据项目收益与费用的情况，通过计算其经济评价指标，确定项目的可行性。单方案检验的方法比较简单，其主要步骤如下：

① 确定项目的现金流量情况，编制项目现金流量表或者绘制现金流量图；

② 根据公式计算项目的经济评价指标；

③ 根据计算出的指标值以及相对应的判别准则来确定项目的可行性。

2. 多方案比选

在实践中，往往面临许多项目的选择，每个项目又会有很多方案，这些方案采用不同的技术工艺和设备，具有不同的规模和坐落位置，利用不同的原料和半成品等。当这些方案在技术上都可行、经济上也都合理时，经济评价的任务就是从中选择最好的方案。因此，多方案比选就是指对根据实际情况所提出的多个备选方案，通过选择适当的经济评价方法与指标，对各个方案的经济效益进行比较，最终选择出具有最佳投资效果的方案。

多方案比选要考虑的内容如下：

① 备选方案的筛选，剔除不可行的方案，因为不可行的方案是没有资格参加方案比选的。备选方案的筛选实际上就是单方案检验，利用经济评价指标的判断准则来剔除不可行的方案。

② 进行方案比选时所考虑的因素。多方案比选可以按照方案的全部因素来计算多个方案的全部经济效益与费用，进行全面的分析对比，也可以只针对各个方案的不同因素计算其相对经济效益和费用，进行局部的分析对比。另外还要注意各个方案间的可比性，要遵循效益与费用计算口径相一致的原则。

③ 各个方案的结构类型。对于不同结构类型的方案要选用不同的比较方法和评价指标，考察的结构类型所涉及的因素有：方案的计算期是否相同，方案所需的资金来源是否有限制，方案的投资额是否相差过大等。

多方案比选是一个复杂的系统工程，涉及许多的因素，这些因素不仅包括经济因素而且还包括许多项目本身以及项目内外部的其他相关因素，如产品市场、市场营销、企业形

象、环境保护、外部竞争、市场风险等。只有对这些因素进行全面的调查研究与深入分析，再结合项目经济效益分析的情况，才能比选出最佳方案，做出科学的投资决策。

三、多方案之间的关系类型

一般来讲，根据多方案之间的经济关系类型，一组备选方案之间存在着四种关系类型：互斥型关系、独立型关系、混合型关系和其他关系类型。

1. 互斥型关系

互斥型关系是指各个方案之间存在着互不相容、互相排斥的关系。进行方案比选时，在多个备选方案中只能选择一个，其余的均必须放弃，不能同时存在。这类多方案比选在实际工作中是最常见的，如一个建设项目的工厂规模、生产工艺流程、主要设备、厂址等的选择。

2. 独立型关系

独立型关系是指各个投资方案的现金流量是独立的，不具有相关性，选择其中的一个方案并不排斥接受其他方案，即一个方案的采用与否与其可行性有关，而与其他方案是否采用没有关系。例如某施工企业投资购置一批固定资产，方案包括：一架吊车、一辆运输汽车、一台搅拌机，在没有资金约束的条件下，这三个方案之间不存在任何的制约和排斥关系，它们就是一组独立方案。

3. 混合型关系

在一组方案中，方案之间有些具有互斥关系，有些具有独立关系，则称这一组方案为混合方案。混合方案在结构上又可组成两种形式。

① 在一组独立多方案中，每个独立方案下又有若干个互斥方案的形式。例如，某大型零售业公司现欲在两个相距较远的 A 城和 B 城各建一座大型仓储式超市，显然 A、B 是独立的。在 A 城有 4 个可行地点 A_1、A_2、A_3、A_4供选择；在 B 城有 2 个可行地点 B_1、B_2供选择，则 A_1、A_2、A_3、A_4是互斥关系，B_1、B_2也是互斥关系。

② 在一组互斥多方案中，每个互斥方案下又有若干个独立方案的形式。例如，某房地产开发商在某市通过出让方式取得一块土地的使用权，按当地城市规划，这块地只能建居住物业（C 方案）或商业物业（D 方案），但对居住物业和商业物业的具体类型没有严格的规定，如居住物业可建成豪华套型（C_1）、高档套型（C_2）、普通套型（C_3），商业物业可建成餐饮酒楼（D_1）、写字楼（D_2）、商场（D_3）、娱乐休闲服务（D_4）。显然 C、D 是互斥方案，C_1、C_2、C_3是一组独立方案，D_1、D_2、D_3、D_4是一组独立方案。

4. 其他关系类型

除了上述三种关系类型外，实际工作中还会遇到一些其他关系类型，例如现金流量相关型关系，它是指在一组方案中，方案之间不完全是排斥关系，也不完全是独立关系，但其中某一方案的采用与否会对其他方案的现金流量带来一定的影响，进而影响其他方案的采用或拒绝。不管实际工作中的关系类型多么复杂，在技术经济分析时关键是要深入分析其内部条件和外部条件，进一步选择合适的分析方法。

第三节　工程项目财务评价

一、财务评价的目的

1. 衡量竞争性工程项目的盈利能力和清偿能力

我国实行企业(项目)法人责任制后，企业法人要对工程项目的筹划、筹资、建设直至生产经营、归还贷款或债券本息以及资产的保值、增值实行全过程负责，承担投资风险。除需要国家安排资金和外部条件需要统筹安排的，应按规定报批外，凡符合国家产业政策，由企业投资的竞争性项目，其可行性研究报告和初步设计，均由企业法人自主决策。因决策失误或管理不善造成企业法人无力偿还债务的，银行有权依据合同取得抵押资产或由担保人负责偿还债务。因此，企业所有者和经营者对项目盈利水平如何，能否达到行业的基准收益率或企业目标收益率，项目清偿能力如何，是否满足行业基准回收期的要求，能否按银行要求的期限偿还贷款等，都十分关心。此外，国家和地方各级决策部门、财务部门和贷款部门(如银行)对此也非常关心。为了使项目在财务上能站得住脚，就要进行项目财务分析。

2. 权衡非营利性项目或微利项目的经济优惠措施

对于非营利项目或微利项目，如公益性项目和基础性项目，在经有关部门批准的情况下，可以实行还本付息价格或微利价格，在这类项目决策中，为了权衡项目在多大程度上要由国家或地方财政给予必要的支持，例如进行政策性的补贴或实行减免税等经济优惠措施，同样需要进行财务计算和评价。由于基础性项目大部分属于政策性投融资的范围，主要由政府通过经济实体进行投资，并吸引地方、企业参与投资，有的也可吸引外商直接投资，因而这类项目的投融资既要注重社会效益，也要遵循市场规律，讲求经济效益。

3. 合同项目谈判签约的重要依据

合同条款是中外合资项目和合作项目双方合作的首要前提，而合同的正式签订又离不开经济效益分析，实际上合同条款的谈判过程就是财务评价的测算过程。

4. 项目资金规划的重要依据

工程项目需要多少投资、资金的可能来源、用款计划的安排和筹资方案的选择都是财务评价要解决的问题。为了保证项目所需资金能按时提供(资金到位)，投资者(国家、地方、企业和其他投资者)、项目经营者和贷款部门也都要知道拟建项目的投资金额，并据此安排资金计划和国家预算。

二、财务评价的基本步骤

财务评价主要是利用有关基础数据，通过基本财务报表，计算评价指标，进行分析和评价。财务评价的步骤一般有以下几步：

1. 财务评价前的准备

① 熟悉拟建项目的基本情况，收集整理基础数据资料。

② 编制辅助报表。辅助报表包括：建设投资估算表、流动资金估算表、建设进度计划

表、固定资产折旧费估算表、无形资产及递延资产摊销费估算表、资金使用计划与资金筹措表、销售收入、销售税金及附加和增值税估算表、总成本费用估算表。

③ 编制基本财务报表。

2. 进行财务分析

通过基本财务报表计算各项评价指标及财务比率，进行各项财务分析。

3. 进行风险和不确定性分析

风险和不确定性分析的主要方法包括：盈亏平衡法、敏感性分析法和概率分析法。

三、财务评价的基本报表

1. 财务现金流量表

财务现金流量表反映项目计算期内各年的现金收支，用以计算各项动态和静态评价指标，进行项目财务盈利能力分析。财务现金流量表分为以下几种：

① 全部资金财务现金流量表。对于新设项目，该表不分投资资金来源，以全部投资作为计算基础，计算项目的财务内部收益率、财务净现值及静态和动态投资回收期等评价指标，考察项目全部投资的盈利能力，为各个投资方案(不论其资金来源及利息多少)进行比较建立共同的基础。

② 资本金财务现金流量表。用于计算资本金内部收益率和净现值等指标。

③ 投资各方财务现金流量表。用于计算投资各方内部收益率和净现值等指标。

2. 损益表

该表反映项目计算期内各年的利润总额、所得税及税后利润的分配情况，用以计算项目投资利润率等财务盈利能力指标。

3. 资金来源与运用表

该表用于反映项目计算期内各年的投资、融资及生产经营活动的资金流入、流出情况，考察项目资金盈余、短缺和平衡情况。

4. 借款偿还计划表

该表用于反映项目计算期内各年借款的使用、还本付息以及偿债资金来源，计算借款偿还期或者偿债备付率、利息备付率等指标。除了以上报表外，财务评价的基本报表还有资产负债表、财务外汇平衡表等。

在财务评价过程中，工程经济分析人员可以根据项目的具体情况和委托方的要求对评价指标进行取舍。

第四节 工程项目国民经济评价

一、国民经济评价的概念

国民经济评价是指在合理配置社会资源的前提下，从国家整体利益的角度出发，计算项目对国民经济的贡献，分析项目的经济效率、效果和对社会的影响，评价项目在宏观经济上的合理性。国民经济评价是站在宏观经济的立场上，按照社会福利最大化的原则，在整个国民经济系统中，分析、计算项目的经济效益和费用，考察项目对社会经济发展的价值以及对社会福利的贡献，以判断项目的经济合理性，为项目决策提供依据。

国民经济评价通常在财务评价的基础上进行。在完善的市场经济体系下，市场竞争机制充分发挥作用，产出品的价格反映边际社会效益，投入品的价格反映边际社会机会成本，厂商对利润最大化的追求自然会导致资源的有效配置——实现帕累托最优。项目财务评价和国民经济评价的结论是一致的，而在现实经济中，市场本身发育不完善、政府的干预等因素，使得市场机制失灵。所以，在进行项目的财务评价后，还要进行项目的国民经济评价。其原因主要有以下几个方面：第一，财务评价是以现行市场价格体系为评价基础的，而市场发育不成熟、不完善，使得许多商品和服务的价格存在着“扭曲”和“失真”。即在现行市场价格体系下，商品和服务的价格既不能反映其真实价值，又难以体现资源的稀缺程度以及商品和服务的市场供求关系。所以，以这样的价格信号和价格杠杆难以实现资源在市场上的合理配置。第二，财务评价是在项目的框架下进行的，而项目的实施所依赖的基础和项目实施所产生的影响不仅限于项目系统自身，项目的实施除了需要直接费用外，还需要相关费用(间接费用)。同样，项目的运营除了产生直接效益外，还会产生相关效益(间接效益)。在财务评价中，仅考虑到了项目的直接效益和直接费用，因此财务评价不能完全涵盖项目的效益和费用，存在片面性。并且，财务评价中的转移支付项目是作为建设项目的现金流量处理的，显然在国民经济评价中，这些项目不应被视为现金流量分析的因素。

二、国民经济评价的项目范围

对存在着财务价格扭曲，不能通过市场价格杠杆有效配置资源以及财务效益不能真实全面地反映项目产出的经济价值，财务费用不能真实全面地反映项目对社会资源的耗费的项目，应进行国民经济评价。应当进行国民经济评价的项目具有如下特征：

① 项目的产出不具有市场价格。项目的产出多具有公共产品的属性，因而不能对其进行市场定价。

② 市场价格虽然存在，但不能准确反映投入物和产出物的边际社会效益和费用。

③ 项目的外部效果显著，而且往往关系社会公共福利和国家安全。

具体来说，以下项目应进行国民经济评价。

① 具有垄断特征的项目，如电力、基本通信、干线交通等项目。

② 产出具有公共产品属性的项目。公共产品具有“消费的非排他性”和“消费的非竞争性”的特征。公共产品是由国家公共财政支撑的一国国民享受的社会公共福利，如市政基础设施、公共事业项目。

③ 具有明显的外部效果的项目。项目的外部效果是指项目主体因为实施项目而给其他主体造成的对它没有直接损益关联的影响。项目主体由于不受外部效果的预算约束，所以在其行为过程中常常会低效率地使用资源，造成消费者剩余与生产者剩余的损失及市场失灵。

④ 国家战略资源的开发项目，如石油、稀有矿藏开采项目。

⑤ 涉及国家经济安全的项目。

⑥ 受过度行政干预的项目。

三、国民经济评价的重要参数

国民经济评价的参数是国民经济评价的基础。正确理解和使用评价参数，对正确计算费用、效益和评价指标以及比选优化方案具有重要作用。国民经济评价的参数体系有两类，一类是通用参数，如社会折现率、影子汇率和影子工资等，这些通用参数由有关专门机构组织测算和发布；另一类是货物影子价格等一般参数，由行业或者项目评价人员测定。

1. 社会折现率

社会折现率是从社会角度对资金时间价值的估量，是社会费用效益分析体系中的重要参数，代表社会资金被占用应获得的最低收益率，并被用作不同年份资金价值换算的折现率。社会折现率可根据国民经济发展的多种因素综合测定。各类投资项目的国民经济评价都应采用有关专门机构统一发布的社会折现率作为计算经济净现值的折现率。社会折现率可作为经济内部收益率的判别标准。

根据对我国国民经济运行的实际情况、投资收益水平、资金供求状况、资金机会成本以及国家宏观调控等因素的综合分析，在《方法与参数》一书中推荐的社会折现率为8%。

2. 影子汇率

影子汇率(SER)是指单位外汇的经济价值，区分于外汇的财务价格和市场价格。在国民经济评价中使用影子汇率，是为了正确计算外汇的真实经济价值，影子汇率代表着外汇的影子价格。在国民经济评价中，影子汇率通过影子汇率换算系数计算，影子汇率换算系数是影子汇率与国家外汇牌价的比值。投资项目投入物和产出物涉及进出口的，应采用影子汇率换算系数调整计算影子汇率。根据目前我国的外汇收支状况、主要进出口商品的国内价格与国外价格的比较、出口换汇成本以及进出口关税等因素综合分析，目前我国的影子汇率换算系数取值为1.08。

作为项目国民经济评价的重要通用参数，影子汇率的取值对于项目决策有着重要的影响，对于那些主要产出物是外贸货物的工程项目，包括产品是出口或替代进口的项目，由于产品的影子价格要以产品的口岸价为基础计算，外汇的影子价格的高低直接影响项目收益价值的高低，影响对项目效益的判断和对项目可行性研究的评价结论。影子汇率换算系数越高，外汇的影子价格越高，产品是外贸货物的项目的经济效益就越好，项目就越容易获得通过；反之，项目就越不容易获得通过。当项目要引进国外的技术、设备或要使用进口原材料、零部件时，都要进行引进与不引进之间的方案比较，要与使用国内技术、设备、原材料、零部件进行对比。影子汇率的高低，直接影响进口技术、设备、原材料、零部件的影子价格的计算，影响引进方案的经济效益评价。外汇的影子价格较高时，引进方案的费用较高，评价结论会比较不利于引进方案。

3. 影子价格

影子价格是进行项目国民经济评价、计算国民经济效益与费用时专用的价格，是指依据一定原则确定的，能够反映投入物和产出物的真实经济价值，反映市场供求状况和资源稀缺程度，使资源得到合理配置的价格。进行国民经济评价时，项目的主要投入物和产出物价格，原则上都应采用影子价格。

影子价格(shadow price)这一术语是20世纪三四十年代由著名数学家、经济学家列·维·康特洛维奇为解决资源的最优利用问题而首先提出的，主要用于国民经济计划工作中的集中决策研究，也称为“最优计划价格”。他认为影子价格是“有限资源的使用情况的反映，资源决定了价格”。随后荷兰数理经济学家、计量经济学家奎恩·丁伯根将其进一步完善，他认为影子价格是“反映资源得到合理配置的预测价格”，是“对劳动、资本和为获得稀缺资源而进口商品的合理评价”，并将其应用于自由经济中的分散决策，因此影子价格又称为“预测价格”。后来美国著名经济学家萨缪尔森又作了进一步发展，使其成为一个主要反映资源是否得到合理配置和利用的预测价格的概念。萨缪尔森指出，第一，影子价格是以线性规划为计算方法的“计算价格”或“记账价格”；第二，影子价格是一种资源价格；第三，影子价格是以边际生产力为基础的，换言之，某种资源的产品影子价格就是该资源的边际生产力。此外，他还把商品的边际成本也称为影子价格。

影子价格以资源的稀缺性为价值依据，以资源的边际效益为价值尺度，反映了资源对目标值的边际贡献、资源在最优决策下的边际价值以及资源的市场供求关系、稀缺程度。它表示对某种资源效用价值的估价，这种估价不是该资源的市场价格，而是根据该资源在特定的经济结构中作出的贡献所作的估价，因而称为影子价格。

从总体上来说，影子价格又可以分为两种类型：一种是福利经济学和资源分配理论与工程经济学相结合的产物，主要用于项目在国民经济评价中的影子价格，是广义的影子价格；另一种是福利经济学和资源分配理论与企业经济学相结合的产物，主要用于企业资源的最优分配与合理利用的决策中的影子价格，是狭义的影子价格。

影子价格是国民经济评价中的一个关键参数。国民经济评价是通过考虑项目的效益和费用来评价项目对国民经济的净贡献，而合理确定和应用影子价格是保证项目国民经济效益和费用衡量的真实性的重要前提，影子价格可以保证资源的合理配置，从而使国民经济获得高效率、高速度的发展。如果影子价格失真，则项目国民经济效益和费用的衡量必然失实，从而导致错误的投资决策，造成有限资源的浪费。一般来说，发展中国家的价格体系往往存在着扭曲现象，价格既不反映价值，也不反映供求状况，造成这种状况的原因主要是产业结构不合理、通货膨胀、劳动力过剩、过度保护本国工业、价格管制、外汇短缺等。我国也有类似的情况，因此，仅依靠现有的价格体系不可能正确衡量项目的费用和效益，而必须测算和应用影子价格。

四、国民经济评价的作用

1. 国民经济评价是宏观上合理配置国家有限的资源的需要

合理的资源配置应该是能够使国民经济目标达到最优化的资源配置，项目是国民经济大系统中的一个小系统，它从国民经济大系统吸取一定的投入，又向国民经济大系统提供一定的产出。为使国民经济大系统目标达到最优化，所选项目应该是对系统目标优化最有利的项目。但由于市场的不完善及市场功能的局限性等原因，财务价格往往不能全面、正确地反映项目投入物及产出物的真正价格，由财务评价所选择的项目就可能不是对国民经济目标优化最有利的项目。因此，为在宏观上合理配置资源，需要进行国民经济评价。

2. 国民经济评价是真正反映项目对国民经济净贡献的需要

从国家的角度出发，投资建设的目的是取得尽可能大的国民经济效益，项目的取舍应以项目对国民经济净贡献的大小为依据。为全面真正反映项目的国民经济净贡献，需要进行国民经济评价。

3. 国民经济评价是投资决策科学化的需要

科学合理的投资决策应能有效地促成适度的投资规模、合理的投资结构和实现好的经济效益。国民经济评价可以从以下三个方面促进投资决策的科学化：通过调整社会折现率等来控制一些项目的通过与否，达到调控投资规模的目的；通过体现宏观意图的影子价格、影子工资等起到鼓励或抑制某些行业区域及某类项目发展的作用；通过选择国民经济净贡献大的项目，可以提高国民经济总体效益。

五、国民经济评价的程序

国民经济评价可以在财务评价的基础上进行，也可以直接进行。在财务评价的基础上进行时，应首先剔除在财务评价中已计算为效益或费用的转移支付(如国家对项目的补贴、项目向国家交纳的税金、营业外净支出等)，增加财务评价中未反映的间接效益和间接费用，然后用影子价格、影子工资、影子汇率和土地影子费用等代替财务评价中的价格和费用，对销售收入(或效益)、固定资产投资、流动资金、经营成本等进行调整并以此为基础计算项目的国民经济评价指标。

直接进行国民经济评价的项目，首先应识别和计算项目的直接效益和间接效益、直接费用和间接费用，然后以货物的影子价格、影子工资、影子汇率和土地影子费用等计算项目的固定资产投资、流动资金、销售收入(或收益)，并在此基础上计算项目的国民经济评价指标。

1. 在财务评价的基础上进行国民经济评价的步骤

① 经济价值的调整分为两个方面的内容：一个是对效益和费用的范围进行调整，主要是剔除已经计入财务效益和财务费用的转移支付，并识别项目的间接效益和间接费用；另一个是对效益和费用的数值进行调整，主要是对固定资产投资、流动资金、经营费用、销售收入和外汇借款等进行调整。

在对固定资产投资进行调整时，剔除属于国民经济内部转移支付的引进设备、材料的关税和增值税，并用影子汇率、影子运费和贸易费用对引进设备的价值进行调整；对于国内设备的价值则用其影子价格、影子运费和贸易费用进行调整；根据建筑工程消耗的人工、材料、电力等，用影子价格调整建筑费用；若安装费中的材料费占很大比重，或有进口安装材料，也应按材料的影子价格调整安装费用；用土地的影子费用代替占用土地的实际费用；剔除涨价预备费；调整其他费用。

流动资金的调整：对流动资金估算基础的变动引起的流动资金占用量的变动进行调整。

经营费用的调整：先用影子工资、影子价格调整费用要素，然后再相加汇总求得经营费用。

销售收入的调整：先确定项目产出物的影子价格，然后重新计算销售收入。用影子汇率计算外汇借款的本金和利息偿付额。

② 编制项目投资经济效益和费用流量表(全部投资)。对于使用国外贷款的项目，还应编制项目投资经济效益和费用流量表(国内投资)；对于产出物出口或替代进口的项目，还应编制经济外汇流量表和国内资源流量表。

③ 计算经济内部收益率、经济净现值、外汇净现值、经济换汇成本和经济节汇成本。

2. 直接进行国民经济评价的步骤

① 识别和计算项目的直接收益，对那些为国民经济提供产出物的项目，首先应根据产出物的性质确定是否属于外贸货物，再根据定价原则确定产出物的影子价格。按照项目的产出物的种类、数量及逐年的增减情况和产出物的影子价格计算项目的直接收益。对那些为国民经济提供服务的项目，应根据提供服务的数量和用户的受益程度计算项目的直接收益。

② 用货物的影子价格、土地的影子费用、影子工资、影子汇率、社会折现率等参数直接进行项目的投资估算。

③ 进行流动资金的估算。

④ 根据生产经营的实物消耗，用货物的影子价格、影子工资、影子汇率等参数计算经营费用。

⑤ 识别项目的间接效益和间接费用，对能定量的应进行定量计算；对难以定量的，应作定性描述。

⑥ 编制有关报表，计算相应的评价指标。

第五节　工程项目后评价

一、工程项目后评价的含义

工程项目后评价又称事后评价，是指工程项目建成投产并运行一段时间(一般为 2 年)后，对项目立项、准备、决策、实施直到投产运行全过程的工程活动进行总结评价，对工程项目取得的经济效益、社会效益和环境效益进行综合评价，从而作为判别项目目标实现程度的一种方法。工程项目的后评价是对项目决策前的评价报告及其设计文件中规定的技术经济指标进行再评价，并通过对整个工程项目建设过程各阶段工作的回顾，对工程项目全过程的实际情况(施工建设、投产经营等)与预计情况进行比较研究，衡量分析实际情况与预计情况发生偏离的程度，说明项目成功与失败的原因，全面总结工程项目管理的经验与教训。再将总结的经验教训反馈到将来的项目中去，作为其参考和借鉴，为改善项目管理工作和制订科学合理的工程计划及各项规定提供重要的依据和改进措施，以达到提高项目投资决策水平、管理水平和投资效益的目的。工程项目后评价不仅是工程项目建设程序中的一个重要工作阶段，而且是项目管理工作中不可缺少的组成部分和重要环节。

二、工程项目后评价的特点

工程项目后评价不同于项目决策前的可行性研究和项目的评价(即前评价)。由于评价时点的不同，后评价具有以下特点：

1. 现实性

工程项目后评价是对工程项目投产后一段时间所发生情况的一种总结评价。它分析研究的是项目的实际情况，所依据的数据资料是现实发生的真实数据或根据实际情况重新预测的数据，总结的是现实存在的经验教训，提出的是可实行的对策措施。工程项目后评价的现实性决定了其评价结论的客观可靠性，而项目前评价分析研究的是项目的预测情况，所采用的数据都是预测数据。

2. 独立性

后评价必须保证公正性和独立性，这是一条重要的原则。公正性标志着后评价及评价者的信誉，应避免在发生问题、分析原因和做结论时避重就轻，受项目利益的束缚和局限，做出不客观的评价。独立性标志着后评价的合法性，后评价应从项目投资者和受益者或项目业主以外的第三者的角度出发，独立地进行，特别是要避免项目决策者和管理者自己评价自己的情况发生。公正性和独立性应贯穿后评价的全过程，即从后评价项目的选定、计划的编制、任务的委托、评价者的组成，到评价过程和撰写报告。

3. 可信性

后评价的可信性取决于评价者的独立性和经验以及资料信息的可靠性和评价方法的实用性。可信性的一个重要标志是应同时反映出项目成功的经验和失败的教训，这就要求评价者具有广泛的阅历和丰富的经验。同时，后评价也提出了“参与”的原则，要求项目执行者和管理者参与后评价，以利于收集资料和查明情况。为增强评价者的责任感和可信度，评价报告要注明评论者的姓名。评价报告要说明所用资料的来源或出处，报告的分析和结论应有充分可靠的依据。评价报告还应说明评价所采用的方法。

4. 全面性

工程项目后评价的内容具有全面性，即不仅分析项目的投资过程，还分析其生产经营过程；不仅分析项目的投资经济效益，还分析其社会效益、环境效益等。另外，它还分析项目经营管理水平和项目发展的潜力。

5. 透明性

透明性是后评价的另一项重要原则。从可信性来看，后评价的透明度越大越好，因为后评价往往需要引起公众的关注，对投资决策活动及其效益实施更有效的社会监督。从后评价成果的扩散和反馈的效果来看，成果及其扩散的透明度也是越大越好，以便使更多的人能够借鉴过去的经验教训。

6. 反馈性

工程项目后评价的目的在于对现有情况的总结和回顾，并为有关部门反馈信息，以利于提高工程项目决策和管理水平，为以后的宏观决策、微观决策和建设提供依据和借鉴。因此，后评价的最主要特点是具有反馈特性。项目后评价的结果需要反馈到决策部门，作为新项目的立项和评价基础以及调整工程规划和政策的依据，这是后评价的最终目的。因此，后评价结论的扩散以及反馈机制、手段和方法成为后评价成败的关键环节之一。国外一些国家建立了“项目管理信息系统”，通过项目周期各个阶段的信息交流和反馈，系统地为后评价提供资料和向决策机构提供后评价的反馈信息。

三、项目后评价与项目财务评价(前评价)的区别

工程项目后评价的特点决定了它与工程项目前评价有较大的差别，主要体现在以下几个方面：

1. 评价主体不同

工程项目前评价是由工程主体(投资者、贷款决策机构、项目审批机构等)组织实施的；而工程项目的后评价则是以工程运行的监督管理机构、单独设立的后评价机构或决策的上一级机构为主，会同计划、财政、审计、设计、质量等有关部门进行。这样一方面可保证工程项目后评价的全面性，另一方面也可确保后评价工作的公正性和客观性。

2. 评价的侧重点不同

工程项目前评价主要以定量指标为主，侧重于项目的经济效益分析与评价，其作用是直接作为项目投资决策的依据；而后评价则要结合行政、法律、经济、社会、建设、生产、决策和实施等方面的内容进行综合评价。它以现有事实为依据，以提高经济效益为目的，对项目实施结果进行鉴定，并间接作用于未来项目的投资决策，为其提供反馈信息。

3. 评价的内容不同

工程项目前评价主要是对项目建设的必要性、可行性、合理性及技术方案和建设条件等进行评价，对未来的经济效益和社会效益进行科学预测；而后评价除了对上述内容进行再评价外，还要对项目决策的准确程度和实施效率进行评价，对项目的实际运行状况进行深入细致的分析。

4. 评价的依据不同

工程项目前评价主要依据历史资料和经营数据以及国家和有关部门颁发的政策、规定、方法、参数等文件；而项目的后评价则主要以已经建成投产后一段时间内，项目全过程(包括项目的工程实施期)的总体情况为依据进行评价。

5. 评价的阶段不同

工程项目的前评价在项目决策前的前期工作阶段进行，是项目前期工作的重要内容之一，它为项目投资决策提供依据；而后评价则是在项目建成投产后一段时间里，对项目全过程(包括项目的工程实施期和生产期)的总体情况进行的评价。

总之，工程项目的后评价不是对项目前评价的简单重复，而是依据国家政策和制度的规定，对工程项目的决策水平、管理水平和实施结果进行的严格检验和评价。它是在与前评价进行比较分析的基础上，总结经验教训，发现存在的问题并提出对策措施，促使项目更好更快地发挥效益和健康地发展。

四、工程项目后评价的作用

从上述工程项目后评价的定义、特点及与前评价的差别中可以看出，工程项目的后评价在提高项目决策的科学化水平、提升项目管理水平、监督项目的正常生产经营、降低工程项目的风险和提高投资效益水平等方面发挥着非常重要的作用。具体地说，工程项目后评价的作用主要表现在以下几个方面：

1. 总结工程项目建设管理的经验教训，对项目本身有监督和促进作用

工程项目管理是一项十分复杂的综合性的工作活动。它涉及计划、主管部门、银行、物资供应部门、勘察设计部门、施工单位、项目和有关地方行政管理部门等较多单位。项目能否顺利完成并取得预期的工程经济效果，不仅取决于项目自身的因素，而且还取决于这些部门能否相互协调、密切合作、保质保量地完成各项任务和工作。工程项目后评价通过对已建成项目的分析研究和论证，较全面地总结项目管理各个环节的经验教训，指导未来项目的管理活动。不仅如此，通过工程项目后评价，针对项目实际效果所反映出来的项目建设全过程(项目的立项、准备、决策、设计实施和投产经营)各阶段存在的问题提出切实可行的、相应的改进措施和建议，促进项目运营状况正常化，使项目尽快实现预期的效益目标，更好地发挥其效益。同时，对于一些决策失误，或投产后经营管理不善，或环境变化造成生产、技术、经济状况处于困境的项目，通过后评价为其找出生存和发展途径，这样也会对现有工程项目起到一定的监督作用。

2. 提高项目投资决策的科学化水平，对项目决策有着示范和参考作用，有利于降低项目的工程风险程度

工程项目的前评价是项目投资决策的依据，但前评价中所作的预测和结论是否准确，需要通过项目的后评价来检验。因此，通过建立和完善项目的后评价制度和科学的方法体系，一方面可使决策者和执行者预先知道自己的行为和后果要受到事后的审查和评价，从而增强他们的责任感，促使评价和决策人员努力做好前评价工作，提高项目预测的准确性；另一方面，可通过项目的后评价的反馈信息，及时纠正项目决策中存在的问题，从而提高未来工程项目决策的准确程度和科学化水平，并对类型相似的工程项目决策起到参考和示范作用。

3. 为国家制订工程计划、产业政策和技术经济参数提供重要依据，对国家建设项目的工程管理工作起着强化和完善作用

通过工程项目的后评价，能够发现工程宏观管理中存在的某些问题，从而使国家可以及时地修正某些不适合经济发展的技术经济政策，修订某些已经过时的指标参数。同时，国家还可以根据项目后评价所反馈的信息，合理确定工程规模和工程流向，协调各产业、各部门之间及其内部的各种比例关系。此外，国家还可以充分运用法律、经济和行政的手段，建立必要的法规、制度和机构，促进工程管理的良性循环。

五、工程项目后评价的程序

各个项目的工程额、建设内容、建设规模等不同，其后评价的程序也有所差异，但大致包括以下几个步骤：

1. 确定后评价计划

制订必要的计划是项目后评价的首要工作。项目后评价的提出单位可以是国家有关部门、银行，也可以是工程项目者。项目后评价机构应当根据项目的具体特点，确定项目后评价的具体对象、范围、目标，据此制订必要的后评价计划。项目后评价计划的主要内容包括组织后评价小组、配备有关人员、时间进度安排、确定后评价的内容与范围、选择后评价所采用的方法等。

2. 收集与整理有关资料

根据制订的计划，后评价人员应制定详细的调查提纲，确定调查的对象与调查所用的方法，收集有关资料。这一阶段所要收集的资料主要包括以下几个方面：

① 项目建设的有关资料。这方面的资料主要包括项目建议书、可行性研究报告、项目评价报告、工程概算(预算)和决算报告、项目竣工验收报告以及有关合同文件等。

② 项目运行的有关资料。这方面的资料主要包括项目投产后的销售收入状况、生产(或经营)成本状况、利润状况、缴纳税金状况和建设工程贷款本息偿还状况等。这类资料可从资产负债表、损益表等有关会计报表中反映出来。

③ 国家有关经济政策与规定等资料。这方面的资料主要包括与项目有关的国家宏观经济政策、产业政策、金融政策、工程政策、税收政策以及其他有关政策与规定等。

④ 项目所在行业的有关资料。这方面的资料主要包括国内外同行业项目的劳动生产率水平、技术水平、经济规模与经营状况等。

⑤ 有关部门制定的后评价方法。各部门规定的项目后评价方法所包括的内容略有差异，项目后评价人员应当根据委托方的意见，选择后评价方法。

⑥ 其他有关资料。根据项目的具体特点与后评价的要求，还要收集其他有关的资料，如项目的技术资料、设备运行资料等。在收集资料的基础上，项目后评价人员应当对有关资料进行整理、归纳，如有异议或发现资料不足，可做进一步的调查研究。

3. 分析论证

在充分占有资料的基础上，项目后评价人员应根据国家有关部门制定的后评价方法，对项目建设与生产过程进行全面的定量与定性分析论证。

4. 编制项目后评价报告

项目后评价报告是项目后评价的最终成果。项目后评价人员应当根据国家有关部门制定的后评价格式，将分析论证的结果汇总，编制出项目后评价报告，并提交委托单位与被评价单位。项目后评价报告的编制必须坚持客观、公正和科学的原则。

第四章 企业成本控制

所谓成本控制工程，就是为了转变企业经营机制，提供具有竞争能力的产品，以制定一定时期的产品最佳成本作为企业经营目标，实行成本经营，运用系统论的原理对生产经营全过程的耗费进行控制，并同成本责任奖惩制融为一体。它与传统的成本管理有着本质的区别，是一种指导企业降低成本、提高效益的企业管理理论和方法。

第一节 成本控制规律

任何事物都有它的发展规律，成本控制同样有它的规律。成本控制工程的理论为我们揭示和运用成本控制规律提供了理论指导。成本控制规律揭示的是控制目标和措施之间的必然联系。

一、强化控制措施，减少无效消耗

企业的生产经营过程是一个物化劳动和活劳动消耗的过程。从获得产品而发生消耗的关系来看，在企业的全部消耗中，有一部分是有效消耗，它是获得社会产品（即合格品）的必要的消耗；另有一部分是无效消耗，是获得产品不应发生的消耗，如废品消耗、管理不善造成的浪费等。对于获得一定产品而发生的有效消耗，在一定生产条件下是一定的，是相对固定不变的；对于获得一定产品而发生的无效消耗，是相对变化的，是普遍存在的，这是控制的对象，要通过一系列措施对这一消耗进行控制，使其最大限度地降低。由此可见，成本具有可变性和可控性。成本的可变性主要是指一定生产技术条件下无效消耗部分，它随成本控制质量的变化而变化；可控性是指对无效消耗能够进行控制，并通过控制使无效消耗降低。对于无效消耗来讲，它受控制措施的影响，控制措施越科学有力，无效消耗部分就越低；反之，控制措施不力，无效消耗就高。

由此可以看出，生产经营过程消耗、成本控制、企业成本控制目标三者之间有着内在的必然联系。这种联系具有一定的规律性。这种规律我们称之为成本控制规律，即在价格不变的情况下，产品成本的高低随各项控制工作成效的变化而变化。当成本控制工作质量差时，无效消耗就大，成本就高。

在产品形成过程中，有效消耗和无效消耗的高低是由工艺成本来衡量的，因为工艺成本是为获得产品直接有效消耗的货币表现形式。对于企业的一定时期来讲，在现有生产技术条件下成本是一定的，一般情况下它高于工艺成本，存在无效消耗。针对这一情况，可以在现有生产技术条件下采用内涵控制方式控制无效消耗，使实际成本降低。若一定时期内成本水平等于或接近于工艺成本，无效消耗等于或接近于零，可以在现有生产技术基础上进行技术开发，采用外延控制方式进行控制，使实际成本低于工艺成本。

所谓内涵成本控制，就是在现有生产技术条件下，通过各种控制手段挖潜，使成本接近于工艺成本；所谓外延成本控制，就是对现有生产技术进行改造(如改革产品设计、生产工艺、技术装备等)，推动技术进步。

二、强化科学管理，促进经济技术统一

企业需要的不是单纯的技术而是经济技术，从技术与经济相互影响、相互制约的关系出发，重视技术进步，对降低成本有着重要作用。一方面，技术上的新成果只有在经济上需要而且有采用它的条件时，才能在生产中得到广泛的应用；另一方面，技术的进步又推动着经济的发展。成本控制工程在很多方面是从企业经济方面对技术工作提出要求，如新产品开发、质量的提高等，因而能够促进科学技术转化为生产力。同时又通过技术进步对经营管理水平提出更高的要求，从而达到了经济和技术的统一。

三、强化内涵控制，推动外延控制

一般来讲，企业的成本控制工作，是按由低到高、循序渐进的步骤展开的。归纳起来可以分为两大阶段：

第一阶段：内涵成本控制阶段。这是初步成本控制阶段，主要是打基础、堵漏洞、挖浮财。

第二阶段：外延成本控制阶段。这一阶段是完善发展阶段，主要是建体系、布控点、系统控制。这一阶段的控制措施由经济管理型转向了技术管理型，发生了质的飞跃。这是因为随着企业外部原材料价格的大幅度上涨、企业增支减利因素不断增加，单纯靠内涵控制已不能适应经济形势发展的要求。因此，企业必须由以内涵控制为主转向以外延控制为主，并逐步形成外延控制体系，从而极大地提高企业的应变能力、消化能力和发展能力。外延控制主要解决产品设计、工艺编制等技术工作的先天不足(质量差、消耗高、技术落后)，它既是成本控制的基础，也是成本控制的主导。实践使我们认识到，成本控制水平的高低、成效大小的主要标志是除了管理工作对成本影响的因素外，在以后的控制工作中，潜力越小，说明技术开发的成本控制水平越高，成效也就越大(与同类产品相比)，反之，成本控制的潜力越大，说明技术开发的成本控制水平越低，成效也就越小。

在实际工作中，往往把内涵控制和外延控制结合起来进行控制。当以内涵控制为主时，我们称之为管理挖潜型成本控制；当以外延控制为主时，我们称之为技术进步型成本控制。

第二节 质量成本控制

一、质量成本的基本概念

企业为了保证和提高产品质量，而支出的一切费用，以及因未达到产品质量标准，不能满足用户和消费者的要求，而产生的一切损失，两者之和就是质量成本。质量成本包括两层含义：一是为了保证和提高产品质量而发生的检验费用，预防费用；二是为达到规定的质量水平而引起内部和外部的故障损失。

二、质量成本的内容

质量成本的内容分为两大类：一类是功能性质量成本，包括质量保证费用和质量预防费用。它是为保证产品在设计、制造、销售过程中的质量而支付的一切预防费用和鉴定费用。另一类是损失性质量成本，包括产品的内部故障损失和外部故障损失。这类成本是质量成本的重要组成部分，是进行质量成本控制的重点。

（一）内部故障损失

内部故障损失是发生在企业内部，由于产品未达到质量要求或因产品质量有缺陷，而造成的一切损失。它包括：

1. 废品损失

废品损失是指因在产品、半成品的质残废弃，所发生的原材料、工时费用的全部损失。

2. 停工损失

停工损失包括因企业组织协调失误，致使停工待料和因工序衔接，三供(供电、供气、供水)有误，所造成的工时费用的一切损失。

3. 返修重检损失

返修重检损失是指因原材料、零部件的漏检误判，所造成的重检、复验和重装等一切工料损失。

4. 损坏丢失

损坏丢失是指因原材料、零部件、化工原料等管理不善，所造成的丢失、霉烂变质等一切损失。

（二）外部故障损失

外部故障损失是在企业外部所发生的质量损失，也就是产品出售以后，由于存在质量问题而产生的一切费用和损失。它包括：

① 保修索赔损失。保修索赔损失是指由于运输、包装不善或产品内在质量有问题，所发生的保修费，索赔费以及为处理这些问题所开支的一切费用。

② 退货、更换损失。退货、更换损失是指由于产品质量低劣，所发生的退货、更换产品的一切费用。

③ 降价、折价损失，以及违反合同的赔偿损失。

④ 其他外部损失。

(三) 质量检验费用

质量检验费用是为保证产品质量，所发生的一切质量保证性开支。它包括：

① 原材料、零部件的检验费。原材料、零部件检验费，是指进厂的原材料、备品、配件的检验检查和化验验收等的一切开支，包括工料、仪器仪表、指示药品、量卡工具费等。

② 在产品、半成品工序检查监督的一切开支(包括人工材料等全部费用)。

③ 产品检验、试验费和检验手段的维护、校准费用等。

④ 质量控制的技术和管理费用。质量控制的技术和管理费用，是指对质量保证体系和为质量呈报资料及质量管理所发生的一切费用。如为产品质量呈报搜集技术资料所发生的费用，为进行质量管理所发生的各种报表印刷费、图书资料费、QC 成果奖励费、差旅费等。

⑤ 质量管理的教育培训费。质量管理的教育培训费，是指为达到产品质量要求或以改进产品质量为目的而对职工进行培训所发生的一切费用。如岗位练兵、质量管理教育等费用。

⑥ 工序质量控制费用。工序质量控制费用是指为控制工序质量所发生的一切预防费用。如控制量测器具费、工序控制图表印刷费、工序控制成果的奖励费等。

⑦ 质量改进措施费用。质量改进措施费用是指为贯彻质量改进计划，提高产品质量和工作质量所发生的费用。如质量攻关措施费、质量改进项目的费用等。

三、两类质量成本的相互关系

功能性质量成本和损失性质量成本两者的关系，一般来说，前者是后者降低的条件，后者是前者发生的效果。质量成本控制的目的，是为了达到质量成本总额的减少。功能性质量成本越有效(而不是越降低)，损失性质量成本越减少，从而达到控制的目的。

实践证明，功能性质量成本的支出，不但能够增强物质方面的保证，而且能够通过运用激励机制，调动人的主观能动性，提高功能性质量成本的有效性，以降低损失性质量成本，达到质量成本总额最低的目的。

四、质量成本控制的作用

质量成本控制可以明确降低成本、提高经济效益的主攻方向，为提高质量进行决策提供依据。这是因为通过质量成本核算和分析，企业领导可以明确地了解企业由于质量故障所造成的经济损失和为保证产品质量而支付的预防、鉴别费用。这些费用的比例关系可以使企业领导明确一定时期的主攻方向，以达到最大限度地降低质量故障成本，提高经济效益的目的。通过质量成本控制，还可以确定既满足用户要求又使企业获得最好经济效益的最佳质量水平，从而提高全社会的经济效益。

质量成本中的检验费用和预防费用，是企业为提高产品质量开展活动所支付的费用。增加预防费用，产品质量损失就会减少。由于产品质量趋于稳定，可以减少检验费用，并能更多地降低故障成本，从而提高企业的经济效益。所以，通过对质量成本进行控制，扩大了成本管理的职能和作用，会促进企业产品质量的改进和提高。

第三节 成本控制的发展

一、把成本控制工作和企业内部改革相结合

实践证明，企业实行经济承包责任制以后，更应该推行成本控制工程。经济承包责任制为实施成本控制工程提供了动力和条件，而成本控制工程又是推动经济承包责任制发挥更大效益的有力保证。只有进一步深化企业内部改革，才能不断为成本控制注入生机。总厂实行“量本承包”后，给成控工作的开展创造了极有利的条件。但是，企业内部改革还没有配套，有些控制体系还没有建立起来，有些虽然已经建立，但在很大程度上还受到旧的管理体制等方面因素的制约，未能充分地发挥控制功能。因此，还需要进一步理顺关系、改革企业内部的管理体制，拓宽承包面，为进一步开展成本控制工作创造条件。

二、把成本控制工作和开展企业升级活动相结合

广泛开展的以提高产品质量、降低物质消耗为主攻方向，以提高经济效益为目的的工业企业“抓管理、上等级”活动，大大地促进了企业各项管理基础工作的加强，在企业升级中，有了提高质量、降低消耗、增加效益的明确目标，它为广泛推广和开展成本控制工程创造了极有利的外部环境条件。企业应抓住契机，努力创造条件，把成本控制目标与企业升级的三项指标挂上钩，通过开展成本控制工程促进企业的达标升级。

三、实行电子化管理、提高成本控制工作效率

随着生产的不断发展和成本控制工程的进一步完善，要求大幅度提高成本控制工作效率。企业充分借助于电子化这一现代管理手段，加强信息的加工、整理、存储和分析工作，提高对企业成本跟踪、监督的准确性和及时性，提高企业成本的综合控制能力。

实行成本控制工程的实践充分证明，搞好成本控制工作必须抓好“一入手、三结合、一树立。”即实行成本控制工程必须从加强企业管理的基础工作入手，堵塞企业管理漏洞，这是实行成本控制工程的前提，必须与企业内部改革相结合，改革管理中不适应生产力发展的管理体制；与企业内部经济责任相结合，做好分工清、责任明，与标准化管理相结合，把实践证明有效的措施、制度，通过标准化形式确定下来，这是事关成本控制工作成败的关键。必须树立成本控制是企业管理的永恒主题的思想，以此指导企业生产经营活动中永无止境的成本控制工作。

第五章
低成本战略与成本优势

低成本战略是指通过设计一整套行动，以最低的成本生产并提供给顾客能接受的产品或服务。低成本战略应是争取相对于竞争对手的低成本，同时又不忽略为顾客制造更多的价值。企业实行低成本战略必须持续使自己的成本降到低于竞争对手的水平，取得成本优势，使企业能在激烈的市场竞争中赚取超过平均水平的利润，从而形成自己的核心竞争力。

第一节　低成本战略的价值

一、有效地抵御竞争对手

低成本战略可以有效抵御竞争对手的进攻。因为一旦拥有成本领先优势的有利位置，竞争对手就很难在价格上与其竞争。于是，竞争对手大都通过一些差异化的途径来与具有成本优势的企业竞争。例如，在国内很多零售企业的高层人士意识到，他们无法单纯在价格上取胜，如沃尔玛和家乐福竞争。在所供商品价格与这些主要竞争对手几乎一样低的情况下，这些企业坚信他们为顾客提供了更多的便利和服务。因此他们的商店拥有多种品牌和生鲜食品，并提供送货到家、电话订购和照看小孩等服务。从战略上说，公司的高层人士认为顾客愿意为商店所提供的便利和服务而接受稍高一点儿的商品成本。然而，如果竞争对手从价格上进行挑战，低成本的公司仍然可以赚取至少平均水平的利润，而竞争对手的利润则可能因此要低于平均水平。

二、阻止买方的讨价还价能力

强有力的买方可以迫使成本领导者降低价格，但这个价格通常不会低于行业内第二位有效率的竞争者可以赚到的平均利润的水平。尽管强有力的买方可以迫使成本领导者把价格降到低于这个水平，但他们通常都不会这样做。因为更低点儿的价格就会阻止第二位有效率的竞争者赚到平均利润，从而导致其退出该市场，这样就使成本领导者处于更加有利的位置。此时，顾客不得不以更高的价格从这家行业内无任何竞争对手的公司购买，他们的讨价还价能力也就丧失了。

在某些情况下，一家企业的讨价还价能力可以使其将增加的成本转嫁给顾客。例如，当有些企业因原材料和包装产品价格上涨而导致成本大幅上升时，它就能把这个成本转嫁给顾客，因为企业在很多市场上都是占有支配地位的供应商(在一些市场上的市场份额高达70%)。

三、提高对供应商价格变化的承受能力

成本领导者可以比其他竞争对手赚到更高的毛利。除此之外，相对于竞争对手较高的毛利可能使成本领导者能够消化供应商的提价。当行业内原料成本大幅上涨时，成本领导者可能是唯一一个可以接受该价格并继续赚到平均或超过平均水平利润的公司。强有力的成本领导者还可能迫使供应商维持原价格，从而使供应商的毛利降低。

四、阻止潜在进入者

通过不断的努力使成本低于竞争对手，成本领导者变得非常有效率。因为它们可以不断巩固毛利率。这种不断改善的效率水平对潜在进入者而言就成为一种重要的进入壁垒。新进入者不可能赚到高于平均水平的利润，直到它们获得经验来达到和成本领导者同样的效率水平。对新进入者而言，即使要赚取平均利润，它们也必须具备能把成本降到其他竞争对手水平的能力。

五、延续替代产品的出现

与行业竞争对手相比，成本领导者在生产替代品方面也占有比较有利的地位。面临可能出现的替代品，成本领导者通常比其他竞争对手更加灵活机动。为了留住客户，成本领导者可以降低其产品或服务的价格。而再低一点儿的价格和顾客愿意接受的质量大大增加了顾客选择其产品而非替代品的可能性。

第二节 战略成本分析

一、企业的价值链

战略成本分析的主要分析工具是价值链：确定设计、生产、营销、发货以及产品或服务的支持中的各项独立的活动、功能和业务流程。价值链的开始是原材料供应，然后是零配件的生产、制造和装配、批发分销，最后是零售产品或服务到最终用户。

企业价值链往往可以揭示其内部开展的各项活动和功能。价值链还把利润空间也包括进去了，这是因为在开展各项创造价值的活动所需的成本之上往往还有一个部分——创造了一个超过成本的总价值是企业业务的价格(或总成本)的根本目标。将企业的生产经营分解成在战略上有着重要意义的活动的业务过程可以展示企业成本结构的各个要素。价值链中每一项活动的业务过程可以展示企业成本结构的各个要素。价值链中的每一项活动都承担一定的成本，都会占用企业的一部分资产。将企业的经营成本和资产在价值链的每一项活动中进行分配可以估测出每一项活动的成本。一般来说，活动之间都有联系，所以这项活动的展开方式往往会影响到另一项活动展开的成本。

二、分析竞争企业的价值链成本

一个企业的价值链以及各项活动展开的方式往往反映出企业业务及内部运作、企业的战略、企业执行战略的途径以及各项活动的基本经济特性的演变。因此，竞争厂商之间价值链存在差异是正常的，有时这种差异还可能是巨大的。正是因为这一点，所以评价竞争厂商的相对成本地位就变得异常复杂了。例如，竞争厂商的垂直一体化程度不一样。比较全线一体化与部分一体化的企业的价值链就需要在各自的活动范围上进行相应的调整。很显然，所有零部件由自己生产的制造商内部总成本要比从外部供应商购买必要的零部件自己只进行装配的生产商的内部总成本要高。

同样地，如果一家企业的战略是低成本与低价格，而另一家企业则定位于高价市场部分，生产的高质量产品有着很多特色，很显然这两家企业的价值链和成本也毫无疑问会存在差异。对于低成本战略的厂商来说，价值链上的某些活动的成本可能相对要低一些，而对于定位于高端市场的厂商来说，它则很可能会在那些能够带来附加价值和额外特色的活动上花更多的成本。

而且，竞争厂商之间成本和价值的差异还可能来自其供应商所开展的活动，或将产品送至最终用户的前向渠道联盟所开展的活动。供应商或前向渠道联盟的成本结构或利润空间可能过高或过大，从而，即使该企业的内部活动成本具有竞争力，也会危及它的成本竞争力。

因此，从最终用户的角度看，评价一个企业的价格和成本是否有竞争力，除了要考虑企业内部活动的成本之外，还需要考察对企业的竞争力有着重要意义的供应商和前向渠道联盟的活动和成本。

三、分析整个行业的价值链成本

一个企业的价值链根植于一个更大的活动体系之中。在这个更大的体系之中，包含有企业上游供应商的价值链，以及涉及将产品送至最终用户的下游客户或联盟的价值链。准确地测度一个企业在终端市场上的竞争力，要求做到：企业的管理者明白把产品或服务送至最终用户的这个价值链体系，而不仅仅是企业自身的价值链。这至少意味着，应该考虑供应商和前向渠道联盟(如果有的话)的价值链。供应商的价值链有着重要的意义，那是因为供应商在创造和供应企业所购买的用于自己的价值链之中的生产投入时既要开展一定的活动还要承担成本，这些生产投入的成本和质量影响企业自己的成本或差别化能力。企业为降低供应商的成本或提高供应商的有效性而采取的一切行动都将提高其自己的竞争力，这就是企业要同供应商紧密合作或结成伙伴关系的强大理由。前向渠道的价值链之所以重要，是因为：①下游企业的成本和利润是最终用户所支付的价格的部分；②前向渠道联盟所开展的活动会影响最终用户的满意度。这也说明企业必须同前向渠道联盟进行紧密的合作，改造或者重新设计它们的价值链，以提高它们的共同竞争力。例如，有些铝罐生产商把它们的生产工厂建在啤酒厂的附近，用顶端传输器直接传送到啤酒厂的装瓶线上。这样一来，就可为容器生产商和啤酒生产商节约在以下领域里的费用：生产安排、装运以及存货。一个企业的相对成本地位和整体竞争力既和整个行业的价值链体系相关也和客户的价值链相关。

四、收集战略成本数据

一旦确定了价值链的主要要素之后，就可以进行战略成本分析的下一步工作了：将企业的部门成本会计数据分解成各项具体活动的成本。成本分解的合适程度取决于：各项活动的经济特性，以及在活动范围界定宽和活动范围界定窄这两种情况下进行企业间的成本比较，衡量各自的价值有多大。其中的一个基本的指导原则是：为各个有着不同经济特性以及在成本中占很大比例或所占比例日益上升的活动分别建立各自的成本数据。

传统会计对成本确定是按照一个广义费用体系来进行的——工资，员工福利，供应，差旅，折旧，研究与开发，以及其他固定费用。作业成本会计要求以所开展的具体活动为基础来界定费用的类型，然后将成本恰当地分配给带来成本的活动之上。

如果要想将企业的成本状况同竞争对手的成本状况进行标杆比较的话，那么，就必须估测每一个竞争厂商相同的活动的成本——这是竞争中的一门高级艺术。但是逐项活动进行成本估测非常枯燥乏味，虽然对竞争对手的某些成本估测并不一定准确，但是这样做能够揭示具体的内部任务，职能的成本以及公司的成本竞争力，它所带来的好处仍然使得作业成本会计成为一个有价值的战略分析工具。

价值链分析最重要的应用是揭示具体企业与竞争对手相比的相对成本地位。所需要做的工作就是对每个竞争厂商进行成本比较，其中，该成本是各个竞争厂商为向一个界定清晰的客户群或者细分市场提供产品或服务而产生的。一家企业的成本优势或劣势的规模可能随产品线中各个产品的不同而不同，可能随客户群的不同而不同(如果使用的分销渠道不同的话)，可能随地域市场的不同而不同(如果影响成本的因素随地理区域的不同而有差异的话)。

五、成本标杆学习

针对竞争对手和做得最出色的企业进行标杆学习，能够为一个企业的竞争力提供最有力的根据。

当今的许多企业都将自己某项特定活动的成本与竞争对手的成本(或另一个行业中能够高效并有效地开展相同活动或业务流程的非竞争对手的成本)进行标杆学习(定位)。标杆学习的核心是比较各个企业开展其价值链中一些基本的活动和职能的优劣程度——如何采购原材料，如何培训员工，如何处理企业的分销，企业推出新产品的速度又如何，质量控制这项职能开展得如何，如何处理客户的订单和为客户送货，如何执行维修这项职能。标杆学习的目的是：理解开展某项活动最好的做法是什么，学习怎样才能降低成本；一旦这种标杆学习表明自己开展某项活动的成本已经同其他企业的同类成本不一致了，就采取行动，提高企业的成本竞争力。

有时，成本的标杆学习可以通过下述方式得以完成：从出版的报告、贸易集团和行业研究企业那里收集信息，采访或访问知识渊博的行业分析家、企业的客户和供应商(客户、供应商、合资伙伴通常很可能成为进行标杆学习的联盟)。不过，一般来说，标杆学习往往要求到竞争企业或非竞争企业的现场进行现场考察，去看看实际的运作：提出问题，比较具体的做法和业务过程，或许还要交换有关生产率、人员配置、时间条件以及其他成本要素方面的数据。不过，标杆学习还涉及一些有关成本可以降低到什么程度的竞争敏感性信息，直接的竞争对手不太可能完完全全地公开这些数据——即使他们答应接待您的现场考察并回答有关问题。

企业利用标杆学习——这个最好的管理工具来确定企业的特定职能和活动是否开展得有效，企业的成本是否与竞争对手的成本保持一致，需要改善的活动和流程有哪些。利用这个工具可以分析出哪些企业在某些活动和职能上做得最出色，然后进行模仿，或者对其进行改善。

六、获得成本优势的战略选择

价值链分析和标杆学习可以揭示很多有关企业成本竞争力的信息。战略成本分析所带来的一个基本的、有洞察力的发现是：一个企业的竞争力取决于企业相对其竞争对手对各自价值链管理的相对优秀程度。考察企业自己的价值链结构并将它同竞争对手的价值链结构进行比较可以表明：谁拥有多大的竞争优势/劣势，是哪些成本因素导致了这种状况的出现？这种信息对制定战略以消除成本劣势和创造成本优势起着至关重要的作用。

为消除成本劣势而采取的战略行动必须准确地定位于价值链之中，看究竟是在什么地方产生了成本差异。

竞争厂商之间的重大成本差异可能发生在三个主要的领域：行业价值链体系的供应商部分，企业自己的活动部分，行业价值链体系的前向渠道部分。如果一家企业缺乏竞争力是行业价值链体系的前向(上游)或后向(下游)部分造成的，那么，企业要重新建立成本优势就可能必须扩展到企业的内部经营之外。如果一家企业的成本劣势来源于从供应商那里购买的产品成本(行业价值链的上游部分)，那么企业的管理者可以采取下列一些战略行动：

① 通过谈判，从供应商那里获得更有利的价格。

② 同供应商进行紧密的合作，以帮助它降低成本。进行后向整合，以获得对购入商品产品的成本控制。

③ 尝试使用成本更低的替代品。

④ 管理供应商价值链和企业自己价值链之间的联系。例如，企业同其供应商进行紧密的协调与合作可以带来及时发货，从而降低企业的存货和内部后勤成本，同时还可能使其供应商节约其仓储、装运及生产安排成本——这是一个有益于双向的“双赢”结果(而不是一个“零和”博弈，即企业的所得就是供应商的所失)。

⑤ 尽力在其他方面砍掉成本以补偿这个方面的差异。

消除存在于价值链体系前向部分的成本劣势的战略选择有：

① 促使分销商和其他前向渠道联盟减少运作时间。

② 同前向渠道联盟、客户紧密合作，以寻找降低成本的双赢机会。

③ 转向更具经济性的分销战略，包括前向整合。

④ 试图砍掉成本链中前面某些阶段的成本以弥补这里所产生的差异。

如果一个企业的成本劣势的源泉是在企业内部，那么，企业的管理者可以采用以下九种战略方法来恢复成本的平衡性：

① 简化高成本活动的经营和运作。

② 再造业务流程和工作惯例，从而提高员工的生产率，提高关键活动的效率，提高企业资产的利用率，或者改善企业对成本驱动因素的管理。

③ 通过改造价值链消除某些产生成本的活动。例如，转向采用完全不同的技术，从而或许可能越过前向渠道联盟的价值链，直接将产品销售给最终用户。

④ 对高成本的活动进行重新布置，将活动安排在展开成本更低的地理区域。

⑤ 看某些活动是否可以采用外部资源方式，或者这些活动的开展由合同商来完成比自己完成是否更便宜。

⑥ 投资于节约成本的技术改善因素(自动化、机器人、柔性制造技术、计算机控制系统)。

⑦ 围绕棘手的成本要素进行革新，如对工厂和设备追加投资。

⑧ 简化产品设计，使产品的生产更具经济性。

⑨ 通过价值链体系的前向和后向部分来补偿企业的成本劣势。

第三节　获取成本优势

一、控制成本动因

一个企业的成本地位是企业总价值链中各项活动作用的结果。下面九种不同的驱动因素在确定了一个企业在某项具体活动的成本时都可能有用。

1. 规模经济或不经济

价值链上某项具体的活动常常会受到规模经济或规模不经济的约束。如果某项活动的开展，规模大比规模小成本更显得低，以及如果企业能够将某些成本，如研究与开发广告，分配到更多的销售之上，那么，就可以获得规模经济。对那些容易受到规模经济或规模不经济制约的活动进行敏锐的管理是节约成本的一个主要方法。例如，制造经济性往往可以通过下列方式获得：简化产品线，对种类比较少的产品模型的产品生产采用比较长的生产计划周期，在不同的产品模型之中采用相同的零部件。在全球市场上，如果为每一个不同国家的市场生产的产品不同，而不是在全球范围内销售标准的产品，那就往往会提高产品的单位成本，因为这样做往往会因为产品模型之间的转换而浪费一些时间，生产期会延长，对每一个国家内推出的产品模型都不能达到最经济的规模。规模经济或规模不经济的产生也可能来自企业管理的销售和市场营销的方式。销售队伍如果按照地理区域组织，那么，随着区域销售额的上升往往可以实现规模经济，因为一个销售人员在一次销售拜访时往往可以签下更大的订单以及减少两次销售拜访的差旅时间；相反，销售队伍如果是按照产品线组织起来，那么，如果销售人员必须远距离拜访客户的话就会遇到与差旅相关的不经济性。提高当地或区域的市场份额可以降低单位销售和市场营销成本；相反，如果选择通过进入新的区域市场来提高市场份额的话，那么，企业的市场渗透则达不到有效的份额，也就不会产生规模经济，或者要等到企业的市场渗透达到有效的份额之后，规模不经济的现象才有可能消除。

2. 学习及经验曲线效应

开展某项活动的成本可能会因为经验和学习的经济性而随时间下降。经验性成本节约的来源不仅仅是企业的职员学会了如何更有效地完成他们的任务和使用及调试新的技术。学习及经验经济性其他的一些有价值的源泉有：找到了改善工厂布置和工作流程的方式，找到了修改产品设计以提高制造效率的途径，找到了改进零配件以简化装配的途径。学习还可以降低建造和运作新零售分店、新生产工厂或新分销设施的成本。另外，下列这些做法也可以获得学习利益：获取一个竞争对手产品的样品，然后让设计工程师研究其产品制造的方式；以其他企业类似活动的业绩为参照对企业的活动进行标杆学习；聘用供应商、咨询人员和竞争对手的退休职员以利用他们的智慧。学习通常会随企业致力于抓住内部和外部经验的利益的程度的变化而变动。敏锐的企业管理者不仅会有意识地抓住学习的利益，而且还会有意识地通过下面这些方式使这种利益为自己所特有：在厂内建造或改造生产设备，竭尽全力留住知识渊博的职员(降低他们为竞争对手工作的风险)，限制通过那些会落到竞争对手手里的职员出版与传播成本节约方面的信息，在同职员签订的合同中订立严格的保密性条款。

3. 关键资源投入的成本

开展价值链活动的成本部分取决于企业为购买关键的资源投入使所支付的成本。对于从供应商那里购买的投入或价值链活动中所消耗的资源，各个竞争厂商所承担的成本并不完全相同。一家公司对外购投入成本的管理常常是一个很主要的成本驱动因素。投入成本是下面几个因素的函数：

① 与供应商的谈判能力。很多大的企业(沃玛特，家庭仓储，以及全球的一些最大的汽车生产商)通常利用它们大量采购的谈判权力从供应商那里获得所购物品的低价格。行业竞争厂商之间谈判能力的差异可能成为成本优势或劣势的一个重要源泉。

② 地区变量。地区与地区之间通常会在以下一些方面有区别：工资水平、税率、能源成本、入厂和出厂装运及运输成本，等等。通过重新布置生产工厂、基层办公室、仓储或总部的运作地点往往可以找到降低成本的机会。

4. 与企业中或行业价值链中其他活动的联系

如果一项活动的成本受到另一项活动的影响，那么，在确保相关的活动以一种协调合作的方式开展的情况下，就可以降低成本。例如，当一个企业的质量控制成本或材料库存成本同供应商的活动相关的时候，就可以通过以下一些方面同关键供应商进行合作来节约成本：零配件的设计，质量保证程序，及时送货，以及一体化材料供应。还可以包括供应商和重要客户的代表，在以下这些方面进行合作而得到降低：研究与开发、产品设计、制造计划，以及市场行动。同前向渠道的联系往往集中在仓库的位置、材料的处理、出厂装运，以及包装(例如，钉子制造商知道事先就采用1磅、5磅和10磅的混合包装法，而不采用全部100磅的包装方法，就可以减少五金经销商满足个体定单时的人工成本)。这里的经验和原则就是有效地协调相联系的活动具有降低成本的潜力。

5. 在企业内部同其他组织单元或业务单元分享机会

一个企业内的不同产品线或不同业务单元通常共同使用同一个定单处理和客户账单处理系统，通常使用相同的销售力量，共同使用相同的仓储和分销设施，通常依靠相同的客户服务和技术支持队伍。这种类似活动的合并和兄弟单位之间跨越部门的资源分享可以带来重要的成本节约。成本共享有助于获得规模经济，有助于缩短掌握一项新技术的学习曲线，有助于促进生产能力更充分地利用。而且，在一个部门或一个地理单元获得的诀窍可以用来帮助减少另一个部门或地理单元的成本。如果各项活动相似，同时诀窍也很容易在单元与单元之间进行转移，那么，在组织直线之间分享诀窍就具有很大的成本节约潜力。

6. 垂直一体化相对外部寻源所具有的利益

部分或全部一体化进入供应商或前向渠道联盟可以使企业绕开有谈判权利的供应商或购买者。合并或协调行业价值链中紧密相关的活动能够带来重大的成本节约，那么，前向或后向一体化就有很大的潜力。相反，有时对某些职能和活动进行外部寻源、让外部的专业厂商来做或许更便宜，因为它们利用了专有技能和规模，开展这些活动的成本会更便宜。

7. 与首先行动者的优势或劣势相关的时机因素

有时候市场上的第一个品牌往往能够比后来者以更低的成本建立和维持其品牌名声——首先采取行动往往比之后采取行动要便宜。而有时候，例如技术发展很快的时候，设备或技术的后购买者往往会受益，因为所安装的设备是第二代或第三代产品，因而产品的价格会便宜一些，运作的效率会更高一些；而第一代用户则往往会因为需要对产品进行调试和排除错误以及学习使用一项不成熟和未臻于完善的技术而承担一些额外的成本。同样地，在新产品开发方面，追随企业和开拓企业不一样，它往往可以避免承担许多成本，而开拓企业则会因为要进行先导性的研究与开发和开辟新市场而不得不承担额外的一些成本。

8. 生产能力利用率

生产能力利用率是价值链的一个很大的成本驱动因素，因为它本身附带了巨大的固定成本。生产能力利用率的提高可以使得承担折旧和其他固定费用的生产量扩大，从而降低单位固定成本。业务的资本密集度越高或固定成本占总成本的比重越高，这个成本驱动因素的重要性就越明显，因为生产能力利用不足就会使单位成本遭受很大的损失。在这种情况下，寻找生产运作接近年度满负荷运转的途径是获取成本优势的一个重要源泉。

9. 战略选择和经营运作决策

企业内部的各种管理决策可以使得企业的成本降低或者上升：

① 提高或减少产品和产品种类的数量。

② 增加或减少为顾客提供的服务。

③ 使产品的性能和质量特色增加或减少。

④ 相对竞争对手而言，支付更高或更低的工资和附加福利。

⑤ 增加或减少企业产品分销中使用的不同前向渠道的数量。

⑥ 比竞争对手更加重视或不重视利用激励性补偿（工资）制度来激励职员和提高工人的生产率。

⑦ 提高或降低购入材料的规格。

在控制成本驱动因素方面比竞争对手更胜一筹是一项相当严格的管理任务。

企业如果想要获得低成本领导地位，就必须深入地理解上述的九个因素是如何推动价值链中各项活动成本的。同时，不仅必须运用自己的知识对那些可以清楚确认其成本节约之外的活动进行成本降低行动，而且必须凭借自己的责任感和创造性降低各项活动的成本，从而给企业带来相对于竞争对手的持久成本优势。

二、改造价值链的结构

寻找革新性的途径来改造业务中的各个过程和任务，削减附加的“无用之物”，更经济地为顾客提供基本的东西，这样可以带来巨大的成本优势。企业通过改造价值链的结果来获得成本优势的最主要的方式有：

① 简化产品设计(利用计算机辅助设计技术，减少零部件，将各种模型和款式的零配件标准化，转向“易于制造”的设计方式)。

② 削减产品或服务的附加，只提供基本的无附加产品或服务，从而削减多用途的特色和选择。

③ 转向更简单的资本密集度低，或者更简便、更灵活的技术过程(计算机辅助设计和制造，既能够包容低成本效率又能够包容产品定制性的柔性制造系统)。

④ 寻找各种途径来避免使用高成本的原材料或零配件。

⑤ 使用“直接到达最终用户”的营销和销售策略，从而削减批发商和零售商那里通常很高的成本费用和利润(价值链中批发零售这环节的成本和利润占最终消费者支付价格的50%)。

⑥ 将各种设施重新布置在更靠近供应商和消费者的地方，以减少入厂和出厂成本。

⑦ 抛弃那种“针对每一个人”式的经营方式，将核心集中在有限的产品或服务之上，以满足目标购买者特殊的但是很重要的需求，消除产品或服务的各种变型所带来的活动和成本。再造核心业务过程，从而统一和联合一些工作步骤，去掉低附加值的活动(很多低成本厂商都擅长于学习如何使企业经营的人员减少，使企业经营的杂费减少)。

⑧ 利用电子通信技术减少笔头工作(无纸发票系统和电子资金转账)，减少打印和复印成本，通过电子邮件加快通信，通过使用视频会议减少差旅成本，通过企业的内部网络来传播信息，通过网址和网页同客户建立联系——全球各地的企业正在利用这种技术来重组业务的经营形式。福特汽车公司已经积极地采用视频会议和计算机辅助设计和制造技术，其新型的“全球车”，就是由福特公司在全球各地的设计师开发出来的，他们利用在线计算机网络来共同探讨和分享各人的创意，设计出实际的模型，统一各种零配件的设计(底盘、发动机、变速器、车身以及车内的一些装置)，并且利用计算机模拟生产和检测原型车。因特网正在飞速成为零售软件产品的一个诱人的销售渠道(从因特网上直接下载新软件取消了磁盘或光盘的生产与包装成本以及通过批发和零售渠道而导致的装运与分销成本)。

有时，企业也可以通过创建全新的价值链关系，或者通过重组现行的价值链，剔除那些创造极少价值而成本高昂的价值链活动，获得巨大的成本优势。例如，豪迈科公司和美国贺卡公司都在销售这样一种 CD-ROM 软件，使用这种软件的用户可以利用电子设备选择或者设计贺卡，输入接受者的姓名和地址，再按一下“订货”图标，然后，公司的计算机技术人员获得定单，将贺卡打印出来并将它通过普通邮件或者电子邮件在指定的时间邮给指定的人。寄贺卡的人如果愿意的话可以一次选好全年需要寄送的所有贺卡，然后从企业得到确认：指定的贺卡已经在途。这种电子价值链可以大大地改变贺卡的设计、生产、销售和递送的方式。

三、成功获得低成本领导地位的关键因素

如果企业的意图是追求低成本的供应商，那么，管理者就必须仔细地考察每一项产生成本和费用的活动并确定各项活动的成本驱动因素是什么。必须利用有关成本驱动因素的知识来管理价值链上的每一项活动。必须积极地重组价值链，再造业务流程，取消非关键的工作步骤。有些企业可以通过再造价值链上的活动将成本降低30%~70%，而有的企业经过可能的修补和调整之后，其成本只能降低5%~10%。

成功的低成本供应商通常是通过不厌其烦地寻求整个价值链上的成本节约来获得成本优势的。所有降低成本的途径都要进行探索，从来不忽视任何一个有潜力的领域。日本制造商所取得的成功其原因在很大程度上是因为他们不懈地探索在经营运作的各个层面不断地降低成本。一般来说，低成本生产商通常拥有一种很注重成本的企业文化，职员广泛参与成本控制，不断地将自己的成本同某项活动的最优秀展开者进行标杆学习，深入地审查运作费用和预算要求，制定各项不断改善成本的方案，经理人员的额外福利也不多，各种设施充足但并不浪费。虽然一方面低成本供应商在提倡节约，另一方面，他们又积极地投资建立那些很有希望能够减少业务成本的资源和能力。

第六章 企业成本系统

成本作为一个基本的经济学范畴，不是一个单一的概念，而是一个广义的，多角度的概念体系。企业在从事企业成本管理和控制过程中要根据不同的决策需要，采用不同的成本观念，真正把握各种成本管理、方法的实质，把企业的成本看成是一个系统来进行管理，切实与企业的生产管理相结合，增强企业的一切活动与成本挂钩的全员成本意识。

第一节　成本与成本系统

一、一般成本观念

一般成本观念包括生产成本、差别成本、边际成本、机会成本、应负成本、沉没成本、重置成本、付现成本，可避免成本、不可避免成本、可延缓成本、不可延缓成本、相关成本与非相关成本等，是着重于记录流入和流出企业的货币。

（一）生产成本

生产成本是指企业购买生产投入品所支付的费用。生产理论研究企业的生产行为，生产成本的中心内容是关于企业在生产过程中的合理选择问题，即在既定的产量水平和价格水平上，选择最佳生产要素组合；在既定的产量水平和价格水平上，选择最佳的产品组合；在既定的价格水平、生产要素组合和产品组合下，选择最佳产量水平等。生产成本可分为短期生产成本和长期生产成本两种。

1. 短期生产成本

在短期内，由于固定投入保持不变或变动性小，增加产量主要依靠增加可变投入数量。根据报酬递减规律，当固定投入不变或未作同比例变动时，所增加的可变生产率呈递减趋势，从而使短期生产成本曲线(TC)存在着递增的趋势。

固定成本(TFC)是一个常量，而可变成本(TVC)却随产量增加，呈现按递减，不变或递增比率增加的态势。平均成本与边际成本是短期成本中两个重要概念。平均成本分为平均固定成本(AFC)、平均可变成本(AVC)和平均总成本(AC)。由于短期内固定成本投入不变，因此，平均固定成本随总产量的增加而递减。随着产量的增加，边际成本(MC)、平均可变成本和平均总成本都经历着递减、最小值和递增三个阶段，但边际成本最先达到最小值。

2. 长期生产成本

在一个较长的时期内，企业的各种生产投入包括固定成本投入和可变成本投入都可以作出充分的调整，因此各个产量水平都可采用最佳生产要素组合。长期成本曲线是一条起始于原点，并随着产量的增加不断上升的曲线。

在长期假设前提下，企业可以根据它所要达到的产量水平来调整生产规模，从而始终处于最低平均成本状态，所以长期平均成本曲线（LAC）就由无数条短期平均成本曲线的最低点集合而成，即长期成本曲线就是短期平均成本曲线（SAC）的包络线，企业可以按照这条线来作出生产规划。长期边际成本曲线（LMC）是一条先降后升的变动平缓的U形曲线，长期平均成本曲线和长期边际成本曲线相交点，即是长期成本曲线的最低点。

3. 长期生产成本与短期生产成本的关系

由于许多投入在短期中是固定的，但在长期中却是可变的，所以企业的长期成本曲线和短期成本曲线是不同的。然而，无论是长期还是短期，总成本与边际成本之间的差别不大，因此，在分析长期生产成本与短期生产成本之间的关系时，我们就应主要分析长期平均成本曲线和短期平均成本曲线之间的关系。

可知，长期平均成本曲线是比短期平均成本曲线平坦得多的U形曲线。此外，长期平均成本曲线位于所有短期平均成本曲线之下。这些特点的产生，是由于在短期内，企业不容易改变其生产要素使用规模及其组合，且许多成本是固定的，结果是当企业改变其生产水平时，短期平均成本会比长期增长更快。在长期中，虽然长期成本曲线仍然呈U形，但是企业可以调整投入规模和组合，因此当长期平均成本随产量增加而增加时，存在规模经济效应；当长期平均成本随产量增加而增加时，存在规模不经济效应；当长期平均成本随产量作等比例变动时，规模收益不变。

（二）差别成本与边际成本

1. 差别成本

差别成本，又称为差量成本，有广义和狭义之分，广义的差别成本是指在进行方案决策分析时，两个或两个以上备选方案之间预期成本的差异。狭义的差异成本是指两个或两个以上备选方案之间由于产量增减变化而形成的预期成本差异。差量成本可分为增量成本和减量成本。在成本控制中，差别成本是一个广泛应用的重要成本概念，诸如零部件外购或自制决策、应否接受特殊订货决策等，都要利用差别成本进行决策。

2. 边际成本

边际成本分析法是考察事物运动变化规律的一种方法，它从数学分析角度研究企业的生产过程。边际成本是指当自变量——生产要素投入量发生微量变化而引起因变量——生产成本的变化幅度。

边际成本分析的基本内容：假定在生产过程中，同时使用的几种生产要素的使用量固定不变，增加其他生产要素的单位使用量，由此造成的成本和产量的变化。这种变化通常分为三个阶段：在第一阶段，产量按递增的比率增加，成本按递增比率下降；在第二阶段，产量按递减比率增加，成本按递减比率增加，成本按递增比率下降；进入第三阶段，产量的增长率变为负数，即生产要素使用量超过某一限度，则随着生产要素使用量的增加，产量反而趋于减少，同时成本按递增比率增加，该边际成本是一条先降后升的曲线。换言之，在某一生产过程中，所使用的生产要素组合若不是依比例同时增加各生产要素的使用量，则所增加生产要素的边际产量由递增转为递减，直至为零或为负；而边际成本相应地由递减逐渐转为递增。

根据边际成本的数学表达式，边际成本是对总成本函数所求的一阶导数，即：$MC = d(TC)/dQ$。

根据管理经济学的结论，企业只有达到规模经济，才能实现收益最大化。当企业生产规模处于规模经济范围内时，企业规模的增加与生产成本的增加基本上是同比例的；在一定阶段，生产成本增加甚至慢于生产规模的增加。但是，一旦生产规模超出规模经济的范围，生产成本增加快于企业收益增加，规模增长反而会使企业遭受损失。

鉴于此，企业在审核企业资本预算时，一定要综合考虑企业规模扩大、生产能力增加时，单位成本变动和规模收益变动的对比情况，务必克服企业盲目扩张的投资冲动。

(三) 机会成本与应负成本

1. 机会成本

机会成本是指从事某种选择所必须放弃的最有价值的其他选择；换言之，被选取最优方案的机会成本是已放弃的次优方案可能取得的收益。对企业来说，现存的可能决策构成了一个“机会集合”，因此可将机会成本定义为任何一种行为的成本都包括行为主体如不接受特定的决策而可能获得的收益。

机会成本考虑了一种资源可以被运用的多种方式。如果一家公司在某一环境下使用一种资源，就会产生一个机会成本，其数额等于该项资源在其他最佳方式的运用下可以赚取的最大利润。机会成本并不是实际的支出和耗费，而在于资源的合理配置和直接利用，对放弃利益的评价，它表述了稀缺与选择之间的基本关系。固定资产折旧、固定资产占用资金可能的投资利得，都是典型的机会成本。机会成本具有以下特征：

① 机会成本不仅存在于决策过程中，而且存在于决策过程之外。在经济活动中，资源是十分稀缺的，而每一种资源又具有多种用途，用于此种用途就不能同时用于其他用途，在决策过程中，要充分考虑机会成本，但决策以后也不能忽视机会成本，因为它不会因决策过程的完结而流失。

② 机会成本不关心过去已经实际发生的结果，而是关心未来的支出，并且是以不同的产出评价同一投入，它不是对历史的反映，而是对未来活动的预见。所以考虑机会成本是一个动态的分析过程，要求决策者用动态的观念去对待资源的使用，不仅要考虑劳动耗费的节约，还要分析各种资源对于经济活动的限制作用，从而做到资源的合理配置和有效使用。

③ 机会成本的对象可以涉及一切生产要素和一切经济活动，同时机会成本不是厂商或个人在经济活动中的实际支出，而是对潜在收益的评价。所以在决策时，可根据需要采用使用价值也可采用价值的不同表现方式，将耗费与占用结合起来，将成本与效益联系起来，以便全面地进行经济核算。

④ 机会成本也有不可计量的一面。例如，随着社会经济的发展和人们生活水平的提高，人们对生产要素的各种不同使用作出选择时，已不再单纯地停留在货币因素上，而是追求一种更为理想的主观评价，这些主观评价显然是无法计量的。

2. 应负成本

应负成本也称假计成本，它是机会成本的一种表现形式。它既不是企业的实际支出，也不必记账，只是使用某种经济资源的代价。这种代价，在进行方案选择时必须认真加以考虑。

例如，企业生产性资产投资，可以选择不同的方案，各个方案所需要的资金数量、资金来源和投入时点可能不同。为了保证评价口径的一致，正确地进行决策，企业为此所需要的资金不论其来源如何，都必须将资金利息作为机会成本进行假计。权益资本成本就是应负成本的一种形式。

（四）沉没成本、重置成本与付现成本

从企业经营管理决策的角度看，不同时期发生的成本对决策会产生不同的影响。根据这种影响的时效性，决策成本可以分为沉没成本、重置成本和付现成本，它们分别从过去、现在和未来三个不同的时间维度说明了成本发生的时期对决策的影响。

1. 沉没成本

沉没成本是过去的成本支出。广义地讲，凡是过去已经发生，不是目前或将来决策所能改变的成本，都是沉没成本。狭义地说，沉没成本是指过去发生的在一定情况下无法补偿的成本，因而也可称之为一经花费就一去不复返的成本。

沉没成本的特性决定了它不是差别成本，与企业经营管理决策不存在相关性。因而，当前的决策可以不必考虑沉没成本。

2. 重置成本

重置成本也称为现行成本，它是指按照现行市场价格购买功能与目前拥有的资产相同或类似资产所需要支付的成本。

管理会计与财务会计不同，管理会计决策要立足于未来，强调信息的相关性，侧重考虑的是重置成本信息，而不是历史成本信息。重置成本对于企业的定价决策具有重要的现实意义。

3. 付现成本

付现成本是指那些由于未来某项决策所引起的需要在目前或将来动用现金支付的成本。例如，企业以“以旧换新”方式向租赁公司购入设备，新旧设备之间的价差即是该企业所需承担的付现成本。

具有较强流动现金偏好的企业在决策过程中对付现成本的考虑往往重于对总成本的考虑，通常会选择付现成本较低而总成本相对较高的方案。付现成本对于企业在特殊情况下，究竟是采用一次付款方式还是采用分期付款方式具有一定的指导意义。

（五）可避免成本与不可避免成本

决策成本按其可避免性可以分为可避免成本和不可避免成本。

可避免成本是指通过企业管理当局的某项决策可以改变其发生金额的成本。也就是说，如果企业采用了某个特定的方案，与其相联系的某项支出必然发生，不可避免；反之，如果企业拒绝接受该项方案，则与此相联系的某项支出就不会发生。变动成本和酌量性固定成本就属于可避免成本。与可避免成本相对应，不可避免成本是指通过企业管理当局的某项决策不能改变其发生金额的成本。也就是说，该项成本的发生与特定的决策方案无关。其发生与否并不取决于有关决策方案的取舍。约束性固定成本就属于不可避免成本。决策方案的取舍，主要考虑可避免成本，因为只有可避免成本才构成差别成本。

（六）可延缓成本与不可延缓成本

在企业经营管理过程中，有些选定方案的成本可以递延到以后期间发生。决策成本按其递延性，分为可延缓成本与不可延缓成本。

在企业受到资源稀缺约束条件下，对已经选定的某方案如果推迟执行，不至于对企业的全局产生重要影响，那么，与此方案相关的成本，称之为可延缓成本。

与可延缓成本相对应，即使受到资源短缺的约束，对于已经选定的某方案也必须立即执行，不能推迟，否则将对企业全局产生重要影响，与此方案相关的成本，就可称之为不可延缓成本。

在决策过程中，由于受到资源条件的约束，对于已经选定的方案不能同时付诸实施时，应该分清轻重缓急，确定哪些方案可延缓执行，哪些方案不可延缓执行，这样才能有效地利用企业现有的资源，提高企业资源的配置效益和使用效益。

（七）相关成本与非相关成本

企业所发生的成本有些与决策有关，有些与决策无关。

决策成本依据其与决策的相关性分为相关成本和非相关成本。这种区分有助于掌握成本的相关性，提高成本信息的决策有用性。

1. 相关成本

相关成本是指与特定决策方案相关联的成本。其基本特征是：

① 相关成本是一种未来成本。决策总是面向未来，与之相关联的成本也只能是未来将发生的成本，而不是、也不可能是已经发生的历史成本。

② 相关成本是一种有差别的未来成本。即使是未来成本，只有可供选择的不同方案之间预期成本额存在差别的成本，才是与决策有关的相关成本。

相关成本是一个重要的决策成本概念，它是决策的焦点，差别成本、边际成本、机会成本、应负成本、重置成本、付现成本、可避免成本和可延缓成本均属于相关成本。

判断相关成本的基本步骤如下：

① 汇总与各个可供选择的方案相联系的所有成本。

② 排除沉没成本。

③ 剔除各个可供选择的不同方案之间没有差别的未来成本。

④ 经过上述分析，剩下的即为相关成本，管理人员可以据此进行决策。

2. 非相关成本

与相关成本相对应，非相关成本是指与特定决策方案无关的成本。沉没成本、不可避免成本和不可延缓成本均属于非相关成本。

二、现代成本系统

现代成本系统是建立在企业理论的基础之上的。企业理论与博弈论、信息经济学、激励机制设计理论以及新制度经济学相互交叉，改进了管理者对市场机制及企业组织制度的认识。现代成本系统包括交易成本、代理成本和信息成本等。

（一）交易成本

交易成本起因于财产所有权的转移。它是分散的所有权、私人财产和交易的产物。

有的专家认为，利用价格机制是有成本的，通过价格机制"组织"生产的最明显的成本就是所有发现相对价格的工作，它包括市场上每一笔交易的谈判费用、签订契约的费用、长期契约所节约的签订费用与一系列短期契约的签订费用等，这些费用称为市场成本或市场交易成本。同时，企业内部组织交易的成本叫作"组织成本"。

也有的专家认为，交易成本可以看作为一系列的制度成本，包括信息成本、监督管理的成本和制度结构变化的成本。

此外，有些专家则从协约的角度出发，将交易成本区分为事前与事后两种。事前交易成本是指起草谈判，保证落实某种协约的成本；而事后交易成本是指交易已经发生之后的成本，如退出某种协约的成本、改变价格的成本、续约的成本。

他们还将企业看成是连续生产过程之间不完全合约所导致的纵向一体化实体，认为企业之所以会出现，是因为当合约不可能完全时，纵向一体化能消除或至少减少资产专用性的机会主义问题。

经济学家们从不同角度对交易成本概念进行了界定，虽然各自出发点不同，但以下几点是共同的：

① 交易成本具有社会性。交易成本是在一定社会关系中发生在人与人之间的；离开了人们之间的社会关系，交易活动就不可能发生，交易成本也就不会存在。简而言之，交易成本的发生前提是人们的利益冲突。

② 交易成本具有虚拟性。交易成本不等于生产成本，它不是直接发生在物质生产领域的。

③ 交易成本具有非生产性。在社会中，一切经济活动成本除生产成本外，其资源耗费都是交易成本。

交易成本的提出有助于确立企业规模与企业有效边界。

从理论上看，企业规模的界限应该界定在其运行范围扩张到企业内部组织附加交易的费用，等于通过市场或在其他企业中进行同样交易的费用的那个均衡点上。

按照交易成本，企业的性质就是作为市场机制的替代物，那么企业的有效边界如何界定呢？如果当某个生产或流通过程由市场机制来进行调节会产生较高的交易费用，而将这一生产或流通过程纳入企业组织内部可以节约交易成本时，那么用企业组织的机制去取代市场调节机制就是有效率的。因此，企业有效边界的确定就是权衡两种交易成本的大小。

从目前看，交易成本还不是很成熟，本身也存在着一些缺陷：

① 由于交易成本本身分类复杂，表现形式多样，而且难以量化并计量，将许多重要结论建立在难以量化和计量的交易成本基础上，削弱了交易成本理论的实践应用的可行性。

② 交易成本认为，企业的边界取决于企业内部交易成本与企业外部边际交易成本的比较，当两者趋于平衡时，企业规模不再扩大。但它无法解释为什么在相同的市场中，有的企业不断扩大规模，有的企业逐步缩小规模甚至倒闭。

③ 交易成本认为，企业代替市场是基于节约交易成本的考虑，但是当市场结构不是纯粹市场竞争时，即使我们假设交易成本为零，市场仍然存在使企业产生、扩大、缩小的经济动力，市场结构的不完善本身可以导致企业界限的变化，交易成本并非绝对必要的因素。

（二）代理成本

代理成本是企业所有权结构的决策因素，它是指制定、管理和实施契约的全部费用。代理成本包括所有承接契约的费用，包括交易费、辛苦费和信息费。代理成本来源于企业的所有权与经营权相分离这一事实。在部分所有的情况下，一方面，当经营者对工作尽了力，他可能承担全部成本而仅获一小部分收益；另一方面，当他消费额外收益时，他得到全部好处但只承担一小部分成本。结果，他的工作积极性不高，却热衷于追求额外消费。于是企业的价值也就小于他是企业完全所有者时的价值。这两者之间的差异即是代理成本。它是外部所有者理性预期之内必须由经营者自己承担的成本。让经营者成为完全的剩余权益的拥有者，可消除或起码减少代理成本；不过，经营者成为完全剩余收益拥有者的能力又会受到他自身财富的限制。

代理成本理论建立在两个基本假设上：

① 委托人对随机的产出没有直接的贡献，即在一个参数化模型下，对产出的分布函数不起作用。

② 虽然有些间接的信息可资利用，但代理人的行为不易直接地被委托人观察。

在这两项假设下，代理理论给出了两个基本命题：

① 在任何满足代理人参与的约束和激励相容的机制，而使委托人预期效用最大化的激励合约中，代理人都必须承担风险。

② 如果代理人是一个风险中性者，那么就可以通过使代理人承受风险（即使他成为唯一的剩余权益者）的办法来达到最优结果。

一般将代理成本分为三部分：

① 委托人的监视费，即委托人用于管理代理人行为的费用。

② 代理人的担保费，即代理人保证不采取损害委托人行为的费用，以及如果采取了某种损害委托人利益的行动，代理人将赔偿委托人的费用。因此，监视费、担保费是制定、管理和实施契约的实际费用。

③ 剩余损失，即委托人因代理人替他决策而产生的一种利益损失。如果委托人与代理人有相同的才能，那么这些决策原应由委托人自己作出。这种损失是由于不能完全执行契约所造成的，因此，增加执行契约的费用是有利可图的。所有剩余损失即是在契约最优但又不可能完全被执行的情况下的机会损失。

这三种代理成本的区别并不是十分明显，因为在现实生活中，由于利益冲突而引起的代理问题是广泛存在的，委托—代理问题所产生的等级差别正趋于消失，监视费和担保费的区别也就不那么显著了。因此，总代理成本即为履行契约所支付的实际费用加上机会成本或剩余损失。委托—代理双方承担与他们之间的相互作用相关的代理成本，因此，只要有可能，他们就要签订合同，减少代理成本。在合同的签订、执行过程中，只要边际成本小于因减少剩余损失而得到的边际收益，个人便会设法在签订合同过程中对监视和担保行为做出具体规定。

代理成本有助于理解企业制度的形成与演变，对了解当代公司制度尤其重要。人们可以通过比较不同合同安排中代理成本的大小，更好地理解不同企业制度形式上的差异以及它们在风险分担的利益与代理成本之间的相互替换。

代理成本分析已广泛应用于检验保险业、旧货业的组织结构的选择，厂商资本结构的决定因素，特许权政策、组织内部发展等级的刺激因素等方面。对于会计技术选择的实证理论的发展，代理成本的分析起了主要作用。

（三）信息成本

信息相对于人们无限多样的需求而言，也是一种稀缺资源。由于信息价值的多维性，信息的市场价格也表现为不同的类型及特征。在搜寻环境中，搜寻边际成本等于搜寻预期边际收益时的信息价格，是信息市场上消费者愿意支付的最高信息价格。在最优信息系统选择环境中，决策者获得最优信息系统后采取最优行为获得的最大预期效用之差，构成信息市场上决策者愿意支付的最高信息价格；在信息价值理论中，完全信息与不完全信息的预期价值，均可以作为信息购买者购买信息时愿意支付的价格上限。

传统经济学的完全信息假设，假定市场上每一个从事经济活动的个体都对有关的经济情况具有完全的信息，因此，获取信息是不需要付出费用的。这一假设使得传统经济学的分析具有很大的局限性。随着人类经济活动的日益社会化、复杂化，尤其是在不完全信息化条件下，不利选择和道德风险成为信息市场上委托人与代理人博弈的结果，这使得市场不能很好地运行。因此，信息的充分、自由流动和获取问题成为经济学者关注的焦点。近年来兴起的以不完全信息为假设前提的信息经济学就是经济学家为了解决以上问题而开辟的新的研究领域。

从完全的信息假设发展到不完全的信息假设，信息成本成为现代经济学必须研究的基本范畴。信息成本是指：搜集、整理、利用、交换信息，以便为有效决策提供信息支持所支付的费用。信息成本一般包括信息生产成本、信息服务成本、信息用户成本。

信息成本具有以下特征：

① 信息成本部分地属于资本成本，且属于典型的不可逆资本。

② 在不同领域、不同方面的信息成本各不相同。

③ 信息成本与信息的使用规模无关。

④ 信息成本具有转嫁性。

由于信息成本涉及面较广，同时与商品的其他成本相交织，因此精确计量信息成本困难较大。

三、现代成本控制理念

现代成本控制理念，包括成本意识、成本效益理念、成本节省、成本避免、广义成本控制、成本筑入、成本计算和成本元等八个基本范畴。

（一）成本意识

成本意识是现代成本控制中一个最为基本的立足点。现代成本意识是指企业管理人员对成本控制要有足够的重视不受成本无法再降低传统思维定势的束缚，充分认识到企业成本降低的潜力是无穷无尽的。以 JIT 和成本企划为代表的日本成本管理实践不同于欧美国家的一个重要特点就是，与其设定合同时的目标，不如设定理想的目标。这就是成本意识的根本体现，即，成本意识具有追求极限的“理想性”特征。

这种无穷降低成本的思想必须依靠战略构筑、组织措施的配合才能形成现代完整意义上的成本意识。这表现为：

① 将降低成本的工作按价值链原理，从管理部门扩展到供应、生产和设计的各个部门，形成全公司全员式的降低成本格局，形成贯穿企业各部门的“组织化成本意识”。

② 将降低成本从战略布局的高度加以定位，即从选择开发项目种类、确定规模时就注入成本思考，确定具有长期发展观的“战略性成本意识”。

（二）成本效益理念

成本效益理念可以通俗地表述为“为了省钱而花钱”的思想，即为了长期地、大量地削减开支而应该支出某些短期看来似乎是高昂的费用。比如引进新型设备，可能导致一笔较大的支出，但在今后设备使用期间，因设备利用效率提高而增加的产出，加上设备维修费用的降低的综合效益，在抵补支出之外仍有剩余，总体效益由此得到了增加。

为未来“增效”而树立成本效益理念是非常重要的。它不仅是价值工程思想的一种体现，而且在为确立竞争优势而运用“差别化战略”时更为必要。差别化战略是一种“人无我独有”的战略，即分析市场中客户的种种需求特性，筛选出一种或几种有代表性的需求，为满足需求而开发出同行业所没有的新型产品投放市场。作为产品具有特殊功能的回报，企业能以高出同行业、并足以弥补特殊功用成本的售价去占据市场，并击退部分同行业企业。因为企业投产具有强烈差别化的产品往往花费甚巨，成本效益观念给予了推出这种差别化决策方案的可能性。

（三）成本节省

成本节省或称成本抑减，是成本降低的一种初级形态，是一种有组织、有计划地运用各种方法以降低企业内各项成本的措施。

要达到成本节省的目的，需要对整个企业而不仅仅是一个生产过程进行综合评价。成本节省不是一项临时措施，而是一个提高企业生产力的持续过程。成本节省一般表现为成本维持和成本改善两种执行形式。

节约能耗、防止事故、以招标方式采购原材料或设备，属于成本维持的初级形式。JIT 准时生产系统则将成本维持提到了新的高度，以零库存的形式节约了几乎全额的库存成本。

以扩大生产规模和提高劳动生产率来降低单位产品成本则不同于成本维持，它有着更为积极的改善态势，当然它也只是基于传统规模经济学的质朴且粗略的改善方式。现代的作业成本管理（ABM）及其相配合的业绩计量与评价方式，则是一种更为精密、更为深入的成本改善技术，其成效在欧美企业界已是有目共睹。

（四）成本避免

从管理的源流来挖掘成本降低潜力就形成了成本避免，或称成本免除。成本免除可视为成本降低的高级形态，它的基本思想是立足于预防，即早期避免成本的发生。

传统财务管理会计中“零基预算”可认为是成本避免的先驱。零基预算法在对任何一项支出作预算时，不考虑历史或现实的费用水平，一切以零为起点，重新独立地分析支出项目的必要性和金额大小，借此避免不合理开支的继续存在。但零基预算这样的成本避免只限于单一价值管理的思路，美国的"成本设计(DTC)"和日本的"成本企划"则在成本避免上走出了独特的一步。

由美国国防部首创的DTC活动是在军工企业激烈的国际竞争及美国相对有限的国防经费下产生的，它是对开发、设计阶段、产品制造阶段和使用阶段发生的成本设定目标值进行先期控制，或者说是在限定的成本条件下进行设计，在军用产品的图纸上注入成本思考以解决经费不足问题。

在日本独特的经济文化环境下，美国的DTC则演变成了主宰日本成本管理思潮的主流模式，由丰田、日产等汽车公司在实践中摸索出了更系统、更具成效的成本企划模式。成本企划将成本管理的视野全面转换到了产品开发、设计阶段，针对目标成本将价值工程分析方法与成本估算方法结合为一体运用。DTC或成本企划这种高层次的成本避免，必须与工艺、工序在源流阶段的革新结合在一起加以实施，因而现代成本避免实质上是"成本革新"。

(五) 广义成本控制

传统的成本控制形式有存货成本控制、生产过程成本控制等，这类手段固然服务于降低成本的目标，但充其量不过是较早期的成本维持。随着成本管理实践的发展，上述的成本节省与成本避免两种形态的成本降低方式均被纳入了更广范围的成本控制范畴。

以产品全生命周期目标成本为起点的控制更具有现代特色，它的成本控制的对象既包括业务过程中游的制造目标成本、物流目标成本和营销目标成本，也包括业务过程上游的开发设计目标成本(以上四项构成生产目标成本)，还包括业务过程下游的使用目标成本、维修保养目标成本和废弃目标成本(此三项构成消费目标成本)。完整意义的目标成本应是从业务过程上游至下游的全生命周期过程中为实现目标利润的最大容许值。

所谓广义成本控制，简单地说，是指针对产品生命周期业务过程以成本节省和成本避免这两种基本思想，综合工程方法、组织措施和会计计量的多样化手段实施成本控制。也可以从更为具体的基础控制形态来说明广义成本控制构造，即由业务对象过程与控制视野两种要素交汇而成的多样化的传统或新型的成本控制手段，它们所汇集成的控制构造可依其不同层次的效果目标分别展开为维持控制、改善控制和革新控制这三种方式，这是广义成本控制构造的更为具体的形态展现。

(六) 成本筑入

由于新型的成本避免思想的出现且融入成本广义控制体系中，对业务上游的控制就变得至关重要。在实施上出现了在管理的源头阶段将技术和会计结合在一起共同攻克成本难关的技术方法，即按功能分解目标成本并予以设计制造工艺上的具体化，进而进行会计估算，以衡量设计和制造工艺决定的产品，其成本是否在目标成本范围内。这种具体化和估算过程可以形象地表述为对成本这种"特殊部件"的削减与重新装配，即成本筑入。

成本筑入是以价值工程的"设计价值"改善方案的作业求出最优成本结构的行为过程。成本筑入表明：

① 成本筑入的目标是获取最优成本结构，即求得成本这种“特殊部件”与其实体部件、加工方法及加工精度等性能值的最优结合，其手段可以容纳技术选择、技术变更和技术创新等。该行为过程的主体是产品及工程设计人员、生产现场技术人员，成本管理人员在价值信息的供给方面予以必要的配合和协助。

② 成本筑入的特质蕴含在价值工程的实施方式上，特别体现在“设计价值”中，是“设计价值”的核心所在。成本筑入体现的新型成本管理思想是成本避免思想在实务上的深化，其本质是预防性的、前馈式的成本控制。

（七）成本计算

成本计算既是成本会计系统的中心，也是成本管理的基础，其重要地位毋庸置疑。传统的成本计算包括以汇总、分配、再汇总的形式计算制造产品成本，也包括以标准成本为核心手段进行成本预算。然而，在作业成本管理和作业成本企划模式确立以后，成本计算从形式到内容都有了新的理念。

① 作为作业成本管理（ABM）基础的作业成本计算（ABC）在欧美企业已得到了广泛应用。ABC 法在提供更为精密的、真实的成本信息方面作用显著。

② 目标成本计算已经崛起为成本计算的生力军，正在发挥着日益重要的作用。

目标成本计算并不仅仅局限于为产品设定成本目标，从其利用目的来看，它在开发准备、确定设计制造方针、投产准备、物流和定价各个领域均可实施；其计算对象已从产品或部件这类实物对象扩展到了抽象的功能对象；其计算基础则从财务会计基础转向管理会计基础；其计算内容也并非全部成本或平均成本，亦可采用部分成本或增量成本；在计算方式上，既可以采用各成本要素逐项加计形式，也可以将成本要素加以划分后，逐个以物理特性为基础进行理论的或统计学的分析计算，同时根据需要可以概算也可以估算。

ABC 法和目标成本计算这类成本计算方法贯穿了从开发源流到销售服务的各个阶段，是现代成本管理不可或缺的要素，这也是必须重新认识成本计算范畴的理由。

（八）成本元

成本元也称为成本动因，其源自 ABC 法范畴，但又不专属于 ABC 模式。建立成本元理念，旨在从现代成本管理内在的深层构造上解决管理的着力点问题。

成本元最为基础的构造是直接围绕着作业概念展开的，是微观执行层次上的理念，可归结为“经营战术意义上的成本元”，具体可展开为“结构性成本动因”和“执行性成本动因”。

结构性成本动因分析应基于工业组织的视点确定成本定位，其属性是企业在其基础经济结构层面的战略性选择。执行性成本动因分析的属性应定位于为针对业绩目标的对成本定位的战略性强化。结构性动因分析解决配置的优化问题是基础，而执行性动因分析解决绩效提高是其持续，两者互相连贯、互相配合。

“经营战略意义上的成本元”的认识为现代成本管理拓宽了一个全新的视野。当代产业社会的主要结构性动因表现在技术与多样性上。作业成本管理侧重于多样性的管理模式，固然有其广泛的影响；但侧重于技术的成本企划，则推动了更具实效的革新控制，它对未来成本管理的持久性影响更是难以估量。可以断言，如果在技术和多样性这两个结构性动因上加大实施力度，进而实质性地推进执行成本动因分析，这样的成本管理模式将在确立企业竞争优势上更具有针对性。

“经营战术意义上的成本元”服务于成本维持控制的改善控制(成本节省)，而“经营战略意义上的成本元”则引导具有源流的、前馈的、特质的成本革新控制(成本避免)。因而成本元范畴解决了成本广义控制中的内在逻辑关系问题，在以上八个应用性理论范畴中居于重要的中心地位。

第二节　成本管理

一、成本分配

企业所面对的内部会计系统一个共同的中心环节就是成本分配。所谓成本分配，即是将间接成本、共同成本或联合成本分配到不同的部门、工序或产品中。

产品成本计算关键所在就是将间接成本(制造费用)是否及怎样分配计入产品中，以及将公司总部成本和服务部门成本(诸如数据处理及安全成本)，如何组成公司内部转移价格进行分配。

分配的成本可以替代某些不可预测的机会成本。尽管分配的成本在计量机会成本时可能会存在差错，但它要比机会成本的计量省事得多。

企业进行成本分配的理由主要有外部报告(纳税)的需要，第三补偿以及决策制定和决策控制。其目的有：控制或行为的应用，资源分配的信号，成本的确定等。

(一) 成本分配的基本步骤

企业必须对其共同成本进行分配。共同成本的产生是由于一项资源及其成本由几个受益者分享，例如，人力资源部的成本就是共同成本，因为公司所有员工和部门都接受人力资源部的服务。计算机中心的成本也应在所有使用者中分配。直接成本无需分配，因为它们可以直接追溯到成本对象。成本分配包括以下基本步骤：

① 确定成本对象。企业必须确定向什么部门、产成品或工序分配成本。成本对象常常是企业中的分部，比如成本中心或利润中心。如果企业中的一个分部被授予一些决策权，并成为成本对象，那么会计系统将对该分部进行业绩评价。

② 归集共同成本并分配到成本对象中。假设计算机中心的成本是以用户作为分配对象，这时就需要确认并归集诸如计算机购置成本(或计算机的折旧费用、租赁费用)、程序员或操作员的费用、维持费用、纸张成本等的共同成本，再将其分配至各用户。

③ 选择成本分配基础。成本分配基础是与将要分配计入成本对象的共同成本有关的作业指标。共同成本通常是通过成本分配基础分配计入成本对象。成本分配基础能够大致反映成本对象对共同资源的消耗方式。将计算机成本分配给用户所应用原分配基础可以是打印输出量、主机工作时间、计算机内存或与之相关的指标。

美国公司一般将成本分配方法分为三类：

① 按供应量分配。成本分配以每一利润中心的实际资源耗用量为基础。

② 按协商量分配。在几个利润中心共同使用资源的情况下，成本分配以每一利润中心

估计资源耗用量为基础。

③ 按比例分配。公司层面的费用根据各利润中心的销售额、利润或资产的相关比例进行分配。

没有一种分配方法占主导地位。比例分配法是利息费用分配时最常用的方法，在分配摊销成本时多以实际耗用量为依据。

（二）企业职能部门服务成本的分配

在企业的组织架构中，除了经营部门之外，还有提供管理支持服务的职能部门。职能部门包括行政、采购、保安、供应、人事、财务等部门。假设企业有 N 个职能部门，有 M 个经营部门，职能部门不仅输出服务，而且相互之间还使用对方的服务，使得分配更趋复杂。

为了正确地计算制造车间产成品的成本，必须将职能部门的服务成本按一定比例分配到各个制造部门。可供选择的分配方法有这样几种：直接分配法、顺序分配法和交互分配法。

1. *直接分配法*

直接分配法忽视了各职能部门之间相互提供服务的数量，而是直接在各经营部门之间进行成本分配。

如果以各经营部门直接实际使用的服务数量为基础进行分配，其结果必然使一部分成本不能被分配。如果要将已发生的所有的服务成本都分配完毕，那么比较可行的做法是按该经营部门使用的服务数量占所有经营部门使用的服务数量的比率来计算。

采用直接分配法尽管便于操作，但其负面后果也是明显的：一方面，各经营部门所承担服务的机会成本是错误的，与实际并不相符；另一方面，在职能部门相互使用对方服务时，由于没有足够的经济利益激励他们节约使用相互的服务，就会出现浪费现象。

2. *顺序分配法*

顺序分配法克服了直接分配法的缺陷。首先，选择一个职能部门，将其所有已发生的成本在其他职能部门和所有经营部门之间进行分配；然后，选择第二个职能部门，将其本身的成本加上从第一个职能部门分配过来的成本之和，再分配给其余的职能部门(不含第一个职能部门)和所有的经营部门；以此类推，直至所有职能部门的成本被分配完毕。按这种方式，所有的职能部门成本波浪式地分配至其他职能部门，并最终分配至各经营部门。

从表面上看，无论在顺序分配法下采用何种分配顺序，甚至无论是采用顺序分配法还是采用直接分配法，其最终结果在总量上相差不大；然而，事实上不同的分配方法或分配顺序所产生的激励效果是不同的，因为被分配成本是转移定价的主要依据，而转移定价又会影响内部提供服务的质量。

顺序法的主要缺陷是在确定职能部门的分配顺序时主观性较强，而由此又会导致劳务单位成本产生巨大差异，引起各责任中心经理人员之间的矛盾。另外，顺序分配法忽略了这一事实，即尽管先分配的职能部门也要使用后分配的职能部门的服务，但优先被分配部门所分配原总成本中，却没有计算出这部分应该承担的成本。

3. *交互分配法*

与直接分配法、顺序分配法相比，交互分配法是最精确的分配职能部门服务成本的方法。它将各职能部门之间、各职能部门与各经营部门之间所有的提供服务的流程都计算进去，建立起一组线性方程式，每个职能部门对应一个方程式，每个方程式包含该部门使用原其他各部门的服务情况；然后用矩阵法求解，从而计算出每个部门所提供劳务的单位成本以及每个经营部门所应分担的职能部门的成本份额。

个人计算机与计算机应用程序的使用使得交互分配法变得比过去更为容易，大多数电子表格软件都能够建立求解联合方程组。

由于交互分配法考虑了职能部门之间相互接受服务的情况，应用这种方法求出的单位成本介于最高与最低之间，能更准确地估计出劳务的机会成本。交互分配法所确定的转移价格可用来与外部所提供的同质服务的价格相比较，如果外部报价小于内部价格，就可以接受。

对于企业职能部门服务成本的分配，企业应遵循以下原则：

① 给内部服务“定价”，有利于配置稀缺资源。由于存在“价格”，使用者就会尽量减少耗用量，而不会像使用免费服务一样毫无节制。不分配成本，意味着服务价格为零，需求通常大于供给，公司管理层就会面临增设职能部门或扩大职能部门编制的压力。因此，将职能部门服务成本予以分配是必需的。

② 通过分配服务成本，企业管理层可以获得对某一被服务的需求总量的信息，从而有助于管理层决定职能部门设置的最优规模。如果使用者愿意为其所使用的服务支付转移价格，此价格可以保证职能部门收回所有服务成本，这说明职能部门的服务是有效益的。

③ 通过比较企业内部某一种服务的单位成本与外部同类服务价格之间的差异，企业管理可以评价该职能部门的经营效率。特别是当内部转移价格大于外部价格时，可以考虑是否还有保留该职能部门的必要。

二、成本控制

成本管理是指企业管理层和管理部门对任何必要作业所采取的手段，目的是以最低的成本达到预先规定的质量和数量。而成本控制是指运用以成本会计为主的各种方法，预定成本限额，按限额开支成本费用，以实际成本和成本限额比较，衡量经营活动的业绩和效果，并以例外管理原则纠正不利差异，以提高工作效率，实现乃至超过预期的成本限额。

早期的成本控制集中在预算管理上，标准成本差异分析方法是全面预算管理中控制成本的一个重要方法。随着责任会计的发展，围绕着责任中心控制企业各部门的运作的做法日益普及。

在现代精密数学对管理科学日益渗透的背景下，更多的成本管理控制方法在实践中得到应用，包括成本趋势的数量统计预测方法、本量利分析方法及敏感度分析方法、用经济订货量模型控制存货成本方法等。在采用这些方法的同时，企业组织的力量也开始得到重视，并在一定程度上糅合到管理方法中去。

进入 20 世纪 90 年代以后，企业成本管理又开辟出诸多的新兴领域。知识经济和网络经济的兴起，使企业的生存环境正在发生着巨大的变化，迫使企业成本管理的目标做出适应性调整，从传统意义上着眼于现实生产中追求成本降低，转向更具深度和广度的“用户满意”层面上来，新型的成本管理方法不再单纯地以现时、现地的产品价值为中心，它从明确市场对产品要求到用户使用产品的整个产品价值流向来考虑，将非价值管理的手段融合其中，从战略性的视野，立足于市场来实施全面的成本控制。

企业实施成本控制的作用在于：

① 成本控制是企业增加盈利的根本途径，直接服务于企业目标。

② 成本控制是企业抵抗内外压力，求得生存的主要保障。

③ 成本控制是企业发展的基础。

（一）成本控制的基本理念

成本控制理念是关于成本管理理念的概括和总结，它决定着成本控制理论和方法体系展开的基本思路。成本控制理念可以概括为以下几个方面：

1. 成本的源流管理理念

成本管理要从成本发生的源流入手，成本控制的重点应该是成本发生的源流，成本控制措施的着重点也应该是成本发生的源流。设计成本控制方法措施体系的重点要放在成本发生的源流上，要针对成本发生的源流来进行设计。成本发生的源流包括时间源流、空间源流和业务源流。

按照成本的源流合理理论降低成本可以有两种方式：

第一种方式是在既定的经济规模、技术条件、质量标准条件下，通过降低消耗、提高劳动生产率等措施降低成本。这种方式的成本降低以现有条件为前提，是日常成本控制的重点内容。

第二种方式是改变成本发生的基础条件。在既定条件下，成本改善会有一个极限幅度，在这个极限幅度内，改进的逐步增加量最后可能会在达到收益递减的临界点后，使成本降低变得不太可能。在这种情况下，进一步的成本改进有赖于新的技术和新的观念，改变成本发生的基础条件为进一步的成本降低提供了新的基础。这是成本持续降低的潜力所在，更多地具有战略性，是战略成本控制的重点。大多数情况下，企业为削减成本所做的努力是在现有的条件下争取更多的成本改善，而不是改变成本发生的基础条件的途径。

2. 成本控制方法和措施的融入理念

成本控制中存在一个十分突出的问题便是成本控制措施如何融合到具体的业务过程和管理过程中，使成本控制措施能够得到顺利实施，使成本控制方法能够真正发挥作用。成本自身特征和成本控制的特点要求将成本控制的方法和措施融入管理过程和业务活动中去。成本是企业经营活动的结果，影响成本的各项因素和动因分散在企业经营管理的各个部门、各个环节。实施成本控制必须控制企业的整个生产经营过程，因为这一过程同时也是成本的发生过程。

但是，按照企业的职能分工，生产经营过程由相应的职能部门进行管理，分属不同的子系统，成本控制不能直接干预生产经营活动。这种事实上的矛盾在一定程度上造成了成本控制的两难境地。在这种情况下，如何实施成本控制，如何使成本控制的方法和措施发挥作用，是成本控制无法回避的困难选择。成本控制方法和措施的融入理念实质上是针对这一矛盾提出来的。

有效的成本控制方法和措施是那些融入各部门的业务管理和业务活动过程中的方法和

措施，成本控制方法和措施的应用机制要优先于成本控制方法和措施本身。只有将成本控制的理念、方法、规章制度融入各部门的业务管理和业务过程之中，融入企业员工头脑中去，才有可能变成真正有效的成本控制措施，成本控制的方法才能发挥作用。

3. 培养员工的成本意识

人的活动在成本发生的各个阶段均占主导地位。人的素质、技能是企业成本的非常重要的影响因素。其中对企业成本影响最大的，是企业员工的成本意识和主动参与降低成本的管理活动的积极性。

成本意识是指节约成本与控制成本的观念，是了解成本控制的执行结果。成本意识包括注意控制成本，努力使成本降低到最低水平，并设法使其保持在最低水平。树立员工的成本意识，就是要使员工树立这样一些思想：成本是可以控制的，成本控制需要大家的共同参与，并在工作中时刻注意节约成本。只有树立起员工的成本意识，只有员工具备了良好的成本意识，才能建立起降低成本的主动性，才能使降低成本的各项措施、方法和要求得以贯彻和执行。

员工良好的成本意识是成本控制的必要条件，成本意识的普遍建立有赖于公司经理层的提倡、强有力的制度约束、管理人员的以身作则和员工素质的普遍提高，还需要建立适当的利益机制、约束机制和监督机制与之相配合。

（二）企业成本控制系统的组成

一个企业的成本控制系统包括企业组织系统、企业信息系统、企业考核制度和企业奖励制度等四项基本内容。

1. 企业组织系统

在企业组织中，通常将目标划分为几个子目标，并分别指定一个下级单位负责完成。每个子目标可以划分为许多的更具体的目标，并应指定下一级的部门去完成。企业的组织架构可以用管理等级和管理幅度这两个指标来描述。管理等级是指最高级单位与最低级单位之间的等级；管理幅度又称为控制跨度，是指一个单位所属下级的数目。组织架构所涉及的一个主要问题是处理集权与分权的关系。在一个高度集中的组织机构中，权力集中于较高级别的管理层次，低级层次的管理人员只拥有很少的决策权。在一个企业中，权力也可能在一个职能领域中高度集中，而在其他职能领域中高度分散。一般而言，财务和人事是属于高度集中的领域，而业务经营领域则朝着一个分权化模式发展。

成本控制系统必须与企业的组织架构相适应，即企业预算是由若干分级的子预算组成，每个子预算代表一个分部、车间、科室或其他单位的财务计划。与此相关的成本控制，如记录实际数据、提出控制报告，也都是分小单位进行的，这样便形成了责任预算和责任会计。

在责任会计系统中，将每个内部单位称为“责任中心”，即企业内部负有特定管理责任的部门或单位。作为责任中心，必须有十分明确的、并由其控制的行动范围。按企业的组织架构合理划分责任中心，是进行成本控制的前提。

2. 企业信息系统

成本控制的另一个组成部分是企业信息系统，也就是责任会计系统。责任会计系统是企业会计系统的一部分，负责计量、传送和报告成本控制使用的信息。责任会计系统主要包括编制责任预算、核算预算的执行情况、分析评价和报告业绩三个部分。

通常企业分别编制销售、生产、成本、财务等预算。这种预算主要按经营管理的领域来落实企业的总体预算。为了便于控制，必须分别考查各个执行人的业绩，这就要求控制责任中心来分解预算。这项工作即是编制责任预算，其目的是使各责任中心的管理人员明确自己应负责的事项和应控制的范围。在实际业务开始之前，责任预算和其他控制标准要下达给有关人员，他们以此控制自己的活动。对实际发生的成本、取得的收入和利润，以及占用的资金等，要按责任中心汇集和分类。在进行核算时，为减少责任的转嫁，分配共同费用时应按责任归属选择合理的分配方法。各单位之间相互提供产品或劳务，要拟订适当的内部转移价格，以利于单独考核各自的业绩，以及报告预算的执行情况。

在预算期末应编制业绩报告，比较预算与实际执行的差异，分析差异产生的原因和责任归属。此外，要实行例外报告制度，对预算中未规定的事项和超过预算限额的事项，要及时向适当的管理级别报告，以便及时作出决策。

3. 企业考核制度

企业考核制度是成本控制系统发挥作用的重要因素。其主要内容有：

① 规定代表责任中心目标的一般尺度。它因责任中心的类别而异，可能是销售额、可控成本、净利润或投资报酬率。必要时还要确定若干级次目标的尺度，如市场份额、次品率、占用资金的限额等。

② 规定责任中心目标尺度内涵的解释。例如，什么是销售额，是总销售额还是扣除折扣和折让后的净销售额。作为考核标准，对其内涵的界定必须事先十分明确，以避免在具体执行时引起歧义。

③ 规定业绩考核标准的计量方法。例如，成本如何分摊，相互提供劳务和产品使用的内部转移价格，使用历史成本还是使用重置成本等，都要规定具体的计算方式、规定采用的预算标准。例如，使用固定预算还是弹性预算，是宽松的预算还是严格的预算，编制预算时使用的各种常数是多少等。

④ 规定业绩报告的内容、时间、详细程度等。

4. 企业奖励制度

企业奖励制度是维持成本控制系统有效运行的重要保证。人的工作努力程度受业绩评价和奖励办法的影响。责任中心的经理人员往往将注意力集中在与业绩评价有关的工作上，尤其是业绩奖励制度中应明确规定奖励办法，让被考核部门和人员清楚地知道业绩与奖励之间的关系，知道什么样的业绩会得到什么样的奖励。恰当的奖励制度将引导员工将自己的行为纳入到与企业总目标一致的轨道中去，去争取更好的工作业绩。

（三）成本控制标准

成本控制的基本程序包括建立成本标准、成本差异分析、业绩评价与奖惩等环节。建立成本控制标准，是其中的一个重要环节，它为以后的差异分析、业绩考核及纠正差异提供了良好的基础。成本控制标准可以有多种选择，比较常用的有标准成本和弹性预算。

1. 标准成本

标准成本是通过精确调查、分析和技术测定而制定的，用来评价实际成本、衡量工作效率的一种预计成本。

在标准成本中，基本排除了不应该发生的浪费，因此被认为是一种“应该成本”。标准成本体现企业的目标和要求，主要用于衡量产品制造过程的工作效率和控制成本，也可用于存货和销货成本计价。

制定标准成本，通常先确定直接材料和直接人工成本，其次确定制造费用的标准成本，最后确定单位产品的标准成本。无论是哪一个成本项目，都需要分别确定其用量标准和价格标准，两者相乘后得出成本标准。

用量标准包括单位产品材料消耗量、单位产品直接人工工时等，主要由生产技术部门主持制定，吸收执行标准的部门和员工参加。

价格标准包括原材料单价、小时工资率、小时制造费用分配率等，由会计部门和其他相关部门共同研究确定。采购部门是材料价格的责任部门，人力资源部门和生产部门对小时工资率负有责任。各生产车间对小时制造费用率承担责任，在制定有关价格标准时要与这些部门协商。

2. 弹性预算

所谓弹性预算，是企业在不能准确预测业务量的情况下，根据本量利之间有规律的数量关系，按照一系列业务量水平编制的有伸缩性的预算。只要这些数量关系不变，弹性预算可以持续使用较长时间，不必每月重复编制。弹性预算主要用于各种间接费用预算，有些企业也可用于利润预算。

与固定预算相比，弹性预算是按一系列业务量水平编制的，从而扩大了预算的适用范围；在弹性预算中，无论实际业务量达到何种水平，都有适用的一套成本数据来发挥控制作用。同时，弹性预算是按成本的不同形态分类列示的，便于在预期结束时计算“实际业务量的预算成本”(也即按实际业务量计算应该达到的成本水平)，使预算执行情况的评价和考核建立在更加现实和可比的基础之上。

弹性预算的主要用途是作为控制成本支出和评价、考核成本控制业绩的工具。在预算期开始时，提供控制成本所需要的数据；在预算期结束时，可用于评价和考核实际成本。

编制弹性预算的基本步骤是：选择业务量的计算单位；确定适用的业务量范围；逐项研究并确定各项成本和业务量之间的数量关系；计算各项预算成本，并用一定的方式表达。

① 编制弹性预算，要选用一个最能代表本部门生产经营活动水平的业务量计算单位。例如，以手工操作为主的车间，应选用人工工时；制造单一产品或零件的部门，可以选用实物数量；制造多种产品或零件的部门，可以选用人工工时或机器工时；修理部门可以选用直接修理工时。

② 弹性预算的业务量范围，视企业或部门的业务量变化情况而定，但一定要使实际业务量不至于超出确定的范围。一般来说，可确定在正常生产能力的70%~110%之间，或以历史上最高业务量和最低业务量为其上下限。

③ 弹性预算质量高低，在很大程度上取决于成本性态分析的精确程度。所谓成本性态，是指成本总额对业务量的依存关系，当业务量变化以后，各项成本有不同的性态，大致可以分为固定成本、变动成本和混合成本这三类。固定成本是不受业务量影响的成本；变动成本是随业务量增长不成正比例的成本。混合成本介于固定成本和变动成本之间，最

终仍可以将其分解为固定成本和变动成本两部分。这样，全部成本均可以分解为固定成本和变动成本这两部分。

④ 弹性预算的表达方式可以采用列表法(多水平法)和公式法两种。采用列表法，首先在确定的业务量范围内，划分出若干个不同水平，然后分别计算各项预算成本，汇总列入一个预算表格。公式法所遵循的原理是，任何成本都可以区分为固定成本和变动成本，可用公式"$y=a+bx$"来近似表示，所以只要在预算中列示固定成本 a 和单位变动成本 b，便可随时利用公式计算任一业务量 x 的预算成本 y。

第三节　战略成本管理

一、战略成本管理的内涵

战略成本管理是企业发展战略和企业价值链相配套的成本管理理念和方法。企业在成本管理领域所采取的战略措施、所采用的管理方法要与企业的发展战略相配套，要与企业的发展阶段相适应，所采取的各种战略措施之间也要相互配合。

战略成本管理将视角扩大到企业整体，具有结果控制和过程控制相结合的特征。战略成本管理强调战略目标成本的合理制定，并从企业管理的各个环节和各个方面来保证其最终实现。这种整体观念有助于增强企业内部的协调运作，增强内部组织间的目标一致，减少内部职能失调。这就要求企业不能仅仅停留在对结果的分析上，而且要通过过程控制将企业生产经营的各个环节和企业的整体目标相联系，以过程控制实现对结果的影响和保证预期结果的实现。这一发展趋势使财务管理更多地融入企业的生产经营活动全过程，具有更多的非财务性质。

成本是多种成本体系共同作用的结果，不同的战略措施对成本动因的影响各不相同，有可能使不同方面的成本发生反向变动，为了避免战略措施之间的冲突，所采取的各种战略措施之间必须相互协调配合。

战略成本管理的基本步骤包括战略成本分析、制定战略成本方法措施和制定成本管理保障措施、绩效评价体系等三个环节。

二、制定战略成本

一旦企业进行所有价值活动的累积成本低于其竞争者的成本，就可以据此认定该企业赢得了成本优势。战略成本分析为明确应该采取的战略方法和措施提供了依据。为了满足获取成本优势、提高企业利润和降低成本的要求，企业需要采取有力措施，运用科学的方法控制成本。为此产生了对成本管理的战略方法和措施的需要。成本管理的战略方法和措施主要有三个方面。

(一) 控制成本的影响因素

当企业完成了以价值链来归集营业成本和分摊资产，并分析过其价值活动的影响因素后，企业就应考虑通过控制这些因素来建立成本优势。

1. 控制地理位置因素

地理位置因素特别是在企业生产的空间组织方面和原材料及产品的运输分配方面，对企业成本产生较大的影响。生产空间组织要考虑建厂地区和建厂地点的选择。

影响建厂地区和地点的条件通常有：靠近原材料产地；能源供应充足；水源有保障；气候因素；运输距离和运价的选择；人力资源和劳动力资源的分布；接近消费市场；社会文化习俗影响；教学科研机构的分布等。

2. 学习管理

通过企业学习管理来取得学习曲线效应，也是比较奏效的做法。企业应结合长期竞争战略来制定学习战略目标，对战略知识进行评估以确定知识更新期，确定支持学习战略的组织结构，将学习纳入雇用合同并作为人事评估依据，审定本企业的内部培训计划和学习网络的效率和质量，确定赶超竞争对手的基准点。

通过这些方式来利用学习曲线加强管理，同时对知识溢出保持必要的戒备心理和防范措施，采取必要的法律手段来保护发现、发明和知识产权。

3. 均衡生产作业和调节市场需求波动

围绕着生产能力利用率的提高，企业可以从生产和营销两个环节来控制产量。企业可以对其基本生产过程中的作业活动进行有效的调节和控制，这包括对作业活动的控制和对产品生产数量及进度进行的控制。生产过程控制的目的是预防和制止生产过程中可能发生或已经发生的脱离计划和目标的偏差，保证生产的均衡性和稳定性，减少生产能力闲置所带来的机会损失。有许多生产过程控制方法被证明在节约成本方面是行之有效的，如平衡线法、图表控制法、任务分配箱和台账控制法等。

企业还可以通过有效的策划在一定程度上调节市场需求波动，如淡季市场促销，将产品线拓展到周期性、季节性不明显的产品中去，选择需求量稳定的客户，旺季时出让市场份额、淡季时再重新夺回，将竞争对手挤向需求波动大的细分市场等。

4. 识别联系和慎待整合

价值链内部的成本因素是相互联系的，企业如能准确认识到这些联系并加以利用，是可以改变其成本地位的。比如企业质量成本是由预防检验成本和损失成本这两部分组成的，预防检验成本加大了，产品质量上去了，则损失成本就会降低。因此，对于企业来说，只有当两者之和为最小时(也即单位预防检验成本等于单位质量损失成本时)，才是企业的最优质量成本。存货控制成本、现金持有成本，也是同样道理。

改善渠道内纵向联系的目的是使渠道成员各自的价值链达到最优化并从中受益。整合和解散本身都具备降低成本的可能性，系统地、客观地看待整合问题，在战略成本管理中是很重要的。

(二) 再造价值链

拥有成本优势的企业，其价值链往往与竞争对手的价值链存在显著差异。重构价值链能从根本上改变企业的成本结构，为进一步的成本降低提供新的基础。重构价值链能够取得重大成本优势。通过再造价值链构筑成本优势，源自两个原因：

① 再造不同于改进，价值链重构将从根本上改变企业的成本结构。

② 再造价值链能使企业在经历一段曲折后认识到并利用起自身的优势，重新确认影响成本的重大因素，从而改变其竞争基础。

企业可以从以下方面来改造价值链：不同的生产工艺、自动化方面的差别、变间接销售为直接上门推销、采用新的分销渠道、采用新的原材料、前向或后向整合的重大调整、厂房设施的地点迁移、采用新的广告媒体等。

（二）战略方法措施的展开

企业可以将所有成本管理方法措施的内容进一步按照空间、时间和精力源流展开。

① 成本管理方法措施的空间展开，包括价值链的横向整合与规模经济、分权管理与多层次成本管理责任体系、成本管理空间的细化——作业成本管理、改善成本动因之间的联系等。

② 成本管理方法措施的时间流展开，包括长期成本计划、技术改进措施的时机选择、实行目标成本管理、标准成本制度的合理运用、产品生命周期成本管理等。

成本管理方法和措施的业务流展开，包括开发与研究过程中的成本管理、时间成本与质量成本管理、适时制的应用、价值链的纵向整合等。

三、制定保障措施和绩效评价体系

成本管理保障措施是为了保证成本管理方法措施的有效性和保证成本管理方法措施的顺利实施而建立的各种规范，包括制度保障体系和组织保障体系。建立成本管理保障措施主要通过建立起一系列的业务处理与报告应该遵循的程序和规范，以及通过对组织机构的设定、职能的划分与分工等，来保证组织内的各项活动按照有利于降低成本、有利于进行成本管理的方式进行。这些措施的功能不直接作用于成本发生过程本身，而是对处理业务的行为按照成本管理的需要加以倡导和约束，其作用是基础性的和防范性的。

另外，在激烈的竞争环境中，为了及时了解环境、内部条件和竞争对手的变化可能带来的市场机会和环境威胁，还应该建立起成本预警分析系统，对外部环境、竞争对手及企业自身条件变化进行长期的观察，对可能出现的重大变化、对可能面临的机会或威胁作出及时的预报，使企业能够有充裕的时间作出反应。

因而，成本管理保障措施体系包括制度保障体系、组织保障体系和成本预警分析系统等。另外，建立成本管理绩效评价体系也是战略成本管理方法和措施体系的重要内容。

第四节　现代成本管理系统

一、物料需求计划（MRP）

物料需求计划（Material Requirements Planning，MRP）是20世纪60年代产生的存货管理方法，它是利用计算机编制材料物资需求计划的一种方法。在每一个制造企业中，一种产品往往由多种部件组装而成，每种部件又是由多种零部件和材料制造而成。这样产品和零部件及材料用品之间就构成相互依赖的联动需求关系。物料需求计划就是将这种联动需求关系纳入计算机系统，由计算机系统编制企业的材料物资需求计划。

（一）物料需求计划的基本流程

MRP 系统输入的主要信息是企业的主生产计划，以及与材料物资相关的存货记录和产品、部件用料清单，输出信息即为材料物资需求计划。

物料需求计划的实施通常有以下步骤：

① 预计最终产品的需求量。

② 列出每种产品生产需要的原材料、零部件的清单。

③ 考虑生产提前期，确定生产和采购的批量和时间。

④ 确定每一生产工序生产的数量和材料的采购量。

⑤ 最后计算出全部材料物资采购数量和采购时间计划。

（二）物料需求计划的特点

MRP 与传统货管理相比，具有以下特点：

① 传统的存货管理用单项确定的方法解决生产中的材料物资的联动需求，难免相互脱节，同时采用人工处理，工作量太大，用 MRP 系统规划联动需求，使各项材料物资相互依存、相互衔接，使需求计划更加客观可靠，也大大减少了计划的工作量。

② 实施 MRP 要求企业制定详细、可靠的主生产计划，提供可靠的存货记录，迫使企业分析生产能力和对各项工作的检查，将计划做得更细。MRP 系统提供的材料物资需求计划又是企业编制资金需求计划的依据。

③ 当企业的主生产计划发生改变时，MRP 系统根据主生产计划的最新数据进行调整，及时提供材料物资联动需求和存货计划，企业可以据此安排相关工作，采取必要措施。

MRP 系统对于材料物资种类繁多、多层次联动需求的制造型企业，使用效果尤其显著。因为材料种类多，联动需求层次重叠，人工编制物料需求计划工作量难以想象，生产计划若有变化，更无法做出及时反应。

当然，物料需求计划虽然对采购什么、何时采购进行了精确的计划，仍然需要事先确定提前期、订货批量、安全库存等，没有将生产经营过程的其他方面与存货管理联系起来，仍难免导致库存积压，形成运送、等待方面的浪费。

二、制造资源计划（MRP Ⅱ）

制造资源计划（Manufacturing Resources Planning，MRP Ⅱ）是 20 世纪 80 年代在物料需求计划的基础上形成和发展起来的存货管理方法。MRP Ⅱ 是由美国著名生产管理专家奥利夫·怀特在 1977 年提出来的，是对制造企业全部资源进行系统综合计划的一种方法。其基本思想是要将企业的材料需求计划与所有其他与生产经营活动直接相关的工作、资源及财务计划连成一个整体，实现企业管理的系统化。

（一）基本原理

制造资源计划实质上是一个计算机化的信息系统，将企业的经营计划、销售计划、生产计划，主生产计划、物料需求计划和生产能力计划、现金流动计划及物料需求计划、生产能力需求计划的实施执行等，通过计算机的功能模块有机地结合起来，形成一个由企业各功能子系统有机结合的一体化信息系统，使各个子系统在统一的数据环境下运行。这样通过计算机模拟功能，系统输出按实物量表述的业务活动计划和以货币形式表述的财务报表集成，从而实现物流与资金流的统一。制造资源计划是一个封闭的循环系统，它要不断地根据企业的内外环境的变化提供信息反馈，适时作出调整，从而使整个系统处于动态的优化之中。

实施 MRP Ⅱ，企业的主生产计划仍然是一个关键因素，与在 MRP 系统下一样，是主要的数据输入，所以 MRP 是 MRP Ⅱ 的组成部分，是 MRP Ⅱ 的一个子系统。

（二）优点与不足

采用 MRP Ⅱ，对企业制造资源进行系统化管理，在库存管理方面产生了明显的效果，缩短了采购和生产周期，杜绝了盲目采购、盲目生产，缩短了库存时间，减少了库存损耗，降低了库存投资，大大降低了生产成本。由于采用动态管理，也提高了企业的应变能力。

但是，MRP Ⅱ 也有不足之处，例如：

① MRP Ⅱ 是在资源无限的条件下进行的，而企业的经营活动经常受到资源限制的约束，因此资源无限的假设前提不符合实际。

② MRP Ⅱ 仍需事先确定生产提前期和生产批量。

③ MRP Ⅱ 对生产操作过程中出现的突发事件，缺乏控制和处理手段。

④ MRP Ⅱ 难以处理按订单生产的管理模式。

⑤ MRP Ⅱ 难以处理多种管理模式的混合。

⑥ MRP Ⅱ 是一个集成电路控制系统，响应速度慢，处理时间长。

由于 MRP Ⅱ 的上述不足，所以软件开发商在此基础上又进行了改进，出现了许多新的系统名称，且处于不断的改进之中。例如，很多企业采用的企业资源计划（ERP）就是一种先进的、集管理和信息技术于一体的管理理论和系统，已在实践中取得了较好的效果。

第七章 作业成本法

作业成本法包括作业成本计算(ABC)和作业成本管理(ABM)两项内容。作业成本计算解决的是将消耗成本据其发生的作业进一步追溯到产品、服务和顾客中，而作业成本管理则是以作业成本计算为基础，说明财务管理会计系统如何提供改善了的产品和顾客信息，使管理者能够更好地制定关于产品定价生产组合、产品设计及建立顾客联系等决策。

第一节　作业成本法的概念

一、成本对象

成本是为取得可为某组织带来当期或未来利益的某种产品和服务而付出的现金或现金等价物。机会成本是指当选定某一方案而放弃其他方案时放弃或牺牲的利益。

成本对象是指需对其成本进行成本计量和分配的项目，如产品、顾客、部门、工程或作业等。成本是与成本对象直接或间接关联着的，能够容易、准确地归属于成本对象的成本称之为直接成本，不能容易、准确地归属于成本对象的成本称之为间接成本。当然这种划分只是相对的，随着成本对象的改变，直接成本可能变为间接成本，间接成本也可能变为直接成本。例如：供热成本对于工厂来说是直接成本，但是对于某项产品来说则是间接成本了。

要计算产品成本并同时满足成本控制和生产过程分析的要求，资源、作业、最终产品等都有必要作为成本计算对象，成为归集和分配价值耗费的独立环节。

（一）资源

资源是企业生产耗费的最原始形态，如果把整个企业看成是一个与外界进行物质的投入、产出系统(作业系统)，则所有进入该系统的人力、物力、财务等都属于资源范畴。因此，资源可以简单地区分为货币资源、材料资源、人力资源、动力资源等几类。

（二）作业

作业无疑是作业成本计算法下最基本的成本计算对象。

在作业分类的基础上，应对各项作业设立成本库，汇集各项作业实际吸纳的有效资源耗费价值。由于作业可区分为增值作业和非增值作业。因而一般也只将增值作业耗费价值计入产品成本，而非增值作业耗费价值计入期间费用。将作业作为成本计算对象，不仅有利于相对准确地计算产品成本，还有利于成本分析和考核。既然作业吸纳了资源，那么，搞清了作业状况，就搞清了资源耗费状况；减少了作业就堵塞了资源耗费的渠道。这都为降低产品成本提供了基本依据。

（三）最终产品

最终产品作为成本计算对象，体现了成本计算的终极目标。应分别不同产品开立成本计算单。按作业种类设立成本项目，汇集参与各产品制造的各作业转入的价值。

二、作业

作业是指企业为提供一定量的产品或劳务消耗的人力、技术、原材料、方法和环境等的集合体。

企业的制造费用可以看作是与生产数量相对独立的一系列作业的结果。这些作业消耗了资源，并确定了制造费用的成本水平，而不是由产品直接消耗资源。简而言之，是作业驱动了制造费用的成本水平。因此，要反映产品真实的资源消耗，它们的制造费用分配必须按照作业基础来吸纳，包括企业在内的管理者以此来鉴别导致成本发生的真正原因并予以正确的控制。

（一）作业的会计内涵

在会计领域内沿用作业概念，需进一步拓展其会计内涵。会计上的作业是指基于一定目的，以人为主体，消耗了一定资源的特定范围的工作。其内涵包括以下要点：

① 作业是以人为主体的。人是现代企业中各项具体经营管理活动的主体，因而也是作业的主体。

② 作业消耗一定资源。作业是以人为主体，至少要消耗一定的人力资源。作业是人力作用于物的工作，因而也要消耗一定的物力资源。在用计算机作为作业手段的高度自动化生产条件下，计算机因使用而耗费的价值也应计入作业成本中去。

③ 区分不同作业的标志是作业的目的。在一个完备的企业中，可以将企业经营管理过程按每一部分工作的特定目的区分为若干作业，每项作业负责完成该作业职权范围内的每项工作，这些工作互补而且互斥，共同构成完整的生产经营过程。之所以将这些工作确定为每一项作业有其深层次原因，这个原因就是作业动因。

④ 作业可以区分为增值作业和非增值作业。非增值作业也消耗资源，但并非合理消耗，它对于企业提供最终产品或劳务的目的本身并不直接作出贡献，是被逐步消除的对象。

⑤ 作业的范围可以被限定。从会计角度看，由于作业区分依据是作业动因，而作业动因对于某一特定企业是客观的，因而作业范围是能够予以本质上的限定的。

（二）基本分类

根据作业消耗量与产出量之间的关系，可以将作业分为三大类：

① 非增值作业。非增值作业是指那些不直接对企业创造价值行为作出贡献的作业，属于企业渴望消除且能够消除的作业。

② 专属作业。专属作业是指为某种特定产品或劳务提供专门服务的作业。专属作业资源耗费价值应直接由该特定的产品或服务负担。

③ 共同消耗作业。共同消耗作业是指同时为多种产品或劳务提供服务的作业。共同消耗作业又可按具体作业动因不同划分为：a. 批次动因作业。即服务于每批产品或劳务，并使每一批产品或劳务都均衡受益的作业；b. 数量动因作业。即指使每种产品或劳务的每个单位数量均衡受益的作业，如包装作业等，每件产品都均衡受益；c. 工时动因作业。即资源耗费与工时基本成正比例变动的作业，如各种类型的机加工作业，一般被认为是工时动因作业；d. 价值管理作业。这是指那些负责综合管理工作的部门的作业。

三、作业链与价值链

现代企业的活动可以理解为，企业为提供满足顾客需要的产品而采取的包括产品设计、开发、生产、营销、销售、服务等环节的一系列作业的集合即作业链。

根据作业会计的基本思想，作业消耗资源，产品消耗作业，在每完成一项作业消耗一定资源的同时，会有一定的价值量和产出转移到下一个作业，价值沿作业链在各作业之间实现转移，构成一条价值链。因此，作业链的形成过程就是价值链的形成过程。

作业链同时也表现为“价值链”，通过价值链分析，能使企业清楚地认识到每一价值链活动所产生的成本，将其与竞争对手的相应价值链成本进行对比分析，从而合理地将经营成本和资产进行分摊，找出降低成本的策略，进而获得成本优势，使企业在竞争中长期处于有利地位。在企业的作业链中，前一项作业为后一项作业提供服务，满足后一项作业的需要，后一项作业是前一项作业的顾客。因此，作业链同时又是一条顾客链，在这条顾客链中，前后作业的责任明确，前一项作业按后一项基本原则作业的需要来操作，每一项作业作为一个责任中心，有利于有效控制质量和成本，这样又形成一个价值链、顾客链、责任链的有机统一体。

四、成本的追溯与分摊

将直接成本分配至成本对象的实际分配过程称之为追溯。直接成本追溯方法可分为直接追溯和动因追溯两种。直接追溯是指将与某一成本对象有着特定或实物联系的成本直接确认分配至该成本对象的过程，并且这一过程可以通过实地观察来实现。

动因追溯使用资源动因和作业动因这两种动因类型来追溯成本。资源动因计量各作业对资源的需要，用以将资源成本分配到各作业上。而作业动因则是计量各成本对象对作业的需求，并被用来分配作业成本。

将间接成本分配至各成本对象的过程，称为分摊。由于间接成本与成本对象之间不存在因果关系，分摊间接成本就建立在简便原则或假定联系的基础之上，这样就可能会降低整个成本分配的准确性。在不考虑提供外部报告惯例的基础上，最好的内部管理策略是只分配直接成本。

在直接追溯、动因追溯和分摊这三种方法中，直接追溯法最准确，它依赖于可实际观察的因果联系；动因追溯法次之，它的准确性取决于动因对因果联系的表述质量；分摊法尽管具有简单和操作成本低等优点，但企业不能不考虑其准确性低而避免多使用它，因为现代企业管理中，提高成本分配的准确性所带来的收益在价值上超过了与动因追溯相关的额外计量成本。

第二节　作业成本的计算

一、作业成本计算的作用

ABC 法扩展了用于归集成本的生产成本中心的职能，将其从集中反映责任中心的位置、组织机构，转变到集中反映由组织资源导致的实际作业。ABC 法保留了传统成本计算模型中有关直接材料、直接人工的分配方法，同时也确认了一些辅助作业的价值，如调整准备机器、安排生产计划、检验产品质量等。对于服务性企业而言，由于没有直接材料和易追溯的直接人工，几乎企业所有的作业都可以视为之为辅助性的，应用 ABC 法来分配成本显得更为重要。

作业成本计算是一个以作业为基础的管理信息系统。它以作业为中心，而作业的划分是从产品的设计开始的，甚至涉及物料供应，包括从生产工艺流程的各个环节、质量检验、总装，到发运销售的全过程。通过对作业及作业成本的确认、计量，最终计算出相对真实的产品成本。同时，通过对所有与产品相关联的作业活动的追踪分析，为尽可能消除非增值作业，改进增值作业，优化作业链和价值链，增加客户价值，提供有关信息，促使损失、浪费减少到最低限度，提高决策、计划、控制的科学性和有效性，最终达到提高企业的市场竞争能力、盈利能力并增加企业价值的目的。

二、作业成本计算的步骤

ABC 法的基本步骤是先要确认耗用企业辅助资源的所有作业，然后将辅助资源的费用追溯到对应的作业中去，直到将企业的全部辅助资源费用都对应到相应的作业中去为止。接下来，通过每次为一种作业确定一个成本动因分配率(也叫作业成本驱动率)，将所有作业成本追溯到产品中(当然，一个产品在一个期间内所使用的分配率是多重的)。这种成本计算法看起来比较复杂，实际上操作起来比较简单。

设计一个 ABC 系统有三个主要步骤，即：识别资源成本和作业；将资源成本分配到作业中；将作业成本分配到成本对象中。

(一) 识别资源成本和作业

ABC 系统的第一步即识别资源成本并进行作业分析。资源成本为完成各种作业而发生，大多数资源成本都体现在总分类账的次级账户中，如材料、物料、采购、材料整理、仓库、办公场地、家具用具、建筑物、设备、公用事业设备、薪金和福利、工程、会计等。

作业分析是识别和描述一个组织中所做的工作(作业)。作业分析包括：从已有文件和报告中收集数据，采用问卷调查、观察、与关键人士的持续会谈等形式。ABC 设计组成员通常询问每一核心职员或管理者如下问题：

- 你从事什么工作或作业？
- 你完成该作业花费多少时间？
- 完成该作业需要什么资源？
- 哪些经营数据能最好地反映作业业绩？
- 该作业对组织而言有何价值？

设计组也通过观察并且编制工作完成表来收集作业数据。

制造过程存在四类作业：

① 单位级作业。是为生产的每一个单位而发生的作业。单位级作业发生于完成一个单位产品的每一时间段，比如，直接材料、直接人工的运用，部件的插入，每一项检验和机器运行等均是单位级作业。

② 批别级作业。是因每批或每组产品而非每一单位产品而发生的作业。批别级作业发生于生产一批产品的每一时间段，比如，机器调整、采购订单、生产计划、每一批的检验、材料整理等都是批别级业务。

③ 产品级作业。是为支持不同产品的生产而发生的作业。比如，它通常包括产品设计、部件管理、工厂变更指令的支出、紧急事务处理等。

④ 设备级作业。是在总体上支持产品而发生的作业。它包括保安、保险、维修、工厂管理、工厂折旧、支付财产，等等。

（二）将资源成本分配给作业

作业驱动资源成本的耗用。资源动因被用以将资源成本分配给作业。选择一个好的资源动因的重要标准之一即因果关系，典型的资源动因包括：①用于公司事业的仪表数；②用于薪酬相关作业的雇员人数；③用于机器调整作业的调整次数；④用于材料整理作业的材料移动次数；⑤用于机器运行作业的机器小时；⑥用于门卫、清洁作业的空间大小。

虽然从公司总分类账中可以较好地发现有关作业执行中耗用的资源成本信息，但大多数总账系统均报告各种资源成本(如间接人工、电、设备和物料等)，而不直接反映完成作业的成本，因此，为获得这些信息需要开发一套新的会计系统。

资源成本可以通过直接追溯或预计的方法以分配给作业，直接追溯法要求计量作业对资源的实际耗用量，例如，用于机器运行的动力费，可以通过查电表，将其直接追溯到机器运行作业中。

如果不能直接计量，就要求部门经理或主管预计雇员花费在每一特定作业上的时间(或努力)的比例。

（三）将作业成本分配给成本对象

一旦进行成本作业，就需要计量完成这些作业的每一单位作业的成本，这项工作是通过计算这些作业所生产出的每个单位产品的成本来完成的。通过不同时间序列以及与其他组织进行恰当的比较，可以确定这些作业的效率(生产率)。

产出是进行作业的成本对象，成本系统中典型的产出包括产品、服务、顾客、计划、业务单位。比如，对保险公司而言，其产出可能是提供给顾客的某种产品或服务、顾客自身、保险代理人或者是从公司资源中获利的某些部门或分部。

作业动因被用以将作业成本分配给成本对象。典型的作业动因有采购订单份数、验收单份数、检验报告数或时数、零部件储存数、支付次数、直接人工小时、机器小时、调整次数、制造周转次数。

第三节　作业成本管理

一、定价

在传统成本计算模式下，产品被过多或过少地分配了辅助资源成本，它的边际收益被高估或者是被低估，企业可能会采取更为冒险或保守的价格策略来追求获利产品的销量。很明显，作业成本管理可以帮助管理者拥有准确的原产品成本知识，并以此来进行恰当的产品定价。

对于顾客的特殊订单，企业考虑到市场竞争因素，应遵循 ABC 法原理，采用适当的短期定价策略。在考虑短期决策的相关成本时，企业需要估计与订单相关的增量成本，包括完成订单所需的额外材料、加工材料所需的兼职或额外劳动、机器运转所需的额外能源和维护成本。短期定价的目标首先在于弥补这些增量成本，只有在具备下列条件时，接受特殊订单才会增加企业利润：

① 拥有完成订单的各种资源。

② 订单仅在短期占用可用资源，以使资源可以很快地被再利用，以保证不影响未来潜在的获利机会。

③ 对顾客特殊订单的短期定价，既不会影响现有其他顾客，也不会影响该顾客下次订货时的定价。

④ 顾客不会将产品转售给其他顾客。

从长远来看，企业需要给产品确定一个能弥补全部资源成本并获得足够投资收益的价格，ABC 法有助于企业选择一个合适的目标投资报酬率来进行定价，以保证包括长期资产(如财产、厂房、设备)和流动资金(尤其包括存货和应收账款)在内的投资资金获得合理的加成利润。

目标投资报酬率法能提供一个成本与产品所需投资的百分比，不仅与有关产品开发、生产的制造费用有关，而且与生产和销售的各项投资有关，可以为公司提供稳定的定价政策。在目标投资报酬率定价法下，价格是建立在生产能力长期利用的基础上，这样在高需求时期，可以获得高于平均水平的投资报酬率；而在低需求时期，也可获得低于平均水平的投资报酬率。同时，目标投资报酬率还为行业价格领导者提供了一个准则，它是一个比较公平的回报，不会引致恶性竞争。

二、产品替代

定价和产品替代可以相互补充。运用作业成本分析提供的信息，可以使顾客了解到产品性能、独特性和价格之间的交替关系，顾客可以权衡以高价格获得专门指定性能的产品和以低价格获得一种低成本的替代品两种不同的需求。

三、重新设计产品

在没有作业成本信息指导的情况下，技术人员往往为性能而设计产品，忽略了许多部件、产品多样性、生产过程过于复杂的成本。通过出色的设计来削减产品成本的最好机会是产品的初次设计，作业成本分析揭示了一些设计中存在的非常复杂的昂贵部件和烦琐的生产过程，可以被删除或修改，而它们却很少增加产品的价值。

产品的重新设计是建立在不降低顾客需求的前提之上，往往是非常有吸引力的选择。

四、改进生产过程和经营战略

传统的产品成本计算是通过一个由最终产品所需的全部部件和配件组成的材料清单所完成的，作业成本分析当然也需要材料清单，但还需要一份更有价值的作业清单。常见的产品成本作业清单会揭示生产产品所需的批量水平和产品水平的作业，提供额外的、一系列可以降低产品所需资源成本的行为，供管理者从中发现改进经营过程的机会。

在公司经营过程被改进以后，就可以以更少的资源来完成相同的任务。这种准备率上的收益将通过较低的成本分配率的形成，在未来的作业成本模型中予以量化；而较低的成本分配率又反过来导致对使用这些作业的产品分配更少的成本，由此形成良性循环。

作业成本清单还通过成本级别分类为公司改进经营战略提供有益的借鉴，有远见的管理者因此主张将高产量的通用产品和低产量的定做产品分离开来进行生产。

五、技术投资

ABC 法的采用，更容易促使企业管理者重视技术投资。众所周知，先进的制造技术可以解决批量生产的效率与灵活性之间的矛盾。弹性制造系统（FMS）、计算机辅助设计（CAD）、计算机辅助技术（CAE）和计算机辅助软件技术（CASE）等信息密集型的制造技术都极大地降低了批量水平作业和产品水平作业的成本，同时又保持了高度自动化生产的效率。因此，对于这些信息密集型制造技术的投资，实质上是为了降低传统的制造技术下发生的批量水平作业和产品水平作业的成本；而这些作业成本的变化，只有在实行 ABC 法的情况下，才可以被容易并清晰地揭示，并引起管理者的重视。

六、削减产品

如果重新定价、重新设计、改进生产过程和经营战略、技术投资等策略都不适宜或者不具备经济上的可行性，那么管理者不得不采取最后的办法，即终止不获利产品的生产。

削减产品在企业内部遇到的阻力最可能来自销售部门，因为销售部门更重视需求的曲线的变化和销售额锐减对它们业绩的影响。在这种情况下，企业可以考虑通过改变激励系统来达到削减不获利产品的目的。企业可以允许销售部门通过改变获利产品和不获利产品的组合来达到企业总利润最大化，或者在允许不获利产品生产和销售的同时，在销售定额和激励报酬中不计算这部分产品的销售额，这样问题就会迎刃而解。

作业成本管理策略的实施，有利于企业降低生产产品和服务顾客所需的成本。定价和产品替代将会使企业产品组合由难以生产的产品向易于生产的产品转移；改进生产过程、重视技术投资将使生产同样的产品耗用更少的资源；而削减产品更清楚地说明了余下的产品是需要更少资源的优势产品。

作业成本管理的基本思想是要求企业削减与需求无关的资源费用，企业不能再坚持片面重视变动成本的传统思想，少做一次生产准备、少订一次货、少搬运一次原材料，都可以降低企业作业成本水平。要么下决心采取行动缩减未利用的生产能力，要么设法运用未利用的生产能力，企业才会产生更大的收益。

第四节　作业成本法的应用

一、业绩计量和评价

ABC 法产生了大量有助于业绩计量和评价的数据和信息，可用于评价个人或作业单元的责任履行情况。一些资源动因、作业动因等方面的非财务信息还可帮助管理人员从非财务角度来进行业绩评估。按作业设立责任中心和使用更合理的分配基准更易区分责任，ABC 法有助于完善责任会计。

二、预算制度

ABC 法可以按作业中心制定预算，从而减少传统预算责任不清的问题；通过作业核算和分析，可以发现过去的低效作业和浪费作业，从而制定出更为合理的预算标准；同时，ABC 法的成本动因和作业成本信息更能较准确地预测未来资源需求，为构建弹性成本预算和更有实效的差异分析提供依据。

三、作业管理

ABC 法通过确认作业和核算作业成本，使企业管理深入到作业水平。例如，对企业内所有作业和作业过程进行分析，从而确定哪些作业是必须的，哪些作业是无效的，并尽可能消除不增加价值的作业，提高增值作业的效率，同时减少完成有效作业的消耗。

四、过程管理

ABC 法是一种面向过程的管理方法。这体现在：

① ABC 法所涉及的作业本身就是一些或简单或复杂的过程。

② ABC 法的实施必须对生产经营过程进行全面的分析和研究，有助于了解过程的合理性和有效性，并优化这些过程的潜力。

③ ABC 法通过选取成本动因，清晰地将制造费用和基本的资源消耗、作业消耗联系起来，管理者可以比较直接地了解制造费用的细节，更清晰地了解制造费用发生的原因，从而可以行使更为有效地控制成本。

五、顾客和市场盈利能力分析

ABC 法将顾客和市场作为成本归集对象，这便于进行一种极为有用的顾客和市场分析。分析时，可将所有与特定客户或市场相关的收入和成本进行比较，其中成本应包括生产过程、销售过程及所有其他相关过程的成本。这种分析使管理者能够了解顾客或市场对企业盈利和水平的影响，有助于企业制定恰当的客户或市场管理策略。

第八章 目标成本管理

目标成本是指根据预计可实现的销售收入扣除目标利润计算出来的成本。在新产品开发过程中，目标成本则是指为实现目标利润必须达成的成本目标值。目标成本管理(Target Cest Managrment，TCM)又称目标成本规划、成本策划，是企业所运用的能够确保新产品开发并获取足够利润的各种手段。

第一节 目标成本管理的内涵

一、目标成本的含义

目标成本是企业一项重要的经营管理目标。它既是一个目标概念，又是一个成本概念。作为目标概念，它是目标的一种具体形式，是企业预先确定的一定时期内所要实现的成本目标。即想要达到的成本水平、数值或指标，即企业成本管理工作的奋斗目标。它一般包括三个相互联系的方面：目标成本额、单位产品成本目标和成本的降低目标。作为成本概念，它是企业作为奋斗目标和控制指标而预先制定的产品成本，即用货币表现的费用支出。它是一种低于目前成本和经过努力去实现的成本，就其类型来说，是一种不同于会计核算成本的经营管理型成本。可见，目标成本既有目标的属性，又有成本的属性，是两者的统一。当它作为一个目标概念时，它的成本属性使它与其他成本区别开来。因此，目标成本的特点可以从两个方面来认识：

（一）从目标的角度来认识

目标成本除了具有一般目标、管理目标和企业目标的一般特点外，还具有自己的特点，这个特点就是它的成本属性，即这种目标的内容、实体是成本，是一种以成本为内容或进一步说是以成本的内容为内容的目标。其表现形式是价值、货币的形式，其表示水平、指标、数值是成本的水平、指标、数值；其体系是由成本项目构成的体系；其期限是未来成本实现的期限。

（二）从成本的角度来认识

它除了具有一般成本的特点外，还有自己的特点。其特点就是目标的属性。即是一种表示本来方向的对象化了的成本。它具有预见性、确定性、约束性、可分性、可核性、可行性、激励性、经济性等性质。总而言之，目标成本是一种具有管理目标一般特性、企业目标一般特点的成本。

二、目标成本管理的实质

目标成本管理从本质上看，就是一种对企业的未来利润进行战略性管理的技术。其做法就是首先确定待开发产品的生命周期成本，然后则是企业在这个成本水平上开发生产拥有特定功能和质量的、以预计的市场价格出售就有足够盈利的产品。因此，目标成本是由市场需求决定的目标售价(预期售价)和期望目标利润这两个因素来决定的。其计算公式如下：

目标成本=目标售价-目标利润

目标成本=目标售价×(1-目标利润率)

目标成本管理使得"成本"成为产品开发过程中的积极因素，而不是事后的消极因素。企业只要将待开发产品的预计售价扣除期望边际利润，即可得到目标成本。其关键是设计能在目标成本水平上满足顾客需求并可投产制造的产品。

三、目标成本管理的内容

目标成本管理，一般包括成本预测、成本决策、成本计划、成本控制、成本核算、成本检查、成本考核、成本激励奖惩等内容。

1. 成本预测

成本预测是对达到预期目标的各种成本方案。根据有关的资料，运用一定的科学方法，对将来不同情况下的成本水平以及成本可能的发展变化趋势进行测算。

2. 成本决策

成本决策是在成本预测的基础上，结合其他有关资料，运用定量和定性的方法，选择最优的成本效益方案。

3. 成本计划

成本计划是在成本预测与决策的基础上，根据计划期的生产任务、降低成本的要求以及有关资料，通过一定的程序，运用一定的方法，以货币形式规定计划期内产品的生产耗费和各种产品成本水平，并用书面文件的形式规定下来，以作为目标成本执行和考核检查的依据。

4. 成本控制

成本控制是根据既定的成本目标，对成本发生和形成过程以及影响成本的各种因素和条件施加主动的影响，以实现最优成本和保证合理的成本补偿的一种行为。

5. 成本核算

成本核算是根据产品成本计划对象，采用相适应的成本计算方法，按规定的成本项目，通过一系列的生产费用汇集与分配，按照现代管理会计对成本性态的划分，正确划分各种费用界限，从而计算出各种产品的实际总成本、实际单位成本和责任成本。

6. 成本分析

成本分析是在成本核算及其他有关资料的基础上，运用一定的方法，揭示产品成本水平的变动，进一步查明影响产品成本变动的各种因素、原因以及应负责任的单位和个人，并提出积极的建议，以采取有效措施，进一步降低产品成本。

7. 成本考核

成本考核是定期对成本计划及其有关指标实际完成情况进行总结和评价，旨在鼓励先进，鞭策后进，以监督促使企业加强成本管理，履行成本管理责任，提高目标成本管理水平。成本考核的形式可以是国家对企业进行考核，更多的是企业内部对车间、部门以至班组、个人进行考核。

8. 成本检查

成本检查是成本监督的一种形式，它通过对企业成本管理各项工作的检查，揭露矛盾，明确责任，保证成本制度和财经纪律的贯彻执行，改进成本管理。成本检查可以由企业外部有关机构进行，如上级主管部门、审计机构等，或行业企业之间互查，也可由企业内部专门人员执行；既可定期检查，也可突击性检查。

第二节　目标成本管理环节与实施

一、目标成本管理的环节

企业不再将目标成本管理看成是一项独立的工作，而是将其视为产品开发过程中的一部分。由于产品的开发是企业内部事宜，决定了在运用目标成本管理时可以存在许多不同的具体做法。将目标成本管理分解为三个基本环节：市场驱动目标成本规划、产品层次的目标成本规划、零部件层次的目标成本规划。

目标成本管理的过程首先从如何满足市场需求以及顾客对产品的性能、质量和价格的要求入手。“市场驱动的目标成本规划”环节的关键是市场分析。在这一环节中，要确定一个市场所允许的产品成本，再将这个可允许的成本所代表的竞争性成本压力传递到产品开发与设计者身上。

“产品层次的目标成本规划”环节就是要促使产品的开发设计者朝着“许可成本”的目标发挥创造力。

企业一旦确定了产品层次的目标成本，它又会将产品目标成本分解到零部件层次上，又将成本压力转移到供应商身上。这样，供应商也必须想方设法去设计并生产客户企业所需要的零部件，从而保证供应商在将零部件卖给客户企业时也能获得足够的利润。因此，“零部件层次的目标成本规划”将促使零部件供应商与产品的制造商一道向满足顾客需求的目标而共同努力。

拟定成本目标的三个环节之间，存在着一个反复循环的过程，在实施时间上也是相互重叠的。除了市场驱动成本规划过程可以在产品的构思阶段就须早早展开外，产品层次的目标成本规划也并非要等到由市场驱动成本规划过程设计出市场可允许的成本之后才开始运作，而可以同时采取行动步骤。比如，企业可以确定按照目前的设计工艺和企业管理水平制造产品的现行成本以及收集一些供应商方面的反馈信息；进而言之，在产品开发过程中调整优化产品功能、质量的能力意味着企业要不时返回市场中来，以确信产品设计的调整没有偏离目标销售价格。因此，“市场驱动目标成本规划”与“产品层次的目标成本规划”之间存在着反复调整的关系。

同样，“零部件层次的目标成本规划”也必须在“产品层次的目标成本规划”过程中早早地开始，因为后者在很大程度上依赖于对供应商情况的估计(虽然正式的成本分解以及与供应商订立协商供应价的行动，应在整个目标规划过程接近尾声时才进行)。也就是说，这两个环节的工作之间也是存在着反复调整的关系，因为“产品层次的目标成本规划”确定的成本降低的规模有一部分是要求零部件供应商必须满足的，而这种成本降低的目标又必须早早地根据供应商反馈的信息不断加以改进。

二、目标成本计算的步骤

与目标成本管理的三个基本环节相适应，目标成本计算构造包括目标成本设定计算、目标成本分解计算和目标成本对比估算这三个主要步骤。

(一) 目标成本设定计算

目标成本设定计算要求确定一个在目标售价前提下能达成目标利润的目标成本额，它是针对业已确定设计的产品来进行的。从原则上讲，目标成本计算应基于市场导向的要求采用“扣除方式”进行计算，但实务上也有采用“加算方式”的，或者是折衷结合两者的“统合方式”。

1. 加算方式

所谓加算方式，是基于一定的历史的或现实的基准进行一定的加算来设定目标成本的方式。企业根据其拥有的技术水平、作业能力和经营管理水平，以现行材料、人工、制造费用等价格水平为前提计算的成本，加上为追加新功能所必须的成本，减去可除去功能及可消除作业所涉及的成本，从而得出新产品可能达到的成本。

2. 扣除方式

所谓扣除方式是指按照竞争企业和类似产品的售价来预测所研制产品的可能售价。

3. 统合方式

加算方式以现实的经营管理水平为依托，尽管可靠但较为消极，与市场脱节，不利于企业参与市场竞争；而扣除方式则是依托于市场，与市场需求比较接近，但有时与企业现有的资源条件相距甚远。鉴于这种情况，采用两者折衷的统合计算方式比较普遍，这样能较为有效地保证目标成本既具备达成的可能性，又与市场竞争的要求比较接近。

(二) 目标成本分解计算

为了达成已设定的目标成本，将目标成本在企业内部各部门之间加以分解，它所要解决的是成本分摊问题。目标成本分解的方法有多种，企业要根据组织架构和成本形成过程的具体情况，选择适当的方法。这些方法包括：

① 按管理层次分解：将目标成本按公司、分厂、车间、班组、个人进行分解。

② 按管理部门职能分解：将成本在同一管理层次按职能部门分解。比如，销售部门负责销售费用，设计部门负责设计成本和新产品试制费，人力资源部门负责人力成本等。

③ 按产品结构分解：将产品成本分成各种零部件成本和总装成本，分派给各责任中心。

④ 按产品形成过程分解：按产品设计、材料采购、生产制造、产品销售过程分解成本，形成每一过程的目标成本。

⑤ 按产品的经济内容分解：将产品成本分解为固定成本和变动成本；再将固定成本分解为折旧费、办公费、差旅费等项目；将年度目标成本分为季度或月份成本目标，甚至分解成旬或日的成本目标；将变动成本分解为直接材料、直接人工、各项变动费用。

目标成本分解主要是将财务成本按技术要素加以展开。

在这个过程中，以财务或管理成本计算为主要形式的"会计成本"在实践形态上吸纳了技术成本计算的要求，向更高级的"工程成本"转化。

这种转化说明了企业在目标成本管理过程中，成本管理的信息源发生了根本性变化。引入技术性信息源是对传统成本会计计算方式的一项重大突破。

(三) 目标成本对比估算

目标成本对比估算并非对目标成本的直接计算，而是对目标成本进行监控检查的行为，它直接针对现实的设计方案或试制品进行计算。由此可以看出，目标成本对比估算的计算职能和对象与前两个步骤相比，发生了根本性的转变。对成本规划的各技术对象进行成本估算，其目的是通过对比以检验目标成本达成的效果。

三、目标成本管理的实施

在目标成本管理体系中，企业应以目标成本作为管理的根本，一切管理行为以目标设立为开始，执行过程也以目标为指针，结束也应以是否达成目标成本来评价业绩。在组织实施过程中，要强调授权，给下级一定的自主权，减少干预，在统一的目标下发挥下级的能动性和创造精神；强调事前明确目标，以使下级周密计划并选择实现目标的有效具体方法，减少对作业过程的直接干预。

目标成本管理的组织实施要点包括以下几方面：

(一) 经理层要充分知晓目标成本

在计算出目标成本后，企业经理层应十分清晰地明确整个企业所要达到的成本目标，并以此作为成本控制工作的中心，起到指导资源分配、平衡预算、激励员工努力工作和评价绩效的作用。目标成本要转化为子公司、部门和单位的目标，并一直到最低层的目标。

目标成本管理的成败，在很大程度上取决于企业经理是否真正了解目标成本管理的内容和本质要求，是否有推行目标成本管理工作的强烈决心和有效方案。在这个环节的工作中，企业承担着重要的宣传角色，必须在管理层中就以下问题达成共识：

① 目标成本管理对企业的重要性是什么，如何发挥其作用，其优点和不足之处是什么。

② 目标成本管理是否适合本企业，公司经理层是否愿意花费精力和财力坚持下去。

③ 本企业是否具备了推行目标成本管理的条件，即适宜的管理气氛、合理的组织架构和有效的信息管理系统。

④ 目前推行目标成本管理的时机是否成熟。

在没有认真了解这些问题之前，草率起步，盲目推行，效果往往会适得其反。推行目标成本管理，不仅需要具备相应的专业理论知识、经验和人际关系协调能力，而且需要董事会和全体管理层的倾力支持，需要关键岗位的经理人员必须是管理的内行，具有较高的专业素质、领悟能力和业务基础。

(二) 在责任中心分解目标成本

目标成本管理建立在自我控制的基础上，各层次的经理人员必须向下属解释目标的制定原理及实施方法、职责。每个目标和子目标，都应有一个责任中心和主要责任人，并明确其完成的任务和应承担的责任。在分派目标时，常常会发现企业原有组织架构的责任可能是含混不清的，不适应新确立的目标，这就需要及时修正权责或对原有组织做适当的整合。例如，推出一个产品的目标，涉及技术开发、生产和销售经理人员，要明确各工作环节经理人员的具体任务和责任。必要时还要设置一个新的主管岗位，以集中领导并实现满意的协调效果，以保证目标的顺利实现。

(三) 协商确定成本控制目标体系

确定一级的目标，需要上级和下级一起共同研究商讨。上一级经理人员要了解下级单位的情况、想法和困难，给予建设性的指导意见。下级要在企业总目标的指导下，根据本单位的现有资源条件，提出子目标。经过协商平衡后由上一级经理人员批准子目标。经过批准的、可考核的下级目标，要和上一级目标充分衔接配合；同一管理层次的子目标之间也要相互协调，要符合企业的长期目标和根本利益；各目标既要量力而行，也要有一定的挑战性。

分解、设置真正合理、可考核的成本目标，是一件难度很高的工作。目标过高会产生压力和不道德行为，过分宽松则失去激励的意义。如何校正各级经理人员为追求眼前利益而牺牲企业长远利益的倾向，也是一项比较艰难的决策。

(四) 目标分解的循环反复过程

如同编制预算一样，在目标成本管理的组织实施中，从企业管理层知晓、解释目标到各级子目标的分解落实，其间需几个“自上到下，自下到上”的循环往复的过程。通过循环，上级和下级之间、各部门之间相互协调，从而实现总目标的平衡。在循环中，上级会发现新的情况、问题和机会，吸收下级的建议；下级会了解企业的总目标和根本利益所在，接受上级指导，并学会如何与有关部门协作。

第三节 目标成本管理问题及对策

一、可允许成本的设计与信息传递

目标成本管理的每一个环节是市场驱动的成本规划，旨在确定一个为维护市场竞争地位而需要的一个可允许成本，并通过可允许成本的概念将市场竞争压力转移到产品设计者身上，甚至零部件供应商身上。来自市场的可允许成本的计算公式为：

可允许成本=目标销售价格-目标边际利润

在确定可允许成本时应着重注意以下问题：

① 目标成本管理开始于制定企业长期销售和长期利润目标，其目的是确保开发设计的产品在其生命周期中能为企业长期利润目标作出应有的贡献。因此，长期计划的可信度非常重要，这主要涉及两个因素：首先，企业应通过仔细分析所有的相关信息来制定长期销售和利润计划；其次，企业应制定切实可行的计划，对任何不切实际的考虑都应放弃。

② 在确定目标售价时应遵循“销售价格能否提高主要取决于顾客对产品追加价值的判断”的原则，这些追加价值或来自产品的性能的提高，或来自产品质量的提高。只有当企业开发的新产品所提供的附加价值超过其自身旧产品且超过其竞争者的同类产品时，企业才有提高售价的余地。

③ 确定目标边际利润的目的是要确保企业长期利润计划的完成。设置边际利润的通常方式是紧紧依托于旧产品的实际边际利润，然后根据市场的波动情况进行调整。如日本尼桑公司采用这种方法，利用计算机模拟确定售价与利润的关系，然后从这种经验关系出发，根据事前制定的目标售价，反过来确定新产品的目标边际利润。这种详细分析的目的就在于设置切实可行的目标边际利润，以保证企业长期利润计划的完成。

要注意的是，如果生产某种产品需要大量和前期投资，或者预计某种产品的售价或成本在其生命周期内会有重大的变化，则企业就应对产品在生命周期的获利能力进行谨慎分析，并根据风险系数相应调增其期望投资报酬率，进而调整其目标边际利润。倘若没有这种调整，企业就要承担一定的决策风险，有可能生产在其生命周期内没有足够期望回报的产品。

设计可允许成本的目的是向产品的设计者和产品零部件的供应商传递来自市场的成本信号的压力。但要特别注意的是，可允许成本的计算是以企业自身切实可行的长期利润目标为基础。首先，可允许成本只表示企业有什么样的竞争方向，并不能作为衡量企业与其竞争实力大小的基准。要使可允许成本有这种作用，就必须设置以同行业最先进的获利能力为基础的目标边际利润。其次，可允许成本的计算并没有考虑产品设计者以及产品零部件供应商降低成本的实际潜力，从而不能保证产品层次的目标成本与代表着市场压力的可允许成本完全相吻合。

二、产品层次的目标成本设计及其信号传递

在目标成本管理的第二个环节，产品设计者应设法在可允许成本的水平上开发满足顾客需求的产品。但事实上，产品设计者并非总能如愿以偿。因此，在给定的企业能力和零部件供应商的条件下，设计出的产品层次的目标成本往往是对可允许成本有所突破的结果。计算产品层次的目标成本的公式为：

产品层次目标成本=现行成本-可实现的成本降低目标

新产品的现行成本指的是在没有采取任何降低成本的措施，并没对新产品的功能和质量变化情况予以调整之后的现行制造成本。这一数据往往是通过经验估计出来的。此后，就可以通过总工程师、产品设计者和主要零部件供应商等有关人员的协同努力来确定可实现成本降低目标的金额。

仅就产品的设计者而言，有几种工程技术可以帮助其降低成本，如价值工程(VE)、生产组装线的设置(DFMA)、质量功能分解(QFD)，等等。VE是一种综合的使顾客价值最大化的产品设计方法，能够在降低成本的同时增加产品的功能。相对而言，DFMA在节省成本方面更注重改进产品的生产或组装方式，同时保证产品的功能水平。QFD则是一种保证顾客需求至上的老方法。

由此可见，在目标成本管理中，为了最大限度地减少产品层次的目标成本和市场可允许成本的差距，企业不但必须将技术和生产程序推向一个极限的位置，而且必须在其他方面最大限度地降低成本，如与供应商商讨进行“零存货”管理的可行性。

如果产品设计不能够实现市场所允许的成本，企业的长期利润就会下降，这说明企业没有达到市场竞争环境所要求的效率水平。在这种情况下，若将现行成本与市场允许成本之间的差额视作成本降低的总目标，而将成本降低的总目标与可实现的成本降低目标之间的差额定义为战略性成本降低目标，就必须注意：

① 战略性成本降低目标的规划幅度不宜过大，否则就表明新产品不值得开发。

② 如果不影响新产品开发的可行性，战略性成本降低目标的幅度也不宜过小，否则就会使可实现的成本降低目标幅度过大，从而有可能使得有关人员面对过度的成本降低目标，成本控制系统张力过大，从而导致目标成本管理工作失败。

③ 在新产品值得开发的情况下，可实现的成本降低目标和产品层次的目标成本都将作为对外部零部件供应商施加压力的依据，以及作为成本控制和业绩评价的依据。

在战略性成本降低目标规模适宜的情况下，该目标将给予产品设计者和企业的零部件供应商一种额外的压力，即在下一代产品身上应将这种潜在目标转化为可实现的目标。如果企业在下一代产品身上做不到这一点，则企业将不再具有足够的竞争力。

三、零部件层次的目标成本的设计与信号传递

企业一旦确定了产品层次的目标成本，就可以衍生出该产品零部件层次的目标成本。对零部件层次的目标成本进行规划，可以将来自市场的竞争性成本压力明确转移到供应商身上。现代企业大多遵循规模经济和产业关联度的规则制约，是水平式而非垂直式的集合体，一般是通过外购而不是自制来解决零部件供应问题。因此，这一环节的目标成本规划相当重要。

要进行零部件层次的目标成本规划，首先要将产品层次的目标成本分解到产品的主要功能层次上(例如，汽车的主要功能部分包括引擎、冷却系统、空调系统、传动系统等)。然后，由总工程师负责设立每一个主要功能部分的目标成本。各功能部分目标成本的确定通常是通过总工程师与设计小组成员进行广泛的协商而完成的。

一般来说，企业要以以往的成本降低率水平为基础来制定这些主要功能的目标成本水平。一些企业采用相对简单的经验归纳法确定成本降低目标，而另外一些企业采用相对复杂一些的方法，如功能分析法和生产能力分析法等。

企业一旦确定了主要功能的目标成本，就可以适当地将其分解为组件或零部件层次的目标成本，目的是对主要的外购零部件设立一个合理的购买的价格。一般情况下，将功能层次的目标成本分解到主要零部件层次的目标成本可以由设计小组负责完成，每个设计小

组负责实现其自身的成本降低目标，对零部件、原材料种类的设计以及制造程序的设计都由设计小组自行处理。总工程师和财务负责人所起的作用是设定某些特定部位，特别是高成本部位的成本降低目标。

零部件层次的目标成本设定以后，成本压力的一部分将最终传递至零部件的外部供应商。如果供应商的报价太高，企业便可以与供应商进一步协商直到达到双方能接受的成本水平；如果达不成协议，说明供应商的竞争效率水平达不到企业目标成本管理所要求的水准，企业可能要考虑更换供应商。

另外一种情况是，在目标成本管理中，如果供应商通过积极努力提出的报价低于零部件层次的目标成本，企业可考虑给予供应商某些额外回报，从而巩固共同发展的结盟关系。而且，即使供应商的报价并不比零部件层次的目标成本低，但与以前的报价相比已降低了较大幅度，企业仍可考虑给予供应商一定的激励，为日后新产品开发需要供应商予以不断配合做一些长期的铺垫。

第四节　管理方式与思想创新

一、全球市场化

市场以及企业实质上正日益全球化。北美自由贸易协定(NTFTA)成员美国、加拿大和墨西哥为促进共同贸易的开展开放了各自的边境。涉及面更广的是世界贸易组织(WTO)。

世界贸易组织有一百多个成员国，这些国家同意开放各自的经济，减少关税和补贴，扩大知识产权保护。东欧的重组、德国的统一及欧盟的形成创造了一个超过了美国的巨大欧洲市场。很多外国制造企业必定或计划在欧洲开展业务。再者，许多外国企业已在美国建有制造工厂。亚洲市场，尤其是我国，方兴未艾。结果，在世界范围内竞争将日益加剧。这一趋势在可预见的将来都会存在。

二、全面质量管理(TQM)

许多企业正在将全面质量管理方法应用到经营中。按照这一方法，整个组织上至总裁下至一般员工都要参加，不断探求提高产品和服务质量的方法。主要特点通常包括小组法、发现并消除问题。以顾客服务为重点和致力于系统的改进。

三、柔性

对需求量、产品构成和产品设计变化的快速适应能力已成为主要的竞争战略。在制造业方面，敏捷制造(agile mantufacturing)一词有时被用来说明柔性。

敏捷制造商强调运作柔性和速度以获得竞争优势。位于美国宾夕法尼亚的福特汽车公司电子元件厂就是敏捷制造的例子。该厂一天生产约124000个发动机控制器、反锁闸敏感元件和速度控制器。因每一产品有400~500个零件，这意味着每天要对500多万个零件进行组装。不过，该厂管理者说，当收到要求改变产品的订单后，通常在24小时内可将符合顾客要求的产品发出。该厂之所以能对订货变化做出如此迅速反应是因为它具有柔性高的自动设备、为适应变化而设计的软件以及不必急于售出的少量库存。

能迅速、经济且几乎无破坏地从一种设计转到另一种设计的这一敏捷制造方式，在福特汽车公司得到应用。这一方式也被其他许多公司，无论大公司还是小公司所采用，这些公司已从十分强调产量和减少成本的传统大量生产方式转向了以速度和柔性为重点的生产方式。美国公司与外国公司的激烈竞争加速了这一势头。

也许敏捷制造过程的关键环节是信息的快速收集与处理。例如，条形码的广泛使用就给福特公司电子元件厂的管理者提供关于每一产品情况的信息。另外，一旦发现有缺陷，将由电子审计线索返回追查该缺陷产生的确切地点，从而可使管理人员集中精力消除问题的根源。

四、缩短时间

许多企业正集中精力减少完成各项任务的时间以获取竞争优势。如果两个企业都能按同样的价格和质量提供相同的产品，但其中一企业交付货物比另一企业早 4 周，那么赢得客户的必定是较快的那个企业。为缩短时间，企业可在工序加工、信息检索、产品设计和对顾客报怨的处理方面下功夫。

五、技术

技术进步促使大量新产品和新工艺出现。毫无疑问，计算机已经将继续对企业组织产生最大影响，它使企业运作方式发生了真正的革命。其应用涉及产品设计、产品特性、加工技术、信息处理和通信。在新材料、新方法和新设备方面的技术进步也极大地影响着运作。产品和工艺上的技术变化将直接影响到企业的产品质量及其竞争力。但除非技术与现有企业运作系统做到很好地结合，否则技术会使成本提高、柔性减少，甚至生产率下降，其结果弊大于利。

六、工人参与

越来越多的企业正在采取让基层人员参与决策和解决问题这一举措。其原因是他们已认识到工人掌握有关生产过程的知识以及工人可对改进生产系统作出贡献。工人参与的关键是建立工作团队，做到在协商一致的基础上解决问题和进行决策。

七、流程再造

一些企业正采取严厉的措施提高其经营业绩。在重新设计企业流程方面坚持从头开始。流程再造是指一切重来，对现有流程进行分析，找出问题所在，从而设计出新的企业流程。流程再造的核心是使现有企业流程得到重大改善。例如为满足顾客要求或将新产品投向市场所需要的步骤进行再造。通过流程再造，柯达将新型照相机投向市场的时间减少了一半，而联合碳化物公司削减了 4 亿美元的固定费用。当然，流程再造并非对任一企业都适合。最适合的应是那些处于困境和若不采取措施即将陷入困境的企业。流程再造并不是立竿见影的，也并不总是奏效。它需要小组参与、良好的沟通、奉献精神及关心员工。

八、环境问题

污染控制和废物处理是管理者必须关心的重要问题。企业正日益注重减少废物、使用毒性较小的化学制品(例如，草坪修理服务正转向采用对环境有利的方法)，以及设计出使顾客更容易再处理及再利用的产品和部件。有时用对环境负责的制造这一概念来说明这些举措。有关环保问题的规章越来越多，内容越来越细。对污染和废物控制不力的企业的处罚也很严厉。尽管这样做会给一些企业加大负担，但从总体上看这将减少对环境的破坏，还人类一个美好的生活空间。一些不重视环境问题的后果在东欧一些卫星国的工业城市中可以看到。在那里长年的忽视给环境造成了毁灭性的破坏，要使环境得以恢复需多年的时间和巨额的资金。这些国家已颁布了废物处理规章，专门从事废物管理和再处理的企业有了用武之地。

九、供应链管理

所谓供应链管理，就是为了满足顾客的需求，在从原材料到最终产品的过程中，为了获取有效的物资运输和储存，以及高质量的服务和有效的相关信息所做的计划、操作和控制。供应链应是从原材料到最终产品整个过程中各个环节所组成的一条链。

十、精益生产

这一新的生产方式产生于20世纪的90年代。它结合了这里列举的许多趋势，强调的是质量、柔性、缩短时间和协同工作。这一方式导致组织结构呈扁平状，管理层次较少。

精益生产的得名是因为该系统可使用比大量生产系统较少的资源——较少的空间、库存和工人——生产出同样多的产品。精益生产系统利用技术高的工人和富于柔性的设备。事实上，精益生产集中了大量生产(高产量和低成本)和手工艺生产(品种多和柔性)的优点。精益生产的产品质量要优于大量生产的产品。

“准时生产制”(JIT)是精益生产的代表系统，在这种系统里，生产过程中的商品运动时间与供应商的交货时间经过了仔细的安排，在作业过程中的每一步，下一批(通常批量很小)都会在前一批刚结束时到达，因此才称之为“准时”。这样的系统就不存在等候加工的空闲细项，也没有等待加工细项的空闲工人与设备。

精益生产系统中有技术的工人比大量生产中的工人更多地参与对系统的维持和改进工作。他们被告知如果发现一个缺陷就停止生产，同其他雇员一道找出并消除造成缺陷的根源，以使缺陷不再出现。这样做必将导致一定时间内质量水平的不断提高，根除在生产线另一端检查和返工的需要。由于精益生产系统在较低库存量下运作，因此对何时将出现问题的预测要格外重视，并通过认真的计划来避免这些问题。即使如此，问题仍时常出现，迅速解决就显得十分重要。工人要参与计划和修改工作，仍要聘用技术专家，但更多是作为顾问而非代替工人。企业应将对系统(产品和工艺)的设计作为中心环节，以使工人能创造出较高质量和更多数量的产品。

十一、物料需求计划

物料需求计划(MRP)是一个基于计算机的信息系统，为非独立需求存货(例如原材料、组合零件、组件等)的订货与时间进度安排而设计。从预定日期开始，把产成品特定数量的生产计划向后转移成组合零件与原材料需求，用生产提前期及其他信息决定何时订货以及订多少货。因此，对最终产品的需求产生了对被计划期分解开来的底层组件的需求，使订货、制作与装配过程都以确定的时间安排，以及时完成最终产品，并使存货保持在合理的低水平上。MRP 是一种技术，也是一种哲学理念；它是一种存货控制方法，也是一种时间进度安排方法。

第九章 成本控制分述

本章主要探讨了采购、生产、质量、物流、营销、人力资源五个方面的成本控制。

第一节　采购成本控制

一、采购成本的构成

采购成本有广义和狭义之分。广义的采购成本包括物品的获取成本，物品的储备成本以及物品的品质成本，而狭义的采购成本则仅仅是指物品的获取成本。

1. 物品的获取成本

物品的获取成本包括：

(1) 请购手续成本

请购所花的人工费用、事务用品费用，主管及有关部门的审查费用。

(2) 事务成本

估价、询价、比价、议价、采购、通信联络、事务用品等所花的费用。

(3) 进货验收成本

检验人员的验收手续所花费的人工费用、交通费用、检验仪器仪表费用等。

(4) 进库成本

物品搬运所花费的成本。

(5) 其他成本

如会计入账、支付款项等所花费的成本，等等。

2. 物品的储备成本

物品的存储成本包括：

(1) 资金成本

存货的品质维持需要资金的投入。投入了资金就使其他需要使用资金的地方丧失了使用这笔资金的机会，如果每年其他使用这笔资金的地方的投资报酬率为20%，即每年存货资金成本为这笔资金的20%。

(2) 搬运成本

存货数量增加，则搬运和装卸的机会也增加，搬运工人与搬运设备同样增加，其搬运成本一样增加。

(3) 仓储成本

仓库的租金及仓库管理、盘点、维护设施(如保安、消防等)的费用。

(4) 折旧及陈腐成本

存货容易发生品质变异、破损、报废、价值下跌、呆滞料的出现，等等，因而所丧失的费用就加大。

(5) 其他

如存货的保险费用，其他管理费用，等等。

3. 物品的品质成本

所谓品质成本，其内在含义就是以货币为表现形式的品种理想状况与现实状况的差别。它具有三个基本属性：

① 品质成本是品质问题的经济表现，它以货币作为语言。

② 品质成本把品质投入与品质损失联系起来。

③ 品质成本不是财务会计中的成本概念，具有一定的隐含性。

品质成本的概念将会在四个方面有所深化和扩展：

① 针对制造扩展到设计、采购和使用中，最后直至产品全寿命周期。

② 从用于现状的反映和分析深化、扩展到用于预测和决策分析。

③ 从有形品质成本扩展到无形品质成本。

④ 从生产企业自身扩展到供应商、用户和社会。

品质成本主要包括以下几个方面：

(1) 设计品质成本

设计品质成本指企业为了保证产品设计品质适合用户要求和生产能力所投入的费用，以及设计缺陷所造成的损失。它分为：

① 设计品质投入。它包括企业在产品研制过程中编制可靠性大纲和设计试验规范，培训设计人员和品质可靠性人员，进行可靠性试验、开展设计评审等活动所支付的费用。这些费用基本上都属于预防成本，企业可以通过有关会计和统计资料获得比较准确的资料。

② 设计缺陷损失。由于设计方案存在修改设计或重新设计，从而导致设计、试验费用的无效增加；由于设计方案中选择的技术标准、原材料、零部件不适当，规定的品质要求不合理，从而导致采购、加工、检验费用的无效增加；设计缺陷导致企业在生产售后服务中的各种品质损失和用户的品质损失。这些损失费用的少部分比较明显，绝大部分比较隐含，可能表现为以正常的成本费用掩藏起来，也可能表现为其他原因导致的品质成本专案。

(2) 采购品质成本

采购品质成本包括为了促使和鉴定采购物品达到合同规定的品质要求所支付的费用，以及采购未达到品质要求给需方造成的损失。它分为三个部分：

① 采购预防成本。评价供应商的品质保证能力，提出采购物品的品质要求，帮助供应商改进产品品质和完善品质体系等活动所发生的费用。

② 采购鉴定成本。对采购进行检验鉴定所发生的费用，这种检验活动包括货源地核对和进厂检验。

③ 采购损失成本。由于对采购物品未达到合同规定的品质要求给顾客所造成的而供应商又未能给予补偿的损失。

(3) 边际品质成本

边际品质成本指品质成本对产品品质特性最小单位变化的变动成本。它包括：

① 边际品质投入。当产品品质特性处于某一水平时，产品品质特性最小单位的变化所发生的品质投入的变化量。

② 边际品质损失。当产品品质特性处于某一水平时，产品品质特性最小单位的变化所导致的品质损失的变化量。

(4) 用户品质成本

用户品质成本指用户为了获得品质满意的产品并使其有效地发挥功能所支付的费用，以及产品品质不能满足用户要求给用户造成的损失。它分为：

① 用户品质投入。用户了解产品品质特性或特征及生产、经销企业的生产、经营情况，进行产品验收，学习产品的使用和维护方法，办理产品品质、安全保险等方面所发生的费用。

② 用户品质损失。指由于产品品质不适合用户要求，给用户造成的损失，它主要包括用户对品质不良的产品进行附加的检查、修理、退换所支付的而未能得到补偿的费用；用户使用品质不良的产品额外增加的人工费、材料费、动力费；产品出现品质故障给用户造成的产量损失和信誉损失；用户处理产品造成公害的费用。

(5) 社会品质成本

社会品质成本是指国家品质监督机构、环境保护机构、用户权益保护组织等在鉴别和促使改进产品品质从而维护用户和国家利益、保护环境等方面所投入的费用，以及产品品质不良造成公害给社会带来的经济损失。

(6) 全寿命品质成本

全寿命品质成本是指产品从市场调研、研制、生产、使用直到报废、销毁为止的全过程中，品质对其有关各方面造成的损失。全寿命品质成本的核算和分析不是以企业为对象，而是以产品为对象，它包括供应商、研制单位、企业、用户和第三方等与产品有关各方的品质成本，其中主要是研制单位、生产企业和直接用户的品质成本。

(7) 作业品质成本

作业品质成本是指企业为了促使全体人员始终做好本职作业所支付的费用，以及作业差错所造成的损失。作业品质成本核算与分析的物件不是产品，而是作业。

二、采购成本的分析

采购成本分析是企业追求合理价格手段之一，通常是由采购部门和财务部门负责办理，有时也聘请专业的成本分析师。

1. 适当的采购成本

从采购观点而言，支付给供应商的价格，即构成企业的采购成本，因此，采购成本控制的目的，在于追求购买价格的公平与合理。而所谓公平合理的价格，应对交易双方均属适当，而足以与竞争状态、品质、交货及付款条件等相称。基本上，价格的公平性与合理性，可从下列三种立场来分析：

(1) 市价的立场

市价立场是认为只有"市价"才算是公平合理。假定对于某一材料品目，买卖双方均有竞争，买方竞"求"，卖方竞"供"，则成交的数量和价格，完全须凭竞争而决定。如此决定的价格，便是公平合理的价格。

(2) 供应商的立场

供应商的立场是认为能够收回供应商的生产成本，且仍有合理利润，才是公平合理的价格。但这种价格，尚需配合市场情况而变动。例如，竞争程度的高低，自然也会影响这种价格的高低。

(3) 企业的立场

企业的立场是指企业为获得所需物品应该付出的某一代价，即是公平而合理的价格。企业愿意付出多少，会因自己的需要程度而不同，以及该物料的品质、作用、是否还有其他获得方式而异。

因此，能够适宜地兼顾到上述三种立场的采购价格，才是真正公平合理的价格。

2. 物品成本分析

物品成本分析是指就供应商所提供的成本估计，逐项审查及评估，以求证成本的合理性与适当性。

(1) 物品成本分析的内容

物品成本分析的内容包括下列的项目：

- 工程或制造的方法。
- 所需的特殊工具、设备。
- 直接及间接材料成本。
- 直接及间接人工成本。
- 制造费用或外包费用。
- 营销费用及税收、利润。

换句话说，成本分析也就是查证上述各项资料的虚实，这包含了两项工作：

① 会计查核工作。必要时，可查核供应商的账簿和记录，以验证所提供成本资料的真实性。

② 技术分析。对供应商提出的成本资料，就技术观点作"质"的评估，包括制造技术、品质保证、工厂布置、生产效率等，此时采购部门需要技术人员的协助。

(2) 物品成本分析的运用

企业进行物品成本分析，通常应用在以下几个方面：

① 物品底价制作困难。

② 物品无法确定供应商的物料报价是否合理。

③ 物品采购金额巨大，成本分析有助于将来的议价工作。

④ 运用固定的成本分析表，可以提供议价的效率。

(3) 物品成本分析的提供

物品成本分析资料是由供应商掌握管理，企业采购部门无法揣摩编纂，只有依赖供应商自行提供。但是成本分析所使用的报表，则有两种形式：

① 由各报价供应商自行提供。

② 由采购部门事先编订固定的报价单或成本分析表，提供给所有供应商统一填报。

采用第一种提供的方式，因为各个供应商之间报价的内容或成本分析的项目很难获得一致，则增加采购人员议价、比价工作的难度。甚至有些供应商可能避重就轻，因陋就简，这种草率的成本分析表所提供的作用就相当有限。反之，第二种固定的成本分析表，对提高议价、比价的效率将有很大的贡献。

总之，采购成本分析应包括所有各项成本细目，并且认定各细目数字是否合理，以及制造费用的分摊是否适当。最好的成本分析方式，是采购部门请相关部门编制一份详细的成本预估，将其与供应商所提的成本资料逐一相互核对，便不至于完全以供应商所提供的资料为依据，造成议价效果的困难。

3. 物品成本分析的要点

一般企业的采购对象(即采购品)大致可分为下列四个层次：

- 原材料、素材料类：如钢板、铝锭、原油等。
- 委托加工定制品类：如冲压件、铸金类、切削件、印刷基板等，此为企业自身设计的，无法与其他企业共用。
- 规格品零件类：如螺丝、垫圈、电阻等。
- 专业(规格品、专利品)组件类：如马达、变压器、半导体等。

针对四个不同层次的采购对象，可运用以下分析来降低成本。

(1) 原材料素材成本分析要点

① 确认设计说明书是否有超过规格的设计。分析使用材料的材质、等级、规格、形状、面积、厚度、零件项数、比重、尺寸、品质等级等，重新确认是否可能使用其他材料。

② 分析材料形态、素材形状要素等。材料使用总成本为：材料单价与实际耗用量的乘积，所以必须再分析材料的切削损耗、材料形态，以期减少使用材料的损耗数量。检查材料价格要素，可以生产经济批量、制造过程、取料方式、公司付款方式、公司订购量等为重点。

③ 计算各种方案使用材料的成本。

④ 对各方案材料费进行分析，对改善方案进行取舍。

⑤ 实施与追踪。

(2) 委托加工制品成本分析要点

① 商讨本身设计图面、说明书是否在设计时即已充分认识各层次的加工工程，并避免加工浪费(例如，已考虑不良率的发生、加工程序的简化、加工速度、特殊工程等)，以核对修正图面及加工说明书，来降低成本。

② 商讨加工方法、加工工程。同一零件会因加工方法及加工工程安排不同，导致成本的差异。

③ 选定最适当的机械使用方法。

④ 设定最适当的作业条件。

⑤ 设定最适当的动作条件。

⑥ 设定加工工时。

⑦ 设定工程的时间费用率。

⑧ 计算各方案的加工成本。其中模具或专用机具、专用冶具、制造零件所必需的专用设备，宜作为专用费或单独费用另行计算。

(3) 零件类采购成本分析要点

① 做替代品的市场调查与评价分析，针对设计说明书所需的规格，寻找市场价格较便宜的替代品。

② 积极活用市场情报，关注市场规格品开发动向，收集同行竞争者的采购情报以及新制品、新技术、新工艺的最新情报。

③ 组成总成件的各组件、半组件及零件规格的标准化。

④ 找出能符合各种采购条件组合的最适当销售的规格品，而选取其中最低采购成本者。

⑤ 实施并追踪。

(4) 专业组件类成本分析要点

① 把专业规格组装品及专利品等以机能与构造两项和替代品做横向比较。

② 专业制造厂商的共通特征是具有高度专业开发力及技术力；但对降低成本的能力比较低，所以采购方面是驱使制造商提高降低成本的技术能力，协助其降低制造成本，以间接帮助本身降低采购成本。

③ 将降低成本的主题放在专业厂商的流通、原材料、零件、托外加工品途径明确化、成本最低化上。

④ 专业组件厂商，有的将主要力量投入在开发技术部门，而其企业内部不一定具备制造机能，完全依赖托外加工，故可展开与其紧密的合作，提高其托外的制造技术水准，以降低成本。

三、物品价格的审议与计算

1. 物品价格的审议

就采购人员来说，物品成本分析只是提供了将来议价的参考价值，也就是获得一个合理的价格参考的依据，它解决“量”的问题。至于“质”的问题，也就是各供应商报价单位的内容，采购人员必须先加以审议、比较，才能获得合理采购价格的基础。

物品价格审议的作用如下：

① 事先发现报价内容有无错误，避免造成将来交货的纠纷。确保供应商所附带的任何条件，均为企业所接受。

② 将不同的报价基础加以统一，以利于将来的议价、比价工作，也不会发生“拿苹果和橘子比”的谬误。

③ 培养采购人员成本分析能力，也避免按照“总价”来谈判价格的缺点。

采购部门审议某一物品的价格是否公平合理时，必须先了解价格的形成情况。如果价格的形成，是经过竞争而形成的，则表示该物品已由市场确定了价值；换言之，此项由竞争形成的价格为该物品的公平合理价格。但如果是在没有竞争的情况下，或是在竞争不充分或采购量相当庞大的情况下，则采购部门便应进行价格审议，并于必要时再作成本分析。

在通常情况下，企业价格审议可以对供应商的价格作一适当的判断，而不一定要运用成本分析技术。当然，如果进行成本分析，则同样能够研判价值是否公平合理，而达到价格审议的效果。

价格的审议，在本质上是一种资料比较的程序。因此必须注意的是：既然是资料的比较，则所用的资料应该是"可以互相比较的资料"。举例来说，如果两家供应商的价格，是各以不同的技术条件或付款条件为基础，它们的价格便是"不能互相比较的资料"。此外在调阅过去同类采购案以供比较时，因不同时期的采购案，许多因素均可能大有差异。例如，采购物品的规格、数量、交货时间、买方自备的材料、作业效率的改进以及前后时期的一般经济情势等，对价格产生重大的影响，亦可能造成不能相互比较的资料。在这样的情况下，采购部门可以将价格资料作适当的数字调整，以使价格能由"不可比较"而变为"可以比较"。

2. 物品价格的计算

采购价格的计算方式，通常有下列四种：

(1) 科学的计算方式

对于构成价格的各种因素，进行科学的分析，必要时采取改进措施。这种方法，可以合理的材料成本、人工成本及作业方法为其基础，以算出采购价格。

采购价格的公式如下所示：

$$P=Ma+t(b+c)d+F$$

式中 P——采购价格；

M——材料的需要量(表示标准材料的尺寸、形状、标准规格)；

a——材料的单价；

t——标准时间(主要作业时间+准备时间)；

b——单位时间的工资率；

c——单位时间的费用率；

d——修正系数(例如，为了特急品而加班、连夜赶工及试生产等)；

F——采购对象的预期时间。

这种科学的计算方法，其依据十分明显，所以与供应商交涉时，具有充分的说服力。但是，若供应商无法接受，则应根据各项目的资料，逐一商讨双方的差距，并互相修正错误，以达成协议。

这种方法需要设定各项作业的标准时间，同时亦须算出工资率及费用率。因此，应收集有关标准时间的数值资料以及有关工资率及费用率调查资料，按各业别、规格予以分类，并加以统计。此外，对于修正系数及预期利润，也应预先决定。

(2) 经验的计算方式

有经验的采购人员，可凭自己的判断来算出合理的价格。所谓经验的计算方式，就是一种直觉的计算方法。

(3) 比较前例的计算方式

利用曾被认为适当的同类产品的价格，加以比较分析并做必要的修正措施，以决定价格的方式。这种方式，可依据过去累积的数值资料，使价格更加精确，却也可能深受以前价格的影响。

(4) 估计的计算方式

依据图面、设计书等，估计者可凭经验及现有信息，估计材料费及加工时间，并乘上单位时间的工资率之后，再加上费用率，即可决定价格。

这种方式，完全依赖估计者的技巧，且在进行评价时，应不断地修正其差距，以获得适当的价格。

(5) 成本加利润的计算公式

采购价格=成本+合理利润

成本=本地制造器材成本+进口器材成本+工程设计成本+安装成本+其他成本

本地制造器材成本=直接原料成本+直接人工成本+间接制造成本+管理成本

进口器材成本=进口器材在国外港口船上交货价格×汇率+保险费及运杂费+关税

工程设计成本=设计人工成本+设计材料成本+间接费用

安装成本=安装人工成本+安装材料成本+工具损耗成本+间接费用

其他成本=财务成本+其他不属于以上各项成本

合理利润=本地制造器材成本×合理利润率+进口器材成本×合理利润率+工程设计成本×合理利润率+安装成本×合理利润率+其他成本×合理利润率

各项合理利润率需视其资金来源不同而各异，由成本分析人员参考国内外相关行业的投资报酬率、风险率、市场利润率以及财政部核定的相关行业利润率，并考虑预付款及成本内已包括财务成本等因素分别审慎确定。

四、采购成本控制的方法策略

1. 采购成本控制的要点

(1) 事前规划

① 建立合格的供应商评选制度。

② 查询以往的采购记录或当前市场行情。

③ 了解买卖双方的优劣势。

④ 掌握影响成本涨跌的特定历史或事件。

⑤ 制定适当的规格，避免发生围标或指定供应商采购。

(2) 事中执行

① 寻求两家以上合格供应商来报价。

② 制作底价或编定预算。

③ 要求供应商提供报价单或成本分析表。

④ 进行报价分析或成本分析。

⑤ 运用议价技巧。

⑥ 协助供应商推行价值工程。

⑦ 提供价格变动报告表。

(3) 事后考核

① 选择价格适当的供应商签订合约。

② 约定价格调整的特定因素(工资、电费汇率、材料成本等)。

③ 长期合约应定有计价公式。

④ 利用数量折扣或现金折扣。

⑤ 查核发票价格与订购价格是否符合。

⑥ 进行价格差异分析。

⑦ 建立价格资料档案。

2. 采购成本控制的方法

采购成本控制的方法其实就是使用系统的方法，以最低的成本取得物品相同的、必要的功能，即提高了物品的价值。具体方法如下：

(1) 检核表法

这种方法主要是采用问卷方式，了解被分析的对象或问题有无改善的余地——变更、解除、宽容、整合、替代等机会。

由于供应商的专业能力，对其成本控制能给予有效的技术支援，因此可就其供应的产品，征询其意见。

(2) 头脑风暴法

这种方法利用集体思考力量，相互刺激冲荡，发生连锁反应，以引出更多的控制采购成本创意。此种集体脑力创造开发，是成本控制最有效的武器。

简单来说，这种会议通常由 10 个以下人员组成，对某项问题任意发表自己的想法，在自由开放气氛下，把各人的创意共同讨论，借以解决问题。

头脑风暴的会议方法，严格禁止互相批评，以免阻挠成本控制创意的开发。邀请供应商参加，大大活用其专业知识，可以提高成本控制的效果。

(3) 比较分析法

这是把相类似物品的成本相互比较而得到成本的控制。其方法即将各种物品的单位重量的成本比较、单位体积的成本比较、破裂强度的成本比较、耐用年限的成本比较、形状不同的成本比较。绘成图表或相关曲线，就其差异情形加以分析，寻求以标准规格代替特殊规格，或以价廉者代替价昂者，如此可节省成本甚多。

(4) 成本分析法

物品多半购自市场，因此，为保留有价值的东西，必须付出适当成本。成本分析即是将成本过高的细项列出，然后实施改善方案，即是计算出可能降低成本的数字。

3. 采购成本控制的策略

(1) 化零为整策略

规模效益的企业，其内部各厂各部门共同的物品应采用“集中采购”方式，各行各业之间亦应推行“联合采购”，以集体替代个体的谈判力量，避免被供应商各个击破，达到“以量制价”的目的。

(2) 内外兼顾策略

掌握货币升值的机会，突破“内购”比较便宜的观念，加强“外购”的活动能力，特别是向东南亚邻近国家询价、比价，以分散采购地区兼顾进口成本降低之利。

(3) 自助人助策略

积极开发替代品及提高自制及设计能力，在原用物品短缺时，能“自力救济”。并且平时应加强与同业或关系企业联系，一旦急需时可以得到“调拨”或“借支”的便利。

(4) 权变采购策略

推行“统购”，选定合格厂商签订长期供应合约，避免重复请购，制定采购作业流程，精简人力，提高效率；实施内部及外部(非采购主办部门)采购授权，加速零星紧急、因地制宜采购，提高处理时效。

(5) 财税导向策略

熟悉与运用投资抵减、优惠关税等政府法规，以降低购入成本；学习外汇操作技巧，回避币值风险；要求以弱势货币报价，并用长期付款方式交款，以获取外汇兑换利益。

(6) 用人唯才策略

慎重选用能力强的采购人员，以求达到成本降低的目标；建立良好采购稽核制度，杜绝舞弊、浪费现象。也就是先有“防弊”的措施，再追求采购的绩效。

第二节 生产成本控制

一、生产成本的分析与核算

生产成本分析与核算，就是对企业一定时期内的生产费用进行审核、分配和归集，计算出各种产品的总成本和单位成本，这也是成本管理和会计管理的重要内容。企业生产人员配合企业财务人员进行成本分析与核算，加强成本管理，控制费用支出，降低产品成本，计算损益，改善生产经营管理，提高经济效益。

1. 生产成本的构成

生产成本是具体由某种产品负担的费用。它又可分为以下四类：

(1) 直接材料费

指直接用于产品生产，构成产品实体的原料及主要材料、外购半成品以及有助于产品形成的辅助材料和其他直接材料费用。

(2) 直接人工费

指直接参加产品生产的工人工资以及按生产工人工资和规定的比例提取的职工福利费。

(3) 燃料和动力

指直接用于产品生产的外购和自制的燃料及动力费。如果产品成本中燃料和动力费所占的比重很小，也可以将其并入“直接材料费”或“制造费用”中。

(4) 制造费用

指企业各个生产单位为组织和管理生产而发生的各项间接费用。包括管理人员工资及福利费、折旧费、修理费、办公费、水电费、机器物料消耗费、劳动保护费以及其他制造费用。

上述四项费用，它们共同构成产品的生产成本或制造成本，简称成本项目。在实际工作中，企业可以根据自己的生产特点和管理要求，对以上成本项目作适当的增减调整。

2. 生产成本核算的要求

为了充分发挥生产/产品成本核算的作用，提供真实可靠的成本信息，产品成本核算应遵循以下几项要求：

（1）正确划清各种费用界限

为了正确核算产品成本，应在费用确认的基础上，划清以下几种费用界限。正确划清这些费用界限的过程，实际上就是产品成本核算的全过程。也就是在生产费用分配和归集的基础上，计算产品成本。

① 应计入产品成本的费用界限。企业发生的费用构成复杂，性质各异，用途多样，并不是所有的费用都要计入产品成本，只有与产品生产密切相关的(工业)生产费用才能计入产品成本；而期间费用、营业外支出以及专项工程支出等非(工业)生产费用则不能计入产品成本。因此，根据费用的性质和用途，划清应计入产品成本和不应计入产品成本的费用界限，是产品成本核算的根本要求。

② 本期费用和以后各期费用的界限。企业一般按月核算生产费用，计算产品成本，以满足分期核算损益的需要。因此，对于应计入产品成本的生产费用，还应划清本期费用和以后各期费用的界限。凡是应由本期产品负担的费用，都应计入本期产品成本；不应由本期产品成本负担的费用，应计入以后各期产品成本。为此，要正确组织待摊费用和预提费用的核算。

③ 各种产品成本的界限。进行产品成本核算，必须计算每一种产品的成本。因此，对应由本期产品成本负担的生产费用，还要在企业所生产的各种产品之间进行划分。凡能直接确定由某种产品负担的费用，应直接计入该种产品的成本；为生产几种产品共同发生的费用，应采用合理的分配方法，分配计入各种产品的成本。

④ 完工产品成本和在产品成本的界限。企业在没有期末在产品的情况下，某种应负担的生产费用(包括期初在产品成本和本期生产费用)，就是该种产品的完工产品成本。如果期末既有完工产品又有在产品，那么，某种产品应负担的生产费用，就应采用适当的方法，在完工产品和在产品之间进行分配。

（2）合理选择资产计价方法

生产过程中的物化劳动耗费，是构成产品成本的重要内容。因此，资产计价的方法合理与否，对产品成本核算有着重大影响。

这里所指的资产计价，是指对产品生产过程中耗用资产的计价，包括耗用固定资产和存货的计价。合理选择资产计价方法，就是在各种固定资产折旧方法和发生存货的计价方法以及低值易耗品的摊销方法中，做出合理的选择。计价方法一经确定，不能随意变更，如有必要变更，应在会计报表附注中说明变更情况、变更原因以及对财务状况和经营成果的影响。只有这样，才能保证成本核算资料的真实性、可比性和一贯性。

(3) 合理选择费用分配方法

如前所述，在划清各种产品成本的界限和划清完工产品与在产品成本的界限时，都涉及费用分配方法问题。分配方法的选择，应根据企业的实际情况，在合理、简便的原则下确定。各种费用分配方法的不同，主要在于分配标准的不同。因此，合理选择费用分配方法，关键是要选择合理、简便的分配标准。所谓合理，是指分配标准的选择要符合比例关系的要求，即分配的结果要同标准成比例关系；所谓简便，是指作为分配标准的资料容易取得。各种费用分配方法的基本原理可用下述公式加以概括：

$$分配率=\frac{某项费用总额}{某项分配标准之和}$$

$$某对象应分配的费用=某对象的分配标准数量\times分配率$$

3. 产品成本核算的程序

产品成本核算程序是指从生产费用的发生开始，经过分配和归集，直至计算出完工产品成本为止的整个核算顺序和步骤。其一般程序如下：

(1) 审核和确认生产费用

这是产品成本核算的初始程序，即：根据有关规定，对生产费用进行严格审核和控制，确定生产费用是否应开支及开支多少，把好生产费用支出关；同时，确定应计入本期产品成本的生产费用，划清是否应计入产品成本以及本期费用和非本期费用的界限，为产品成本核算确立可靠的基础。

(2) 生产费用计入产品成本

在第一个程序的基础上，将应计入本月产品成本的各种生产费用，采用一定的方法，在各种产品之间按照成本项目进行分配和归集，计算出各种产品的生产费用，以便进一步计算每种产品的成本。

(3) 计算完工产品成本

将生产费用计入各种产品成本后，完工产品成本的计算一般有以下三种情况：

① 无期初在产品，本月投入生产的产品全部完工时，本月该种产品的生产费用合计，即为该种产品的完工产品总成本。

② 本月投入生产的产品全部未完工时，不计算完工产品成本，已归集到各种产品的生产费用，即为各该产品的月末在产品成本。

③ 当既有完工产品又有在产品时，应将月初在产品成本与本月生产费用之和，在完工产品与月末在产品之间进行分配，计算出完工产品总成本和单位成本。

4. 产品成本计算的方法

为了适应生产类型特点和成本控制管理的要求，在成本计算/核算工作中，有三种不同的成本计算对象。在实际工作中，产品成本计算方法通常用成本计算对象来命名。由此，就产生出了以成本计算对象为主要标志的产品成本计算的三种基本方法：

- 以产品品种为成本计算对象的品种法。
- 以产品批别为成本计算对象的分批法。
- 以产品的生产步骤为成本计算对象的分步法。

(1) 品种法

品种法是以产品品种作为成本计算对象，归集生产费用，计算各种产品成本的一种方法。它一般适用于大量大批单步骤生产，如采掘、发电、供水等；也可用于不需要分步计算成本的大量大批连续式多步骤生产，如小型的造纸厂、水泥厂、制糖厂等。品种法是产品成本计算的最基本方法，它孕育着一切成本计算方法的最基本的原理。

品种法成本计算的程序，就是生产费用归集和分配的一般程序，即：

① 要按产品品种设置基本生产明细账或成本计算单，账中按成本项目设立专栏。

② 生产费用的归集。如果只生产一种产品，发生的生产费用全部都是直接费用，可以根据费用分配表和有关凭证直接计入成本计算单中有关成本项目，不存在生产费用在各种产品之间的分配问题；如果生产的产品不止一种，则采用直接费用直接计入，间接费用分配计入的方法归集生产费用。

③ 产品成本计算。如果没有在产品，或在产品数量很少，可以不计算在产品成本，产品成本计算中归集的生产费用，就是该种完工产品的成本；如果有在产品，而且数量较多，就需将产品成本计算中归集的生产费用，采用适当的分配方法，在完工产品和在产品之间进行分配，以便计算完工产品成本和月末在产品成本。

(2) 分批法

分批法是以产品的批别作为成本计算对象，归集生产费用，计算产品成本的一种方法。它适用于单件小批装配式多步骤生产，如船舶制造、重型机器制造、精密仪器制造等。此外，新产品试制和试验、修理作业、工模具制造等，也可用这种方法计算成本。

根据产品成本核算的一般程序和分批法的基本特点，分批法的成本计算程序是：

① 一般应按订单或产品批别设置基本生产明细账或成本计算单，账中按成本项目设专栏。如果生产规模较大，为了适应成本分级管理的要求，成本计算单就要分步骤按批别来设置，而且要采用平行结转法进行产品成本结转。

② 生产费用的归集。采用分批法时，各批产品发生的生产费用也要按月进行归集。归集的方法是：能按订单或批别划分的直接费用，直接记入该成本计算单；对于不能按订单或批别划分的间接费用，应先按发出地点进行归集，再在各受益对象之间进行分配。间接费用的分配方法，一般有当月分配法和累计分配法两种。

所谓当月分配法，是指将当月发出的间接费用全部分配给各批产品，而不管各批产品是否已经完工。其计算公式为：

$$分配率=\frac{当月发生的间接费用}{当月分配标准(工时)总数}$$

$$某批产品应分配的间接费用=该批产品当月发生的分配标准(工时)\times分配率$$

这种适用于同期内投产产品的批数不多，月末在产品数量也不多的企业。

所谓累计分配法，是指间接费用的分配，每月只分配给已经完工的各批产品，而且是按累计分配率分配。因此，在各批产品成本计算单中，每月只登记直接费用和工时(或其他分配标准)，各批产品应负担的间接费用，不按月分配，而是在设置的基本生产二级账中逐月累计登记，待某批产品完工时，才分配计入该批产品成本，以便计算该批产品的实际成本。公式如下：

$$累计分配率=\frac{各批产品累计间接费用}{各批产品累计分配标准(工时)总数}$$

$$某批产品应分配的间接费用=该批产品累计分配标准(工时)\times 累计分配率$$

在同期内投产批数多，月末在产品数量也多的情况下，采用此法可简化核算。

③ 产品成本计算。在一张订单或一批产品完工以前，成本计算单中归集的生产费用，就是在产品成本，完工以后，成本计算单中归集的生产费用，就是完工产品成本。

(3) 分步法

分步法是按照产品品种和每种产品所经过的生产步骤归集生产费用，计算产品成本的一种方法。它主要适用于大量大批连续式多步骤生产，如纺织、冶金、造纸、化工等。在大量大批装配式多步骤的机器制造企业，以及家用电器生产企业，也可采用分步计算产品成本。

在实际工作中，由于成本管理的要求不同，分步法在结转各步骤成本时，可以采用逐步结转和平行结转两种方式，从而，分步法也分为逐步结转分步法和平行结转分步法两种。

① 逐步结转分步法也称顺序结转法，是按照产品加工顺序，逐步计算并结转半成品成本，直到最后加工步骤才能计算出产成品成本的一种分步法。在这种方法下，先计算第一步骤的半成品成本，然后结转给第二步骤，加上第二步骤加工费用，算出第二步骤半成品成本，转入第三步骤，如此顺序逐步结转累计，到最后步骤算出的完工产品成本就是产成品成本。

② 平行结转分步法也称为不计算半成品成本法，它是只计算本步骤发生的生产费用，以及应计入产成品成本的“份额”，然后将各步骤的“份额”平行汇总，以计算产成品成本的一种分步法。它主要适用于大量大批装配式多步骤生产企业。在大量大批连续式多步骤生产企业，如果管理上不需要计算半成品成本，也可采用这种方法计算产品成本。

二、生产成本的控制

生产成本控制，包括生产过程前的控制和生产过程中的控制。生产过程前的成本控制，主要是指企业在产品的研制和设计过程中，对产品的设计、工艺、工艺装备、材料选用等进行技术经济分析和价值分析，以求用最低的成本使产品达到设计质量的要求。产品的生产过程，是产品成本形成的主要阶段，做好生产过程中的成本控制，对于企业来说就是按质按量而又低成本地完成生产计划和作业计划。

1. 成本控制的基本程序

生产过程中的成本控制，就是企业在产品的制造过程中，对成本形成的各项因素，按照事先拟定的标准严格加以监督，发现偏差，及时采取措施加以纠正，从而使生产过程中各项资源的消耗和费用开支限制在标准规定的范围之内。企业在进行生产成本控制时，可以按照以下程序操作：

(1) 制定成本标准

成本标准是成本控制的准绳。成本标准，首先包括成本计划中规定的各项指标。但成本计划中的一些指标都比较综合，还不能满足具体控制的要求，这就要求企业必须制定一系列具体的标准。制定这些标准的方法，基本上有如下三种：

① 计划指标分解法。将大指标分解为小指标。分解时，可以按单位、部门分解，也可以按不同产品和各种产品的工艺阶段或零部件进行分解，若更细致一点，还可以按工序进行分解。

② 预算法。用制定预算的办法来制定控制标准。企业可以根据季度的生产销售计划来制定较短期的(如月份的)费用开支预算，并把它作为成本控制的标准。采用这种方法特别要注意从实际出发来制定预算，并自下而上地层层制定。

③ 定额法。建立起定额和费用开支限额，并将这些定额和限额作为控制标准来进行控制。对企业来讲，在生产过程中，凡是能建立定额的地方，都应把定额建立起来，如材料消耗定额、工时定额等。实行定额控制的办法有利于控制的具体化和经常化。

企业在采用上述方法确定成本控制标准时，一定要进行充分的调查研究和科学计算。同时还要正确运用成本指标与其他技术经济指标的关系(如和质量、生产效率等的关系)，从完成企业的总体目标出发，经过综合平衡，防止片面性。必要时，企业还应搞多种方案择优选用。

(2) 监督成本的形成

监督成本的形成是指企业根据控制标准，对成本形成的各个项目经常进行检查、评比和监督。不仅要检查指标本身的执行情况，而且要检查和监督影响指标的各项条件，如设备、工艺、工具、工人技术水平、工作环境等。所以，成本的日常控制要与生产作业计划与控制等结合起来进行。成本日常控制的主要方面有：

① 材料费用的日常控制。车间施工员和技术检查员要监督按图纸、工艺、工装要求进行操作，实行首件检查，防止成批报废；车间设备员要按工艺规程规定的要求监督设备维修和使用情况，不符合要求不能开工生产；供应部门材料员要按规定的品种、规格、材料实行限额发料，监督领料、补料、退料等制度的执行；生产调度人员要控制生产批量，合理下料，合理投料，监督期量标准的执行。车间材料费的日常控制，一般由车间材料核算员负责，他要经常收集资料，分析对比，追踪原因，并向有关部门和人员提出改进措施。

② 工资费用的日常控制。主要是车间劳资员对生产现场的工时定额、出勤率、工时利用率、劳动组织的调整、奖金和津贴等的监督和控制。此外，生产调度人员要监督车间内部作业计划的合理安排，要合理投产、合理派工，控制窝工、停工、加班加点等。车间劳资员(或定额员)对上述有关指标负责控制和核算，分析偏差，寻找原因。

③ 间接费用的日常控制。车间管理费的项目很多，发生的情况各异。有定额的按定额控制，没有定额的按各项费用预算进行控制，如采用费用预算进行控制，可采用费用开支手册、厂内费用券(又叫本票、厂内流通券)等形式来实行控制。各个部门、车间、班组，分别由企业指派有关人员负责控制和监督，并提出改进意见。

上述各生产费用的日常控制，企业应委派专人负责控制和监督，使费用发生的执行者实行自我控制，还应当在责任制中加以规定，这样才能调动全体职工的积极性，使成本的日常控制有群众基础。

(3) 及时纠正偏差

针对成本差异发生的原因，企业要查明责任者，分别情况，分别轻重缓急，提出改进措施，加以贯彻执行。对于重大差异项目的纠正，一般采用下列程序：

① 提出课题。从各种成本超支的原因中提出降低成本的课题。这些课题首先应当是那些引进成本降低潜力大、各方关心、可能实行的项目。提出课题的要求，包括课题的目的、内容、理由、根据和预期达到的经济效益。

② 讨论和决策。课题选定以后，企业应发动有关部门和人员进行广泛的研究和讨论。对重大课题，可能要提出多种解决方案，然后进行各种方案的对比分析，从中选出最优方案。

③ 确定方案实施的方法、步骤及负责执行的具体部门和人员。

④ 贯彻执行确定的方案。在执行过程中也要及时加以监督检查。方案实现以后，还要检查方案实现后的经济效益，衡量是否达到了预期目的。

2. 成本控制的基础性工作

加强成本控制，企业必须建立、健全有关的基础性工作，以协助企业的财务人员对成本进行控制，并实施更为先进的作业成本管理、目标成本管理。成本控制的关键性工作主要有以下几个方面：

(1) 建立分级控制和归口控制的责任制度

为了调动全体职工对成本控制的积极性，企业必须明确和协调各级组织(厂部、车间、班组等)和各归口的职能管理部门(如财会、生产、技术、销售、物资、设备等)在成本控制方面的权限与责任，建立健全成本控制的责任制度。因此，企业要将成本计划所规定的各项经济指标，按其性质和内容进行层层分解，逐级落实到各个车间、班组和各个职能科室，实行分级归口控制。各个归口职能部门，既要完成其他部门分配下达本部门的各项费用指标，也要负责完成厂部下达的归口指标，并进一步把归口管理的指标分解下达到(通过厂部)有关执行单位和部门，从而形成一个上下左右、纵横交错、人人负责的企业成本控制体系。

根据权、责、利三结合的原则，在建立成本控制责任制的同时，必须赋予责任单位和部门以一定的经济权限和利益，使其有搞好本单位责任成本的相对的自主权。这些自主权一般有：压缩流动资金定额的权限，以减少利息支出；上交多余劳动力的权限，以减少工资支出；本单位奖金分配的权限，以调动职工的积极性。

(2) 建立严格的费用审批制度

一切费用预算在开支以前都要经过申请、批准手续后才能支付，即使是原来计划规定的，也要经过申请和批准。这样做，有利于一切费用在将要发生前再进行一次深入的研究，根据新的变化了的情况，再一次确定费用的合理性，以保证一切费用的使用效果。

(3) 建立原始记录与数据收集整理制度

原始记录是成本与控制核算赖以进行的基础资料或第一手资料。如果没有真实、齐全的原始记录，企业就根本无法进行成本与数据收集整理核算工作。因此，企业应根据成本控制和成本核算的需要，结合其他企业管理的要求，建立健全简便易行的原始记录制度。如企业对材料、燃料和动力、工时等的消耗，员工出勤，产品产量及入库，费用开支，产品质量检验等，都要制定相应格式的原始记录，并如实填写，及时传递，以便为成本核算和企业有关管理工作提供可靠资料。

(4) 建立定额管理制度

定额是企业在一定的生产技术和生产组织条件下，对生产经营活动中的各种耗费所制定的标准或应达到的要求。定额管理制度是以定额为依据来安排计划，组织生产，控制消耗的一种科学管理制度。因此，建立健全定额管理制度，对编制成本(费用)计划，组织成本(费用)核算，进行成本控制和分析都具有重要的意义。工业企业的定额有劳动定额、材料消耗定额、燃料和动力消耗定额、设备利用定额、流动资金定额和各种费用定额等。每个企业都应根据目前已达到的水平，结合当前管理的水平，采用适当的方法，科学合理地制定各种定额。定额制定后，要加强对定额执行情况的核算、检查和分析工作，还应根据企业生产技术水平的变化和管理水平的提高，定期地修订定额。

(5) 建立材料物资的计量验收制度

材料物资的计量和验收，既是材料物资管理的基础工作，又为材料物资的计价提供基础数据——数量。如果没有如实的验收和准确的计量，便不可能对产品成本中的材料费用进行正确核算。因此，每个企业都要建立健全材料物资的计量验收制度。如对材料物资的收发、领退，在产品、半成品的内部转移，产成品完工入库等，都要建立相应的计量和验收制度。

(6) 加强员工成本意识

企业组织发动广大员工开展各种降低成本的活动，树立成本意识，如"小指标竞赛"、降低成本的技术攻关活动等，这是成本控制中带有根本性的基础性工作。注意开展这方面的活动，成本控制才有坚实而广泛的员工基础。

三、生产成本控制制度

(1) 总则

第一条　为加强生产成本控制，确保生产效益，特制定本规定。

第二条　本规定的适用范围包括涉及生产成本管理控制的部门和个人。

第三条　生产成本控制是指生产制造中对直接材料、直接人工、制造费用的管理、控制的一系列作业及活动。

第四条　生产成本控制权责规定是：生管科负责对直接材料的消耗指标、领用、投料程序、标准工时、加工单价等作出明文的规范以及生产管理作业的依据；财务科负责对制造费用分摊作出规范及生产成本的核算及生产成本绩效的呈报。

(2) 作业规定

第五条　生产成本控制作业流程：

制定规范分摊准则→汇总/统计核算→成本报表→成本绩效报告。

第六条　公司产品的生产制造，部分产品为订单生产型，部分产品为存货生产型，生产成本的控制依产品的制造特性，分别采用下列方式汇集生产成本。

① 分批成本制。

② 分步成本制。

第七条　生产成本包括：

① 直接材料。

② 直接人工。

制造费用包括：

- 间接材料。
- 间接人工。
- 其他制造费用。

第八条　直接材料成本以“领料单”统计、估算并作“材料耗用汇总表”。

第九条　直接人工成本以“工时卡”“计工单”统计、估算并填制“人工汇总表”。

第十条　制造费用采预定分摊率，各项实际制造费用发生的金额与已分摊制造费用有差异时，则以多、少分摊处理，并视状况转入成本或损益。

第十一条　采用分步成本制时，月底必须估算在制品的完工程序，以核算产量。

(3) 控制重点

第十二条　查核直接材料、间接材料成本的计算，必须符合公司及国家有关成本核算规定。

第十三条　查核当期直接材料、间接材料耗用数量及单位用量。

第十四条　查核领用、退库程序及计价方法必须符合规定。

第十五条　了解成本的核算，要求正确无误。

第十六条　外包人工必须符合相关的规定。

第十七条　当期直接人工、间接人工记录及其工作内容。

第十八条　生产及非生产部门制造费用发生数是否在预算范围内，有无超支情形。

第十九条　制造费用报支，应依财务管理规范及范围报支。

(4) 应用表单

① 材料耗用汇总表。

② 人工汇总表。

③ 成本费用控制表。

④ 产品成本比较表。

第三节　质量成本控制

一、质量成本的含义及其核算

为了满足客户的需要和期望并维护企业的利益，企业必须有计划地、有效地利用可获得的技术、人力和物质资源，在考虑利益、成本和风险的基础上，使质量效益最佳化并对质量成本加以控制。质量和质量管理不仅是技术性概念，还是一个经济性概念。质量成本是质量经济性的主要内容。对质量成本的认识及控制，是企业的薄弱环节。挖掘潜力，进行质量成本核算，持续降低质量成本和改进质量的经济性任务是企业的基本任务。

1. 质量的经济性

质量好的产品才可能有市场，质量过硬的产品在市场上得到认同，才有可能成为名牌产品。质量效益来自消费者对产品的认可及其支付行为。反之，质量问题严重的产品会引起一系列的损失，这些损失会直接或间接地转嫁到消费者头上，这会使消费者失去对产品的信任，使产品失去市场，失去市场的产品同时也失去了价值，也就无经济性可谈。

(1) 质量损失

对于质量损失，人们往往只注意到可计算的看得见的部分，对于那些隐蔽的不易计算的损失却忽视了，而正是这些隐蔽的损失大大降低了社会效益，进而也会影响企业自身的效益。质量损失可理解为在产品的整个生命周期中，由于质量不符合规定要求，对生产者、消费者以及社会所造成的全部损失之和，涉及多方面的利益。

① 生产者损失。因质量问题而造成的生产者损失既有出厂前的，也有出厂后的；既有有形损失，也有无形损失。有形损失如废品损失、返修损失、销售中的修理、退货、赔偿、降级降价损失、运输中的损坏等，这些损失可能占总损失的90%。这些损失通过价值计算都可计入成本，从而转嫁到消费者头上，如转嫁不成，则表现为企业利润减少，效益恶化。无形损失也有种种表现，例如，产品质量低劣，影响企业信誉，直接影响到订货，严重时可使企业丧失市场。这种损失虽然难以直接计算，但对企业的危害极大，甚至是致命的。再如，不合理地追求过高的质量，使产品质量超过了用户的实际需求，通常称为“剩余质量”，剩余质量使生产者花费过多的费用，成为不必要的损失。

② 消费者损失。产品在使用中因质量缺陷而使消费者蒙受的各种损失属于消费者损失。消费者损失的表现形式很多，例如，维修次数多、维修费用高、产品使用中能耗和物耗的增加，因产品质量而导致频繁停工、停产、交货误期，等等。在消费者损失中也存在无形损失的现象，主要表现为构成产品的零部件的功能不匹配，使用寿命不长。从质量的经济性出发，如一种产品的设计寿命为10年，但有些零部件的寿命仅几年，在生命周期中要更换数次，而另一些部件的寿命可以长达10年以上，当产品报废时，这些还有使用价值的费用就是消费者的无形损失。虽然这类无形损失很难完全避免，也不需要生产者赔偿损失，但这些却是消费者实实在在的损失，如果能够在设计中减少这类损失，也有利于提高企业产品在消费者心目中的地位，赢得更多的忠诚度。

③ 社会损失。生产商和消费者都是社会成员，他们的损失也是社会损失的一部分。除此以外还存在另一类社会损失，它是由于产品的缺陷对社会造成的污染或公害而引起的损失，对社会环境的破坏和资源的浪费而造成的损失，等等。由于这类损失的受害者并不十分确定，难以追究赔偿，生产商往往不重视。为减少这类损失，除了生产商必须提高社会责任意识外，政府部门的干预是非常必要的，可以采取法律的、行政的、经济的等种种手段，迫使生产商改进产品质量，减少社会损失。

(2) 质量波动与损失

产品的质量状态总是呈现一定的波动性。质量波动性源于生产过程的系统性因素和以5M1E为代表的偶然性因素，这两方面的因素是始终存在的，因此质量波动是不可避免的。质量波动太大不利于质量控制，严重时会使不良品率上升，质量损失随之增加。日本的质量专家田口玄一提出了损失函数，其表达式如下：

$$L(y)=k(y-m)^2$$

式中　$L(y)$——质量特性值为 y 时的波动损失；

y——实际测定的质量特性值；

m——质量特性的标准值，$\Delta=(y-m)$为偏差；

k——比例常数。

当质量特性值正好等于质量标准值 m 时，质量损失为零，随着偏差的增加，损失逐步变大。

当生产过程处于受控状态时，质量特性值和质量标准的平均偏差可用质量特性值的标准差 σ 来衡量，因此，受控状态下因质量波动而造成的质量损失的平均值可用 $k\sigma^2$来估计。

损失函数在本质上表达的是质量波动和质量损失之间的逻辑关系，提高精度，缩小波动，对于减少质量损失具有十分显著的作用。

但是，要提高工序加工精度，缩小质量特性值的波动方差，就必须提高工序能力。提高工序能力，依赖于技术进步，也依赖于管理进步，这一切都意味着大量的投入。但从企业长期发展看，技术和管理水平的进步毕竟是企业竞争力的基础。只要确实能带来质量改进，降低质量成本，在这方面的投入是值得的。

2. 质量成本

质量成本是质量体系的一个要素。质量成本一般可划分为由内部运行而发生的质量费用和由外部活动而发生的质量费用。所谓质量成本是指“为了确保和保证满意的质量而发生的费用以及没有达到满意的质量所造成的损失”。因此，质量成本有别于各种传统的成本概念，是会计核算中的一个新科目。它既发生在企业内部，又发生在企业外部；既和满意的质量有关，又和不良质量有关。

质量成本分为两大类：内部运行质量成本和外部质量保证成本。一类是企业为确保和保证满意的质量而发生的各种投入性费用，如预防成本和鉴定成本；另一类是因没有获得满意的质量而导致的各种损失性费用，如内部故障成本和外部故障成本。外部质量保证成本是指根据用户要求，企业为提供客观证据而发生的各种费用。

严格来说，企业发生的所有费用都和质量问题存在直接或间接的关系，质量成本只是其中和满意质量或不满意质量有直接的密切关系的那部分费用。不能认为质量成本是指高质量所需要的高成本。恰恰相反，如换一种角度看，质量成本的内容大多和不良质量有直接的密切关系，或者是为避免不良质量所发生的费用，或者是发生不良质量后的补救费用。

3. 质量成本构成

由于企业产品、工艺及成本核算制度等差别，对质量成本的具体构成有不同的认识和处理。质量成本的构成分析直接影响企业会计科目的设置及管理会计工作的运作，国际及国内对此都十分重视。质量成本一般包括：

(1) 预防成本

预防成本是指预防产生故障和不合格品的费用。一般包括：

① 质量工作费(企业质量体系中为预防发生故障、保证和控制产品质量所需的各项费用)。

② 质量培训费。

③ 质量奖励费。

④ 质量改进措施费(制定和贯彻各项质量改进措施的费用)。

⑤ 质量评审费(新产品开发或老产品质量改进的评审费用)。
⑥ 工资及附加费(质量管理专业人员的工资及附加费用)。
⑦ 质量情报及信息费等。

(2) 鉴定成本

鉴定成本是指为评定是否符合质量要求而进行的试验、检验和检查的费用。一般包括：
① 进货检验、工序检验、成品检验费用。
② 试验材料等费用。
③ 检验试验设备校准维护费、折旧费及相关办公费用。
④ 工资及附加费(专职检验、计量人员的工资及附加费用)。

(3) 内部故障成本

内部故障成本是指交货前因产品未能满足质量要求所造成的损失。一般包括：
① 废品损失。
② 返工、返修损失。
③ 复检费用。
④ 因质量问题而造成的停工损失。
⑤ 质量事故处置费用。
⑥ 质量降等降级损失等。

(4) 外部故障成本

外部故障成本是指交货后因产品未能满足质量要求所发生的费用。一般包括：
① 索赔损失。
② 退货或退换损失。
③ 保修费用。
④ 诉讼费用损失。
⑤ 降价处理损失等。

(5) 外部质量保证成本

外部质量保证成本不同于外部故障成本。外部质量保证成本一般发生在合同环境下，指因用户要求，为提供客观证据所支付的费用。一般包括：

① 按合同要求，向用户提供的、特殊附加的质量保证措施、程序、数据等所支付的专项措施费用及提供证据费用。

② 按合同要求，对产品进行的附加的验证试验和评定的费用。

③ 为满足用户要求，进行质量体系认证所发生的费用等。

对质量成本的认识和应用还处于发展阶段。严格来说，质量成本并不属于成本会计范畴，而属于管理会计范畴。因此，研究质量成本的目的并不是为了计算产品成本，而是为了分析寻找改进质量的途径，达到降低成本的目的。

4. 质量成本核算

在进行质量成本的核算时应设置“质量成本”一级科目，下面按质量成本的构成分设“预防成本”“鉴定成本”“内部故障成本”“外部故障成本”和“外部质量保证成本”五个二级科目。同时还要设置汇总表和有关的明细表，计有：“质量成本汇总表”“质量成本预防费用明细表”“质量成本鉴定费用明细表”“质量成本内部损失明细表”“质量成本外部损失明细表”“质量成本外部保证费用明细表”等。

(1) 质量成本核算的方法

目前，国内外企业对质量成本核算主要采用三种基本方法：

① 统计核算方法。采用货币、实物量、工时等多种计量单位，运用一系列的统计指标和统计图表，运用统计调查的方法取得资料，并通过对统计数据的分组、整理获得所要求的各种信息，以提示质量经济性的基本规律为目的，不注重质量成本数据的完整性及准确性(只需要相对准确)。

② 会计核算方法。采用货币作为统一量度；采用设置账户、复试记账、填制凭证、登记账簿、成本计算和分析、编制会计报表等一系列专门方法，对质量管理全过程进行连续、系统、全面和综合的记录和反映；严格以审核无误的凭证为依据，质量成本资料必须准确、完整，整个核算过程与现行成本核算相似。

③ 会计与统计相结合的核算方法。即根据质量成本数据的来源不同，而采取灵活的处理方法。其特点是：采用货币、实物量、工时等多种计量手段；采取统计调查、会计记账等方法收集数据；方式灵活机动，资料力求完整。质量成本既是一种专项成本，就具有现行财务成本的一些特征；但它更是一种经营管理成本，其出发点和归宿点都是为质量经营管理服务。因此，它不可能拘泥于现行财务成本核算的规章制度约束，而应体现自己的特殊性。所以，质量成本核算方法的理想选择是，以会计核算为主、统计核算和业务核算为辅。其基本特征是：以货币计量为主，适当辅之以实物计量、工时计量及其他指标如合格品率、社会贡献率等反映；主要通过会计专门方法来获取质量成本资料，但在具体运用这些专门方法时，可根据具体情况灵活处理，如对有些数据的收集不必设置原始凭证，也不必进行复式记账，账簿记录也可大大简化，质量成本的归集和分配应灵活多样，等等。而对那些用会计方法无法获得的信息，力求准确、完整，而对通过统计手段、业务手段获取的资料，原则上只要求基本准确，也不要求以原始凭证作为获取信息的必备依据。

(2) 质量成本核算的基础工作

质量成本核算的基础工作包括建立健全各种原始记录，建立健全计量和计价制度，建立健全质量成本核算责任制等。

① 质量成本核算。质量成本核算的各种原始记录包括各种台账、表格、卡片、报表等，企业应根据不同的核算要求，设计不同格式的原始凭证，以便及时登记、收集与质量成本有关的数据。

② 质量成本的计量和计价制度。质量成本的范围涉及从设计到售后服务的各个环节，且很多与产品成本混杂在一起，需要进行仔细的分离，有些属于隐含的、潜在的支出，更需要通过建立一整套完善的计量、计价制度，才能相对完整地收集到质量成本数据。这一切有赖于配置灵敏、准确的计量、检测器具，并保持良好的工作状态，建立必要的计量制度，同时，还应根据企业实际及市场行情，制定不同的计价标准，为质量成本充分运用货币手段打下基础。

③ 建立健全质量成本核算责任制。质量成本各项数据的记录、收集、计算、考核、分析、控制、改进，奖惩只有与责任单位紧密联系起来，才能落到实处，取得成效。质量成

本核算责任制的主要内容包括：质量成本各项内容的责任分解；在充分利用现有财会人员的基础上，培训、充实各级质量成本核算员，并明确职责分工；建立质量成本数据分离、记录、审核、汇集、计算、传递、报告的工作程序和规章，确保质量成本核算的及时、准确。

(3) 质量损失的核算

① 质量损失的账户设置。一般应设置"质量损失"总账，下设"产品质量损失""工作质量损失"两个二级账户，明细科目的设置可根据各企业质量损失的大小，质量损失各具体项目的构成情况，择其要者设置，以有利于对最重要的质量损失项目进行收集和控制。

② 质量损失各部门责任分解。在设计开发阶段造成的不良设计损失、最优设计损失、更改损失、更改设计损失由技术开发部门、工艺设计部门负责；在生产阶段造成的报废损失、停工损失、减产损失、降级降价损失等由生产部门、检验部门负责；在销售阶段造成的索赔费、退货换货损失、诉讼费、包修费用、各种质量罚款损失、市场份额下降损失等由销售服务部门负责。

质量计划工作损失中的设计损失由技术开发、工艺设计部门负责；采购损失和储备保管损失由采购部门和物流部门负责；人力资源损失由人事教育部门负责；销售服务阶段造成的质量信誉损失等由销售服务部门负责。质量计划工作中的各种机会损失原则上由质量管理部门负责，各相关单位协助。

二、质量成本的分析

质量成本分析是质量成本控制工作的重要环节。通过质量成本分析可以找出产品质量的缺陷和管理工作中的不足之处，为改进质量提出建议，为降低质量成本、寻求最佳质量水平指出方向。

1. 质量成本分析

(1) 质量成本分析内容

质量成本分析有四项内容，分述如下：

① 质量成本总额分析。通过核算计划期的质量成本总额，与上期质量成本总额或计划目标值做比较，以分析其变化情况，从而找出变化原因和变化趋势。此项分析可以掌握企业产品质量整体上的情况。

② 质量成本构成分析。质量成本的不同项目之间是互相关联的，通过核算内部故障成本、外部故障成本、鉴定成本和预防成本分别占运行质量成本的比率，以及分别计算运行质量成本和外部保证质量成本各占质量成本总额的比率，来分析企业运行质量成本的项目构成是否合理，可以寻求比较合理的质量成本水平。

③ 质量成本与企业经济指标的比较分析。即计算各项质量成本与企业的整体经济指标，如相对于企业销售收入、产值、利润等指标的比率，有利于分析和评价质量管理水平。例如，故障成本总额与销售收入总额的比率可称为百元销售收入故障成本率，它反映了因产品质量而造成的经济损失对企业销售收入的影响程度；再如，外部故障成本与销售收入总额的比率，称为百元销售收入外部故障成本率，它反映了企业为用户服务的费用支出水平，也反映因质量问题给用户造成的经济损失。

④ 故障成本分析。由于预防成本、鉴定成本和外部质量保证成本的计划性较强，而故障成本发生的偶然因素较多，所以，故障成本分析是查找产品质量缺陷和管理工作中薄弱环节的主要途径。

可以从部门、产品种类、外部故障等角度进行分析。

a. 部门故障成本分析。追寻质量故障的原因，会涉及企业的各个部门，按部门分析可以直接了解各部门的质量管理工作状况，所以是很必要的。分析的主要方法是采用部门故障成本汇总金额时间序列图和部门故障成本累计金额统计图。

b. 按产品分类做故障成本分析。同一企业内，由于设计的、设备的、工艺的、材料的以及其他种种原因，产品之间会有较大的质量差异，通过按产品的故障成本分析，可以发现质量问题较为严重的产品，把它选作质量工作的重点。考虑到各产品的产量有差别，分析时可采用相对数，如各产品的故障损失与各自销售额的比率。在此基础上可做 ABC 分类，选择重点研究对象。

对 A 类产品做重点分析，经 ABC 分析确定为 A 类的产品，其故障成本的比重可达 70%。经过责任分析，目的在于发现 A 类产品质量管理中存在的问题。

c. 外部故障成本分析。同样的产品质量缺陷，交货前和交货后所造成的损失差别是很大的，外部损失要大于内部损失。一般从三方面进行分析：第一，做质量缺陷分类分析，从中可以发现产品的主要缺陷和对应的质量管理工作的薄弱环节；第二，按产品分类做 ABC 分析，即占外部故障成本总额 70%左右的产品属于 A 类，占 25%左右的为 B 类，其余的为 C 类，从中找出几种外部故障成本较高的产品作为重点研究对象；第三，按产品的销售区域分析，不同的地理环境往往有可能引起不同的故障，按地区分析有利于查找原因，分析的结果对于改进产品设计，提高产品质量有很重要的意义。

（2）质量成本分析方法

质量成本分析可采用定性和定量相结合的方法。定性分析可以加强企业质量成本管理工作的科学性，可以提高企业员工对质量工作重要性的认识，有利于增强员工的质量意识，推动企业质量管理工作。而定量分析的作用在于做精确的计算，求得比较确切的经济效果。定量分析有以下三种。

① 指标分析法。指标分析方法主要计算增减值和增减率两大类数值。设 C 为质量成本总额在计划期与基期的差额，即：

$$C=\text{基期质量成本总额}-\text{计划期质量成本总额}$$

设其增减率为 P，则有：

$$P=\frac{C}{\text{基期质量成本总额}}\times 100\%$$

其余质量成本构成可以此类推。

② 质量成本趋势分析。趋势分析的目的是掌握企业质量成本在一定时期内的变化趋势。可有短期趋势分析和长期趋势分析。分析一年内各月的变化情况属于短期分析，五年以上的属于长期分析。趋势分析可采用表格法和作图法两种形式。前者以具体的数值表达，准确明了，后者以曲线表达，直观清晰。

③ 排列图分析。排列图是质量管理中的一种基本方法，根据不同的分析目的，把质量

缺陷进行分类，然后按数值大小排列。在质量成本分析中按质量成本大小排列。

2. 质量与利润、效益的关系

质量影响企业的经济效益，主要是由于提高质量，增加利润是反映企业成果的综合性指标，是企业质量管理活动的综合反映，在产品价格、税率不变的情况下，利润的多少主要取决于产品成本和产品销售量两个因素。产品成本的降低，直接表现为企业利润的增加。产品销售量的增长，在价格不变的条件下，也直接表现为利润的增加，而上述两个因素又直接受质量高低的影响，因而质量的高低也就影响利润的变化。

利润的增加，一般与销售量(生产量)、售价、固定成本和变动成本有关。如果企业从相当长的时期来看，生产量应基本等于销售量(假设各期末的库存量基本不变)，这时，销售量与利润的关系，可从盈亏平衡图(保本图)看出。

当固定成本不变时，增加利润的手段有以下三种办法：

① 扩大生产量和销售量、增加市场份额。当销售量足够大时，利润增长率比销售增长率大得多。这是因为销售额增大以后，企业利润的增长包括两部分：第一部分与销售额的增长率相等，即价格减去原单位的成本的利润部分；第二部分是产销量增大以后单位成本降低而取得的利润。

② 提高产品质量，同时适当地提高销售价格，从而可以提高利润率。由于优质优价，使企业利润增加部分是很可观的，在市场份额不变的条件下，企业利润增长率比价格的提高率要大得多。

③ 降低变动费用。采用这种手段，主要应根据价格分析(功能、质量、成本分析)活动来降低材料费用和外购订货费用，或者随着技术设计和质量设计的改善来提高产品的合格率，以及加强质量管理而控制某些质量变动因素所造成的浪费。

在企业的生产过程中，废品损失和返修损失是相当惊人的。减少这部分损失，将给企业带来较大的收益。它一方面减少了生产废品的人工成本和材料损失(包括返修)，表现为单位成本降低；另一方面无不良品生产相当于增加了产量，从而增加了销售额和利润。

3. 质量成本报告

质量成本报告是在质量成本分析的基础上写成的书面文件，它们是企业质量成本分析活动的总结性文件，供总经理及有关部门决策使用。

质量成本报告的内容与形式视报告呈送对象而定。给高层领导的报告，要求简明扼要地说明企业质量成本总体情况、变化趋势、计划期所取得的效果以及主要存在问题和改进方向；送给中层部门的报告，除了报告总体情况外，还应该根据各部门的特点提供专题分析报告，使他们能从中发现自己部门的主要问题与改进重点。质量成本报告的次数，对高层领导的要少一些，如公司规模大又无异常变化，可一季度一次，而对中层领导则应该一月一次；如情况有异常，可每旬报告一次，以便及时处理质量问题。质量成本报告应该由财务部门和质量部门联合提出，以保证成本数据的正确性。

(1) 质量成本报告的基本内容

报告一般需要包括质量成本发生额的汇总数据、原因分析和质量改进对策等三大内容，所以要包括以下五方面内容：

① 质量成本计划执行和完成情况与基期的对比分析。

② 质量成本的四项构成比例变化分析。

③ 质量成本与主要经济指标的效益比较分析。

④ 典型事例和重点问题的分析以及处理意见。

⑤ 对企业质量问题的改进建议。

(2) 质量成本报告形式

质量成本报告内容可以繁简各异，形式可以各种各样。按时间可采用定期报告和不定期报告，书面形式可采用报表式、图表式和陈述式。

三、质量成本的计划与控制

质量成本效益的实现，在很大程度上取决于企业的质量成本计划控制。与其他控制活动一样，在实施控制以前先要制定一个控制目标。制定目标是计划工作的主要内容，而目标制定得是否科学合理，与质量成本的趋势预测是否准确有关。

1. 质量成本的预测

质量成本预测是质量成本计划的基础工作，是计划的前提，是企业有关质量问题的重要决策依据。预测时要求综合考虑用户对产品质量的要求、竞争对手的质量水平、本企业的历史资料，以及企业关于产品质量的竞争策略，采用科学的方法对质量成本目标值作出预测。

(1) 质量成本预测的目的

主要有三个目的：第一，为企业提高产品质量和降低质量成本指明方向；第二，为企业制定质量成本计划提供依据；第三，为企业内各部门指出降低质量成本的方向和途径。

(2) 质量成本预测分类

按预测时间的长短可分为短期预测和长期预测。一年以内的属于短期预测，用于近期的计划目标与控制；两年甚至更长时间的属于长期预测，用于制定企业竞争战略。

(3) 质量成本预测的准备工作

预测是对事物发展趋势的超前认识，首先需要掌握大量的观测数据和资料。主要收集以下资料：

① 用户资料，收集用户关于产品质量和售后服务的要求。

② 竞争对手资料，包括产品质量，质量成本(这类资料很难获得)，用户对竞争对手产品质量的反应等。

③ 企业资料，主要包括本企业关于质量成本的历史资料，如质量成本结构、质量成本水平等。

④ 技术性资料，即企业所使用的检测设备、检测标准、检测方法以及企业所使用的原材料、外购件对产品质量及质量成本的影响资料，还有企业关于新产品开发和新技术、新工艺使用的情况。

⑤ 宏观政策，即国家或地方关于产品质量政策等。

然后对收集到的资料进行整理分析，从中寻找质量成本变化的规律、用户需求的规律、质量成本不同构成要素之间相互作用的规律，等等。要在充分准备的基础上做预测。

(4) 质量成本的预测方法

质量成本预测时要求对各成本构成的明细科目逐项进行。由于影响不同科目的方式不同，表现出的规律也不相同，所以对不同科目可采用不同的预测方法。通常采用下列两种方法：

① 经验判断法。当影响因素比较多，或者影响的规律比较复杂，难以找出哪怕是很粗糙的函数关系时，可组织经验丰富的质量管理人员、有关的财会人员和技术人员，根据已掌握的资料，凭借自己的工作经验做预测。此外，对于长期质量成本也适宜使用经验判断方法。

② 计算分析法。如果经过对历史数据做数理统计方法的处理后，有关因素之间呈现出较强的规律性，则可以找到某些反映内在规律的数学表达式，用来做预测。

2. 质量成本计划

质量成本计划是在预测基础上，用货币量形式规定当生产符合质量要求的产品时，所需达到的质量费用消耗计划。主要包括质量成本总额及其降低率，四项质量成本构成的比例，以及保证实现计划的具体措施。

质量成本计划由数值化的目标值和文字化的责任措施两部分组成。

(1) 数据部分计划内容

数据部分计划包括如下内容：

① 企业质量成本总额和质量成本构成项目的计划，它们是企业在计划期内要努力达到的目标。

② 主要产品的质量成本计划，这里所谓的主要产品是相对于产品质量成本对企业效益的影响程度而言的。

③ 质量成本结构比例计划，结构比例对企业效益有一定的影响，在质量成本总额一定的条件下，不同的质量成本结构效益是不同的。

④ 各职能部门的质量成本计划。

⑤ 质量费用计划，反映计划期的质量费用水平情况。

(2) 文字部分计划内容

此部分的计划主要包括对计划制定的说明，拟采取的计划措施、工作程序等，具体有如下内容：

① 各职能部门在计划期所承担的质量成本控制的责任和工作任务。

② 各职能部门质量成本控制的重点。

③ 开展质量成本分析，实施质量成本改进计划的工作程序等说明。

3. 质量成本的管理与控制

质量成本管理主要在产品策划、产品开发，生产制造和销售服务这三个阶段发挥作用。

(1) 产品策划阶段的质量成本管理

这是质量成本管理参与质量经营活动的最重要的阶段。

据国外统计资料表明，通过提高产品设计质量获得的节约费用，最大幅度可占生产费用总和的80%；而设计质量的平庸甚至缺陷，在研制过程中通过技术革新、攻关手段获得的节约费用，最大幅度只占生产总费用的20%。另据统计，设计上的缺陷如能在设计过程中及时发现、修正与更正，比起留待在生产加工制造中暴露与解决要节省得多。在产品策划设计阶段财务人员参与质量管理，加强质量成本控制，能避免不必要的损失，带来巨大的质量效益。

具体地说，新产品开发设计(包括对原有产品功能的改进和提高)中的质量成本管理，包括以下内容：

① 由质量经理及下属各级决策部门决定当期的质量改进目标。

② 预测新产品开发的投资费用，规划投资费用的来源，正确估算资金成本，合理安排开发费用的支取程序和进度，厉行节约，努力降低设计规划成本。同时，进行新产品开发功能的经济评价，坚决避免无效设计、至善设计、过剩设计。

③ 正确预测新产品的制造成本。

④ 正确预测新产品的寿命周期成本和社会成本，寻求企业生产成本、用户使用成本和社会成本(包括对环境的破坏程度，对资源尤其是不可再生资源的消耗程度)的最佳组合。

⑤ 参与新产品的定价决策。根据新产品市场周期的不同阶段，以及不同细分市场的供求情况，制定不同时期、不同区域的价格标准。

⑥ 预测投资回收期，合理安排投资的偿还时间、步骤和方式。

⑦ 对影响新产品预期经济目标的各种因素尤其是风险因素进行预测，评估其影响，并采取相应的对策。

产品策划阶段质量成本管理还有一项重要工作就是确定产品质量的最佳水平，这是质量设计和生产阶段质量成本控制的基础。优质、高效、低成本是企业管理的基本目标，三者之间又互相矛盾。因此，对产品质量的要求，并不是说质量越高越好。在一定条件下，产品有效性能的提高，意味着成本的提高。质量管理的目标就是使产品质量在满足用户要求的情况下，尽可能地保持三者之间的优化平衡，不断提高企业的质量效益。因此，在产品开发设计策划时，不应片面追求产品质量水平可能达到的最高值，而是把产品质量保证费用(成本)和产品价格联系起来确定其最佳质量水平。

(2) 产品开发的质量成本控制

在产品开发设计过程中，除了选择最佳质量水平外，还应考虑设计阶段的成本，进行质量成本控制。设计阶段的成本一般包括设计规划成本，如调研费用、结构组合费用、条件审查费用等；试制实验成本，如样品试制费用、实验费用、鉴定评审费用等；技术管理成本，例如技术文件的管理费用、情报管理费用、设计管理费用等。上述这些费用既构成产品的设计成本，又是确保和提高产品质量所支付的费用，构成产品质量成本的一部分。产品开发设计质量成本控制的目的就是要以最低的成本设计出质量最佳的产品。产品开发设计质量成本控制的主要内容如下：

① 控制产品质量在适宜水平。通过产品质量最佳水平分析，确定开发设计产品的最佳质量水平。只有这样企业才能取得最好的质量效益，用户才能获取最佳的经济利益，从而保证质量成本的降低。

② 运用价值工程原理进行工艺的质量成本分析。公差及最后加工的条件对成本的影响很大。过分严格或不必要的公差及最后加工条件的要求会造成不必要成本的增加。分析公差及加工程度的要求以决定能否放宽公差或变换较不昂贵的材料都可以减低成本。设计人员的概念往往会造成不必要成本的增加。过分地追求完美的产品，使用最好的材料及最佳的工作方法都是造成成本增加的主要原因。应当采用适当的材料、适当的方法、最低的成

本制造出符合顾客需求的产品，而非不计成本地使用最好的材料、最佳的工作方法做出最完美的产品。价值工程所强调的是以最低的成本来可靠地达成效用。

价值工程的主要目的在降低成本，但降低成本并非偷工减料或降低品质，主要是消除不必要的成本和过度的品质。所谓过度的品质就是超过能达成产品(机能)所需要的品质，由过度品质所造成的成本属于不必要的成本。

③ 加强设计的论证和评审，以保证产品的设计质量，实现预期的质量目标。设计论证和评审是开发设计新产品各个阶段决策的重要依据，根据评审结论，决定下阶段的工作方向和目标。为了做好论证评审工作，必须合理、正确地选择评价目标、确定各阶段的评价对象，并对产品或系统的功能、效果等进行科学的测定，然后根据评价标准作出审定结论。通过加强设计的论证和评审，可以防止设计试制过程中的大反复或停滞不前被迫下马等被动局面，并能将设计成本控制在最低水平。

④ 加强样品的试制和试验，保证产品设计质量的完善。

样品的试制和试验是对设计工作质量的最好验证，是设计过程中的一种早期报警的重要形式，通过试制和试验考核，可以暴露出在设计中难以预料的问题，及早发现、予以修正，从而完善产品的设计质量，以降低产品的设计成本。

⑤ 加强技术文件的管理，控制技术管理成本。技术文件包括设计图纸、产品配方、工艺规程、产品技术条件、产品说明书等，技术文件是制造过程生产技术活动的依据，也是质量管理的依据。因此，加强技术文件的管理，要做到技术文件正确、完整、统一和清晰，保证技术文件的质量。

(3) 生产制造阶段的质量成本控制

这一阶段质量成本管理人员的主要任务是：协助各职能部门用经济的手段生产出符合设计标准要求的产品，最大限度地降低制造成本。具体包括：

① “5M1E”的经济确定。人、设备、材料、方法、检测和环境结合的有效程度，决定着工序能力水平，而它结合的经济性如何，则直接体现在制造成本的高低上。成本管理人员必须从经济角度，在保证和提高工序能力的前提下，对“5M1E”的费用投入进行评估。具体评估如下：

a. 与人事教育培训部门通力合作，共同商讨对与生产过程有关的各类质量人员的培训方案，特别是要求计量、化验和特殊操作、特种工艺人员都应通过严格考核并取得资格证明，使其适应质量管理、质量控制的需要，在此基础上计算质量教育培训成本。

b. 参与新机器设备、工量具的增值过程，协助确定是购置、改良、租赁，还是提高设备利用率，使之既能满足产品生产的质量要求，又能保证增置设备成本控制在预定的目标范围之内。

c. 参与各种原材料、外协配套件的选购工作，保证成本管理人员切实参与评价供应商的财务等级和信用等级方面的活动，对关键的、重要的材料、半成品、外购件、外协品应建立严格的预算管理制度。

d. 对工艺方法、操作方法提供会计帮助。主要是从经济的角度审查工艺计划是否合理，工艺路线、工艺规程的设计质量是否符合要求，能否满足质量特性形成过程的需要，是否经济合理。

e. 参与检测系统的建立。包括：协助确定原材料及外协件采购是驻厂协作检验还是送达检验，是全数检验还是抽样检验；工序检验是自检、互检还是交检，检验的频次及检验点分布的确定；成品检验的经济平衡点的确定；对重大的预防性自动化检测设备的安置得失进行经济论证；对为获得产品现场服务性能而进行的各种试验特别是破坏性试验而投入的费用进行效益评估；对已鉴定为不适用产品的经济处理等。

f. 参与对生产环境、工作环境的确定，在经济的基础上创造文明的生产环境和良好的工作气氛。

② 参与生产制造过程有关事项的经济决策。在生产制造阶段，有很多质量管理项目需要成本管理人员的大力协助，才能得以最经济、有效地确定。具体包括：

a. 最佳质量品率的确定。

b. 质量改进突破的决策。

c. 质量改进程度决策。

d. 工序控制分析。

e. 故障损失分析。

③ 加强生产技术准备的质量控制，控制质量成本。生产技术准备阶段是指从审查产品的工艺性开始到产品投入生产并能有效控制为止的阶段。这一阶段的主要任务就是根据设计图纸和技术要求，结合工厂实际情况，制定出切实可行的生产技术准备质量控制计划，使生产过程处于受控状态。生产技术准备质量控制的主要内容包括：

a. 审查产品设计，其中重点是产品图纸和技术规格的工艺性，在此基础上审查工艺计划是否合理，工艺路线和工艺规程的设计质量是否符合要求，能否满足质量特性形成过程的需要，是否经济合理。

b. 加强与生产过程有关的各类人员的培训，要求计量、检验、化验和特殊操作、特种工艺人员都应通过严格考核并取得资格证明，使其适应质量控制的需要。

c. 建立生产过程质量管理机构，明确各部门的质量责任，建立各级人员的质量责任制和奖惩制度，并建立质量数据收集、整理、传递、处理和反馈系统，保证质量控制计划的实施。

d. 选择合理的加工设备和工艺装备，使之既能满足产品生产制造过程的质量要求，又能保证产品的制造成本控制在标准范围之内。

e. 加强采购供应的质量控制，建立严格的材料入库检验制度。对关键的、重要的原材料、半成品、外购件、外协件应建立严格的管理制度。

f. 加强生产的现场环境管理，保证文明的生产环境和良好的工作气氛，提高产品的质量。

通过加强生产过程准备阶段的质量控制，可以促使企业生产按照质量控制计划进行，使预防成本和检验成本处于一个合理的水平，从而保证质量总成本的降低。

④ 加强工序的质量控制，保证不良品率在较低的水平。工序质量，是指操作者、设备、材料、检验和环境等因素在工序中对产品质量综合作用的结果，工序质量控制就是要保证工序能稳定地生产合格品，并使工序质量的波动处于允许的范围内。工序质量控制的目的就是在不合格品发生之前，发现问题，及时处理，防止不合格品的发生，控制不良品

率在较低的水平，从而控制质量成本。加强工序质量控制的手段主要有建立工序质量控制点，运用控制图。

⑤ 组织好技术检验工作，保证检验费用的合理。为了保证产品质量，必须根据技术标准，对原材料、在制品、半成品、产成品以至工艺过程质量进行检验，严格把关，不合格的原材料不投产，不合格的零部件不转序，不合格的半成品不使用，不合格的产成品不出厂。并根据技术检验过程中取得的质量状况数据，进行分析、整理，为改进质量，加强质量管理，控制质量成本提供信息。组织好技术检验工作要做好以下几点：

a. 正确规定技术检验的范围和设置专职检验点。

b. 选择合理的工序检验方式。

c. 建立一支专群结合的检验队伍，实行自检、互检、专检相结合。

⑥ 加强不合格品管理，降低厂内厂外损失。加强不合格品的管理可以从以下几方面进行：

a. 做好不合格品的统计工作。

b. 及时处理不合格品。

c. 定期召开质量经济分析会，进行质量评审，查找原因。

d. 建立不合格品档案。

⑦ 加强辅助生产过程的质量管理，控制成本。辅助生产部门主要是为生产第一线提供服务保障的供应、工具、设备、动力、运输等部门。制造过程中的很多质量问题都直接与这些部门的工作质量有关，辅助生产过程中的工作质量还直接影响到产品的成本，因此，应加强辅助生产过程的质量管理，控制其质量成本。

（4）销售服务过程的质量成本管理

销售过程的质量成本，是指在销售过程中为保证产品或服务质量而支出的一切费用，以及未达到产品或服务质量标准而产生的一切损失性费用。它一般包括产品服务费用、保修费用、退货损失、折价损失、索赔费用等。产品服务费用，是指在产品的包装、运输、安装、使用和维护方面为用户提供服务活动而支出的费用。保修费用，是指保修期间全面对用户提供修理服务所支出的一切费用。退货损失，是指因产品质量问题，造成用户退货、换货而支出的一切费用。折价损失，是指由于产品质量低于标准，经与用户协商同意折价出售的损失和由于折价损失而减少的其他收益。索赔费用，是指由于产品质量问题，经用户提出申诉，而进行索赔处理所支付的一切费用。因此，加强销售过程的质量成本控制，对降低产品的质量总成本，增强企业的竞争能力，提高质量效益等具有十分重要的意义。

销售过程的质量成本控制包括以下四个方面的内容：

① 对销售服务费用的经济性进行评价。

② 销售服务网点的经济确定。

③ 对外部故障损失的收集、分析和反馈。

④ 加强售后服务管理，控制成本。

四、质量成本优化

质量成本的优化是指根据质量成本的不同构成及质量成本的特性曲线，选择合适的质量成本优化方法，进而达到质量成本的最低。

1. 质量成本的合理构成

质量成本的构成指预防成本、鉴定成本、内部故障成本和外部故障成本四项，质量成本的优化与质量成本的合理构成有关。据国外统计资料分析，质量成本的四个项目之间有一定的比例关系，通常是，内部故障成本占质量成本总额的25%~40%；外部故障成本占到20%~40%；鉴定成本占10%~50%；预防成本仅占0.5%~5%。比例关系随企业产品的差别和质量管理方针的差异而有所不同。对于生产精度高或产品可靠性要求高的企业，预防成本和鉴定成本之和可能会大于50%。

上述四项成本相互之间有着内在的联系，例如，出厂前疏于检验，内部故障成本减少了，但是产品出厂后的外部故障成本肯定会增加。反之，出厂检验加强了，内部故障成本和鉴定成本增加，但外部故障成本会减少。如果企业采取预防为主的质量管理方针，预防成本会有所增加，但其他三项费用会减少。所谓质量成本的合理构成就是寻求一个比例，使质量成本总额尽可能小一些。

20世纪60年代初，美国质量管理专家费根鲍姆曾经做过分析，当时美国企业尚未普遍推行质量成本管理，内部与外部故障成本在质量成本总额中的比重高达70%，鉴定成本占25%，而预防成本很少超过5%。由于忽视了预防措施的重要性，不合格品率很高，直接导致故障成本大量支出。为了减少故障损失，企业又采取加强检验剔除不合格品的措施，于是增加鉴定成本。为限制总成本，不得不减少预防成本，但结果适得其反，不合格品率反而上升了，进入恶性循环。费根鲍姆指出，实行预防为主的全面质量管理，预防成本增加3%~5%，可以取得质量成本总额降低30%的良好效果。从推行全面质量管理的结果来看，适当增加预防成本，确实可以减少故障成本和鉴定成本，使质量成本总额降低，取得较好的经济效益。

2. 质量成本特性曲线

质量成本四项费用的高低与产品质量的合格率之间存在内在的联系，反映这种关系的曲线称为质量成本特性曲线。

3. 质量成本优化方法

质量成本优化是指在保证产品质量满足用户的前提下，寻求质量成本总额最小。由于质量成本构成的复杂性，对大多数企业来说很难找到质量成本曲线，现有的基于数学理论的优化方法很难在质量成本优化中使用。比较实用的优化方法是基于质量管理理论和经验的综合使用。

第四节　物流成本控制

一、企业物流的构成

企业物流可理解为围绕企业经营的物流活动，是具体的、微观物流活动的典型领域。企业系统活动的基本结构是投入→转换→产出，对于生产类型的企业来讲，是原材料、燃料、人力、资本等的投入，经过制造或加工使之转换为产品或服务；对于服务型企业来讲则是设备、人力、管理和运营，转换为用户的服务。物流活动便是伴随着企业的投入→转换→产出而发生的。相对于投入的是企业外供应或企业外输入物流，相对于转换的是企业内生产物流或企业内转换物流，相对于产出的是企业外销售物流或企业外服务物流。在企业经营活动中，物流是渗透到各项经营活动之中的活动。

按照企业经营活动的环节，企业的物流可以划分为充实原材料、零部件等供应活动的供应物流、生产产品搬运过程中的生产物流，以及将生产出的产品向批发商或零售商传递的销售物流三种类型。

1. 供应物流

为保证本身生产的节奏，不断组织原材料、零部件、燃料、辅助材料供应的物流活动。这种物流活动对企业生产的正常、高效进行起着重大作用。企业供应物流不仅是一个保证供应的目标，而且还是在以最低成本、最少消耗、最大保证来组织供应的限定条件下，因此，就带来了很大的难度。企业最具特色的物流形式是供应物流。尤其是对于加工组装型厂商来讲，往往是在调达大量零部件、原材料之后再在生产线上从事组装生产，因此，零部件调达的工作量相当大，而且也非常重要。如果厂商自己拥有大量零部件库存，虽然能确保生产的顺利进行，却要为此承担巨额物流成本或费用，从整体上看既不利于流通效率的提高，也不利于产品成本降低。因此，作为解决生产过程中浪费的对策之一，就是彻底实行生产零部件工厂内无存库制度。

现代物流是基于非短缺商品市场这样一个宏观环境来研究物流活动的，在这种市场环境下，供应在数量上的保障是容易做到，企业在供应物流领域的竞争关键在于：如何降低这一物流过程的成本，同时有一个使用户(在企业中是下一道工序或下一个生产部门)满意的服务水平。这可以说是企业物流的最大难点。

2. 销售物流

销售物流是伴随销售活动，将产品实体转给用户的物流活动。在现代社会中，市场环境是一个完全的买方市场，因此，销售物流活动便带有极强的被动性与服务性，以满足买方要求为前提，卖方才能最终实现销售。在这种市场前提下，销售往往以送达用户并经过售后服务才算终止。因此，销售物流的空间范围很大，这便是销售物流的难度所在。在这种前提下，企业销售物流的特点，是通过包装、送货、配送等一系列物流实现销售，这就需要研究送货方式、包装方式、包装水平、运输路线等并采取各种方法，例如少批量、多批次，定时、定量配送等特殊的物流方式达到目的。

对于企业而言，其物流构成的另一重要的内容就是销售物流。以前，企业主要把精力放在产品制造、开发和销售上，对产品流通中的物流较为淡漠。这种状况是因为以前的流通体系是一种批发商中介的流通体系，批发业者在接受零售商的订货后，再实施备货、装卸货、配送等物流机能。然而，如今，越来越多的企业不是让批发商来承担本企业产品的物流，而是构筑自身的物流系统，定位于流通最后环节的零售店直送产品。这就要求销售物流的高度化。构筑厂商到零售业者的直接物流体系中一个最为明显的措施是实行厂商物流中心的集约化，即将原来分散在各支店或中小型物流中心的库存集中到大型物流中心，通过数字化备货或计算机等现代技术实现进货、保管、在库管理、发货管理等物流活动的效率化、省力化和智能化，原来的中小批发商或销售部以转为厂商销售公司的形式专职从事销售促进或订货等商流业务。物流中心的集约化虽然从配送的角度看造成了成本上升，但是，因为它削减了与物流关联的人力费、保管费、在库成本等费用，在整体上达到了提高物流效率的目的。

3. 生产物流

企业的生产物流活动是指在生产工艺中的物流活动。这种物流活动是与整个生产工艺过程伴生的，实际上已经构成了生产工艺过程的一部分。主要关注一个又一个的生产加工过程，而忽视了将每一个生产加工过程串在一起的，并且又和每一个生产加工过程同时出现的物流活动。例如，不断离开上一工序，进入下一工序，便会不断发生搬上搬下、向前运动、暂时停止等物流活动。实际上，一个生产周期，物流活动所用的时间远多于实际加工的时间。所以，厂商生产物流研究的潜力、时间节约的潜力和劳动节约的潜力是非常大的。

二、企业物流成本的构成和分类

1. 企业物流成本的构成

企业的主要目的是生产满足市场某种需要的产品。为了进行生产活动，企业必须同时进行有关生产要素的购进和产品的销售；另外，为保证产品质量，为消费者服务，企业还要进行产品的返修和废物的回收。因此，生产性企业物流成本是指企业在进行供应、生产、销售、回收等过程中所发生的运输、包装、保管、输送、回收方面的成本。与流通相比，企业的物流成本大都体现在所生产的产品成本之中，具有与产品成本的不可分割性。

企业的物流成本一般包括以下内容：

① 供应、销售人员的工资及福利费。

② 生产要素的采购费用，包括运输费、通联费、采购人员的差旅费。

③ 产品的推销费，如广告宣传费。

④ 企业内部仓库保管费，如维护费、搬运费。

⑤ 有关设备、仓库的折旧费等。

⑥ 物流信息费。

⑦ 贷款利息。

⑧ 回收废弃物发生的物流费。

2. 企业物流成本的分类

主要有以下标准：

(1) 按物流成本支出的形式不同划分

可分为本企业支付的物流成本和其他企业支付的物流成本两项。

① 本企业支付的物流费。是指企业在供应、销售、退货等阶段，因运输、包装、搬运、整理等发生的由企业自己支付的物流成本。它又可进一步分为自己支付和委托支付两种物流费。自己支付的物流成本包括材料费、人工费、燃料动力费、管理费、折旧费、利息支出费、维护保养费等；委托支付的物流成本包括运输费、手续费、保管费和包装费等。

② 其他企业支付的物流成本。是指由于企业采购材料、销售产品等业务发生的由有关

供应者和购买者支付的各种包装、发运、运输、验收等物流成本。

(2) 按物流活动构成划分

可分为物流环节费、信息流通费和物流管理费。

① 物流环节费。是指产品实体在空间位置转移所流经环节而发生的成本，包括包装费、运输费、保管费、装卸费及流通加工费等。

② 信息流通费。是指为实现产品价值变换，处理各种物流信息而发生的成本，包括与库存管理、订货处理、为客户服务等有关的成本。

③ 物流管理费。是指为了组织、计划、控制、调配物资活动而发生的各种管理费，包括现场物流管理费和机构物流管理费。

(3) 按物流过程划分

可分为供应物流费、生产物流费、销售物流费、退货物流费、废品物流费。

① 供应物流费。是指企业为生产产品购买各种原材料、燃料、外购件等所发生的运输、装卸、搬运等成本。

② 生产物流费。是指企业在生产产品时，由于材料、半成品、成品的位置转移而发生的搬运、配送、发料、收料等方面的成本。

③ 销售物流费。是指企业为实现商品价值，在产品销售过程中所发生的储存运输、包装及服务成本。

④ 退货物流费。是指产品销售后因退货、换货所引起的物流成本。

⑤ 废品物流费。是指因废品、不合格产品的物流所形成的物流成本。

企业一般是指制造加工、装配有形产品的企业，其成本管理十分复杂。既有供应物流、生产物流、销售物流及废弃物流的成本控制，又有作为物流职能的保管、装卸、包装、流通加工、输送、库存以及相应的信息等的成本管理。企业物流成本占企业总成本比重很大，并且不易区分，同时企业物流成本更能体现其削减的乘法效应，一般是 10 倍的乘法效应，即每降低 1 元的物流成本，销售额将上升 10 元。由此，加强企业物流成本管理，降低物流成本，是企业第三利润源泉，也是打破物流冰山，提高厂商核心竞争能力的唯一途径。

三、企业物流成本的核算

在核算物流成本时，必须把握一个基本原则，就是从“按支付形态不同分类”入手，来核算物流费用，按支付形态不同分类来核算物流成本，必须首先从企业财务会计核算的全部相关科目中抽出所包含的物流成本，然后以表格形式逐步核算物流成本，现分述如下：

第一步：按支付形态不同分类的物流成本的抽出与核算。

① 材料费。材料费是由物流消耗而产生的费用。直接材料费可以通过各种材料的实际消耗量乘以实际的购进价格来核算。材料的实际消耗量可以按物流成本核算期末统计的材料支出量核算。当难以通过材料支出单据进行统计时，也可以采用盘存核算法，即

本期消耗量=期初结余+本期购进-期末结余

材料的购进价格应包括材料的购买费、进货运费、装卸费、保险费、关税、购进杂费等。

② 人工费。人工费是指对物流活动中消耗的劳务所支付的费用。物流的人工费的范围

包括员工所有报酬(工资、奖金、其他补贴)的总额、员工劳动保护费、按规定提取的福利基金的支出(医疗补助、福利补助、集体福利设施的支出、其他支出)、员工教育培训费及其他。

人工费的本期实际支付额核算，报酬总额按核算期内支付给从事物流活动的人员的报酬总额或按整个企业员工的平均报酬额核算。员工劳动保护费、按规定提取的福利基金及员工教育培训费等都需要从企业这些费用项目的总额中把用于物流人员的费用部分抽出来。当实际费用很难抽出来核算时，也可将这些费用的总额按从事物流活动的员工人数比例分摊到物流成本中。

③ 公益费。公益费是指对公共事业所提供的公益服务(自来水、电、煤气、取暖、绿化等)而支付的费用。严格地讲，每一个物流设施都应安装计数表直接计费。但对没有安装计量仪表的物流费，也可以从整个企业支出的公益费中按物流设施的面积和物流人员的比例核算得出。

④ 维护费。维护费是由土地、建筑物、机械设备等固定资产的使用、运行、维护和保养而产生的维修费、大修理费、折旧费、房产税、土地使用税、车船使用税、租赁费、保险费等费用。

维护费根据本期实际发生额核算，对于经过多个期间统一支付的费用(如租赁费、保险费等)，可按期间分摊计入本期相应的费用中。对于物流业务中可以按业务量或物流设施来掌握和直接核算的物流费，在可能的限度内直接算出维护费。对于不能直接算出的，可以根据建筑物面积和设备金额等分摊到物流成本中。

折旧费应根据固定资产原值和经济使用年限，以残值为零，采用使用年限法核算，核算公式为：

$$固定资产年折旧额=\frac{固定资产原值}{固定资产预计经济使用年限}$$

对使用年限长且有价格变动的物流固定资产折旧，应采用重置价格核算。

⑤ 一般经费。一般经费相当于财务会计中的一般管理费。其中，对于差旅费、交通费、会议费、书报资料费等人员和使用目的明确的费用，直接计入物流成本。对于一般经费中不能直接计入物流成本的，也可按员工人数比例或设备比例分摊到物流成本中。

⑥ 特别经费。特别经费包括按实际使用年限核算的折旧费和企业内利息等。

企业内利息在物流成本核算中采用与财务会计不同的核算方法。企业内部物流利息实际上是物流活动所占用的全部资金的资金成本。因为这部分资金成本不是以银行利率，而是以企业内部利率来核算，所以称为企业内部物流利息。利息在财务会计中是以有利率负债的金额为基础，根据融资期间和规定的利率来核算的。但在物流成本核算中，企业内部物流利息却是以对固定资产征收固定资产占用税时的评价额为基础，对存货以账面价额为基础，根据期末现额和企业内利率来核算的。这是因为：

a. 固定资产使用在征收占用税时的评估价额是比较接近于时价的，而且是公允地确定的资产价额，这样就可以排除利用固定资产原值的不合理性和利用时价的随意性。

b. 存货的周转率很高，所以即使直接使用账面价额，也可以自动排除出通货膨胀带来的影响。

c. 企业内利息以资金成本的形式核算，作为附加成本加到物流成本中。这样，通过把“利用资金成本的企业内利息制度”引入到物流成本中，就可以恰如其分地核算出物流成本，同时还可以降低利息，进而有效地利用物流资产。

这种企业内利息仅仅是以管理会计中资金成本形式加到成本中的，实质上是对物流占用资产的一种以整个企业内部平均利息率来核算的资金成本，因此它与实际支付的利息不同。

企业内部利息的核算，对物流活动中使用的固定资产(土地、建筑物、机械设备、车辆等)以征收固定资产占用税时的评估价额乘以企业内部利息率；对存货(商品、包装材料等)以账面价额乘以企业内部利息来计算。

⑦ 委托物流费。委托物流费根据本期实际发生额核算。包括托运费、市内运输费、支付运费、装卸费、保管费和出入库费、委托物流加工费等。除此以外的间接委托的物流费按一定标准分摊到各功能的费用中。

⑧ 其他企业支付的物流费。其他企业支付的物流费，以本期发生购进时其他企业支付和发生销售时其他企业支付物流费的商品重量或件数为基础，乘以费用估价核算。其他企业支付的物流费虽然不作为本企业物流费支付，但对购进商品实际上已经将商品从产地运到销售地点的运费、装卸费等物流费包含在进货价格中了，如果到商品产地购进，则这部分物流费显然是要由本企业支付的。对销售的商品，买方提货所支付的运费也相当于折减了销售价格，如果销售的商品采用送货制，则这部分物流费也要由本企业支付。因此，其他企业支付物流费实际上是为了弥补应由本企业负担的物流费而计入物流成本的。

其他企业支付的物流费的核算必须依靠概算估价的费用单价，但当本企业也承担与此相当的物流费时也可以用本企业相当的物流费来代替。

第二步：根据核算物流成本的需要，将以上通过计算得出的数据资料填入表中。

第三步：把表中的费用按物流功能分类，然后再汇总。方法是将运输费、保管费等每一种功能各制一张表，如果把所有的功能都作为计算对象，则要编制七张表。如果只核算其中某几项功能的费用，可根据实际需要填制。

四、物流成本控制的问题及对策

企业物流成本控制是“经营的黑暗大陆”。因为在企业内部占压倒多数的物流成本混入其他费用之中，如不把这些费用核算清楚，很难看出物流费用的全貌。物流成本的计算范围，各企业均不相同，因此无法与其他企业比较，也不存在行业的平均物流成本。因为对外支付物流成本是与向企业外包的多少有关，因此不能进行比较，即使比较也没有什么意义。

在物流成本中，有不少是物流部门无法挖掘的。如保管费中就包括了由于过多进货或过多生产而造成积压的库存费用，以及紧急运输等例外发货的费用。

从销售方面看，物流成本并没有区分多余的服务和标准服务的不同。如物流成本中，多包含促销费用。

物流成本之间存在效益背反规律。在物流功能之间，一种功能成本的削减会使另一种功能的成本增多。因为各种费用互相关联，必须考虑整体的最佳成本。

1. 企业物流成本控制的问题

(1) 计算方法存在的问题

① 没有切实掌握物流成本，尤其是没有切实掌握企业内部的物流费用。

② 在企业内部对于物流成本不甚了解，对于物流成本是什么也十分模糊。弄不清物流成本与制造成本，物流成本与促销费用的关系。

③ 企业内部计算物流成本的标准时常改变，每一年度都变动的企业较多。

④ 物流成本中，混有许多物流部门根本无法控制的成本。

⑤ 企业不同，物流成本的计算标准也不同。

(2) 计算目的存在的问题

① 计算物流成本的目的不明确。

② 计算物流成本的目的，只是单纯地想了解物流费用，还没有达到利用物流成本的阶段。因此，计算物流成本对于企业没有什么用处。

③ 物流负责部门花费很大精力计算物流成本，但也只是计算一下物流成本多少而已。

④ 物流成本管理，还没有超出财务会计的范围。

(3) 降低成本存在的问题

① 计算物流成本的目的，只是为减低成本。因此，高层领导的注意力也必然在这一方面。

② 物流部门向高层管理人员报告的物流成本，只不过是“冰山一角”，而没有向他们或生产、销售部门提供有关物流成本的确切的有价值的资料。

③ 各个企业计算物流成本的范围本不相同，可是有的企业却偏偏要做对比，并因此而时喜时忧。

④ 把降低物流成本的工作完全委之他人(物流专业人员或销售、生产部门)。

⑤ 降低物流成本的问题只是靠物流部门去解决，而没有与生产和销售部门共同研究解决。

⑥ 没有注意到部门之间的壁垒，如各部门之间的壁垒已成为降低成本的阻碍，有的即使注意到了，也没有认真解决。

⑦ 没有建立起多批次、小批量物流系统，只是企图在过去物流系统的基础上，降低物流成本。

⑧ 还没有正规的负责物流会计的专门人员和机构。

2. 物流成本控制的对策

① 企业必须将物流成本明确化，并设置恰当的计算基准，但更为重要的是明确计算物流成本的目的。

如不明确计算目的，计算物流成本也没有什么用处。应找出最适合目的的计算方式。以下为计算物流成本的目的：

a. 以时序观点来看为了正确地观察成本的变化情况或与其他公司、其他行业进行比较。

b. 为了制定物流活动计划，为了进行调控或评估。

c. 为了更好地进行物流管理，向高层管理人员提供物流情况，在公司内部提高员工对物流重要性的认识。

d. 为了指出应由销售或生产部门负责的不合理的物流活动。

e. 为了了解并评估物流部门对企业效益的贡献程度。

f. 使用物流成本建立物流变化或改善物流状况的模型。

② 不能只是简单地认为物流成本下降就会带来效益，不能一味要求降低成本。

过去，认为物流是一种没有效益的活动，因而总是认为必须使之合理化以降低成本，这种观点是有问题的。不应该把物流只看作是需要支付的费用，而应把它当作资源加以有效地利用。也就是将物流成本看作是一种经营要素。应当利用物流成本资源促进销售，争取顾客。为确保收益，必要时可以考虑加大物流成本，争取销售目标的实现。应该说现在已经进入物流活动可以产生收益的时代。

③ 应当从与物流服务的关系着眼考虑物流成本。不从一定服务水平下的物流成本能取得多少收益着眼，而只是一味强调降低成本是毫无意义的。应当在维持物流服务水平的前提下，降低物流成本。

往往看到有人张口闭口说物流服务应与物流成本保持平稳，但这句话并没有告诉人们该去怎么做。应该充分地考虑物流服务水平，然后在一定的服务水平的前提下考虑如何降低成本。

④ 物流成本要在销售和生产之后进行计算，有些成本是物流部门无法管理的。也就是说，物流成本之中，包含着物流部门能够管理和不能管理的两种成本。物流部门无法管理的这种成本，也大多由物流部门负责，这对其管理部门来说，是有问题的。

⑤ 同样，物流预算是在生产计划和销售计划的基础上做出的，生产、销售出了问题，一般会直接使物流的预算和实际出现差异。应当想出办法，当预算出现差异时，能够指明是物流的责任，还是生产或销售的责任。

⑥ 为降低物流成本，一般都成立物流成本委员会进行研究。多数企业的物流成本委员会清一色地由物流部门成员组成。

这种组成使降低成本受到限制。因物流大多是由生产和销售的结果产生的，委员会应当有销售和生产部门的成员参加，以便通盘考虑生产和销售方面的因素。无论是在经营、管理和业务哪个层次设立的物流成本委员会，都应当吸收销售和生产部门的人员参加。

⑦ 在基层，销售部门常常打乱物流部门的规定，搞紧急运输或例外运输。关于这个问题，物流部门应在事前让销售部门清楚地了解，按标准物流服务水平运输费用是多少，超过标准其费用又该是多少？如果不这样做，物流服务水平的规定，将成为废纸。物流部门应努力向各部门、各阶层随时提供与交货条件、商品搭配情况有关的运输费用等准确的物流成本信息。今后必须分别地在销售部门推销员中建立物流成本责任制。

⑧ 在物流成本管理万面，许多企业虽已经达到掌握实际情况来进行成本核算、成本管理的阶段，但多数企业还未达到评估物流成绩、分析物流盈亏的阶段，今后企业应积极进行成果评估和物流盈亏的分析。

最后，应该指出的是，过去企业只是把目光局限在如何掌握物流成本上。掌握物流成本确实非常重要，但今后应当把重点转移到如何运用物流成本上来。

五、生产物流成本控制

企业生产物流成本控制包括采购成本控制、生产作业成本控制、物料保管成本控制等方面。企业生产物流成本管理是企业物流成本管理的基础。企业生产物流成本管理搞好了，企业销售物流控制才有空间。

1. 采购成本控制

采购环节的成本最容易“跑、冒、滴、漏”，在许多厂商中，尤其是装配型厂商，其采购成本占厂商总成本的60%以上，采购成本大多可以通过管理控制上的边际改进将其水分挤出去。如果全国的国有大中型工业企业一年降低采购成本2~3个百分点，即可增加效益500亿元，比1998年国有和国有控股工业企业全年的利润总和还多。其操作要点如下：

(1) 确定请购类别

原材料或零配件的请购一般首先由生产部门根据生产计划或即将签发的生产订单提出请购单。材料保管人员接到请购单后，应将材料保管卡上记录的库存数同生产部门需要的数量进行比较。当材料保管员认为生产所需的数量超过库存的数量时，就应签字同意请购。

对于从事大批量生产的企业，要有预先的采购计划，如规定最低库存量，使材料保管部门可以在库存材料已达到最低库存量时就提出请购单。采购计划的制定要非常准确，该进的物料不按时进来，会造成停工待料，增加管理费用，影响销售和信誉；太早采购而囤积物料，又会造成资金的积压，场地的浪费、物料的变质，所以依据生产计划制定采购计划，按采购计划适时地进料，既能使生产、销售顺畅，又可以节约成本。

临时性物品的采购需要通常由使用部门直接提出。由于这种需要很难列入采购计划之中，因此使用者在请购单上一般要对采购需要作出描述，解释其目的和用途。请购单须由使用部门的主管审批同意，并须经资金预算的负责人员同意签字后，采购部门才能办理采购手续。

(2) 规范核准权限

不同类别(原材料、低值易耗品、总务性用品)的请购单要由不同的管理层次的主管核准。以原材料为例：

- 请购金额预估在×万元以上者，由科长核决。
- 请购金额预估在×万元至××万元者，由经理核决。
- 请购金额预估在××万元以上者，由总经理核决。

另外，还应对与采购有关的人员及部门的权限作出明确的划分。如：

① 采购部。运输、办公劳保用品、生产及辅助材料、委外加工材料等采购。

② 采购主管。采购计划的编制、×万元以下定单的审核及×万以上定单的复核、急需物料的跟催。采购员负责定单的计算、下达和物料的跟催。

③ 仓储部收料组。所有有形物料、设备及办公劳保品的数量验收。

④ 质量管理部。所有生产及辅助材料质量验收。

⑤ 工程部。仪器设备的品质验收。

(3) 控制订购批量

对采购多少的控制，采购部门首先应对每一份请购单审查其请购数量是否在控制限额的范围内，其次是检查使用物品和审核物品使用的部门主管是否在请购单上签字同意。对于需大量采购的原材料、零配件等，必须做各种采购数量对成本影响的成本分析。内部控制制度必须对这些成本分析作出强制性的规定，并指定专人对成本分析是否实施进行监督。

成本分析主要内容是：将各种请购项目进行有效的归类，然后利用经济批量法测算成本；对于请购数量不大或者零星采购的物品，采购批量的成本分析控制可对照资金预算来执行。

经济订购量是指在存货总成本最低的情况下所订购的批量，存货总成本包括订购成本和存货储备成本。订货成本随订购量的增加而减少，包括：

① 请购手续成本。请购所花的人工费用、用品费用、主管及有关部门的审查费用。

② 采购成本。包括估价、询价、比价、议价、采购、通信联络、事务用品等所花的费用。

③ 进货验收成本。检验人员进行验收所花费的人工费用、交通费用、检验仪器仪表费用等。

④ 入库成本。装卸搬运所花费的成本。

⑤ 其他成本。如会计入账支付款项等所花费的成本等。

与订货成本相反，存货储备成本会随着订购量的增加而增加，包括：

① 用这笔资金的机会，这就是机会成本。如果每年其他使用这笔资金的地方(如存入银行或购买股票)的投资报酬率为13%，即每年存货资金成本为这笔资金的13%。

② 搬运成本。存货数量增加，则搬运和装卸的成本就增加，搬运员工与搬运设备的投资同样增加。

③ 仓储成本。仓库的租金或维护费用及仓库管理、盘点的费用。

④ 折旧及变质成本。存货容易发生品质变异、破损、报废、价值下跌、增加呆滞料等所造成的成本损失。

⑤ 其他成本。如存货的保险费用税金、防盗费用等。

(4) 采用多种采购形式

① 招标采购。将物料采购的所有条件(如物品名称、规格、品质要求、数量、交货期、付款条件、处罚规则、投标押金、招标格式，等等)详细列明，刊登公告。投标厂商按公告的条件，在规定时间内，交纳投标押金，参加投标。招标采购的开标按规定必须至少有三家以上厂商从事报价投标方得开标，开标后原则上以报价最低的厂商得标，但得标的报价仍高过标底时，采购人员有权宣布标底，或征得监办人员的同意，以议价方式办理。

② 询价采购。采购人员选取信用可靠的供应商，将采购条件讲明，并询问价格或寄送询价单，并促请对方报价，比较后确定采购对象。

③ 比价采购。采购人员请数家供应商提供价格、性能、质量等比较后，决定供应商名单进行采购。

④ 议价采购。采购人员与厂商经讨价还价后，议定价格进行采购，一般来说，询价、比价和议价是结合使用的，很少单独进行。

⑤ 订价收购。购买物料数量巨大，非几家厂商所能全部提供的，如纺织厂订购棉花、糖厂订购甘蔗等，或当市场上该物料短缺时，则按订定价格现款收购。

⑥ 公开市场采购。采购人员在公开交易或拍卖时随时机动地采购，因此大宗需要物料时，价格变动会比较频繁。

(5) 决定合适的采购价格

决定一个合适的价格一般要经过以下几个步骤：

① 多渠道询价。多方面打探市场行情，包括市场最高价、最低价、一般价格等。

② 比价。分析各供应商提供材料的性能、规格、品质要求、用量等才能建立比价标准。

③ 自行估价。自己成立估价小组，由采购、技术人员、成本会计等人员组成，估算出符合品质要求的、较为准确的底价资料。

④ 议价。根据底价的资料、市场的行情、供应商用料的不同、采购量的大小、付款期的长短等，与供应商议定出一个双方都能接受的价格。

(6) 控制购货订单的填制

采购部门在议定合适的价格后，应及时填制购货订单。由于购货订单是授权执行并记录经济业务的凭证，因而对它的控制相当重要。购货订单的控制包括：

① 预先应对每份订单进行编号，以确保日后订单能被完整地保存，并能够在会计上对所有购货订单进行处理。

② 在订单向供应商发出前，必须由专人检查该订单是否得到授权人的签字，以及是否有经请购部门主管批准的请购单作为支持凭证，以确保购货订单的有效性。

③ 由专人复查订单的编制过程和内容。包括复查有关供应商的主要文件资料、价格数量和金额的计算，等等。其中价格须同根据过去经验确定的标准或平均价格相比较，以保证购货订单的正确性。如果购货订单的金额较小或属于零星购货的性质，此项复查可以简略一些。

④ 订购手续办完后，应即填写订单一式三联，并将第一、二联送请购单位登记以便让请购人证实购货订单的内容是否符合他们的要求，此外，还应送至验收部门以便他们在收到货物时，有验收的标准。

2. 生产过程的成本控制

生产过程的成本控制，其关键控制是减少生产源头上的浪费。过大的浪费就会增加企业总成本，所以，抓生产过程中的成本控制，实质上就是控制浪费，企业生产过程中的浪费现象主要表现在以下几方面：

- 生产过量的浪费。
- 窝工造成的浪费。
- 搬运上的浪费。
- 加工本身的浪费。
- 库存的浪费。
- 操作上的浪费。
- 造成次品的浪费。

(1) 减少无效劳动

为了降低成本、提高效率，有必要给“工作”下一个不同寻常的定义：推动工序前进、创造附加价值的动作才是真正的工作。如拿取工件、放置物品、集中零件及寻找工具等，都不能称为真正意义上的工作，应称为无用功，或徒劳。

如果以这种观点来区分现场作业的话，一般人所说的工作只有一半可以叫作真正的工作。同时还会发现，尽管看起来某人是多么忙碌地在劳动，但实际上却至少有一半不是工作，只不过是身体在活动。当我们仔细观察现场作业之后，便于以分清作业人员的动作中，哪些属于工作，哪些属于徒劳了。对于操作上完全不必要的动作，如待料、码齐半成品、两次搬运、倒换等动作，应该马上去掉。对在目前的作业条件下不得不做的，如为取工件走动、打开外来零件的包装、操纵电钮等，要省去这些动作，就需要对现场的条件做部分修改。

创造附加价值的真正工作是指改变形状、改变质量以及组装等某种不甘落后“加工”。“加工”在于赋予价值，也就是说，在制造零件或产品时，对原料或半成品等加工对象付出劳动，创造出附加的价值。这种附加价值占的比率越大，作业效率也就越好。由此可以看出，创造附加价值的真正工作所占比例要比人们想象的低得多。

正因为如此，必须一再强调，生产现场的作业人员必须把自己的“动作”改为“真正的动作”，尽量减少无效劳动从而减少浪费，降低成本。

(2) 杜绝浪费的恶性循环

由于在制品库存过多，为了经常掌握库存的品种和数量，仓库管理部门就需要花费相当多的工时。并且，超过一定限度后，就会有人想要引进电子计算机来管理仓库。万一掌握不好品种和数量，就会出现产品短缺。有人就会想，每天生产那么多还会出现短缺，是不是生产能力不足造成的呢？于是就在下一个年度的设备投资计划中增加预算，引进设备。一旦引进这些设备，又会进一步增加库存。由于库存而引起的各种投入全是浪费，这些浪费都是由生产过量而引起的。一种浪费引起另一种新的浪费，这种恶性循环潜伏在生产现场的各个角落里。生产现场的管理、监督人员，如果没有在相当程度上认清什么是浪费，认清浪费是从哪里产生的，那么，浪费的恶性循环就随时可能显现出来。

生产过量的浪费不仅引起新的浪费而且它还会掩盖其他的浪费，如掩盖窝工的浪费。从这个意义上说，它与其他浪费截然不同，因为其他浪费可以制止，而生产过量的浪费却掩盖并且阻碍消除其他浪费现象。要消灭生产过量的浪费就要调整生产线，制定避免生产过量的规章制度，并在设备上加以限制。只有做到这一点，才能使产品的生产流程恢复应有的正常状态。需要的产品，在需要的时候，一个一个地生产，窝工的浪费就会明显地表现出来。如果生产线处于这种状态，那就容易进行消除浪费，重新调整，减少人员等活动，从而降低成本。

(3) 节约、挖潜与降耗

推行定置管理，使生产现场、库房和工人工具箱内各类物品、刀量具、原材料、半成品等均以满足需要为前提，凡是与生产无关的，多余、积压的物品，一律从现场撤除。同时对各种物耗和流动资金也都按照生产需要订出科学合理的定额，严加控制。撤除不是扔掉，只是把无用之物变成有用之物，把死物变成活物，把死钱变成活钱。这样既可达到节约、挖潜、降耗的目的，又可以解决流动资金不足和加快流动资金周转的问题。

3. 物料流转成本控制

任何物资都是由于某种需要而存在，它就必然处于经常流动的状态，而不应当在某个地点长期滞留。物料的相关性必然形成物料的流动性，不流动的物料只能是一种积压浪费。库存或存货是流动资产，要占有资金；而资金又是有时间价值的，使用了资金就应体现资金利润。因此，不仅不要把库存物料看成是一种资产，还要看到它也是一种负债(尤其是超储物料)；它占用了企业本来可以用来在其他方面获取利润的资金，应当计算机会成本。其控制要点如下：

(1) 控制物料消耗、节约物料使用

企业生产经营的过程，从一定意义上说，也就是各种物料使用和消耗的过程。物料消耗水平是反映企业生产技术和经营管理水平的重要标志。在我国，工业企业的物料耗费，一般要占到产品成本的70%以上。控制物料消耗，节约物料使用，直接关系到企业生产经营成本的大小，决定企业经济效益的高低。

企业生产经营过程中的物料消耗，有其一定的规律性。控制物料消耗，必须为每件产品、每项工程确定一个物料消耗数量的合理界限，即物料消耗量标准，作为控制的依据。

采用这种方法，通常要填写限额领料单(也称“定额领料单”或“限额发料卡”)。它是一种对指定的材料在规定的限额内多次使用的领发料凭证。限额领料单一般由企业的生产计划部门根据月度生产计划、材料消耗定额等资料，按照每种材料的用途核定当月或一定时期的领用限额。该单一式两份，一份交领料部门，一份交发料仓库，作为领发料的依据。领料时，由领料部门填明日期和请领数，向仓库领料；发料时，由仓库在两份限额领料单内填明实发数，并结出累计实发数额及结余数。仓库根据限额领料单登记材料明细账。月终或一定时期，在两份限额领料单上加上本月或本期累计实发数量和金额，经财会部门审核后作为材料发出核算和成本计算的根据。

(2) 呆料的处理措施

呆料的处理措施包括：

① 调拨给其他单位利用。本单位的呆料，其他单位仍可设法利用，可将呆料进行调拨。

② 修改再利用。既成呆料，少有利用机会，有时可将呆料在规格上稍加修改，就能够加以利用。

③ 借新产品设计时推出，消化库存的呆料。

④ 打折扣出售给原来的供应商。

⑤ 与其他公司，以物易物的方式相互交换。

⑥ 破坏焚毁。对于无法出售、交换、调拨再利用的呆料宜以物料的类别分别考虑破坏、焚毁或掩埋。

六、销售物流成本控制

企业销售物流成本控制包括保管、库存、销售、配送成本管理，销售物流一般是企业外活动，如果控制不到位就会引起客户不满意，更严重的是造成客户流失、物资破损和增加销售费用。所以，企业在以客户为中心的经营管理中搞好销售物流成本管理尤为重要。

1. 保管成本控制

随着现代消费者需求的个性化和多样化的发展，企业从少品种、大批量的生产方式向多品种、小批量的生产方式转化。这种变化要求企业的销售物流活动从少品种、大批量物流方式向多品种小批量、多批次小数量的方式转变，从而使传统的以被动型“储藏”概念为基础的、以提高储藏效率为中心的储藏型保管方式向现代的以主动型“流通”概念为基础的、以提高顾客物流服务水平为中心的流通型保管方式转变。流通型保管方式不仅要求提高储藏效率，更要求及时、准确、迅速地满足顾客物流服务需求。随着保管方式的变化，保管仓库也相应地由储藏型仓库向流通型仓库转变。这对保管成本的控制提出了前所未有的要求。这些要求如下：

（1）建立健全的保管制度

保管制度是企业保管成本控制的基础。它是企业为管理好存货及存货成本，针对存货收与发、存与购、产与销各环节的特点，事先制定的一套相互牵制、相互稽核、相互验证的内部制度。企业制定存货制度的根本目的在于保障存货资金的安全，加速存货资金的周转，提高存货资金效益，最终降低库存成本。

（2）减少一切浪费

保管成本控制应从节约一切不必要的开支开始，节约原料采购与产品生产资金，避免采购运输、生产过程中的一切不合理损耗和浪费，杜绝或减少在外购外销中的人为资金损失。

（3）保证存货资金的合理占用

与节约相对应的是保管成本控制还应保证存货资金的合理占用，使之既能满足生产的需要，又能节省不必要的储备资金占用。

（4）掌握存货的成本信息

保管成本控制应注重及时生成可靠的存货成本信息，及时了解存货的动态，防止存货短缺或超储积压、残次的发生。

（5）做好存货的审计工作

① 大额的存货采购是否签订购货合同，有无审批制度。

② 存货的入库是否严格履行验收手续，对名称、规格、型号、数量、质量和价格等是否逐项核对，并及时入账。

③ 存货的发出手续是否按规定办理，是否及时登记仓库账并与会计记录核对。

④ 存货的采购、验收、保管、运输、付款等职责是否严格分离。

⑤ 存货的分拣、堆放、存储条件等是否良好。

⑥ 是否建立定期盘点制度，发生的盘盈、盘亏、毁损、报废是否及时按规定审批处理。

2. 库存成本控制

库存成本控制的目的是在满足顾客服务要求的前提下通过对企业的库存水平进行控制，力求尽可能降低库存水平、减少库存成本、提高物流系统的效率，以强化企业的竞争力。其主要方法有：

（1）ABC库存成本控制法

ABC库存成本控制法是将企业的库存按年度成本占用量分为ABC三类，以便分类管理。ABC分析法是帕累托原理在库存成本管理中的应用。帕累托原理指出了存在着重要的“少数”和不重要的“多数”。这一思想就是将管理资源集中于重要的“少数”而不是不重要的“多数”。ABC分析法的存货年度总成本是将每个品种库存的年度需求量与每件库存的成本相乘。A级是年度总成本最高的库存，这些品种可能只占库存总数的15%，但用于它们的库存成本却占到总数的70%~80%。B级是年度总成本中等的库存，这些品种占全部库存的30%，占总价值的15%~25%。那些年度总成本较低的为C级库存品种，它们只占全部年度总成本的5%，但却占库存总数的55%。

因此，利用ABC分析法可以更好地预测、控制以及减少安全库存和库存投资。库存品种还可以按特定标准而不是年度总成本来进行分类。例如，提高估价和变化较高单位成本可使某些库存品种提高到更高的等级。通过将存货分级，库存成本管理人员就能为每一级的库存品种制定不同的策略，实施不同的控制，以降低库存成本。

简言之，ABC控制管理方法就是将库存物资按重要程度分为特别重要的库存(A类库存)、一般重要的库存(B类库存)和不重要的库存(C类库存)三个等级，然后针对不同的级别分别进行管理和控制，当然其中心是成本的管理与控制。ABC分类管理方法包括两个步骤：一是如何进行分类，二是如何进行管理。

(2) 定量库存成本控制法

定量库存成本控制法又称订购点法或订货点法。它是一种以固定订购点和订购批量为基础的一种库存控制方法。它采用永续盘点方法，对发生收发动态的物资随时进行盘点，当库存量降低到订购点时就提出订购，每次订购数量相同，而订购时间不固定，由物资需要量的变化来决定。因此，定量库存控制法的关键是正确地确定订购点。订购点是提出订购的时间界限和提出订购时的库存量标准，由备运时间需要量和保险储备量两部分构成：

订购点=备运时间需要量+保险储备量=平均备运天数×平均每日需用量+保险储备量

(3) 定期库存成本控制法

定期库存成本控制法是以固定检查和订购周期为基础的一种库存成本控制方法。它对库存物资进行定期盘点，按固定的时间检查库存量并随即提出订购，补充一定数量。订购时间是预先固定的，每次订购批量则是可变的，根据订购量与盘点的实际库存量差来确定。订购批量的计算公式如下：

订购批量=订购周期需要量+备运时间需要量+保险储备量-(现有库存量+已订未到量)=(订购周期天数+平均备运天数)×平均每日需用量+保险储备量-(现有库存量+已订未到量)

(4) 定期定量混合控制法

定期定量混合控制法也称最高最低库存量控制法。它是以规定的最高库存量标准和最低库存量标准为基础的一种库存量控制法，即Ss控制法。S是最高库存量，指订购时要求补充到的最高点；s是最低库存量，指订购点。

这种方法是定期库存控制法和定量库存控制法的混合物，是一种不严格的订购点法。它由3个参数组成，即检查周期、订购点和最高库存量。实行定期检查，当实际盘点库存量等于或低于订购点时就及时提出订购，而订购量是可变的。当检查时实际盘点库存量高于订购时，就不能发出订购单，这是区别于定期库存控制法的最主要之点。

(5) 经济批的最优控制

最优的物资库存应该既能满足生产需要，保证生产正常进行，又能最大限度地节约资金占用，不发生库存过多或不足的现象。消除这一现象的关键是要合理确定物资的订购批量。

通过建立一定的数学模型来计算经济订购批量。设以 T 代表简单条件下的存储总费用，R 代表物资年需要量，C 代表物资单价，S 代表一次订购费用，K 代表年保管费率，Q 代表一次购量，则

$$Q=\sqrt{\frac{2RS}{CK}}$$

此时的 Q 为最经济的订购批量。如某工厂企业每年需用某种物资(R)为 1200 千克，物资单价(C)为 10 元，平均每次订购费用(S)为 300 元，年保管费率(K)为 20%，代入上式 Q 为 600 千克，总费用为 1200 元。即当一次订购为 600 千克时，为最佳经济的批量，此时的存储总费用为最低。

(6) 零库存管理法

“零库存”是一种特殊的库存概念，其对工业企业和商业企业来讲是个重要分类概念。零库存的含义是以仓库储存形式的某种或某些物品的储存数量为“零”，即不保持库存。不以库存形式存在就可以免去仓库存货的一系列成本及费用。如仓库建设、管理费用，存货维护、保管、装卸、搬运等费用，存货占用流动资金及库存物的老化、损失、变质等问题。

① 准时制库存。生产和销售系统中的库存常常只是当出了某种差错时才有必要存在，换句话说，只是当生产计划出现了某种偏差时，这种“额外”的库存就被用来填补偏差或是解决问题。好的库存策略要求的不是准备应付某种情况，而是准时供货的准时制库存，它是维持系统完整运行所需的最少库存。有了准时制库存，所需物品就能按时按量到位，分秒不差。

② 供应商管理用户库存。如果把视野从单个企业扩大到由供应商、制造商、批发商和零售商组成的供应链范围来考虑库存问题的话，就会发现总的库存数量将会大大增加。组成供应链的各厂商之间的关系在过去是相互买卖交易关系，因而厂商并不习惯在它们之间交流信息，也不习惯相互协调进行库存管理，更不用说在整个供应链水平上分享交流信息和共同协调进行库存管理，这样往往会形成不必要的大量库存，同时也可能降低顾客的满意度。比如，过去组成供应链的各个厂商对其供应商及时、准确交货的承诺并不能完全信赖，因而，它们的储存往往超过实际需要库存量，以防万一出现供应商延期交货的情况，这种超过实际需要量的库存常常被称为“缓冲库存”。同样地，在过去组成供应链的各个企业与各自的顾客(需要方)之间缺乏必要的信息交流，而顾客的需要，特别是最终消费者的实时需要难以把握，往往依靠预测来安排生产。由于预测与实际往往存在差距，容易产生库存不足(缺货)或库存过剩的现象。另外，企业为了满足顾客的大量突发性订货往往准备“缓冲库存”。

③ 业务流程重组。对于库存的理解，一般认为它是资源的储备或暂时的闲置，是一种资产。因此，长期以来对库存作用的理解就针对库存是因“储备”而存在，还是因“闲置”而存在产生截然相反的看法。持库存是储备的观点认为库存是维持正常生产、保持连续、应付不测需求所必须的，而认为库存是闲置的观点认为库存是一种浪费，它掩盖管理中的问题，因此主张消除库存，通过无库存生产方式不断地降低库存水平，暴露管理问题，然后解决问题，使管理工作得到改进，达到一个新的水平。这是一个循环往复、不断改进的过程，JIT 思想集中体现了这种理念。

3. 销售成本控制

企业的物流系统与活动中的各种职能(购进、生产、销售)有密切关系，其中与销售活动的关系更为密切。企业的销售活动应遵守让顾客购买更多的商品，并尽可能给顾客提供服务的原则。

销售成本控制要致力于管好货和货款。提升销售业绩应从做好销售成本管理开始。许多厂商经营绩效不佳不是由于营销战略不当、市场开拓不力造成的，而是因为销售成本管理体系不系统、不全面、不到位造成的。

市场营销对物流系统的设计和运行有着基本或决定性的影响，市场营销的要求决定了物流系统中必要的机能——物流服务的领域，同时，市场营销又成为物流成本变动的直接动因。因此，市场营销承担了物流设计和运行成本的直接责任，充分了解市场营销对物流产生的各种影响，有利于在市场营销决策中考虑物流因素，真正将产、销、物紧密结合起来。

(1) 强化订单管理

订单处理主要包括三种作业，即客户询价报价、订单接收确认与生产、物流的协调。对客户的订单，在研究分析产销协调后，必须妥善估价、报价订单处置不当，轻者引起客户抱怨，丧失销售机会；重者导致内部产销秩序混乱，甚至报价不当，引致厂商损失。

① 订单的估价和报价。企业接到客户的订单后，必须对所承接的订单进行估价和报价。有时需要先与生产部门协调后，才能决定报价多少和是否承接订单。若是存货生产的标准品，可能在企业内部早已拟定对外标准报价，这样估价作业就很容易。例如："每台机器 36 万元""每箱 70 元"，等等。出货时由销售部开具"出货单"，再由仓库部门进行商品交运。若是订单式生产，产品差异度大，必须进行估价，并通过与内部生产计划部门的产销协调，经确认无误后，由销售部承接此订单，订单的估价，必须遵守企业规定，对如下的关键事项作出严格规定：

a. 品名、规格、数量及合同金额。

b. 具体的付款条件：付款日期、付款地点、现金或支票、支票日期、收款方式。

c. 除特殊情况以外，从订单受理到交货之间的期限。

d. 交货地点、运送方式、距离最近之车站等交货条件。

e. 安装、调试及修理等所需的技术派遣费的协定。

仔细评估后，再将此订单受理的估价单，连同客户给付的订购单、合同范本，以及相关证明此次订单事实的资料，一并呈送所属主管呈阅；在取得所属主管的裁决同意后，才能对外采取对客户提出此"订单"的"估价"。

有的企业采用的是自动报价系统，自动报价系统需要输入的数据包括客户名称、询问商品的名称、商品的详细规格、商品等级等，然后系统根据这些数据调用产品明细数据库、客户交易此商品的历史数据库、对此客户报价的历史数据库、客户数据库、厂商采购报价等，以取得此项商品的报价历史资料、数量折扣、客户以往交易记录及客户折扣、商品供应价等数据，再由配送中心按其所需净利与运送成本、保管成本等来制定估价公式并计算加成价格。接着由报价单制作系统打印出报价单，经销售主管核准后即可送予客户，报价单经客户签回后即可成为正式订单。

② 与物流协调。订单的重要特征表现在订单大小、订单时间以及订单统计的相关特性等要素上。

订单大小在形式上多种多样，特别是在某些产业中订单大小千差万别。有时候订单大小呈指数分布，即平均发货量比较适当，但一方面有极少数商品的订单非常大，另一方面很多订单又非常小。因为这种小订单在数量上占了厂商订单总数的大部分，这些企业就必须弄清楚这种销售空间有多大比例，它对物流和整个物流系统会造成什么样的负担和影响。订数正态分布是一种比较合理的订单量分布式，即在总需求中有2到3个大量订单，其他订单相对较小。如今，很多企业为了提高物流效率，降低不必要的成本，订单量必须充分考虑商品的需求特性和其他经营管理要素。

实行什么样的价格折扣计划对订单量的形式有一定的影响，一般订单量有随价格下降而增大的倾向。在实行价格折扣或降价的情况下，客户要在考虑自身条件(如使用量、在库维持费、事务费、购入量等预算)的基础上决定最佳购入量。不存在价格差的场合，最佳订单量的选择与价格的关系不明显。因此，在价格折扣能产生效应的情况下，一种或数种产品的降价会使物流量相对集中。

进一步看，价格的下降还会对相应的制造、流通技术以及物流方式和效率产生影响。例如，某企业发现实行价格折扣能促使顾客订单向大单位化发展，因而坚持使用价格折扣来推动物流量的集中。但是与此同时，企业的生产与物流系统的配置无法适应物流量集中发展的要求，产生了经营活动的断层，阻碍了企业价格政策和促销政策的实施。所以，在实行价格折扣时必须充分考虑物流量与生产、流通以及物流系统的协调。

在订单很多或很少、或者集中起来物流量很大的情况下，要求厂商使用顾客补充发货系统，也就是进行系统化的发货。例如，在零售点一月一次订单的形式下，如果用传统的单据订单或电话订单方式，会削弱商品供给方的力量。但是，在这种订单类型下，供给者与顾客相互满足需求，达到物流管理的一致和共同操作化，会增加交易持续进行的可能性，既有利于物流效率的提高，也有利于更多的产品附加价值的产生。

(2) 推行销售物流合理化

销售物流合理化是销售成本管理的基础。销售物流合理化的形式是多种多样的。分为大量化、计划化、商物分离化、差别化等类型。

① 大量化。这是通过增加运输量使物流合理化的一种做法，一般通过延长备货时间得以实现，如家用电器厂商把“当日配送”改成“次日配送”，食品厂商由“每日配送”改为“周日指定配送”。这样做能够掌握配送货物量，大幅度提高配送的装载效率。现在，以延长备货时间来增加货运量的做法，已被所有的行业广泛采用。

② 计划化。通过巧妙地控制客户的订货，使发货大量化，并保持一定程度的稳定(尽量控制发货的波动)，这是实行计划运输和计划配送的前提。为此必须对客户的订货按照某种规律制订发货计划，并对其实施管理。例如，按路线配送、按时间表配送、混装发货、利用归途车等各种措施，运用于运输活动之中。

③ 商物分离化。商物分离的具体做法之一，是订单活动与配送活动相互分离。这样，就把自备卡车运输与委托运输乃至共同运输联系在一起了。而且，利用委托运输可以压缩固定费用开支，由于共同运输提高了运输效率从而大幅度节省了运输费用。所以，与清凉

饮料行业中采用“巡回销售”(产品不经中间商，而由厂家按一定路线直接向消费者销售)那种发挥商、物合一的积极作用的情况不同，一般的评价是订单活动与配送活动分离开来，能够降低费用开支。

④ 差别化。根据商品周转的快慢和销售对象规模的大小，把保管场所和配送方式区别开来，这就是利用差别化方法实现物流合理化的策略。即实行周转较快的商品群分散保管；周转较慢的商品群尽量集中保管的原则，以做到压缩流通进行分阶段的库存，有效利用保管面积，库存管理简单化，等等。

第五节 营销成本控制

一、营销成本费用的预算

编制营销成本费用预算是营销控制的核心所在。每年年底，企业都会要求下属提供下一年的经营计划。经营计划是由各经营部门(营销、生产、财务、调研等)，根据企业提供的下一年的基本销售和利润目标而编制的。然后，各部门负责人制订为实现这些目标的具体行动计划。行动计划要包括行动成本详细清单——计划成本。计划成本是最后预算讨论的基础。

预算反映了计划的货币形式，必须以销售预测为基础。如果预测错了，据此而得出的预算就必须调整，以反映实际的销售成果。

预算仅仅是企业通过预测收入和费用来计划利润的一个工具和财务计划。通过使用多种计划方法，企业希望指导经营活动去实现在一定经营水平基础上特定的利润水平。

1. 营销成本费用预算的作用

营销成本费用的预算对于营销队伍营销活动的成功起到非常重要的作用。它主要能起到计划、协调和评价等作用。

(1) 计划作用

企业在制定营销和销售目标后，就用预算来决定如何实现这些目标。对各个部门来说，预算即是行动计划，又是绩效标准。预算一旦确定，各个部门就可以开始实施计划。这对销售人员尤其重要，正是通过销售预算在产品、区域和客户之间的详细分解，才使销售人员真正了解管理层对其的期望。

(2) 协调作用

在经营中维持费用和收入的合理关系非常重要，因为经营的目的就是以合理的成本取得收入，预算则确定了成本的水平。如果预测销售为 500 万元，管理层可以决定赢得这笔收入所需的成本。如果公司希望获得 10%的销售利润，就可以支付 450 万元去赢得 500 万元的收入。450 万元中一部分会分配到生产和管理部门，另一部门则分配到销售部门。这样，预算就使营销管理人员能够协调销售与费用，以及与其他部门预算的关系。同时，预算也限制营销管理人员获取收入时支出超过限定比例的经费，从而有助于防止费用失控。

(3) 评估作用

无论什么目标，一旦确定，就成为绩效评估的工具。如果公司实现了目标，管理层就认为它很成功。这样营销部门的预算就成为部门绩效评估的工具。实现预算中的销售和成本目标，是一个营销管理人员成功的有力证明。而达不到预算要求的营销管理人员，通常不是一个好的营销管理人员。

2. 营销成本费用预算的程序

企业的一切经营活动都是从销售预算开始的。销售预算的数据流向企业的各个方面。销售预算数据为销售部门的各种预算提供了可靠的依据，如广告、摊销费用、办公费用。销售预算数据也直接传给生产部门。生产部门将确定总的生产预算，并以此制定各种材料和劳动力预算。财务人员也要用销售预算中的预期销售来制定现金、利润和亏损预算。现金预算是用来确定每月现金流入流出的工具，它之所以重要是由于费用和资金回收之间存在时间差。必须在产品销售前几个月就列出原材料、劳动力、广告和摊销费用。产品销售后，公司可能要几个月后才能收到现金。财务部门必须确保公司有足够的现金以应付费用和资金回收前这段时间的开支。

财务人员也把预计净销售额作为利润和亏损预算的起点。要把销售部门费用预算、生产预算和一般管理费用预算都计入盈亏预算和现金预算，以确定预期经营成本。这样，所有的预算都在盈亏预算和现金预算中汇总。销售部门预算的错误对财务计划会产生双重影响。首先，收入不正确。其次，由于销售预算决定生产和管理费用预算，费用就会超支。由此营销管理人员应协同财务人员做好营销销售预测与预算。

预算过程的第一步是把销售预测转换成要实现预测而须完成的工作。

每个营销单位必须确定为完成各自业绩目标所需要的经费。通常的做法是：

- 调查单位要实现目标而必须进行的各项活动。
- 确定完成工作所需的人数。
- 计算员工正常完成工作所需的原材料和日用品。

很多营销管理人员把前年的预算作为起点，在此基础上再考虑销售战略的变化及其实施成本。他们也尽可能多地从销售人员那里获取可能引起预算调整的区域变化的有关信息。一旦销售部门预算汇总成一个主要预算，就将其提交给财务部门，由财务主管把这些信息传递给其他部门。

使用计算机可以提高预算过程每一方面的效率。运用计算机表格程序，可以改变预算的某一部分，并立即看到这些变化对预算其他部分的影响。

良好的计划制定程序要求企业领导在所有计划和预算的结尾处签名。也就是说，他们同意努力实现这些计划和预算。

3. 营销部门的预算

营销管理人员负责编制三个基本的预算，即销售额预算(包括销售量及销售净收入)，摊销费用预算，销售部门管理费用预算。具体如下：

(1) 销售额预算

销售额预算是指预计的企业产品销售收入或销售量。它是销售部门所有经营活动的基础，也是生产和财务部门活动的基础。预算全过程的有效性取决于销售预算的准确性。如果销售预算出错，其他所有预算也会出错。

销售预算应以销售预测为基础，不过要求更具体。企业的每种产品都必须考虑到。

管理层要预测每种产品的销售，并常常为各个层次的客户和各个区域进行单独的预测。通常只有营销主管才关心各区域和各个层次客户的预算，其他部门只要产品分类预算就行了。

预测销售的方法是自下而上法，要求每名营销人员提交一份销售预测，将这些预测结果汇总，便得出企业总的销售预测。做预测时，应指导销售人员考虑到影响销售的因素，如总体经济状况走势、竞争、广告、定价、促销等；有些公司还采用时间序列分析、相关分析、数量经济模型等数量技术工具来修正预测结果，以提高预测的准确性。

(2) 销售费用预算

销售费用预算预计人员推销活动的各种费用，包括工资、佣金和营销人员的费用。预算编制并不困难。如果营销人员领取固定佣金，佣金率就决定了销售收入中分配给报酬的数额。经验清楚地表明必须确定费用水平。如果营销代表领取工资，预算过程只要求在充分考虑下期可能发生的工资变动和人员提升的情况下把一些数字加起来。预算也要反映任何有关扩大销售队伍的计划。

销售费用预算必须和销售预算协调一致。如果销售预算要求引入一条新产品线，就要考虑销售队伍的再培训和增加新的服务部门。销售费用预算必须反映这些要求。完成销售预算中每条产品线的成本是多少？这是销售主管在准备与销售预算配套的摊销费用预算时必须面对的问题。

(3) 管理费用

营销管理人员不仅直接控制销售队伍，同时还是一名办公室管理者。通常销售部门职员可能很多，包括秘书和办公人员。营销管理人员之下可能有几个专员、办事人员和销售培训人员。必须编制他们的工资预算和销售费用预算，如日用品、租赁费、暖气、电费、办公室设备和一般性经常开支。这些成本构成了管理费用预算。

4. 销售预算的确定方法

销售费用水平的确定是非常困难的，营销主管很难作出合理的抉择，通常采用的是经验法、销售百分比法、目标任务法和参照竞争对比法。这里只重点介绍销售百分比法和目标任务法。

(1) 销售百分比法

很多公司用百分比来计划和控制他们的公司。使用这种方法，营销主管可以用各种费用的百分比乘以销售预测，从而得到相应的费用预算水平。

各种费用百分比的确定可能是依据营销主管经验，或者营销主管对各种业务职能在实现期望利润的过程中可以或必须花销的费用水平的感觉。这些比例也可以以公布的行业平均数作为各种费用的基础，但它只能作为指导，还必须对其加以调整以反映特定企业的特殊性。只有这样才可以把这些比例用于销售和成本的控制。

当然，并不能保证用这些比例编制的预算一定会产生最佳的绩效。事实上，使用这种方法，费用分摊将沿着销售变动的方向而变动。例如，如果销售预测下降，各种费用的预算也会下降，这可能是也可能不是解决销售下降的最佳方法。此外，这种方法的有效性还取决于销售预测的可能性。尽管有以上局限性，管理者还是明白如果费用保持在预算比例的范围里，最终的经营活动将按计划执行。

(2) 目标任务法

目标任务法是由预测确定的销售目标开始，确定实现目标必须完成的任务，并估计完成这些任务的成本。然后根据公司总利润目标来审查这些成本。如果成本过高，就会要求主管换一种新的实现目标的方式，或者调整初始目标。这个过程将反复进行，直到管理层对目标及其实现方式感到满意为止。很多公司也使用目标使用法的演变形式。

例如，美国市场营销协会，也用目标任务法来编制预算。它首先预测会员费和刊物销售收入，然后高级管理人员估计实现预测目标方案的成本。如果计划费用超过计划收入，就要对成本、方案和收入进行调整，直到预算平衡。

二、营销成本分析

营销管理人员面临最大的问题，不是预算，而是对营销成本进行分析，以发现不盈利的细分市场，带来亏损的客户与营销人员。它也是营销业绩分析的一个重要组成部分，除了分析营销部门的成本外，营销管理人员还得分析产品的营销成本。营销成本分析通常有三种类型，即分析在各个分类账户和收入费用报表中的营销成本，分析各个活动的营销成本，以及分析分配到地区、产品或其他营销单位的营销成本。

1. 分类账成本费用分析

最简单省钱的营销成本分析就是营销人员/财务人员以公司会计分类账中记录的支出目标成本为基础进行分析。其过程就是将分类明细账中的各个成本项目(销售人员薪金、分部办公室租金、办公用品)进行简单的汇总，然后详细分析这些数字。比较当期总数与过去同期的相应数字以发现发展趋势。公司可以比较实际费用与预算费用目标。在行业协会公布有关信息时，公司还可以与行业平均水平做比较。

由于分类账成本项目的分析只能提供一般性信息，因而其价值有限。例如，有关研究表明，某公司的销售薪酬成本占销售额的47%，而行业平均水平为6.1%。这一发现有助于指导管理和控制销售队伍，但是，需要更详尽的分析，准确描述观察到的公司成本变动的趋势以及偏离行业水平的原因。

2. 营销活动费用分析

在典型的会计记录中，根据直接费用目标将费用分类。于是分类费用账户就是由销售人员薪金、分部办公室租金、广告成本这样一些营销费用构成。但是，为了更有效地分析营销成本，营销管理人员通常会根据不同的活动种类对这些分类费用账户进行重新分类。与某一特定营销职能，比如仓储或广告，相关的所有费用将组成一类。

相关活动费用分析包括两个步骤，第一步，选择恰当的活动分类。每个公司都应该将与营销计划有关的主要活动列表。一个典型的营销活动通常应包括下列几个成本分类：

① 人员推销费用：营销人员薪酬和差旅费以及与销售分支机构有关的所有费用。

② 广告和促销费用。

③ 仓储及货运费用。

④ 订单处理费用：处理销售及采购订单、签发支票、收付货款等成本。

⑤ 行政费用：销售办公室的所有成本，包括主管的薪资和差旅费，公司行政费用中分配给营销部门的部分。

活动相关费用分析的第二步，是将每个分类账户费用分配到相应的活动项目中。会计中的许多分类账户费用都涉及了几个不同的活动类别。因此，营销管理人员要将分类账户的费用分配到恰当的活动中去。例如，办公用品账户的费用要分摊到发生费用的不同活动组(比如，人员推销、广告、仓储)。

3. 细分市场成本分析

第三种也是最佳的营销成本分析是分析每个细分市场的成本和盈利性。这一方法最通行的做法是将市场按地区、产品或顾客群或订单规模进行划分。各细分市场的成本分析比分类费用分析和营销活动成本分析，更能有效地帮助营销管理人员发现难点或业绩优秀的地区，可以说这是营销成本分析的目的所在。

将销量分析与营销成本分析结合起来，就可以为每种产品或细分市场提供利润表。然后根据各收入费用表就可以分析各个细分市场营销计划的有效性。

按销售地区或其他营销单位进行完整的营销成本分析也包括确定发生的事件、发生的原因以及处理措施。

确定发生的事件，细分市场的成本分析步骤与活动费用分析的方法相似。每种活动成本的总额都是按一定基础分配到研究的各产品或细分市场的。

4. 营销成本分析成果的运用

营销管理人员通过营销成本分析知道发生了什么，如哪些销售区域亏损，哪些销售人员费用过大，为了提高盈利水平就得建议企业调整决策。

(1) 销售区域决策

当企业完成销量和成本分析后，就要考虑调整地区界限以适应它们当前的潜力。销售地区可能太小，也就是说，潜在的销量不足以抵偿该地区的费用；销售地区也可能太大，使得销售人员花费过多的时间和费用。

企业也可能考虑改变非盈利地区的推销方式或分销渠道。运用邮件促销、电话推销代替人员推销。向零售商或工业客户直接销售的公司会考虑用批发中间商来代替。

有时一个弱势地区可能通过增加广告和促销力度转为盈利。可能销售人员缺乏足够的支持，或者竞争太激烈，以致企业不得不接受比以前小的市场份额。

强势地区的问题也可能与销售人员的活动有关。他们可能需要更严格的监督，或他们销售了太多的低利润产品。也可能仅仅是这些销售人员不怎么样。

完全退出某个市场而不用邮寄、电话或中间商等方式，作为最后一招可能更为必要。也许从前曾有的潜力，而现在已经不复存在。但是，在完全放弃之前，公司一定要考虑由此产生的反射成本。该地区可能承担了一部分间接的、不可避免的成本，例如营销和行政管理费等。如果放弃，这些费用将由剩下的地区承担。

(2) 产品决策

产品的成本分析说明产品线盈利有重大差别时，营销管理人员就应找出差别的原因何在。一方面，利润偏差可能来源于一些严格限定的因素(如特定的订单规模或包装要求)，也就造成企业很难有机会提高利润。另一方面，许多低利润产品常常存在改进管理提高利润的机会。企业可以停产一些需求较少的花色品种来精简产品线。精简同样可以让销售人员集中精力在较少的产品种类上，从而可能增加剩下产品的销售。

有时重新设计或重新包装就能增加产品盈利。同一产品多种包装较之单一包装可能增加平均订单规模。这可减少填单、运输和包装的单位成本。另一种可能是改变(增或减)产品的广告量和其他促销手段。在增加盈利产品的销售，或减少低利润产品的销售时，可能需改变销售队伍薪酬。

不能总是停产所有的低销量产品，也不能放弃那些看起来一定会亏损的产品。因为对于保持一个产品系列的完整性而言，这些产品可能是必要的，消费者可能仍希望厂家继续生产该类产品。

(3) 订单规模决策

企业也应按订单规模来分析成本，不能大小通吃。小规模订单问题常常困扰许多公司。这是指订单规模常常太小，以至于给公司造成损失。不论是10元还是10000元的订单，许多成本，例如直接推销或票据成本等通常都是一样的。按顾客群的成本分析通常与订单规模分析相关。一般来讲，利润低于平均水平的顾客群也存在小规模订单问题。有时，有些大客户的购货量由许多单独的小订单构成。企业应在分析其顾客和订单规模后，再制定这些方面的政策。

乍一看，似乎应该放弃那些造成亏损的客户，也不应接受低于盈亏平衡点的订单，但这是很草率的结论。管理人员首先要明确这些客户为什么不能盈利，平均订单规模为什么很小，然后考虑改进的方法。其实好些原因都会造成订单规模小或销售不能获利。例如：

- 客户全年的总采购量很大，但他从不同的供货商小批量购入。
- 一家公司从一个供货商处购买的采购量很大，但是购买频繁，因而平均订单规模小。现在日渐流行的零存货(JIT)控制系统就常常会产生频繁的小额订单。但JIT系统常常是长期盈利购买承诺的组成部分。因而，购销双方均能从JIT存货控制策略中受益。
- 处于成长中的小客户，从长远利益出发，销售方愿意投资。
- 小客户，而且在可预见的将来仍然是小客户。

在扩大平均订单规模或减少小订单营销成本方面，有如下一些措施：

① 培训从不同供应商购货的客户，强调从一个供应商处购买的好处。

② 对于总购买量大，但以小批量订单方式频繁购买的客户，强调以每月购买一次代替每周购买一次的好处。指出买方将免去四次中的三次处理、票据和会计有关的费用。提请他们注意这样只需写一张订单一张支票。而且要强调这样只需处理一次票据，运一次货，而不是原来的三四次。

③ 说服客户的同时也教育营销人员。实际上，有必要调整薪酬计划从而减少小批量订单。

④ 以直邮或电话推销方式代替上门拜访非盈利或小批量客户。或者继续拜访这些客户但减少拜访频率。

⑤ 将某个客户转给批发商或其他类型的中间商，而不是直接与他交易，甚至连通过邮购和电话推销也不采用。

⑥ 放弃大规模分销而采用选择性分销。这个新政策可能使销售人员能花更多时间在盈

利客户身上而增加销量。

⑦ 设立最低订单规模。

⑧ 设立最低收费或服务收费来限制小订单。

三、营销人员费用控制

处理和控制营销费用是营销管理人员的一件麻烦事，它不仅会受到来自内部的压力，而且要受政府有关财经法规的制约。通常营销人员的差旅费和其他业务费用的数额可能是巨大的，因此制定一套营销人员费用控制的计划就显得相当重要。一般来讲，营销人员费用控制可分为五个步骤：

- 弄清楚管理者是否真想控制费用。
- 建立销售费用预算。
- 通过书面形式与销售队伍沟通公司的费用标准和惯例。
- 建立一个常规的、自动的费用报告审核体系。
- 必须识别和处理违反公司政策的行为。

1. 制定良好的费用计划

营销人员费用的控制应从计划开始，在制定费用计划时应考虑费用计划的以下一些一般性的特征。当然营销管理人员必须认识到并不存在完美的计划，每个计划都会存在其固有缺陷。

（1）营销人员无净损益

费用计划的设计应该使营销人员不会因此受益或受损，营销人员不论是出差还是在本地区，其收入应该一样。但在实际操作中，很难做到这一点。

尽管费用补贴不应被用来代替报酬，但一些企业还是习惯性地这样做了，并且得到营销人员的支持。营销人员宁愿增加免税的费用补贴，也不愿增加需要纳税的薪水或佣金。

通过费用账户来为员工支付报酬是不明智的，这至少有两个原因。首先，是管理不善，它会削弱一个良好薪酬计划的控制力。其次，这样做会怂恿营销人员违反税法。费用账户仅在补偿营销人员合理的业务费用时是免税的。如果全部补贴超过总费用，超出的部分就要纳税。

（2）公正平等对待营销人员

无论是出差还是在本地工作，营销人员的生活标准应该基本相同。费用的限制不应该使他们牺牲舒适的生活。营销主管应该认识到不同地区的差旅费用存在差异。

（3）不妨碍有益活动的开展

好的费用计划不应该阻碍销售职责的履行，也不能削减有益于公司的活动，将销售费用确定为销售额的一个百分比的计划可能会挫伤销售人员开发新销售区域的热情。例如，将费用限制为销售收入的1%，这时没有人愿意开发新的地区，因为相对于该地区早期的销售量，开发新地区的费用常常是出奇的高。

良好的销售费用控制计划应该是易于管理和经济实用的。所需的行政和管理费用应该最小化。费用报告经常要求太多不必要的细节，或者重复了别处可以得到的信息。

(4) 避免歧义

成功的费用计划要防止在管理层和销售队伍之间造成误解。一个有效的方法是在制订和修正费用控制计划时征求销售队伍的意见。在计划执行之前，管理层必须向销售队伍进行书面的详细解释。公司应该及时支付或者最好是预先支付销售代表所需要的费用。

(5) 费用由公司控制并消除虚报

好的计划能控制费用并减少虚报。然而控制不等于吝啬。营销主管不应是只能采用那种会伤害营销人员士气的吝啬鬼的做法来达到控制的效果。

费用账户虚报是大多数营销管理人员不时要面对的一个问题。实际上，这往往是在其他方面出现的征兆。通常对其他方面的准确判断，可以防止营销人员滥用他们的费用账户。对工作成绩的认同、良好的培训计划和恰当的薪酬计划都有助于消除费用的虚报。

2. 辨别差旅业务费用的合理性

企业应该明文规定公司所承担的费用，不仅要说明费用的大致种类，诸如交通或住宿，而且要具体说明每种费用的细节，以此来作为辨别差旅业务费用的合理性。例如，对于住宿，企业只报销二星级宾馆的费用。原则应具体到让营销人员明白他们是否只能入住最廉价的招待所这种地步。所有关于差旅费的事项都应该事先阐明。

在确定合理的费用项目时，一个有效的大体原则是，营销人员可以报销的费用是：与工作有关的业务费用和只有工作时才必需的个人开支。这一原则的第一部分支持招待、传真、办公用品和交通支出。这些费用的相当一部分发生在出差途中，或者发生在总部所在城市的销售活动中。个人开支包括晚间住宿、餐饮和远离家庭可能带来的洗熨服务。许多企业支付销售人员出差时所有的餐费，而对在家还是外出就餐不作区分。

对于哪些费用可以合理地报销还没有统一的规定，但我们能够概括合理费用的主要种类。通常，公司负担工作中的所有交通费用和营销人员在异地出差需要过夜的住宿费用。公司通常也负担出差时的餐饮费用，但会限制数额。

电话、传真和其他通信支出是合理的业务费用，而企业办公用品支出和文字处理费用同样也是。无疑，最有争议的费用种类是招待和赠品支出。通常的惯例是允许报销所有必要和合理的招待费用。公司可以通过规定每人能报销的最大数额来限制费用，比方在餐饮和戏剧票上。或者招待仅被限制为午餐和晚餐。

通常企业不再热衷于招待顾客。另外，猛增的招待费开支也迫使管理部门重新评价其招待政策。赠送商务礼品长期以来是一种惯例。调查表明，企业对赠送礼品存在着不同的观点。一些企业愿意这么做，另一些企业想停止赠送礼物，但是他们感到了竞争的威胁。由于商务赠品开支在所得税中扣除受到限制，许多公司改变了赠送礼物的做法。现在许多企业把赠送礼物限制在节日期间，如春节、中秋节。同时，一些组织不允许他们的采购人员接受任何礼物，哪怕是很小的礼物。

3. 选择适当的费用支付手段

企业在选择适当的支付手段时，首先必须决定是由企业支付营销人员在外销售的费用，还是让他们用自己的收入来支付。多数企业直接支付营销人员差旅和业务费用。如果薪水是薪酬计划的一部分，这几乎是普遍遵循的做法。如果销售人员自己支付所有的费用，企业很可能是通过提成的形式支付报酬的。

（1）营销人员自己支付费用

拿提成的营销人员通常自己支付费用，这出于两个原因。首先，管理层愿意付出销售收入的一定百分比作为实地推销的代价。他们将总的提成比例给销售代表，实际上在说："支付了花费之后，剩下的就是你的。"其次，一些拿提成的营销人员可能会在销售淡季骗取费用账户。

有几个原因使营销人员愿意支付他们自己的费用。他们常常因有更多的运作自由而喜欢这个计划，他们不必向管理部门解释费用情况。许多营销人员相信自己支付费用会带来所得税上的好处。比起公司将收入和费用分开的方式，他们能够扣除更多的费用。而且，从管理层的角度看，这种计划不但简单，而且操作起来没有成本。然而，营销人员自己支付费用也许会带来管理层不愿看到的结果。公司在很大程度上失去了对营销人员活动的控制，例如，营销人员也许不会长途旅行去拜访和招待暂时不具销售潜力的新客户。

（2）无限额支付费用

最广泛使用的费用控制方法，是报销营销人员所有与公司业务有关的合理的业务和差旅费用。这种做法没有总费用或单项费用的限额，但是营销人员必须呈交开支的详细账日。

无限额费用控制的主要优点是其具有弹性。这种支付很少会因销售区域、工作职位或产品之间的费用差异而产生问题。假如营销人员诚实、准确地报告他们的花费，这种弹性计划对营销人员和管理部门来讲都是公平的。进一步来说，这个计划使管理部门能对营销人员的活动实施相当程度的控制。如果营销主管想开发一个新地区或者拜访外地的新客户，这种费用计划不会成为阻碍。另外，无限额费用控制计划可能使管理部门无法正确预测直接销售成本。无限额的特点成为明显的诱惑，致使些人挥霍无度或通过不正当的事项虚报费用账户。这种计划令营销人员没有动力去精打细算。无限额支付计划最需要的也许是建立一个有效的费用控制方法。当然，营销主管要分析营销人员的费用报表，以判定哪些费用是合理的和实际支出的。

（3）限额支付费用

两个广泛使用的费用控制计划都对营销人员的费用支付进行限制。其中一个计划为每个费用项目规定了报销限额。例如，公司对住宿每天最多支付 100 元，早餐 3 元，午餐 5 元，晚餐 10 元（或每天为食物支付 18 元）。另一个限额支付计划限制一段时间内的费用总金额，诸如每天或每周。也许一家公司允许每天最多 100 元，而另一家公司限制的总额为每周 1000 元。管理部门可以在所有地区制定同样的限额，也可以制定不同的限额以反映地区之间的消费差异。

设定费用支付的限额有一些好处。这种计划尤其适用于那些营销人员的活动有规律并且出差路线重复的情况。这样就可以更准确地预测费用。这些预测的最高费用额有助于制定预算规划。而且，预先知道限额可以减少管理部门和营销人员在费用账目上的争议，特别是当限额被认为是公平时。管理限额支付计划，最主要的问题可能是为每个费用项目或时间段确定限额。管理部门可以研究过去的报告来确定每天的平均行程，可以查阅宾馆的名录来确定住宿的限额。每个地区应分别进行研究以确保计划能够反映地区消费差异。而且，管理部门应该监督限额制定的过程，以确保限额反映了该地区的现实状况。在各种考虑中也应包括对营销人员的考虑，因为只有确保限额是公平的，限额支付计划才会成功。

（4）组合计划

限额和非限额计划共同的优点有时可以通过两者的组合使用而实现。比如，管理部门可以在食宿这类项目上制定限额，但对交通费用不加限制。另一种组合计划是费用定额计划，在这种计划下，管理部门制定一个总费用限额，但是最高限额与经营报告书中的某些其他项目相关，如净销售额。例如，由于预计月销售额为40000元，所以一个月的费用定额就是2000元。通过允许营销人员每月报销不超过净销售额5%的费用，费用就与销售额更直接地联系在一起。如果营销人员的费用保持在定额以下，就为其发放奖金，这样，薪酬计划就可以在费用控制系统中起到一些作用。费用定额计划确实可使管理部门能够将销售队伍费用和净销售额联系起来。通过这种办法，管理部门可以对这一直接销售费用有所控制。而且，营销人员可以在总体费用预算之下有一定的灵活性。具备了费用意识的营销人员不会浪费。

四、应收货款回收的控制

货款回收的难题是一个“中国式”的管理难题。在一个缺乏诚信的营销环境和缺乏职业道德的从业人员当中，面对客户大量的拖欠、三角债欺诈，面对营销人员的种种违纪违法（如携款潜逃、虚报费用等），再能干的营销管理人员，再有前途的企业也会被拖垮、拖死。

货款回收的控制应引起每个营销主管及财务人员的重视，应做好信用政策的设定，信用情况的调查，定期对收款进行监督，以及采取适当的收款策略。

1. 制定信用政策

信用政策会影响企业的收入和成本。例如，当采取较宽松的信用政策时，公司的销售额、毛利、坏账费用、应收账款成本均可能会增加。一般来说营销人员倾向于宽松的信用政策，而财务人员则趋向于严格的信用政策。采用某种信用政策是否会带来盈利，取决于其边际收益是否超过边际成本。

营销主管在配合企业制定信用政策时，应考虑三个方面的因素：信用标准、信用条件、收账政策和程序。

（1）信用标准

信用标准是指企业接受信用申请者的最低信用质量。信用标准对于企业产品及竞争者的影响是明显的。

只要销售获利能力超过应收账款所增加的成本，企业就应降低信用标准，也就是降低应收账款账户的质量要求。要评价一种更为宽松信用政策的获利能力，必须知道增加部分销售的获利能力、放宽信用政策导致的产品需求增加量，平均收账期被延长的时间和企业的期望投资报酬率。然而，随着信用标准的放松，企业现金流量和坏账损失的风险也在增加。同时营销主管应明确在考虑违约风险的情况下，最优的信用标准政策未必就是使企业获益最大的决策。

（2）信用条件

信用条件一般有信用期间、现金折扣期间的现金折扣、季节性优惠、电子信用条件等。

① 信用期间。信用期间是指给予客户付款宽限的信用持续期间。信用期间是企业用来增加产品需求量的手段，它同样需要在增加销售的获利水平与净增加应收账款投资成本之

间进行权衡。

在计算净增加应收账款投资成本时，不仅要考虑到新增加客户所带来的增量对应收账款的影响，而且还要考虑信用期间延长对原有客户付款积极性和进度的影响。

② 现金折扣期间的现金折扣。现金折扣是指给予客户较早付款所能享受的销售折扣百分比，它是为了鼓励信用客户较早支付发票款，而现金折扣期间表示通过早付款可以取得现金折扣的一段时间条件。现金折扣条件通常包括折扣百分率、折扣付款期限和净期限。例如，“2/10，n/30”表示如果购买者在发票日期后的第 10 天付款，可以获得 2%的折扣；否则，在发票日期后的第 30 天，要按全额付款。严格现金折扣条件很显然能加速应收账款的回收。

③ 季节性优惠。这是鼓励季节性产品购买客户的信用条款，允许客户在销售高峰前提货而延迟至高峰期后付款。季节性优惠对减少存货储存成本的作用是明显的。如果仓储成本加上存货投资的必要收益超过应收账款投资成本季节性优惠就可以采用。

④ 电子信用条件。电子商务和电子数据交换的出现，降低了管理成本和付款期的不确定性，同时也减少了供应商的应收账款和购买商的应付账款，使得电子信用优惠成为可能。

(3) 收账政策和程序

企业收账方式一般包括信函、电话催问、个人访问和法律行动。

在其他条件不变的情况下，在一定范围内相应收账费用越高，发生坏账的概率就越低，平均收账期也就越短。当然，这种关系并不是线性的；初始的收账支出可能只能减少很少的坏账损失。

如果销售与收款工作相互独立，如何决定适当的收账费用水平，要将它与坏账损失的减少和应收账款投资成本的减少导致的资金节省相比较。

如果过早地实施收账程序，有可能激怒那些由于某种原因不能在到期日付款的、以往信誉良好的客户。但无论如何，一旦信用期限到期，企业就应考虑坚定地实施收账程序。开始时，通常是打电话询问未及时付款的原因，接着就可能发出催账函；在必要时由公司律师给对方去电话或信函，或者专门派出收账人员拜访逾期未付款的客户。

2. 调查客户信用状况

调查客户信用状况，即信用分析，它是采用一定的方法对可能导致客户违约的种种因素所进行的调查分析行为。信用分析是企业活动中的一项经常性工作。其目的在于评价企业赊销中可能遇到的信用风险，为企业采取防范措施提供依据。对于赊销对其业务影响重大的企业来说，信用分析质量的好坏关系到企业的成败，所以营销主管应协助企业建立一整套系统的信用管理办法。信用分析包括对影响客户偿还欠款能力和意愿的因素分析、企业财务报表分析以及各种重要的财务比率分析。

(1) 客户分析

指对客户本身的情况进行分析，以考察其偿还欠款的意愿和能力。这些微观因素主要包括：客户的道德品质、偿还能力和借款能力等。

① 5W 分析。

- Who，分析赊欠者是谁。着重分析客户本身情况如何，包括其信用状况、还款能力、企业经营或个人财富状况等。这是对借款对象的整体分析，是 5W 原则中最基本的一条。

• Why，分析客户为何欠款。

• What，分析客户以什么作为赊欠担保。如果赊欠金额较大，企业可要求向客户索取抵押品，并仔细分析担保品的质量和数量。

• When，分析信用期限。

• Way(How)，分析客户的还款方式。客户是一次偿清赊欠款还是分期偿还；其还债资金来源，是以正常收入归还还是可能以负债归还。

② 5P 分析。

• Person，分析客户或企业负责人的经营作风和生活方式等方面情况，借以判断客户是否具备取得商用信用的资格。

• Purpose，分析客户的赊欠目的。

• Payment，分析与还款有关的各种因素。

• Protection，分析与企业债权保障有关的各种因素，例如担保人、担保品等。

• Perspective，分析借款企业的发展前途。如果企业今后财务状况发展良好，预示欠款能安全偿还；如果企业财务状况发展每况愈下，则预示欠款风险增大。

③ 6C 分析。

• Character，品德。诚实、正直、有责任心，以及欠款期限内强烈的还款愿望。一般根据以往的记录来分析客户的地位和声望是否良好，经营方针是否稳健，违约现象是否出现过，以及还款愿望是否强烈等。

• Capacity，能力。主要分析客户的经营能力、企业管理能力以及有效运用资金的能力。

• Capital，资本。主要分析客户产生的收益和原有资本的情况。

• Collateral，抵押物品。小企业特别关注抵押物品的市场价值及适销性。

• Condition，经济状况。主要分析客户经营的行业是否有发展潜力。其经营特点、经营方法以及技术水平是否有竞争力。

• Continuty，连续性。连续性主要是审查客户的持续经营前景。

（2）财务报表分析

财务报表分析的目的在于提示客户的资本状况和盈利能力，通过对客户过去、现在和未来经营状况的客观评价，从而考察其偿还欠款的能力，但也必须注意其报表的真实性。

财务报表分析包括对客户的资产负债表、利润表、现金流量表的主要项目作出较为客观的评估。

① 资产项目的评估。该项目主要包括：现金、存货、应收账款、固定资产，以及其他资产等。

② 负债和净值项目的评估。短期负债主要包括应付账款，以及税款和其他费用的应计额。

长期负债包括长期借款和客户发行的中长期公司债券。企业应重点分析这些债务的性质和期限，以及为满足付款的各种需要所做的准备。

所有者的权益资本或净值的大小反映了客户归还欠款的实力，企业信用管理分析人员主要关心客户的资本结构，如普通股在总资本中所占比重较大，说明其资本实力较为巩固。

此外，企业还必须分析客户的资本中是否存在弄虚作假的成分等。

③ 利润表中项目的评估。客户的利润表反映了客户资产的质量以及经营的稳定程度和管理效率。

利润表分析通常采用一个综合的报表来进行，为了便于和前一阶段的数字以及和其他同类公司的情况相比较，其中所有的项目可折算成与销售额的百分比来表示。通过比较，来判断公司经营管理水平及其发展趋势。

④ 现金流量表项目的评估。该表反映客户在报告期内(一般为1年)营业资金及流动性的变化，是评估客户短期欠款偿还能力的一个主要指标。该报表显示了客户财务状况的变动，这种变化可能来自经营、资产、负债或净值项目等，这些流动性的变化对企业来说是至关重要的。

(3) 比率分析

比率分析是根据财务报表提供的有关信息，计算出各种不同的比率，以揭示客户经营状况的一种分析方法，它是信用分析中技术性最强的一部分。正确的比率分析能够精确地揭示出客户的经营状况并可借此预测其未来经营趋势。

比率分析中常用的比率有流动性比率、活动性比率、财务杠杆比率以及盈利能力比率四种，每一种比率又包括若干不同的计算指标。

流动性比率反映当短期债务到期时客户偿债能力的大小。

活动性比率又称为周转率，它反映了客户为达到预定的销售额必须使用的资产量。该组比率可用于测定资产中特定项目的运营效率。

财务杠杆比率反映了客户对借入资本的依赖程度，以及客户履行长期债务本息支付义务的能力，也即考察客户负债经营管理的效率。

从企业的角度来看，股权资本的数量代表客户回避运营损失风险及其资产贬值风险能力的大小，因此，企业均倾向于将客户的财务杠杆比率控制在安全范围之内。而从另外一个角度来看，客户可以通过运用外部资本来源以较少的个人投资来管理企业，假设借入资金进行投资产生的收益大于借入资金的成本，那么客户就存在增加财务杠杆比率的动机。

盈利能力比率，说明了客户的盈利能力与其投资销售额之间的关系，它用来测算客户总体上的经营管理效率。企业为了确保资金的安全，大多愿意满足盈利能力较强的客户的需求。

对财务报表的比率分析，不仅要进行静态分析，更重要的是还要对其做动态分析，也就是采用比较方法，分析不同时期的财务报表，从而把握公司经营状况的变迁，并预测其发展趋势。通过动态分析可以弄清公司的经营状况和盈利能力是改善了还是恶化了。比率趋势分析可以提供客户未来经营状况可能发生变化的种种迹象，对信用管理决策具有重要意义。

3. 监督货款回收情况

监督货款回收情况，是预防坏账损失的重要环节之一。在任何情况下，如果营销主管或财务人员能对应收货款的恶化提早警告，都可以促使企业及时采取措施来阻止其进一步恶化，或避免由此引起的财务危机。

应收货款回收情况的监督技术包括账龄分析表、应收账款平均账龄、收款率和应收款余额百分比。

（1）账龄分析表

账龄分析表是将所有的应收账款按账龄分为几类，以显示每一类的金额及所占比例的表格。它能较清楚地反映应收账款的质量。账龄通常按0~30天、30~60天、60~90天和90天以上这几个级别来进行分类。

公司应定期(通常为每月)将所有到期没有清偿的账款集中起来，再根据其账龄进行分类，然后在账龄分析表上对应收账款的质量加以概括总结。

账龄分析表取决于公司设定的信用条件、顾客的付款习惯和最近的销售趋势。例如，如果公司改变其信用条件，延长顾客的信用期限，账龄分析表将反映这一变化；如果顾客付款速度加快，时间较远的那一类百分比会增加，时间较近的那一类百分比会有所下降；同样地，公司销售收入的变化也会影响账龄分析表，如果当月的销售增加，账龄为0~30天的应收账款的比例将增加，如果当月的销售额下降，该类比例会有所下降。

（2）应收账款平均账龄

除了账龄分析表外，还应计算应收账款平均账龄，即公司所有没有得到清偿发票的平均账龄。

对应收账款账龄的计算有两种比较普遍的方法。第一种方法是计算所有个别的没有清偿的发票的加权平均账龄，其权数是个别发票金额占应收账款总额的比例。第二种是比较简化的计算方法，每一级别的账龄假定取其中点，0~30天、30~60天和60~90天这三类的账龄分别确定为15天、45天和75天，其权数确定为该类应收款在应收账款总额中所占的比例。

（3）收款率和应收款余额百分比

收款率是指在不同月份收回销售收入的比例。用收款率状况与预期收款情况相比，可以判断收款速度是高于还是低于预期情况，并分析其原因。

应收款金额百分比是指在销售月的月末及随后的每个月月末，该月没有收回的销售收入所占的比例。收款率和应收款余额百分比通常是以最初的销售收入的百分比来计算的。

4. 货款回收控制的策略

对于我国众多的企业而言，在应收货款管理控制方面存在着倾向性问题：应收款金额巨大超过了企业所能承受的范围，对庞大的应收款日常控制手段缺乏足够的刚性和灵敏性，缺乏有效合法的催讨手段，面对客户无端拒付无能为力，等等。营销主管应给营销人员或财务人员提供以下一些日常应收货款回收的策略。

（1）建立客户信用档案

对于一个正常经营的企业，客户档案的建档范围不仅包括欠款客户，也应包括信誉良好甚至是往来已结清的客户。档案内容包括：客户的法定代表人、法定住址、联系电话等工商登记情况；客户信用记录；客户对其债务偿还的承诺情况等。

（2）定期向欠款客户寄发应收账款对账单

这种借鉴于商业银行的做法，即使没有实质性作用，但这种费用低廉的方式，可以起到中止时效的作用，在法律上表明了债权企业没有放弃自己的权利。

（3）定期实地催债和对账

采用这种做法，企业需要在差旅费和人工成本方面承担较高费用，但其实效也是很明显的：可以提醒客户的经营和财务情况，特别是要注意那些财务状况恶化、濒临破产边缘的欠债户；可以设身处地地解决一些造成客户拒付的商业争端；可以要求客户出具盖有法人印章的还款计划或其他履行义务的书面承诺，为日后提起法律诉讼准备必要的法律手续。

(4) 对应收债权设定担保

企业可在同意给客户赊销的同时，要求客户对赊销应收款设定担保。《担保法》对此也作出了较为具体的规定。作为债权人，企业在要求客户设定担保时，要注意以下事项：①适合于企业间债权担保的方式有保证、抵押、质押、留押和定金五种。②在对方提供保证方式的担保时，要注意识别保证的种类。③在采用抵押担保方式时，对于特定的担保物，《担保法》规定，担保合同必须向有关部门办理抵押物登记后才能生效。

有关办理抵押物登记部门的规定是：①以无地上附着物的土地使用权抵押的，到核发土地使用权证书的土地管理部门办理；②以房地产或厂房等建筑物抵押的，到县级以上人民政府规定的房产管理部门办理；③以林木抵押的，到县级以上林木主管部门办理；④以航空器、船舶、车辆抵押的，到运输工具的登记部门办理；⑤以企业的设备或其他动产抵押的，到财产所在地的工商行政管理部门办理。

(5) 仲裁和诉讼

借用法律手段提请仲裁或诉讼，是解决应收款争端的最后补救措施。较之于其他收账手段，仲裁和诉讼具有最强的刚性。

仲裁和诉讼要注意的事项是：①把握诉讼时机。在掌握了主要证据的前提下，只要觉察到对方有毁信用企图或客观上存在着信用风险时，应坚决诉诸法律程序，切忌优柔寡断，错过有利时机而丧失主动权。②要有时效观念。仲裁和诉讼的时效为 2 年，自当事人知道或应当知道其权利被侵害之日起计算；超过了诉讼时效，其权利不再受法律保护，等于权利人放弃了自己的权利。③委托一家诚信可靠的律师事务所，选择忠诚干练的有经验律师，增加胜诉概率。④注意经济诉讼中的地域管辖和级别管辖的有利原则，以及适时运用财产保全和证据保全等保障性诉讼权利。⑤解决好判决或裁定的执行问题，必要时申请法院进行强制执行。

(6) 转让应收款

有条件转让债权或委托第三方代收欠款，也是可行的。对于异地的欠款户，可以委托在当地的关联企业或中介机构去收账，或干脆将债权转让。

对于一些小额的应收款而言，直接采取法律行动的成本过于高昂，有时候也没有什么实际意义，委托他方收款或转让应收款不失为一种比较经济、有效的方法。

第六节　人力资源成本控制

一、人力资源及其成本

人力资源有宏观和微观之分。从宏观上讲，人力资源是指能够推动整个经济和社会发展的劳动者的能力。从微观上讲，人力资源是指一个企业所能控制和运用的劳动力，是企业最具活力的资源。

1. 人力资源的含义及特点

人力资源实质上就是劳动力资源，作为一个经济范畴，人力资源具有质和量的规定性。所谓质的规定性，是人力资源所具有的体质、智能、知识、技能等，体现在劳动力人口的体质水平、文化水平和专业技术水平上，这是人力资源不同个体或总体之间相互区别的关键。所谓量的规定性，是指可以推动物质资源的人数。从人力资源内部的替代性来看，人力资源的质对量有较强的替代作用，而人力资源的量对质的替代作用却较差，甚至不能替代。所以，现代意义上的人力资源，更注重其质的方面。

一般来说，人力资源具有主观能动性、开发的持续性、个体的独立性、变化性、社会性、再生性等主要特征。人力资源不同于物质资源，它是最活跃、最积极、最具主动性的生产要素，是创造和积累物质财富、促进企业效益提高和国民经济发展的主要力量。

人力资源以一定数量和素质的人口形态存在，人力资源中总有一些劳动力还处于失业状态。而争夺专业技术人才、管理人才的竞争处于白热化程度，优秀的人才总是处于稀缺状态。在企业内部，人力资源成金字塔型分布，分三个层次：第一层次是大量的一般员工，人数众多，从事简单、机械的劳动，一般无创造能力；第二层次是企业的研发人员、市场营销人员、管理策划人员，掌握企业的核心发展能力，比较稀缺；第三层次是最稀缺的能整合企业内各种物质、人力、结构、关系等资源的企业家。

人力资源的管理包括量的管理和质的管理。对人力资源进行量的管理，就是根据人力和物力及其变化，对人力进行恰当的培训、组织和协调，使两者经常保持最佳比例和有机的结合，使人和物都充分发挥出最佳效应；对人力资源质的管理，是指对人的心理和行为的管理，就是采用现代化的科学方法，对人的思想、心理和行为进行有效的管理，充分发挥人的主观能动性，以达到组织目标。

2. 人力资本的含义及特点

所谓人力资本(Human Capital)，是指以某种代价获得且凝聚在人身上的，并能在劳动力市场上具有价值的能力或技能，这种能力或技能能够提高生产效率，促进经济增长，在生产的运动中实现价值增值，即带来剩余价值。“人力资本”是人力资本理论体系的核心概念。

人力资本和实物资本的相同之处是两者都是通过投资形成的，这些投资的目的都是为了获取未来的收益。两者的区别是，实物资本体现在实物产品上，人力资本体现在劳动者身上，实物资本的所有权可以被转让或被继承，人力资本的所有权不能被转让或被继承。

人力资本产权应该通过对人力资本的投资来获得，或者说人力资本产权应归入人力资本投资者所有。因此，由企业和其他社会团体投资形成的人力资本的产权应归企业或社会团体所有。人力资本的产权特征有以下几点：

(1) 自主性

人们在处理任何事情时主观上都存在着积极或消极、作为或不作为的倾向与选择，这种自主性导致了企业对于人力资本控制权的不完全性。对于人力资本，任何企业通过签订契约所能控制的仅仅是靠人力资本所有者的知识或技能而形成的劳动成果。

（2）排他性

即当一个主体拥有人力资本后，就排斥了其他主体对人力资本的拥有和使用，这是与人力资本存在的特点密切相关的。因为人力资本存在于载体，一旦确定人力资本产权后，其他人就很难再拥有同一人力资本的产权。

（3）可交易性

指人力资本产权在不同主体之间的让渡。在市场经济条件下，在人力资本市场上，人力资本与企业通过契约签订便发生分解，所有权归其载体，企业法人拥有对人力资本的控制、使用、决策权等。同时，由于排他性的存在，人力资本产权主体才能进行产权交易，因此排他性是人力资本产权可交易性的基础。

因此，人力资本产权特征就要求会计学对其权益理论进行拓展。由于人力资本不能脱离其载体独立存在，这就决定了人力资本应拥有混合权益，一方面体现为固定权益所有者，即平时从企业中固定取得的薪金报酬；另一方面，由于企业在一定程度上对人力资源具有排他性的占有特性，企业合理占有了人力资源的超额效用即利润，所以人力资本所有者应该拥有剩余索取权。所以，企业在取得人力资本时，一方面应确认一项资产；另一方面还应确认一项负债和一项权益。

3. 人力资源成本的含义

人力资源成本是使人力资源价值发生增减变动而支出的各项费用之和，是一个会计范畴的概念。对于企业来讲，人力资源成本是指为了获得人力资源的“购入”成本。比如，学生A在大学毕业时，已投入各种教育投资合计99500元，对用人单位来说即为原始成本。

二、人力资源成本的构成

人力资源成本是由获取成本、开发成本、使用成本、保障成本及离职成本构成的，是人力资源投资作为人力资源成本会计的历史对象。

1. 获取成本

人力资源获取成本是指企业为取得所需的人力资源而在招聘录用过程中所发生的成本，主要包括招聘、甄选、录用以及安置而发生的费用。

（1）招聘成本

招聘成本是企业为吸引和确定所需内外人力资源而发生的费用，主要包括招聘人员的直接劳务费用、直接业务费用（如招聘洽谈会议费、差旅费、代理费、广告费、宣传材料费、办公费、水电费等）、间接费用（如行政管理费、临时场地及设备使用费）等。招聘成本既包括在企业内部或外部招聘人员的费用，又包括吸引未来可能成为企业成员的人选的费用，如为吸引高校研究生与本科生所预先支付的委托代培费。

（2）甄选成本

甄选成本是企业为选择合格的职工而发生的费用，包括各个甄选环节如在初选、面试、测试、调查、评论、体检等过程中发生的一切与决定录取或不录取有关的费用。甄选成本随着应聘人员所要从事的工作不同而不同。一般来说，选择外部人员比选择内部人员的成本要高，选择技术人员比选择操作人员的成本要高，选择管理人员比选择一般人员的成本要高。总之，选择成本随着被选择人员的职位增高以及对企业影响的加大而增加。

(3) 录用成本

录用成本是企业为取得已确定聘任职工的合法使用权而发生的费用，包括录取手续费、调动补偿费、搬迁费等由录用引起的有关费用。但是从企业内部录用职工仅是工作调动，一般不会再发生录用成本。录用成本一般是直接成本。

(4) 安置成本

安置成本是指企业将被录取的职工安排在确定工作岗位上的各种行政管理费用，录用部门为安置人员所损失的时间费用，为新职工提供工作所需装备的费用，从事特殊工种按人员配备的专用工具或装备费，录用部门安排人员的劳务费、咨询费等。在企业大批录用人员时，这种成本会较高。安置成本一般是间接成本。

2. 开发成本

为了提高工作效率，企业必须对已获得的人力资源进行培训开发，以使他们具有预期的、合乎具体工作岗位要求的业务水平。这种为提高员工的技能而发生的费用就是人力资源开发成本。人力资源开发成本，是企业为提高员工的生产技术能力，为增加企业人力资源的价值而发生的成本，包括职前培训成本、岗位培训成本、脱产培训成本等。

(1) 职前培训成本

职前培训成本又可以称为定向成本，是企业对上岗前的新职工在职业道德、规章制度、基本知识、基本技能等基本方面进行培训所发生的费用。职前培训成本包括培训与受培训者的工资、培训与受培训者离岗的人工损失费用、培训管理费、资料费用和培训设备折旧费用等。良好的职前培训和专业定向有利于职员增强适应的能力，具有稳定感，并迅速熟悉周围的环境和工作条件，具备上岗前的各种必需的知识和技能。

(2) 岗位培训成本

岗位培训成本是企业为使员工达到岗位要求对其进行培训所发生的费用，岗位培训成本是在员工不脱离工作岗位的情况下对职工进行的一种培训。岗位培训成本包括上岗培训成本和岗位再培训成本。上岗培训成本是为使员工上岗后达到岗位熟练员工技能要求所花费的培训费用，包括培训和被培训人员的工资福利费用、培训人员离岗损失费用、被培训人员技术不熟练给生产造成的损失费用、因培训而消耗的材料等物资费用，以及由于新员工与熟练员工工作能力的差异而给生产造成的损失费用等。岗位再培训成本是岗位技能要求提高后对职工进行的再培训费用，包括为培训而消耗的材料费用和人工费用，以及在培训过程中因培训人员占用时间学习新技术等而给生产造成的损失费用。

(3) 脱产培训成本

脱产培训成本是企业根据生产和工作的需要，允许员工脱离工作岗位接受短期(一年内)或长期(一年以上)培训而发生的成本，其目的是为企业培养高层次的管理人员或专门的技术人员。脱产培训主要有委托外单位培训、委托国家有关教育机构根据企业的实际需要进行培训和企业自行组织培训三种形式。脱产培训成本分为企业内部脱产培训成本及企业外部脱产培训成本，包括企业为培训脱产员工而发生的一切人工费用和材料费用等，在企业外部培训机构的脱产培训成本，包括培训机构收取的培训费，被培训人员工资及福利费、差旅费、资料费等；在企业内部培训机构的培训成本，包括培训所需聘任教师或专家工资福利费用、被培训人员工资及福利费、培训资料费、企业专设培训机构的各种管理费用等。无论在企业内部还是外部进行培训，都会发生被培训人员的离岗损失费用。

3. 使用成本

人力资源使用成本，是企业在使用员工的过程中发生的成本。在确定人力资源使用成本时，工资支出也应包括人力资源使用成本内。因为工资是维持人力资源正常发挥作用、维持其正常的简单再生产的基本保证。本来就是人力资源成本的一部分，不应该将工资费用从人力资源成本信息中剥离。而且，人力资源成本会计信息已经存在于传统会计之中，只不过是将该信息从隐含成本变为显现成本。人力资源成本会计与传统会计核算之中，其核算的目的是为人力资源管理服务，为其提供管理信息。当然，为了不影响对传统会计数据资料的一般理解和分析，又使人力资源成本数据完整，也可以将人力资源成本会计单独核算。人力资源使用成本包括维持成本、奖励成本、调剂成本等。

(1) 维持成本

维持成本是保证人力资源维持其劳动力进行生产和劳动所需的费用，是员工的劳动报酬，包括员工计时或计件工资，劳动报酬性津贴(如职务津贴、生活补贴、保健津贴、法定的加班加点津贴等)、劳动保护费、各种福利费用(如住房补贴、幼托费用、生活设施支出、补助性支出、家属接待费用等)、年终劳动分红等。

(2) 奖励成本

奖励成本是为激励企业员工，使人力资源发挥更大作用，对其超额劳动或其他特别贡献所支付的奖金，这些奖金包括各种超产奖励、革新奖励、建议奖励和其他表彰支出等。奖励成本是对企业职工超额劳动所给予的补偿。

(3) 调剂成本

调剂成本类似于对其他资产进行所谓的“维修”和“加固”而支付的费用。这种成本的作用是调剂员工的工作与生活节奏，使其消除疲劳而发挥更大作用；也是满足员工必要的需求，稳定员工队伍并吸引外部人员进入企业工作的调节器。调剂成本包括职工疗养费用、员工娱乐及文体活动费用、员工业余社团开支、员工定期休假费用、节假日开支费用、改善企业工作环境的费用等。

4. 保障成本

人力资源保障成本，是保障人力资源在暂时或长期丧失使用价值时的生存权而必须支付的费用，包括劳动事故保障、健康保障、退休养老保障、失业保障等费用。这些费用往往以企业基金、社会保险或集体保险的形式出现。这种成本既不能提高人力资源的价值又不能保持其价值，其作用只是保障人力资源丧失使用价值时的生存权。这种成本是人力资源发挥其使用价值时，社会保障机构、企业对员工的一种人道主义的保护。

(1) 劳动事故保障成本

这是企业承担的员工因工伤事故应给予的经济补偿费用，包括企业承担的工伤员工的工资、医药费、残废补贴、丧葬费、遗属补贴、缺勤损失、最终补贴费等。

(2) 健康保障成本

这是企业承担的员工因工作以外的原因(如疾病、伤害、生育、死亡等)引起的健康欠佳不能坚持工作而需给予的经济补偿费用，包括医药费、缺勤工资、产假工资及补贴、丧葬费等。

(3) 退休养老保障成本

这是社会、企业及员工个人共同承担的保证退休人员老有所养和酬谢其辛勤劳动而给予的退休金和其他费用，包括养老金、养老医疗保险金、死亡丧葬补贴、遗属补偿金等。

(4) 失业保障成本

这是企业对有工作能力但因客观原因造成暂时失去其工作的员工所给予的补偿费用，包括一定时期的失业救济金。

主要是为了保障员工任重新就业前的基本生活需求。

5. 离职成本

人力资源的离职成本，是由于员工离开企业而产生的成本，包括离职补偿成本、离职低效成本、空职成本等。

(1) 离职补偿成本

这是企业辞退员工，或员工自动辞职时，企业所应补偿给员工的费用，包括至离职时间止应付员工的工资、一次性付给员工的离职金、必要的离职人员安置费等支出。

(2) 离职前低效成本

这是员工即将离开企业而造成的工作或生产低效率损失费用。在职工离职前由于办理各种离职手续或移交本岗位的工作，其工作效率一般都会降低而造成离职前的低效率损失。这种成本不是支出形式的费用，而是其使用价值降低而造成的收益减少。

(3) 空职成本

这是员工离职后职位空缺的损失费用。由于某职位空缺可能会使某项工作或任务的完成受到不良影响，从而会造成企业的损失。这种成本是一种间接成本，主要包括：由于某职位空缺而造成的该职位的业绩的减少，以及由空职影响其他职位的工作而引起企业整体效益降低所造成的相关业绩的减少。这种成本与离职成本相同，是隐性成本。

三、人力资源成本的计量

人力资源成本的计算其实也是一种人力资源成本控制的手段，包括人力资源成本的计量与核算两部分，它是人力资源成本控制的基础。

1. 人力资源成本的计量

企业确定了人力资源成本的构成内容之后，就必须选择一定的计量方法，将这些成本加以数量化，人力资源成本的计量主要有以下三种方法：

(1) 历史成本计量方法

历史成本计量方法是其在人力资源方面的支出按历史成本原则资本化，作为人力资源的价值，进行记录和核算。

这一方法的优点是计量可靠，方法成熟，能使人力资源会计与非人力资源会计在计价原则上保持一致，但随着时间推移，经济环境的变化，可能使历史成本信息严重违背现实。以往企业获得优秀人才可能只是通过组织上人事调动的方法，因而投资较少，而现在企业往往通过高工资、高福利来招才纳贤，这样不同时期的人力资源取得成本就有了较大不同，此时的历史成本信息相关性就很低。

（2）重置成本计量方法

重置成本计量方法就是以现时重置企业的人力资源所需花费的价值作为人力资源价值的依据。人力资源的重置成本有两种情况：一种是从员工个人方面来计量企业现时条件，取得和培训人力资源所付出的代价，称为个人重置成本；另一种是从员工职位方面来计量企业在现时条件下，取得和培训特定职位要求的人力资源所付出的代价，称为职务重置成本。重置成本的优势在于它的决策相关性，因为它力求提供一种与现实环境相同步的信息，便于内部信息使用者进行决策。但是由于重置成本法对人力资源重置成本的预计主观性太强，而且企业的各种人才来源渠道各异、成才方式不同，其投入成本很难用一个社会公允的重置成本来替代，因而缺乏可信赖度。例如，企业从学校招收一名硕士生可能要支付2万~3万元培训费；而从外单位调入一名硕士可能不用培训费，而要用高薪或住房相吸引；更有本单位刻苦钻研业务自学成者，虽然没有硕士学位，但同样有工作能力，这种人才企业可能除工资、福利费外很少投入费用。

（3）机会成本计量方法

机会成本计量方法是把员工离职使企业遭受的损失，作为人力资源的计价依据。这种方法的优点在于相关数据比较容易获取，它确定的机会成本比较接近于人力资源的实际经济价值。但它同样具有不可靠的缺点，而且人力资源的机会成本既不代表企业的投入成本，又不代表人力资源的创造价值。它脱离了传统会计模式，较难为人们所接受。

2. 人力资源价值的计量模式

人力资源价值的计量模式按计量对象可分为群体价值计量模型和个人价值计量模型，按计量尺度可分为货币性计量模式与非货币性计量模式。

（1）货币性计量模式

人力资源的货币性计量模式就是将人力资源价值予以资本化，即以货币形式对人力资源价值进行计量。其主要模式有：

① 经济价值法。经济价值法基于人力资源能够提供未来的收益，因此将组织未来各期的收益折现，然后按照人力资源投资占全部投资比例，将组织未来收益中人力资源投资获得的收益部分作为人力资源的价值。其计算公式为：

$$V_n = \sum_{t=n}^{T} \frac{R_t}{(1+R)^{t-n}} \times H$$

式中 V——以未来盈余现值表示的群体人力资源价值；

R——贴现率；

R_t——第 t 期的组织未来净收益；

H——人力资源投资占总资产投资的比例。

该模型以未来盈利作为计量基础，即符合资产的特征，反映的又比较全面，有一定的合理性。该模型计算的是人力资源的使用价值，可以为企业管理人员了解企业的人力资源在未来的一定时期可能为企业创造的经济效益，有利于企业进行投资报酬分析，采取更有力的措施进行人力资源管理。同时，该计量公式在计量群体人力资源价值时，注重人力资源数量在整个企业投资中所占的比重，并且可以比较人力资源和非人力资源对企业贡献的大小，以使企业有限资金用于最佳决策，其缺点是未来净收益是一个估计值，具有主观性和不确定性，且人力资源价值受多种因素影响，并不一定使投资比例呈线性关系；另外，该方法未反映人力资产的交换价值，即工资部分，因此，它低估了人力资源的价值。

② 未来工资报酬折现法。未来收益或工资报酬折现模型直接根据经济学概念来计量人力资源价值，认为某一员工的人力资源价值等于该员工在剩余受雇期内未来工资报酬的现值。用公式表示为：

$$V_n = \sum_{t=n}^{T} \frac{I(t)}{(1+r)^{t-n}}$$

式中 V_n——年龄为 n 的员工的人力资源价值；

$I(t)$——该员工第七年的预计工薪收入；

t——该员工未来工作年限；

r——适用于该员工的收益贴现率。

这种计量模型是以员工的工资支付额为基础，计算的是人力资源交换价值，可以为人力资源成本提供未来预测信息，有利于企业的比较并及时调整人力资源成本，加强人力资源成本管理。然而该计量方法的前提条件是某人在其全部服务生涯中肯定不会离开这一组织，且此人在该组织中会终身从事一个职业。事实上，人的工作岗位是有变动的，这种方法在实际应用中会过高估计个人的预期服务年限，从而高估人力资源价值。其实，这种计量方法仅以员工工资作为计量人力资源价值的基础，但实际上人力资源创造的价值可能高于或低于其工资。因此，运用这种方法会高估或低估人力资源价值，影响其准确性。

③ 随机报酬价值法。1985 年，弗兰姆霍尔茨(Famholtz)在他的《人力资源会计》一书中介绍了“随机报酬价值模型”，他认为人对于组织的价值在于他能够提供未来的用途和服务，人对组织提供的服务是由人的生产能力、调动、晋升及作为该组织成员的可能性等因素决定的。这些服务量取决于人在组织内目前或未来所担任的角色和实际担任该角色的可能性，而这种可能性是随机的，在这种过程中人所提供的服务是对组织的报偿，所以弗兰姆霍尔茨把这种过程称为有报偿的随机过程。因此计算人力资源价值时，只能综合考虑预计服务年限，服务状态、特定服务状态下的价值及其概率来预期。该模型的计算方法为：

$$E(CV) = \sum_{t=1}^{n} \left[\frac{\sum_{i=1}^{m-1} R_i P(R_i)}{(1+r)^t} \right]$$

式中 $E(CV)$——人力资源的价值；

R_i——第 i 种状态下预期服务的货币表现；

$P(R_i)$——员工处于 R_i 职务下的概率；

M——工作职位状态数(含离职状态，其预期服务的货币表现为零)；

i——一系列职务职位；

N——时期数；

r——贴现率。

这种计量方法是用人力资源为组织提供的服务所创造的价值(收益)来计算人力资源的价值，并且在计算过程中所考虑的因素系统全面，数据比较客观，用其估算的人力资源价值更容易被接受。但这种方法也有一定局限性，具体如下：

• R_i值是人力资源的价值，本身是一个未知数，计量操作性有待分析。

• 忽略了其他资产对组织收益的影响，将组织的全部收益归结为人力资源所创造的价值，因此有可能高估人力资源的价值。

(2) 非货币计量模式

当一些决定人力资源价值的特殊因素不能完全用货币计量，此时可以采用非货币计量方法。非货币计量主要是以人力资源的才干和运用知识的能力来决定其在企业中的价值，是根据主观预测和经验判断进行计量的。影响其计量因素通常包括：现有人员文化程度、技术职称、职务、技术工种、实际工龄、年龄、健康状况等。主要方法有：工作绩效评价法、技能一览表法、潜力评价法、工作态度测定法及类推法等。

3. 人力资源成本计量的账户设置

在设置人力资源会计账户时，除应保留传统会计中的有关账户外，还应增设"人力资产""人力资源取得与开发""人力资产摊销""人力费用""人力资产损失""人力资产转让损益"等账户。

(1) "人力资产"账户

核算企业正式交付使用的人力资源的价值。该账户借方登记人力资产价值的增加，包括员工投入人力资源的价值，企业使用人力资源的取得成本和开发成本；贷方在人力资源退出企业时，冲减人力资产的价值。余额在借方，表示现有人力资产的价值。该账户应按员工类别设账进行明细核算。

(2) "人力资源取得与开发"账户

核算企业在人力资源取得与开发方面所有资产化的人力资源的原始投资成本。该账户借方登记企业在开发人力资源时增加的投资额，贷方登记转入"人力资产"账户时减少的价值。余额在借方，表示尚未转入"人力资产"账户的人力资源的取得与开发成本，该账户一般使用多栏式账簿，按人力资源招聘成本、选拔成本、录用成本、安置成本、岗前安全培训成本、岗位培训成本、脱产培训成本设置专栏。该账户应按人力资源的类别设置明细账进行核算。

(3) "人力资产摊销"账户

核算企业人力资产价值的累计摊销额。该账户借方登记退出企业的人力资源已提摊销额，贷方登记本期提取的销售额。余额在贷方，表示人力资产价值的累计摊销额。该账户按照员工类别设账进行明细核算。

(4) "人力费用"账户

该账户借方登记人力资产的每期摊销额，期末将其余额从贷方结转到"本年利润"账户，结转后该账户无余额。

(5) "人力资产损失"账户

主要核算由于企业员工辞职或提前退休以及技能陈旧等原因所发生的损失。该账户的借方登记由于员工辞职或疾病等原因提前退休给企业造成的损失(即尚未摊销的人力资产的价值)，期末将其余额从贷方结转到"本年利润"账户，结转后该账户无余额。

(6) "人力资产转让损益"账户

用来核算企业因员工调动所发生的损益。其借方登记员工调动带来的损失，贷方登记员工调动带来的收益。期末将其余额结转到"本年利润"账户，结转后该账户无余额。

四、人力资源成本控制的基本策略

1. 人力资源取得成本的控制策略

人力资源的取得成本是相当昂贵的，尽管招聘与录用成本在人才市场上已有大幅下降，但还是很高的。因为它的计算中还常常包括寻找过程、面试、支付代理费以及重新安置和培训新员工等成本。尽管选择决策并不是不可逆转的，但一旦员工被雇用，即使其业绩勉强合格，也很难辞退他。因此，公司在获取人力资源之前应认真考虑以下成本控制策略。当然，这些控制策略有时也不仅仅局限于人力资源取得成本的控制，有的涉及整个人力资源成本的控制策略。

(1) 加班

解决工作量中短期波动最常使用的方法也许就是利用加班了。加班对企业和员工双方都有帮助。企业由于避免了人力资源取得而获益，员工则可以得到较高的报酬。

与利用加班明显的优点相伴而来的是潜在的问题。许多企业认为当员工长时期加班后，会变得疲劳并缺乏正常工作效率和完成工作的精力，特别是当需要过度的加班时，使人力资源的使用成本及保障成本增加。

两个附带的潜在问题都与延长加班时间有关。员工可能自觉或不自觉地调整自己的步伐以保证加班时间。他们也会习惯于这种由加班报酬而增加的收入。员工也可能会由于这种额外收入而将他们的生活标准提高到新的水平。然而，当不再需要加班并且报酬减少时，可能会引发员工的不满。

(2) 转包

即使一个企业预测出市场对它的商品或服务的需求是长期增长的，它仍然可能会拒绝雇用。相反，企业会选择将工作转包给另一家企业的方式。实际中，当转包商在生产某些商品或服务上更具有专长时，这种方法特别具有吸引力。这样的安排常常会使双方都受益，并且完全能避免人力资源取得成本的增加，但同时也会减少企业的利润。

(3) 应急工

应急工也被称为兼职工、临时工和独立经营承包商——组成中国经济成长中最快的部分。大多数应急工都是妇女。20 世纪 90 年代新兴的工作又有了钟点工。应急工的数量增长要比全部劳动力的增长快 3 倍。

一个长期在编员工的全部人力资源成本一般要占到工资总额的 30%~40%以上，并且还不包括招聘成本。为避免这样一些成本并保持随工作负荷变动的灵活性，企业可以采用兼职工或临时工。临时工有助于企业通过提供对付量或特殊工作负担的处理来帮助他们的顾客。这些企业把员工安排给他们的顾客以履行所有通常与雇用有关的职责。这样就避免了招聘、旷工和人员调整及员工福利所需的成本费用。

在经济衰退时期，应急工相当于人力资源的即时存货。这些可自由使用的工人对企业来说有着极大的灵活性，而且降低了人力资源成本。但太多的使用应急工会使管理成本上升，另外也要考虑这种人力资源成本控制策略是否有益于社会。但从短期来看，使用应急工所带来的益处确实能降低企业的人力资源成本，是许多公司成功、甚至是生死存亡的关键。

(4) 租赁员工

租赁员工是愈来愈流行的人力资源取得成本控制策略。企业使用了这种方法，就可以正式地解雇一些或大部分员工，于是租赁公司通常以同样的薪水雇用他们，并将他们租给前任雇主。前任雇主成了租赁公司的顾客。员工像以前一样在顾客的监督下继续工作。租赁公司作为雇主则承担着所有相关的责任。

对于企业来说，租赁员工首要的好处是不必再进行人力资源的管理，包括对福利方案的维护，这样可以大大降低人力资源成本。另一个好处是它提供了一种方式，以避免工会来组织活动或认可并与现有工会进行谈判的要求。

租赁的好处对员工来说也是越来越多的。由于租赁公司为许多公司提供工人，所以他们常常得到规模经济的好处。规模经济能够给他们带来较优的、低成本的福利方案，另外，也使得流动就业的机会更多。由于一些租赁公司经营范围遍布全国，所以如果双职工家庭中配偶一方的工作重新安排，那么租赁公司也可以给另一方提供一个新的岗位。还有，若某客户的组织在商场上遭到失败，租赁公司则可以将员工转租给另一家客户，从而使这些员工免遭解雇，同时也避免了其工龄上的损失，从而提高了人力资源的价值。

(5) 内部选拔

内部选拔是控制人力资源取得成本的一种特殊形式。严格来说，内部选拔策略不属于人力资源取得成本的控制策略，而应该属于人力资源开发成本控制的范畴。但它又确实是企业中与人力资源取得成本控制策略关系密切的一种形式。内部选拔策略有如下内容：

① 内部提升。当企业中有些比较重要的岗位需要招聘人员时，让企业内部的符合条件的员工从一个较低级的岗位晋升到一个较高级的岗位的过程就是内部提升。

内部提升的主要优点是：有利于激励员工奋发向上，较易形成企业文化，日本企业运用较多。其主要缺点是：不易吸收优秀人才、自我封闭、可能使企业缺少活力。

内部提升应遵循以下原则：

- 唯才是用。
- 有利于调动大部分员工的积极性。
- 有利于提高生产率。

② 内部调用。当企业中需要招聘的岗位与员工原来的岗位层次相同，或略有下降时，把员工调到同层次或下一层次岗位上去工作的过程称之为内部调用。

内部调用的主要优点是：对新岗位的员工较熟悉、较易形成企业文化。其主要缺点是：与内部提升的缺点相似，另外可能影响员工的工作积极性。内部调用应遵循以下原则：

- 尽可能事前征得被调用者同意。
- 调用后更有利于工作。
- 用人之所长。

在企业中，内部选拔策略是经常发生的，当一个岗位需要招聘时，管理人员首先想到的是内部选拔是否能解决该问题。由于内部选拔费用低廉，手续简便，人员熟悉，因此当少数人员招聘时常常采用此方法，而且效果也不错，并且其人力资源的取得成本也相当少。

但是当企业内部员工不够，或者没有合适人选时，企业就不应为了控制人力资源取得成本而使用内部选拔，而应该采取其他形式的备用方案或进行真正意义上的招聘，向社会公开地招聘员工。

2. 人力资源使用成本的控制策略

人力资源使用成本的控制策略的中心是员工薪酬的控制问题。企业应利用短期工资收入调整激励员工为长期目标而努力工作，需要在工资薪酬的发放上具有一定的灵活性。无论是在月度行政例会上，还是在各下属企业的现场办公会上，企业管理层时常会面临来自基层管理者有关薪酬方面的压力。如何才能使企业的奖励系统更紧密地与战略实施绩效挂钩？在提薪、提升和业绩奖金方面的决策如何才能更好地支持公司长期目标的实现？企业管理人员应腾出更多的精力来思考这类问题的解决。

企业在制定薪酬政策时，总的指导思想是在收入分配中采取特殊的分配制度，完善企业的激励与约束机制，使工作绩效的优劣能在收入中得到体现，同时确保企业能在所在地区获取一流人才。为此，企业至少要考虑外部的市场竞争力、内部的公平性和员工的业绩这三方面基本因素。

在考虑外部市场竞争力方面，要了解竞争对手是怎样的工资水平，并确定本企业在劳动力市场和人力市场上的定位，是要取得市场的领先地位，还是保持中上水平；这既要保证本企业的工资水平能有效地吸引和留住人才，也要控制人力资源使用成本的无谓上升。

内部的公平性意味着在企业内部保证每个员工得到公平对待，而这种公平对待又是和企业的目标联系在一起的。内部公平应立足于岗位工作本身和它对企业的贡献上，首先要对每一个岗位就其工作内容、特点及对员工素质的要求进行职位分析；其次是根据职位分析结果对每一个岗位所要求的知识层次、技能和对企业战略的重要性进行岗位评估，并将其纳入到企业自身的工资等级系列。这样就可避免产生同工种不同等级和同等级不同工种间的矛盾。

考虑了外部的市场竞争力和企业内部的公平性之后，还要根据员工的业绩贡献来设计薪酬体系。

为此，要设立与企业战略和长期目标相一致的岗位工作目标，设计一套完善的业绩评估方法，并执行基于业绩优劣的分配方案，包括加薪、绩效奖励、利润分红。

3. 人力资源开发成本的控制策略

人力资源开发不仅要考虑投入或产出多少，更重要的是要考虑投资收益的问题——效益原则。总的来说，产出应该高于投入。当然，这里的投入是容易计算的，但是产出的计算却有其特殊的困难，因为：

- 有不易量化的技术上的因素。
- 有潜在的或发展的因素。
- 有社会的因素等。

为了保证产出高于投入，企业必须注意如下要点：

- 提高培训和开发的效率。
- 进行适度与恰当的培训与开发。
- 做好培训和开发的预决算工作及其评估工作。

(1) 做好需求调查

为了控制人力开发成本，企业必须做好需求调查，确定企业必须进行哪些培训，哪些工作需要培训，以及哪些员工需要培训。

为确定组织的人力资源开发需求，就必须进行三个层次的分析：组织分析、工作分析和人员分析。组织分析整个企业，确定开发在何处进行。企业的战略目标及规划应与人力资源规划一起进行。

① 组织分析。组织分析的目的是确定人力资源开发在整个组织范围内的需求。组织分析首先应从组织目标和组织战略出发，分析人力资源开发的组织需求。如果违背则会导致这样的结果，即尽管在人力资源开发上投入了大量的时间和金钱，到头来却徒劳无益。

② 工作分析。工作分析的目的是确定培训与开发的内容，即让员工达到令人满意的工作绩效所必须掌握的东西。

工作分析需要做的工作是：

- 系统地收集反映工作特性的数据。
- 以所收集的数据为依据，制定每个岗位的工作标准。
- 明确怎样才能达到这些工作标准。
- 确定有效的工作所需要的知识、技能、才干和其他一些条件。

工作分析的方法有岗位分析，绩效评价，与员工、管理者会晤，作业分析等。

③ 人员分析，人员分析的目的是确定每一个员工完成所承担工作任务的好坏。这一层次的需求分析可以由以下公式来定义：

理想工作绩效-实际工作绩效=培训开发需求

理想工作绩效可由工作分析阶段确定的绩效标准来表示。个人的工作绩效数据、上级给员工的考核评分、由员工的工作日记形式保留的绩效记录、态度调查、面谈或测验(职业知识、工作样本、情景模拟)可以提供实际工作绩效的数据，实际工作绩效与理想工作绩效之间的差别可以由培训和开发来缩小和弥补。

当然，人力资源开发需求分析不能到此为止。为了测定人力资源开发的结果以及将来的培训需求，对人力资源开发的需求分析必须形成一种制度，定期进行。这种制度必须保证培训需求始终在三个层次上全面开展：组织层次——确定目标；作业层次——确定需要实现的目标与方法；个人层次——为实现这些目标所需要做的工作。

(2) 选好开发方法

不同的开发方法有不同的成本，同时，对不同的人也有不同的效果，有些方法仅适用于管理者或初级专业人员，有些方法则适用于操作工人，还有些方法上述两类人均适用。

有些方法既可用在工作岗位上又可用在工作岗位外。边工作边学习往往是行不通的。因此，虽然在工作岗位上可以进行许多的培训和开发，但是也有许多人力资源开发项目是在工作环境外进行的。

(3) 做好效果评价工作

人力资源开发的效果评价工作可以从三方面进行：

① 后果评价。即如果不实施人力资源开发项目将会有什么后果，属于反面评价。

② 效果分析。即进行人力资源开发项目后收到了什么样的效果以及效果的程度如何，属于收益评价。

③ 项目评估。即对开发项目本身进行得如何开展系统分析，最终对项目作出评估，属

于项目整体评价。

当然，无论哪种评价方式其根本点是一致的，只是着眼点不同而已。一般而言，在人力资源开发效果评价中比较常用的几种方法是：

① 测试比较评价法。人力资源开发项目实施前和结束时分别用难度相同的测试题对受开发者进行测试如果受训者在开发结束时的测试成绩比开始时有明显提高，则表明经过开发确实增加了受训者的知识、技能和经验。

② 工作绩效评价法。人力资源开发项目结束后，每隔一段时间(如3~6个月)以书面调查或面谈的形式，了解受训者在工作上取得的成绩，如工作量有无增加、工作素质有无提高、人际交际能力是否增强等，从中可确认开发工作有无成效。有的工作，也可以使用定量的工作绩效评价方法，以便从定量的角度衡量培训工作的成效。

③ 工作态度考察评价法。考察受开发者在开发前后工作态度的变化，如通过开发，受开发者在工作上确能表现出高度的热情、良好的工作态度、极强的组织纪律性和工作责任心等，则表明开发工作具有成效。

④ 工作标准对照评价法。通过了解受开发者在工作数量、工作质量、工作态度等方面能否达到工作标准来判定开发工作有无成效。

⑤ 同类员工比较评价法。比较受开发者和未受开发者的工作，以此比较结果对开发工作的成效作出评价。如果两者在同样的工作上，一个与开发前工作成绩相差无几，而其中经过开发的一个工作成绩明显提高，则表明开发工作具有成效；否则，就说明培训效果欠佳。

第十章 施工企业财务管理基础

施工企业就是从事基本建设建筑安装施工生产活动的基层单位。作为建筑业的重要一环，施工企业与建筑业有着密切的关系。施工企业有其自身的特点和生产经营业务流程，这也就决定了施工企业财务管理具有其自身的特点。要搞好施工企业财务管理，必须认识施工企业生产经营的基本特点以及其工程产品的基本特点。

第一节 施工企业财务管理的内涵

一、施工企业生产经营的特点

施工企业作为物质生产部门，主要从事房屋、建筑物的建设和设备的安装活动，并在这一过程中形成施工企业的产品，通常称为不动产，具体表现为具有一定功能和美学要求的房屋建筑物与构筑物。因此，施工企业的生产经营活动不同于一般的建设单位或房地产开发与经营企业，也不同于一般的工商企业，其建筑产品相比其他行业的产品也具有其特殊性。

（一）工程建设的概念

工程建设，是实现固定资产再生产的一种经济活动，包括固定资产建筑、购置和安装等一切活动及与之相联系的相关工作，如工厂、农场、道路、商店、住宅、医院、学校等的建设。

工程建设的最终成果表现为固定资产的增加，它是一种涉及国民经济的多个领域和环节(如生产、流通、分配等)的综合性的经济活动，其工作内容包括建筑安装工程、设备及工器具的购置以及与其相关的土地征用、勘察设计等建设工作。

（二）建筑产品的性质和特点

1. 建筑产品的固定性

建筑产品的固定性，是指建筑产品的位置是固定的，具有不能移动和搬运的性质和特点。任何一项建筑产品都是建造在预先选定的地点之上的，建成后就与地基牢固地连接在一起，不能移动，建筑物的全部荷载都由地基来承担。

2. 建筑产品的大型性

建筑产品的体积庞大，在建造过程中要消耗大量的人力、物力和财力，所需建筑材料数量巨大、品种复杂、规格繁多。由于建筑产品的体积庞大，占用空间多，因而建筑生产常在露天进行，所以建筑产品与一般工业产品不同，受自然气候条件影响大。

3. 建筑产品的单件性

由于建筑产品的固定性和大型性的特点，建筑产品的生产难以像工业产品生产那样按照同一模式简单、大量、重复地成批生产，而是一个一个地建造，每个建筑产品都有其特殊的个性，所以建筑产品都是以单个产品来计量的。

4. 建筑产品的可分解性

建筑产品是一个完整的系统，是由若干个具有特定功能的相互联系、相互作用的子系统构成的有机整体。这个整体可以按其组成和结构特点进行分解，使之成为若干个相对独立的子系统。

5. 建筑产品寿命的耐久性

建筑产品寿命的耐久性又称建筑产品寿命的效用长期性，土地具有不可毁灭性，在使用上具有永续性，一个建筑物或构筑物，其使用寿命，短则十多年，长则可达数十年、上百年，甚至更长。

6. 建筑产品的美观性

建筑产品是人居环境的重要组成部分，是城市和村镇的有机构成。建筑产品的功能是根据社会生产发展和人民生活水平提高的需要而决定的。在满足人们的基本需求的同时，人们也注重追求建筑产品的美观性，注重对人工环境和自然环境的和谐统一的追求。

（三）建筑产品生产的特点

1. 建筑产品生产的流动性

由于建筑产品本身具有不可移动性的特点，决定了建筑产品的施工生产具有流动性。既包括建筑产品在施工生产过程中，所有的生产要素随建筑产品施工生产的进展而流动，在所形成的建筑产品的平面上和立体上流动，或在建筑工地范围内，从一个正在施工生产的建筑产品流向另一个正在施工生产的建筑产品，或者随业主的变化而必须随项目相应地流动，还包括一个施工企业可能同时承包不同城市、不同地区的几个不同业主的工程项目，因此不可能像工业产品生产那样集中在工厂或车间进行，而是分散在各个不同的地点进行施工建设。为使建筑产品的施工生产能够有序、连续协调、高效地进行，要求施工企业必须进行科学的组织和管理。

2. 建筑产品生产的一次性

建筑产品生产的一次性特点决定了建筑产品本身随着不同的用户在使用上的不同要求，其组成、功能、结构、尺寸、形体、风格以及所采用的材料都可能会有所不同，甚至出现很大差别；又由于建筑产品的建设时间、地点、承建者不同，采用的施工生产方法和手段不同、施工生产环境不同、建设条件千差万别等因素的影响，在建筑产品的施工生产过程中也不可能采用统一的管理模式。此外，建筑等级、建筑标准、施工技术水平的不同，也会导致工程建设的差异，都可能涉及以前没从事过的事项，故其总表现出其唯一性。每一建筑产品都有其确定的终点，所有建筑产品的建设都必须达到其终点，从这一意义上讲，它们都是一次性的。因此，建筑产品的施工生产必须针对每一个建筑产品的具体特点进行管理。

3. 建筑产品生产的阶段性

从建筑产品的施工生产全过程来看，一个建筑产品，特别是大中型建筑工程项目，首先应进行可行性论证，经论证技术上可行和经济上划算后才能决策进行兴建；然后再进行项目选址和初步设计；待初步设计批准后进行施工图设计；在施工图设计基础上组织施工生产，建筑安装完成后必须经过竣工验收才能交付使用。这一过程是按顺序分阶段进行的，前一个阶段的工作完成后，才能进行下一个阶段的工作。

再者，从一个建筑产品本身来说，由于建筑产品的可分解性，分解成的各个子系统就形成了各个施工阶段，这些阶段按施工工艺要求具有严格的先后顺序。例如，房屋建筑工程必须先地下后地上、先基础后结构、先主体后维护、先土建后安装的顺序；一个分部工程完成施工生产经验收合格后才能进入下一个分部工程的施工生产，各阶段之间紧密衔接、协调有序。

4. 建筑产品生产的波动性

建筑产品的施工生产一般都是在露天进行，暴露在自然环境中，受气象、水文、地质等自然条件的作用和约束，同时还受社会、技术、经济等因素的影响和干扰，而一些影响因素的出现和对施工生产的影响程度又具有不确定性，因而建筑产品的施工生产进度、质量、成本按计划实施就具有一定的波动性，往往容易产生偏差。因此，对建筑产品在施工生产过程中要进行动态控制，力争把自然条件对施工生产的影响或造成的损失减少到最低限度，以达到企业预定的施工生产目标。

5. 建筑产品生产的长期性

由于建筑产品的形体庞大、技术复杂，影响施工生产的因素很多，受自然因素的制约也比较突出，特别是大中型工程项目，往往要花费几千万、上亿、上百亿乃至数千亿的投资，工程量巨大，因而客观上决定了其施工生产周期相对较长，一般需要跨年度施工，短则几年、十几年甚至更长时间才能建设完成。工期越长，在建造过程中，发生不确定因素的机会就越多，因此，会给施工生产管理工作带来困难。

另外，由于建筑产品和施工生产的特殊性，与施工企业发生经济往来关系的对象很多，包括建设单位(业主)、勘察设计单位、材料供应单位、施工机械设备租赁公司、工程监理和工程质量监督部门、建设主管部门等。

二、施工企业财务管理的内涵

(一) 财务管理的概念

财务管理是组织企业财务活动、处理财务关系的一项经济管理工作。因此，要了解什么是财务管理，就必须先分析企业的财务活动和财务关系。

(二) 企业财务管理的对象

财务管理的对象即财务管理的客体，反映了施工企业经济活动中价值形态即资金运动的变化过程。施工企业财务管理的对象，就是施工企业生产经营活动过程中的价值运动即资金运动。施工企业财务管理的对象直接与施工企业的财务活动和财务关系相关联。财务活动体现出财务管理的形式特征，财务关系揭示财务管理的内容实质。

1. 施工企业的财务活动

生产经营所需资金的筹集、投放、运营、收回和分配等一系列资金运动构成了施工企业的财务活动。资金运动构成了施工企业财务活动的具体内容。资金循环和资金周转体现出企业活动的常规状态。

任何企业要从事生产经营活动，首先要筹集资金。资金筹集是企业生产经营的先导和起点。施工企业初始建立，必须筹集到法定资本金(注册资本金)，然后再根据生产经营的需要，向银行等金融机构举债或向社会发行债券筹集债务资金。

通过吸收所有者投资或者发行股票或者举借债务等方式，从各种渠道所获得的资金首先形成货币资金形态的资金准备并启动企业的生产经营活动。

施工企业用货币资金购置各种生产资料：购置施工机械设备、运输设备等劳动资料，从而形成施工企业的固定资产，这部分资金的存在形态相应由货币资金转化成固定资金；用货币资金购置材料物资等劳动对象，形成施工企业的材料存货，这部分资金的存在形态相应地由货币资金转化成储备资金，从而完成了生产准备工作。完成生产准备后，正式进入施工生产阶段。在施工生产过程中，施工企业的固定资金、储备资金经过施工生产活动逐渐转化成未完施工和已完工程、竣工工程，资金存在形态相应地转化成生产资金、成品资金。施工生产活动圆满完成，施工企业将已完工程点交给发包方，并按合同造价结算已完工程价款，取得工程结算收入。正常情况下，形成应收工程款，资金存在形态相应地由成品资金转化为结算资金，通过收款活动，相应地转化成货币资金。按照竣工结算或非竣工预支结算办法，工程施工的全部价值由工程结算收入补偿，不仅补偿施工生产过程中所发生的全部物化劳动耗费和活劳动耗费，而且还为施工企业获得了利润积累以满足扩大再生产的资金需要。施工企业的资金就是从货币资金形态开始，经过采购供应、施工生产和工程结算，又回到货币资金形态，从而完成资金的一次循环，施工企业不断持续经营，相应的生产经营资金也不断循环往复地从货币资金开始最后又回到货币资金形态，周而复始地做圆周运动，这就称为资金周转。企业的资金就是在这种不断往复的资金循环和周转中实现保值和增值，从而实现企业生产经营的目标。

(1) 企业筹资引起的财务活动——筹资活动

在企业筹资活动中，财务人员应着重解决好以下问题：

① 企业资金需求总量是多少；

② 需要从企业外部筹集多少资金；

③ 从何种渠道、采用何种方式筹集资金；

④ 何时筹集资金；

⑤ 如何控制资金成本和筹资风险。

(2) 企业投资引起的财务活动——投资活动

对于企业而言，无论是内部投资还是外部投资，都必然会发生相应的资金支付；当企业变卖资产或收回投资时，也必然会形成相应的资金收入，这些因投资行为而引起的资金收支行为，就是由于投资活动所引起的财务活动。

毕竟，任何一个企业的资金总量总是有限的。因此，企业在投资活动过程中，企业财务人员应注意做好以下工作：

① 投资必须符合国家产业政策和国民经济发展方向；

② 量力而行；

③ 先内后外、内外兼顾；

④ 适度控制投资规模；

⑤ 严格控制投资风险。

(3) 企业经营引起的财务活动——经营活动

企业在其正常的经营过程中，会发生一系列的资金。首先，企业要采购材料或商品，以便从事生产经营活动，同时，还要支付工资和其他经营费用；其次，当企业将产品或商品售出、劳务提供后，便可获取收入，收回资金；再次，如果企业现有资金不能满足企业经营需要，还要采取短期借款等筹集所需资金。上述所产生的资金收支行为，属于企业经营活动引起的财务活动。

在企业经营引起的财务活动中，主要涉及的是流动资产与流动负债的管理问题，其中关键是加速资金周转。流动资金的周转与生产经营周期具有一致性，在一定时期内，资金周转速度越快，就可利用相同数量的资金生产出更多的产品，取得更多的收益，获得更多的回报。因此，如何加速资金周转、提高资金利用效果是财务人员在这一财务活动中需要着重考虑的问题。

(4) 企业分配引起的财务活动——分配活动

在分配活动中，财务人员需要确定股利支付率的高低，即将多少税后利润支付给投资者。股利支付率过高，会使较多的资金流出企业，从而影响企业再投资的能力或增大企业的融资压力。反之，若股利支付率过低，又会引起投资人的不满，对于上市公司而言，可能导致股价下跌，从而引起公司市场价值下降，背离企业理财目标。因此，企业财务人员应根据企业自身情况确定科学合理的利润分配政策。从总体上看，施工企业的资金运动存在以下规律：

① 施工企业的资金运动具有形态上的并存性和运动时间上的继起性。在施工企业生产经营活动中，各种资金在空间上总是处于周转的不同环节，而且以各种不同的存在形态表现出来，这就是资金运动的并存性。各种形态的资金依次在生产经营的各个阶段相继转换，这就是资金运动的继起性。在资金运动中，资金形态的并存性是不同资金继起性的结果，如果资金运动的继起性受到阻碍，资金的并存性就会受到影响和破坏。也就是说，如果资金过多地集中于某一形态或阶段，资金循环过程就会发生阻塞，资金周转就会不畅甚至断裂。因此，资金运动的这一规律要求施工企业合理投放并配置资金，减少资金积压与沉淀，保证企业资金循环与周转的顺畅，加速资金周转。

② 资金运动同物资运动既相互依存又相互分离。一方面，物资运动是资金运动的基础，资金运动反映着物资运动，两者既相分离又相互一致的关系，体现了企业在生产过程中的实物运动和价值运动本质上的必然联系；另一方面，资金运动又可能与物资运动相分离，呈现一定的独立性。例如，预付款项、除购物资等形成的实物与货币资金在流量上的

不一致；固定资产折旧使其价值逐渐转移而其实物形态始终保持不变，直至报废等。因此要求施工企业财务管理既要着眼于物资运动，保证施工企业施工生产经营活动顺利进行，又要充分利用资金运动同物资运动的背离性，合理调度资金，以较少的价值投入获取较多的使用价值，提高企业资金使用效益。

③ 资金收支适时平衡。企业取得财务收入，意味着一次资金循环的终结，而企业发生财务收支，则意味着企业资金循环的又一次开始，故资金的收支是资金周转的纽带。要保证资金周转顺利进行，就要求资金收支不仅在数量上而且在时间上协调平衡。暂时的收不抵支，固然会导致资金周转的暂时中断或停滞，但如果全月收支总额可以平衡，而支出大部分发生在前、收入却大部分发生在后，同样也必然会妨碍资金的顺利周转。资金收支在每一时点上保持协调平衡，是资金循环过程得以顺利进行下去的必要条件。

资金收支的平衡，归根结底取决于企业生产经营活动的平衡。因此，要求企业必须做好采购、生产和销售管理，确保生产经营活动的各个环节相互衔接，坚持生产与流通的统一，保持生产经营活动的顺利进行，才能确保企业的资金周转正常进行。资金收支的平衡是以供、产、销活动的平衡为基础，反过来，资金收支的平衡又促进供、产、销活动的协调平衡。

④ 各种资金收支相互对应。企业经济活动的多样性决定了企业具有多种性质不同的资金收支。为了合理安排企业的生产经营活动、正确评价企业的经营业绩，进行财务管理要自觉分清各种不同性质的资金收支。

企业生产经营活动中客观存在各种资金收支，而且还可能发生各种资金损失。各种资金支出，从其与生产经营活动的关系来看，可以分为生产经营资金支出和非生产经营的资金支出，其中非生产经营资金支出主要是企业职工集体福利设施支出，由企业的公益金开支；而生产经营资金支出按其效用时间长短又分为资本性支出和收益性支出。资本性支出的效益涵盖若干个会计年度，通常会形成企业的长期性资产，如固定资产和无形资产等；收益性支出的效益仅限于一个会计年度，通常形成企业的营业费用或流动资产，最终会计入当期损益。各种资金损失虽然通常为数不多，但内容更为复杂，总的来说可以分为生产经营损失、投资损失和非经营损失。经营损失有流动资产损失(如存货的盘亏、毁损)等，应通过一定方式计入营业损益；投资损失应冲销投资收益；非经营损失包括过失性赔偿金、违约金、滞纳金、罚没损失，应计入营业外支出。

各种性质的资金支出，用途不同，支出的效果也不同；各种性质的资金收入，来源不同，使用的去向也不同。企业财务管理中应充分认识各种资金收支的性质，并切实做到资金收支的匹配，这样才能合理安排资金来源，有效地控制资金支出，正确考核经营成果。

⑤ 企业资金同社会总资金相依存。社会总资金是社会个别资金的综合，主要包括企业经营资金、财政资金、金融资金。企业个别资金是独立运行的，个别资金运动之间通过流通过程和分配过程发生联系。全社会所有的企业个别资金通过流通过程和分配过程，联结成统一的社会总资金运动。企业资金运动是社会总资金运动的基础。个别企业的资金运动之间也有着广泛的联系，要求企业全面估量各方面的资金来源渠道，经济、有效地筹措资金，在资金使用方面要合理地决定资金的投向，提高资金的使用效果。

2. 施工企业的财务关系

施工企业的建筑施工生产经营活动总是在某一特定环境下进行的，必然与其所处的外部环境与企业内部环境的各个构成要素之间发生必然的密切的经济关系。施工企业在组织财务活动过程中必然与各个方面保持密切的经济利益关系，这种经济利益关系称为施工企业的财务关系。施工企业的财务关系主要体现在以下几个方面：

(1) 施工企业与外部的财务关系

企业外部与企业存在密切经济利益关系的利益团体主要包括国家税务机关、企业上级主管部门、企业债权人、企业所有者(股东)、企业债务人、企业供应商、企业购买商等。

① 施工企业与国家税务机关的财务关系。企业应按照国家税收法规规定依法计算并及时足额缴纳各种税款，税务机关代表国家政府向企业征收有关税金，行使政府行政职能，即对企业的经济活动实施监督和管理。政府是以向企业征收税收的方式无偿参与企业利润的分配。因此，企业必须按照税法规定向中央和地方政府缴纳各种税款。这一财务关系从性质上体现为一种强制和无偿的分配关系。

② 施工企业与上级主管部门之间的财务关系。施工企业在从事承包工程施工生产活动过程中，必须接受上级主管部门行政上的监督管理和业务上的指导，认真遵守和执行各级建设管理部门所制定的各种规章制度，确保建设工程施工生产的安全和质量符合相关规定，确保各方利益关系人的利益得到切实保障。

③ 施工企业与所有者之间的财务关系。企业的投资者，可以是国家政府、法人企业，也可以是社会个人。各方投资人要求按照投资合同或协议、章程的约定履行出资义务，以便及时筹集到企业生产经营和发展所需资金。企业利用投资人提供的资金进行生产经营活动，实现盈利后，就应按照投资合同或协议、章程的规定，向投资者支付投资报酬。因此，这一财务关系体现着所有权关系。

④ 施工企业与债权人之间的财务关系。企业债权人，是指给企业提供债权资金的单位或个人。根据其给企业提供债权资金的方式(或形成债权的原因)不同可以分为两类：一是商业债权人，二是贷款债权人。商业债权人，是指施工企业因向其采购建筑材料、结构件、机械设备等而形成应付购货款以及向其分包工程而形成的应付工程款和接受其所提供的劳务而形成的应付劳务款等。贷款债权人，是指给企业提供贷款资金而形成的债权债务关系，包括企业债券的持有者、贷款银行或提供贷款的金融机构、其他出借资金给企业的单位或个人。企业利用债权人提供的资金应按约定的利息率按时支付利息并到期归还本金。因此，这一财务关系从性质上体现了债权关系。

⑤ 施工企业与债务人之间的财务关系。企业的债务从形成原因来看，主要包括两类：一是以购买债券、提供借款等形式将资金出借给其他单位；二是以商业信用形式给其他单位或个人提供商品、劳务而形成的应收款项。企业有权要求其债务人按约定条件支付利息和归还本金。因此，这一财务关系从性质上体现着债务关系。

(2) 施工企业内部的财务关系。

① 企业内部各单位之间的财务关系。施工企业在从事施工生产活动过程中，由于分工协作会产生内部各单位之间相互提供产品或劳务的经济关系，为实行经济核算制和经营责任制，各单位相互提供产品、劳务也要计价结算。这一财务关系从性质上体现了企业内部

的资金结算关系和经济利益关系。

② 企业与职工之间的财务关系。职工是企业的劳动者，也是被雇佣者，他们要按劳动合同约定履行工作责任，企业要按约定支付给职工劳动报酬、分派福利，因此，这一财务关系从性质上体现了劳动成果的分配关系。

施工企业财务管理正是基于企业在生产过程中客观存在的资金运动及其财务关系而产生的，是施工企业组织各种财务活动、处理各方面财务关系的一项经济管理工作。

因此，施工企业财务管理具有综合管理和价值管理两大特点。

（三）施工企业财务管理的内容

按照现代财务管理的观点，施工企业财务管理的基本内容包括筹资管理、投资管理和利润分配管理等三大组成部分。

1. 筹资管理

财务管理居于企业管理的核心，而筹资管理又居于财务管理极其重要的位置。筹资活动是任何一个施工企业创建和从事生产经营活动的先决条件。首先必须依照国家有关法律法规规定筹集到一定数额的资本金(注册资本)才能启动运营；进入生产经营后，由于企业生产经营的季节性或临时性原因、企业内外环境的变化，以及企业扩大化经营的需要，也会产生新的筹资需求。因此，筹资活动是企业生产经营的前提，也是企业扩大化经营的保障。融资要解决的问题是如何取得企业生产经营和发展所需资金，包括筹资数量的确定、筹资渠道与筹资方式的选择、资金结构的合理安排、长短期资金的合理配置等。具体而言：

① 预测企业资金需要量，估计筹资额度。

② 规划企业的筹资渠道和资本结构，合理筹集和节约使用资金。

③ 规划企业的筹资方式，使筹集的资金符合实际需要。

④ 确定企业的资金成本和资金风险，使企业获得最佳收益。

⑤ 保持一定的举债余地和偿债能力，为企业的稳定和发展创造条件。

2. 投资管理

① 预测企业投资规模，使之符合企业需求和偿债能力。

② 确定企业投资结构，分散资金投向，提高资产流动性。

③ 分析企业投资环境，正确选择投资机会和投资对象。

④ 研究企业的投资风险，把风险控制在一定限度内。

⑤ 评价投资方案的收益与风险，进行不同的投资组合。

⑥ 选择最佳的投资方案，为实现企业的整体目标而服务。

3. 利润及其分配管理

① 分析企业的盈利情况和资金变现能力，协调好企业近期利益和长远发展目标的关系。

② 研究市场环境和股东意见，使利润分配贯彻利益兼顾的原则。

③ 确定股利分配政策和股利支付方式，使利润分配有利于增强企业的发展能力。

④ 筹集股利资金，按期进行利润分配。

三、施工企业财务管理目标

财务管理的目标决定了它所采用的原则、程序和方法。因此，财务管理的目标是建立财务管理体系的逻辑起点。对于施工企业来说，正确的财务管理目标，对于确保施工企业财务管理系统的良性循环具有十分重要的意义。

（一）施工企业财务管理目标的概念

财务管理的目标是企业财务管理活动所希望实现的结果，是评价企业理财活动的基本标准。财务管理目标制约财务运行的基本特征和发展方向，是财务运行的一种驱动力。不同的财务目标会产生不同的财务管理运行机制，科学地设置财务管理目标，对优化理财行为、实现财务管理的良性循环，具有重要意义。财务管理目标作为企业财务运行的导向力量，若设置有偏差，财务管理的运行机制就很难合理。

明确财务管理的目标，是搞好企业财务工作的前提。企业财务管理是企业管理的一个组成部分，企业财务管理的整体目标应该和企业的总体目标保持一致。从根本上讲，企业的目标就是通过生产经营活动为国家为社会创造更多的财富，不断增加企业价值。但是，不同国家的企业面临的财务管理环境不同、同一国家的不同企业公司治理结构不同，发展战略不同，财务管理目标在体现上述根本目标的同时又有不同的表现形式。

企业财务管理目标是企业进行财务管理活动所要求达到的目的，是评价企业财务活动是否合理的标准和依据。

从根本上讲，财务管理的目标取决于企业生产经营的目标，因此，财务管理的目标和企业生产经营的目标是一致的。一般说来，创立企业的目的就是盈利。已经创立起来的企业，虽然有改善员工待遇、改善劳动条件、扩大市场份额、提高产品质量、减少环境污染等多种目标，但盈利仍然是其最基本、最一般、最重要的目标。盈利不但体现了企业的出发点和归宿，而且可以概括其他目标的实现程度，并有助于其他目标的实现。因此，企业目标也称企业的财务目标。

（二）施工企业财务管理目标的特点

施工企业财务管理目标一般具有以下特点：

1. 施工企业财务管理的目标在一定时期内具有相对稳定性

任何一种财务管理目标的出现，都跟一定的政治、经济环境必然相关，而且体现出这些环境变化的必然要求。因此，这些环境变化，施工企业财务管理的目标也必然会随之变化，施工企业财务管理的目标也是保持其相对稳定性。

2. 施工企业财务管理的目标具有多元性

施工企业财务管理的目标的多元性是指施工企业财务管理的目标不是单一的，而是适应多因素变化的一个综合的目标群。在这多元目标构成体系中有一个处于支配地位、起主导作用的目标，被称之为主导目标；其他处于被支配地位、对主导目标实现起辅助作用的目标，被称为辅助目标。例如，施工企业在努力实现企业价值最大化或股东财富最大化这一主导目标的同时，还必须努力实现履行社会责任、加快现金流动、提高偿债能力等一系列辅助目标。

3. 施工企业财务管理的目标具有层次性

施工企业财务管理目标的层次性，是指施工企业财务管理的目标是由不同层次的系列目标所构成的目标体系。施工企业财务管理内容可以划分为若干层次，因而使得施工企业财务管理目标成为一个由整体目标、分部目标和具体目标三个层次的目标所构成的目标体系。整体目标是企业财务管理所要达到的目标，它决定着企业的分部目标和具体目标；分部目标则是在整体目标的制约下从事某一部分财务活动所要达到的目的，如筹资目标、投资目标、收益分配目标等；具体目标是指在整体目标和分部目标的制约下，从事某项具体财务活动所要达到的目标，例如，企业发行债券融资要达到的目标，具体目标是财务目标层次体系中的基层环节，是整体目标和分部目标的落脚点，对保障整体目标和分部目标的实现具有重要意义。

（三）施工企业财务管理总体目标的主要观点

中外学术界、实务界关于企业财务管理总体目标的表述也比较多，其中比较具有代表性的观点有以下几种：

1. 产值最大化

产值最大化是指在传统高度集权的管理模式下，企业的财产权与经营权高度集中，企业的主要任务就是完成预定的产值指标。

在我国社会主义建设初期，由于技术水平落后，生产力水平低下，社会产品紧缺，实行高度计划经济体制，因此必然要求人们自觉不自觉地把追求总产值最大化作为企业财务管理的基本目标。但随时间的推移，随社会经济的不断发展，人们逐渐发现以产值最大化作为企业财务管理总体目标存在如下缺陷：

① 只讲产值，不讲效益。在产值最大化目标的支配下，有些投入的新增产值小于新增成本，造成亏损，减少利润，但因为能增加产值，企业仍愿意增加投入。

② 只讲数量，不讲质量。追求总产值最大化决定了企业在经营过程中只重视数量而轻视产品质量和种类，因为提高产品质量、试制新产品都会妨碍产值的增加。

③ 只抓生产，不抓销售。在总产值最大化目标的驱动下，企业只重视增加产值，而不管产品能否销售出去，因此往往出现“工业报喜，商业报忧”的“几家欢乐几家愁”的情况。

④ 只重投入，不讲挖潜。追求总产值最大化决定了企业只重视投入，进行外延扩大再生产，而不重视挖掘潜力，更新改造设备，进行内含扩大再生产。因为更新改造容易对目前产值的增加产生不利影响，也不能大量生产。反之，采用粗放方式，大量投入则往往使产值指标容易完成。

由于产值最大化存在上述缺陷，把产值最大化作为财务管理的总体目标，是不符合财务运行规律的，不能作为企业财务管理的总体目标。

2. 利润最大化

利润最大化就是指企业通过对财务活动的管理，不断增加企业利润，使利润达到最大。这种观点认为，利润代表了企业新创造的财富，利润越多，说明企业财富增加得越多，也就越接近企业的目标。无论是在西方，还是在我国，都有相当一部分财务管理学者主张利润最大化是企业财务管理总体目标的最佳选择。这是因为追求企业利润最大化有其合理性：

第一，人类进行经济活动是为了创造剩余产品，而剩余产品的多少，在市场经济条件下往往可以用利润的多少来加以衡量，因此以利润最大化作为企业财务管理总体目标比较直观、清晰，易于理解；第二，在自由竞争的资本市场中，资本的使用权最终将归属于获利最大的企业，利润最大化是企业获得资本的最有利条件，获得了资本，也就意味着取得了各种经济资源的支配权，因此追求利润最大化有利于社会经济资源的合理流动和合理配置；第三，企业要想取得最大利润，就必须讲求经济核算，加强管理，改进技术，提高劳动生产率，降低产品成本，这些都符合企业追求经济效益提高的目标要求；第四，每个企业都追求利润最大化目标，也有利于整个社会的财富实现最大化。

但是以利润最大化作为企业财务管理总体目标仍然存在以下缺陷：

① 利润最大化没有考虑取得利润的时间，没有考虑资金的时间价值。

② 利润最大化没有考虑所获得的利润与所投入资本额的关系。

③ 利润最大化没有考虑风险因素，高利润往往意味着高风险。

④ 利润最大化是基于历史的角度，反映的是企业过去某一期间的盈利水平，并不能够反映未来期间的盈利水平。

⑤ 利润最大化往往会使企业财务决策带有短期行为倾向，误导企业只顾眼前利益而忽视企业的长远发展。

⑥ 利润是企业经营成果的会计计量，由于会计政策和会计方法的可选择性，往往使企业的利润并不能反映企业的真实情况。

基于上述缺陷，利润最大化并不是企业财务管理目标的最佳选择。

3. 每股收益最大化

每股收益最大化就是把企业的利润和股东投入的资本联系起来考察，用每股收益(或权益资本净利率)来概括企业的财务目标，以避免“利润最大化”目标的缺点。

所谓每股收益，亦称每股盈余、每股净利，用符号表示为 EPS，是指企业发行在外的普通股的平均每股税后净利水平。其计算原理如下：

$$每股收益=税后净利\div发行在外的普通股股数$$

相比利润最大化作为企业理财总体目标，其优点在于把利润均摊于每一股份，可以衡量投入产出效果。但每股收益最大化作为企业理财总体目标的其他局限仍然存在，而且仅适用于上市公司。故每股收益最大化同样不适宜作为企业理财总体目标。

4. 股东财富最大化

股东财富最大化，是指通过企业财务上的合理运营，为股东创造更多的财富。股东财富是由两个变量所决定：一是股东持有股票的数量；二是该股票的市场价格。在股票数量一定时，股票价格达到最高时，股东财富也达到最大。当资本市场强势有效时，一般认为股票价格就成了衡量股东财富最有力的指标。在有效的资本市场上，证券价格能迅速、全面地反映所有有关价格的信息，证券价格就是其价值的最好体现，此时股东财富最大化目标就可以用股票价格最大化来代替。虽然资本市场有效性还存在不小的争论，但从严格意义上讲，不能否定有效市场的客观存在。而且，随着资本市场的逐渐成熟和监管措施的加强，资本市场也在逐渐趋向有效。

股东财富的表现形式是在未来获得更多的现金净流量，股票价格也就是股东未来所获得现金股利和所获得股票出售收入的现值，因此，股票价格一方面取决于企业未来获取现金流量的能力，另外一方面也取决于现金流入的时间和风险。因此，与利润最大化作为企业财务管理总体目标相比，股东财富最大化作为企业财务管理总体目标具有如下优点：

① 股东财富最大化考虑现金流量的时间价值和风险因素。因为获得现金流量的时间早晚和风险的大小，会对股票价格产生重要影响。

② 股东财富最大化在一定程度上能够克服企业在追求利润上的短期行为，因为股票价格在很大程度上取决于未来获取现金流量的能力。

③ 股东财富最大化反映了资本与收益的关系。因为股票价格是对每一股份的一个标价，反映的是单位投入资本的市场价格。

④ 股东财富最大化也是判断企业财务决策是否正确的标准，因为股票的市场价格是企业投资、融资和资产管理决策效率的反映。

但是，股东财富最大化作为企业财务管理总体目标也有其缺陷，具体表现在以下几个方面：

① 只有上市公司才有一个股票价格来衡量股东财富的多少，对于非上市公司而言，就难以计量股东财富的多少。

② 追求股东财务最大化，往往会以牺牲债权人和其他企业利益关系人的利益为代价，即为了追求股东财富最大化，企业在财务决策时往往可能倾向更有利于股东的财务行为，这样很可能造成对债权人利益和其他利益关系人利益的伤害。

③ 影响股票价格的因素有很多，上市公司未来发展前景不再是影响股票价格的主要因素，而且很多影响因素是非正常的因素，股票价格已经不能真实地反映公司的实际情况，特别是中国证券市场目前还不成熟。

因此，股东财富最大化不是中国企业财务管理总体目标的最佳选择。

5. 企业价值最大化

（1）企业价值的含义

通俗地讲，企业价值就是指把一个企业拿到市场上去出售到底能够卖多少钱。因此，企业价值可以定义为一个企业作为一个有机整体的市场价值，是以企业未来一定期间的自由现金流量按资本成本或含有风险在内的预期投资报酬率贴现的现值。企业价值不等同于利润。

（2）企业价值最大化的内容

企业价值最大化的具体内容包括：

① 强调风险与报酬的均衡，将风险限制在企业可承担的范围内。

② 创造与股东之间的利益协调关系，努力培养安定性股东。

③ 关心本企业职工利益，创造优美和谐的工作环境。

④ 不断加强与债权人的关系，重大财务决策请债权人参加讨论，培养可靠的资金供应者。

⑤ 关心客户利益，在新产品的研制和开发上有较高的投入，不断推出新产品来满足顾客的要求，以保持销售收入的长期稳定增长。

⑥ 讲求信誉，注意企业形象的宣传。

⑦ 关心政府政策的变化，努力争取参与政府制定政策的有关活动，以争取出现有利于企业的法规。

(3) 企业价值计量模型

企业价值一般可以采用下述计量模型来进行计量：

$$V = \sum_{t=1}^{n} FCF \frac{1}{(1+i)^t}$$

式中 V——企业价值；

FCF——自由现金流量；

i——含风险在内的预期投资报酬率；

n——企业存续寿命。

(4) 企业价值的影响因素

由上述计量模型可知，影响企业价值大小最基本的因素为企业的未来增值能力(未来自由现金流量)、企业存续期(企业持续经营寿命)和企业风险(含风险在内的预期投资报酬率)，被称为企业价值驱动的三大基本因素。除此之外，影响企业价值最大化的其他因素还包括：企业整体的经济和金融环境、该企业所在行业的前景、股东分布和投票权、企业重要领导人事变动。

(5) 企业价值最大化作为企业理财总体目标的优点

以企业价值最大化作为理财目标具有如下优点：

① 考虑了取得报酬的时间，并利用时间价值的原理进行了计量。

② 科学地考虑了风险与报酬的关系。

③ 能克服在追求利润上的短期行为，因为不仅目前的利润会影响企业价值，而且预期未来的利润对企业价值的影响更大。

四、施工企业财务管理的职能和任务

(一) 施工企业财务管理的职能

财务管理的职能，是指财务管理作为一种经济管理活动本身所固有的功能。财务管理的职能取决于财务的本质，是财务本质的具体体现。

1. 财务管理的基本职能

企业财务管理是以资金为对象的一项管理活动，结合财务管理的特点，财务管理的基本职能包括合理组织企业的资金运动以及正确处理资金运动所体现的经济关系(财务关系)两个方面。

2. 财务管理的具体职能

财务管理的具体职能可从以下两个方面来认识：

① 财务管理的内容特点决定了财务管理的职能，包括筹集资金、运用资金和分配资金三项，反映了财务管理的特殊性。

② 财务管理作为一项管理活动，具有其他管理活动所共有的职能(计划、组织、控制等)，反映了各种管理活动的普遍性。筹集资金、运用资金和分配资金等活动都需要通过计

划、组织、指挥、控制和协调等手段实现。

(1) 财务计划职能

财务计划职能，是指对未来期间的财务活动进行规划和安排，是对未来期间企业的财务管理工作事先拟定目标、内容和决定实现目标的原则、方法、步骤及措施等完整方案的管理功能，包括财务预测、确定目标、财务决策、财务计划等内容。

(2) 财务组织职能

财务组织职能，是指为了实现财务计划目标，对合理组织财务活动的各个要素、各个环节和各个方面，进行合理的分工和协作。建立科学合理的财务组织体系，对财务活动进行协调有序的管理。包括：a. 建立合理的组织机构；b. 建立责任制；c. 建立信息沟通渠道；d. 确定企业财务管理方式；e. 配备企业财务管理人员。

(3) 财务指挥职能

财务指挥职能，是指财务领导者和财务管理人员根据财务管理目标和财务决策要求，运用组织权力和适当手段指导和监督下级财务管理机构和人员实现财务决策目标的一种管理职能。财务管理指挥职能的发挥过程，实际上是财务管理人员在一定组织形式下领导人具体执行计划的过程。

(4) 财务协调职能

财务协调职能，是指清除在生产过程中以及管理过程中各个环节、各个要素之间的不和谐现象，加强相互之间的配合，以达到按总目标轨道同步发展的管理功能。即根据企业财务活动或财务关系某个方面的变化，相应对企业财务活动或财务关系某个方面进行调整，以确保企业财务活动协调有序进行，保证财务目标顺利实现。

(5) 财务控制职能

财务控制职能，是指按计划目标和确定的标准对企业的财务活动进行监督、检查，将企业财务活动的实际结果与财务计划目标对照，发现偏差、找出原因、及时采取措施纠正偏差，以确保财务计划目标实现的管理职能，包括两个方面：①实际与计划的对照比较—发现偏差—分析偏差、找出原因—纠正偏差—确保计划顺利执行。②计划执行结果与计划比较—存在偏差—原因是计划不合理—修正计划—制订新计划—指导未来。

(二) 施工企业财务管理的任务

财务管理是根据国家的财经法规制度，按照财务管理的原则，组织企业的财务活动、处理企业的财务关系的一项综合性经济管理工作。财务管理的任务取决于财务管理对象的特点和财务管理工作的客观要求。

财务管理的任务，是指人们进行财务管理所要达到的目的和要求，包括两个层次：一是基本任务，二是具体任务。

1. 基本任务

企业进行生产经营的直接经济目的是获取最大程度的利润。企业财务管理，作为企业生产经营管理的一部分，其基本任务应与企业整体目标一致。企业财务管理的基本任务是：做好企业各项财务收支计划、控制、核算、分析和考核工作，依法合理筹集资金，有效利用企业各项资源，努力提高企业经济效益。

施工企业财务管理的基本任务是以国家法律、法规、方针政策和财务制度为依据，根据市场经济的要求和施工企业生产经营的特点，运用科学的方法，科学地组织施工企业财务活动，正确处理施工企业与各方面的经济利益关系，促进经济效益的提高，保证全面完成企业的经营目标。当然，企业在提高经济效益的同时，还必须注意提高社会效益、履行如下社会责任：对国家的责任、对投资者的责任、对债权人的责任、对消费者的责任和对社会的责任。

2. 具体任务

施工企业财务管理的具体任务从属于财务管理的基本任务，取决于财务管理的具体内容。其主要任务具体表现在以下几个方面：

(1) 参与企业的筹资决策

财务管理的核心是适时、适量、适度地筹集和运用资金，实现企业的经营目标。

施工企业财务管理部门必须通过施工生产经营过程中资金需求的预测和计划的编制，参与企业的筹资决策，从各方面合理筹集足够的资金，满足企业生产经营对资金的需求。在进行筹资决策时，必须对各种筹资方式、筹资规模、筹资时机、资金结构、筹资成本等因素加以比较和选择。具体来说：

① 要保持合理的资金结构，即要保持负债融资和权益融资之间的合理比例。

② 要保持长期资金与短期资金之间的合理比例。

③ 保证筹资规模的方式要配合筹资的用途，要保持资金筹集与资金需求之间的平衡。既能及时满足企业生产经营所需资金，又不至于造成资金的积压或闲置浪费。

④ 保证所需资金适时到位。

⑤ 在保证满足资金需要的前提下，尽可能降低筹资成本。

⑥ 要合理考虑筹资渠道的多元化，尽可能降低筹资风险。

总之，筹资是企业生存和发展的重要基础之一，可以毫不夸张地说，筹资成效如何维系着企业经营的成败，企业财务人员必须着重全力解决好这一问题。

(2) 合理配置资金

偿债能力与获利能力是企业最基本的两项财务能力，两者之间同时又是一对矛盾的统一体。不适当地追求获利能力的提高，往往可能导致偿债能力的下降；反之，维持较强的债务偿还能力，有可能导致获利能力的削弱。在市场经济条件下，企业的筹资渠道多元化、筹资方式多样化，要求企业必须重视其偿债能力与获利能力的有机统一。它不仅关系到企业的有限资金能否得到合理配置、有效运用，而且直接关系到企业未来的发展方向、发展规模和发展前景，也关系到企业的财务信誉，对企业的生存和发展具有决定性的意义。因此，企业的财务管理者要合理调度资金，实现资金在各环节的协调平衡。要统一规划企业的长期投资，分析投资项目的性质和可行性程度，合理确定企业的投资方向和投资规模，根据宏观经济发展形势和企业的总体发展战略，以及企业的资金状况，制订长短期投资计划，确定投资对象和投资金额。

(3) 降低经营成本，提高资金使用效益

筹资的目的在于资金的合理使用，如何合理地使用资金以发挥出最大的使用效益，是企业财务管理的核心任务之一。企业的财务管理部门要注重加强日常资金管理，充分降低经营成本，提高资金的使用效益。具体来说，应着重注意以下几个方面：

① 保持现金的收支平衡。

② 及时处理企业的临时闲置资金，在权衡风险的基础上，可以考虑从事短期投资或运用金融工具达到保值目的。

③ 加强对存货、应收账款的管理，加快企业资金的周转速度，减少资金占用，节约资金，提高资金使用效益。

④ 提高生产效率、降低消耗、节约各项费用开支。企业可以通过制定各项费用预算和定额来控制和减少不必要的浪费和开支。

(4) 合理分配所得

在分配企业的收益所得时，必须坚持按劳分配和按权益分配的有机统一，这是正确处理企业劳动投入者(即生产经营者)与资金投入者(即投资者，包括国家、股东、债权人)之间财务利益关系的根本准则。收益分配要求处理好各种经济利益关系，要注重利润分配和生产发展潜力的协调。这不仅对于正确处理国家、企业、个人的经济利益关系有着重要的意义，而且直接关系到企业的生存和发展，直接影响到职工的生产积极性和主动性，关系到企业经济效益的好坏。不合理的分配政策，可能会给企业带来严重的后果，企业不仅会因此丧失发展潜力，甚至其最基本的生存都会受到威胁。

(5) 完善经济责任制，实施财务监督

加强经济责任制，是企业财务管理工作顺利进行的根本保证。企业可以进行统一规划，分环节、分部门地下达责任指标进行合理控制。财务监督是通过财务收支和财务指标对企业的生产经营活动进行审查和控制。具体要求如下：

① 制定企业的财务管理制度，合理规定费用的开支标准，实施“量入为出”的理财原则。

② 根据各项收入、成本、费用的预测，编制具体的用以控制和评价经营效益和职责的计划。

③ 设置财务管理机构，配备财务管理人员，对各项收支进行严格审查，通过对日常各项财务收支进行严格的审查和控制，消除不合理以及不合法的收入和支出，维护财经纪律，杜绝贪污和浪费现象，确保资金的安全完整。

④ 贯彻“责、权、利”相结合的原则，建立健全内部考核和奖惩制度，对有关的责任部门和人员委之以一定的责任，赋予相应的权力，并给予相应的利益激励。

财务监督实质上是对企业经营行为和财务行为的一种理性约束。因此，财务监督除了要在“规范”上下足功夫外，还要加强宣传教育，促使企业的每一成员都具有很强的财务意识。

第二节　施工企业财务管理的原则

一、施工企业财务管理的基本环节

财务管理的基本环节，是指财务管理的工作步骤与一般程序。一般来说，施工企业财务管理主要包括以下几个环节：财务预测、财务决策、财务预算、财务控制和财务分析。

这些环节相互配合，紧密联系，形成一个周而复始的财务管理循环，构成完整的财务管理工作体系。

（一）财务预测

财务预测就是根据财务活动的历史资料、现实条件和要求，运用科学的方法对企业未来的财务活动、财务成果和财务状况进行预计和推测。财务预测包括编制财务计划之前的预测和计划执行过程中对计划执行情况的预测。开展财务预测是为进行财务决策和编制财务计划提供科学的依据。财务预测的内容包括筹资预测、成本预测、销售预测和利润预测等。

（二）财务决策

财务决策是根据企业经营战略要求和国家宏观经济政策的要求，从提高企业经济效益的理财目标出发，在财务预测的基础上，对通过预测所得出的各个财务活动方案进行可行性评价，并在此基础上从各个可行的财务活动方案中选择一个最优方案的过程。在市场经济条件下，财务决策是企业财务管理的核心。财务决策也是编制企业财务计划、实施财务控制的基础，其成功与否直接关系企业生产经营的成败。企业财务决策一般包括如下工作内容：确定决策目标、拟定备选方案、评价各种方案、选择最优方案。

（三）财务预算

财务预算，是指运用科学合理的技术手段和数量方法，对企业未来财务活动的内容及指标所进行的具体规划。财务预算是以财务决策所确立的方案和财务预测提供的信息为基础编制的，是财务预测和财务决策的具体化，是控制财务活动的依据。

财务预算是企业全面预算的一部分，它和其他预算是联系在一起的，整个全面预算是一个数字相互衔接的整体。

（四）财务控制

财务控制，是指在施工企业生产经营活动过程中，以计划任务和各项定额为依据，对资金的收入、支出、占用、耗费进行日常的核算，利用特定手段对各单位财务活动进行约束和调节，以便实现计划规定的财务目标。财务控制是落实财务计划、保障计划实施的有效措施。

财务控制要适应管理定量化的需要，应抓好以下几个方面的工作：确定控制标准，分解落实责任、确定执行差异，及时消除差异、评价单位业绩，搞好激励与约束常见的财务控制方法有防护性控制、前馈性控制和反馈性控制。

（五）财务分析

财务分析，是指以企业日常核算资料为主要依据，采用专门方法对企业财务活动的过程和结果进行分析和评价的一项工作。通过财务分析，可以评价企业财务计划指标的完成情况，有助于改善财务预测、财务决策、财务计划和财务控制工作，还可以总结经验教训，研究和掌握企业财务活动的规律性，不断改进和提高企业财务管理水平。财务分析的一般程序如下：搜集资料，掌握情况；对比分析，揭露矛盾；因素分析，明确责任；提出建议，改进工作。

财务分析的方法很多，主要有对比分析法、趋势分析法、因素分析法、比率分析法和财务综合分析评价方法。

归结起来，在财务管理的各个环节中，财务管理的核心是财务决策。财务预测是财务决策和财务预算的前提；财务决策是在财务预测的基础上做出的；财务预算是财务决策的具体化，是以财务决策确立的方案和财务预测提供的信息为基础编制的，同时又是财务控制的依据；财务控制是落实财务计划任务、保证财务预算实现的有效措施；财务分析可以掌握各项财务预算的完成情况，评价财务状况，以改善财务预测、决策、计划和控制工作，提高管理水平。财务分析则既是对前期工作的总结和评价，同时又是对下期工作的经验指导和启示，在财务管理循环中起着承上启下的作用。随着财务管理的持续运作，正是因为财务分析的存在，才使财务预测、财务决策、财务计划、财务控制、财务分析首尾相接，形成一个完整的财务管理循环。

二、施工企业财务管理的假设和基本原则

（一）财务管理假设

财务管理的基本假设是指对财务管理领域中存在的尚未确知或无法论证的事物按照客观事物的发展规律所作的合乎逻辑的推理和判断。它包括两层含义：一是指无须证明的“理所当然”，可以作为逻辑推理的出发点；二是人们在已有知识的基础上，对观察到的一些新现象做出理论上的初步说明的思维形式，是有待于继续证明的命题。财务管理假设是建立财务管理理论体系的向导和前提条件，是组织财务活动和处理财务关系必须具有的思维形式。

财务管理的基本假设主要包括：理财主体假设、持续经营假设、理性理财假设、有效资本市场假设、资金时间价值假设。

1. 理财主体假设

理财主体，是指财务管理为之服务的特定单位，通常是独立进行财务管理、具有独立或相对独立的物质利益的经济实体。企业财务管理不是漫无边际的，而应限制在每一个经济上和经营上具有独立性的组织之内。理财主体将一个主体的理财活动与其他主体的理财活动区分开来。

（1）理财主体具有独立性

理财主体能够在不受外界干扰的情况下，自主从事理财活动。这主要体现在三个方面：

① 理财主体有自己所控制的资源。

② 理财主体能够自主地进行投融资和分配等一系列财务活动。

③ 理财主体的决策始终立足于自身的实际情况，满足自身的需要。

（2）理财主体具有目的性

理财主体从事财务活动都有自己的目标，按照自己设定的目标开展财务管理工作，根据目标来规划自己的行动。理财主体作为一个完整的经济组织，不仅有其行动的总目标，如实现股东财富最大化，而且在不同的阶段有着不同的具体目标。如在融资阶段，理财的具体目标是筹集足够的资金，确定最佳的资本结构，降低资本成本；在投资阶段，其具体目标是做好投资决策，实现投资收益最大化；在分配阶段，其目标是通过分配决策，既能

使投资者满意，又能保证公司发展的后劲。

理财主体目标为正确建立理财目标、科学划分权责关系奠定了理论基础。

2. 持续经营假设

持续经营假设是指理财主体持续存在且能够执行预计的经济活动，即每一个理财主体在可以预见的未来都会无限期地经营下去。持续经营假设明确了理财工作的时间范围，对大多数正常经营的企业都是适用的，因为在正常经营情况下企业都会以其收入抵补其支出，获得盈余，并按其经营计划战略持续经营下去。在持续经营这一前提下，一旦有迹象表明企业经营欠佳、财务状况恶化、不能偿还到期债务，持续经营假设就失去了支持其存在的基础。这时，财务管理中必须放弃此项假设，而改为在清算假设中进行理财工作。持续经营假设是企业财务管理的基本前提。在企业日常财务管理活动中，在确定筹资方式时，要注意合理安排短期资金和长期资金的关系；在进行投资时，要合理确定短期投资和长期投资的关系；在进行收益分配时，要正确处理各个利益集团短期利益和长期利益的关系。这些财务活动都是建立在此项假设的基础之上的。

3. 理性理财假设

理性理财假设是指从事财务管理工作的人员都是理性的理财人员，他们的理财行为是理性的，他们会在众多方案中选择最有利的方案。在实际工作中，财务管理人员分为两类：理性的和盲目的。但不管是理性的还是盲目的理财人员，他们都认为自己是理性的，都认为自己作出的决策是正确的，否则他们就不会作出这样的决策。尽管我们承认存在一部分盲目的理财人员，但从财务管理研究来看，只能假设所有的理财行为都是理性的，因为盲目的理财行为是没有规律可循的，而没有规律的东西是无法上升到理论高度的。

理性理财的首要表现就是理财是一种有目的的行为，即企业的理财活动是有一定的目标的。当然，在不同时期、不同的理财环境中，人们对理性理财行为的看法是有所不同的。例如，在过去计划经济时代，企业的主要任务就是执行国家所下达的总产值指标，企业领导人的职位、职工个人利益，均视产值指标的完成情况而定，这时的理财决策无疑是为了实现产值的最大化。今天看来，这种行为是不理性的，因为它只讲产值不讲效益、只讲数量不讲质量、只重生产不重销售、只重投入不重挖潜等，这种行为对企业长期健康发展是有害的，但这在当时却是一种理性的理财行为。可见理性与否，是相对于具体理财环境而言的。理性理财的第二个表现在于，理财人员会在众多方案中选择一个最佳方案，即表现为财务管理人员要通过比较、判断、分析等手段，从若干备选方案中选择一个最有利于财务目标实现的方案。理性理财的第三个表现在于，当理财人员发现正在执行的方案是错误方案时，会及时采取措施进行纠正，以便使损失降至最低。

4. 有效资本市场假设

有效资本市场假设，是指财务管理所依据的资本市场是健全和有效的。只有在有效的资本市场上，财务管理才能正常进行，财务管理理论体系才能建立。美国学者法玛(Fa ma)将有效市场划分为三类：一是弱式有效市场，二是半强式有效市场，三是强式有效市场。对投资者而言，有效资本市场假设提供如下启示：

① 股价不能被预测，而只能被现在不知道的未来事件所影响。

② 带着寻找价值被低估的个股的企图而对个别股票做详细分析是没用的。

③ 投资者应尽量减少交易次数，以使交易成本最小化。

④ 在投资活动中，资本规模是非常重要的。

⑤ 最佳的管理是组合管理。

⑥ 应充分认识到投资的风险。

⑦ 对投资专家、顾问的言论不可尽信，因为市场有效，投资者根本不可能通过他们的建议获取超额收益。

有效市场假设的派生假设是公平市场假设和资金借贷无限制假设。前者是指理财主体在资本市场上公平竞争，不存在内幕交易；后者是指无论哪个理财主体都可以依市场利率水平借贷所需资金。

5. 资金时间价值假设

资金时间价值假设是指在进行财务计量时要假设资金具有时间价值。资金的时间价值是指资金在经过一定时间的投资和再投资所增加的价值。资金具有时间价值的依据是资金投入市场后其数额会随时间的推移而不断增加。这是一种客观的经济现象。要想让资金所有者把资金拿出来，市场就必须给予他们一定的报酬。

资金时间价值假设的首要应用是现值概念。不同时点的资金价值是不能简单相加的，需要进行折算，通常是把不同时点的资金价值换算成现在时点的价值，然后再相加减或比较，这一换算过程在财务上称为“折现”，折现后的资金价值称为“现值”。在财务估价中，广泛使用现值计量资产的价值。

资金时间价值假设的另一个重要应用是“早收晚付”观念。对于不附带利息的资金收支，晚收不如早收，早付不如晚付，因为早收晚付在经济上是有利的。

（二）财务管理原则

财务管理原则是指人们对财务活动的共同的、理性的认识，是企业财务管理必须遵循的行为规则和规范，它是从财务管理实践中总结出来并在实践中证明是正确的行为规范，反映了其财务管理活动的内在的必然的要求。为了确保施工企业财务管理目标的实现，要求施工企业财务管理活动必须遵循如下财务管理的基本原则。

1. 系统性原则

财务管理从资金筹集开始到资金收回为止，经历了资金的筹集、资金的投放、资金的耗费、资金的收回与资金的分配等几个阶段，这几个阶段相互联系、相互作用，组成一个有机的整体，构成一个完整的系统。系统性原则要求施工企业必须从内外部联系出发，从各组成部分的协调与统一出发，做好财务管理工作。系统性原则的特征包括：明确的目的性、系统的整体性、管理的层次性和环境的适应性。在财务管理实践中，归口分级管理、目标利润管理、项目投资的可行性论证等都是系统原则的具体运用。

2. 资金合理配置原则

企业财务管理是对企业全部资金的管理，而资金运动的结果则形成企业各种各样的物质资源。各种物质资源总是要求有一定的比例关系。所谓资金合理配置，就是通过资金活动的组织和调节，来保证各项物质资源具有最优化的结构比例关系。

企业物质资源的配置情况是资金运用的结果，同时它又是通过资金结构表现出来的。

从一定时点的静态来看，企业有着各种各样的资金结构。在资金占用方面，有对外投资与对内投资的构成比例关系，有流动资产和非流动资产的构成比例关系，有形资产与无形资产的构成比例关系，有货币性资产与非货币性资产的构成比例关系，有原材料、在产品、产成品的构成比例关系，等等。在资金来源方面，有债务资金和自有资金的构成比例关系，有流动负债和非流动负债的构成比例关系，等等。若一个企业资金配置合理，从而资源构成比例适当，就能保证生产经营活动的顺畅运行，并由此取得最佳的经济效益，否则就会造成生产经营的阻塞，危及企业的采购、生产和销售活动的协调有序运行，甚至影响企业的兴衰。因此，资金合理配置，是确保企业生产经营活动持续、高效运行的必要条件。

各种资金形态的并存性和继起性，是企业资金运动的一项重要规律。只有把企业的各项资金合理地配置在生产经营的各个环节上，才能保证资金运动的继起性和各种形态的资金占用合理，才能确保企业生产经营活动的顺畅进行。若企业库存材料、库存产品长期积压、应收账款长期被拖欠，而企业又没有采取有效的调节措施，则势必造成生产经营的困难；若企业不能优先保证企业内部生产经营所需资金，而把资金大量用于对外投资的话，则企业主营业务的开拓与发展必然受到影响。通过合理运用资金实现企业资源的优化配置，从企业理财角度来看就是合理地安排企业各种资金的构成比例问题。企业理财中的资本结构决策、投资组合决策、存货管理决策、利润分配决策等无一不是这一原则的具体体现。

3. 收支积极平衡原则

在企业财务管理中，不仅要保持各种资金存量的协调平衡，而且要经常关注资金流量在动态上的协调平衡。所谓收支积极平衡，就是要求企业的资金不仅在一定期间内总量上保持平衡，而且在每一时点上协调平衡。资金收支在每一时点上的协调平衡，是企业资金循环过程得以周而复始进行的条件。

资金收支的平衡，归根结底取决于企业供、产、销活动的平衡。企业既要搞好生产经营活动过程的组织管理工作，又要抓好生产资料的采购和产品的生产与销售，克服任何一种片面性。只有坚持供、产、销的统一，使企业供、产、销三个环节相互衔接、相互协调、相互配合，保持平衡，企业的资金周转才能顺畅进行，并取得应有的经济效益。

资金收支平衡不能采用消极的办法来实现，而要用积极的办法来解决资金收支中存在的矛盾。要做到收支平衡，首先要开源节流，增收节支。节支是要节约那些应该压缩、可以压缩的费用，而对那些在创收上有积极作用的支出则必须全力保证；增收是要增加那些能够带来经济效益的营业收入，至于采取拼设备、拼人力、不惜工本、不顾质量而一味追求短期收入的做法则是不可取的；其次，在发达的金融市场条件下，还应通过短期筹资和投资来调剂资金的余缺。在一定时期内，资金入不敷出时，应及时采取办法，如出售有价证券、借款、发行短期债券等方式融通资金；而当资金比较充裕时，则可适时归还借款、赎回短期债券或购入短期有价证券等。总之，在组织资金收支平衡问题上，既要量入为出，根据现有财力来安排各项开支，又要量出为入，对于关键的生产经营支出要开辟财源，积极予以支持，这样才能取得理想的经济效益。收支积极平衡原则不仅适用于现金收支计划的编制，对于有价证券投资决策、筹资决策等同样具有重要的指导意义。

4. 成本效益原则

在企业财务管理中，既要关心资金的存量和流量，又要关心资金的增量。企业资金的增量即资金的增值额，是由营业利润或投资收益形成的。因此，对于形成资金增量的成本与收益这两方面的因素必须认真进行分析和权衡。成本效益原则，就是要对经济活动中的所支与所得进行比较分析，对经济行为的得失进行衡量，使成本费用与收益达到最优的结合，以求获得最多的盈利。

企业开展财务管理工作，必须讲求经济效益，即以较低的成本支出最大限度地实现企业财务管理的目标，提高企业财务管理效益。因此，企业应对各项财务决策进行成本效益分析，遵循以下要求：

① 无论采用何种决策方案，必须看它的可实现收益是否大于其投入成本，如果达不到这一点，即为得不偿失，则不必要采用这一方案。

② 有些决策方案在执行过程中可能通过不断追加支出而使其可能提供的效益越来越高。在该种情形下，就需要考虑追加投入多少成本时，它所能提供的效益减去成本后的净收益达到最大。

③ 当项目收益难以确定时，应考虑在达到既定目标的前提下，如何使投入的成本最小化。

④ 考虑决策的成本效益，以最小的资金投入追求最大的产出效应是企业财务管理最根本的原则，也是一个成功企业自始至终追求的理想目标。然而企业财务管理的成效并不一定都能够定量化，即不能以某些数量指标加以量化。因此，确认利益最大化方面有操作上的困难，即使确认次优利益也不是显而易见的。总之，在运用成本效益原则评价企业财务管理绩效时，应该把重点放在成本的节约方面，尤其是在日常的企业内部财务管理上，特别要注意资金的运作成本。

⑤成本效益原则作为一种价值判断准则，在企业财务管理中具有相当重要的指导意义和应用价值。

5. 收益与风险均衡原则

众所周知，风险是客观存在的。在激烈的市场竞争中，进行财务决策不可避免地要遇到风险。财务活动中的风险，是指因为各种不确定因素的客观存在，从而造成企业获得预期成果的不确定性。企业要想获得收益，就不能回避风险。风险对企业财务而言，也意味着收益和机会，也就是说，挑战中存在机遇。企业进行财务管理不能只顾追求收益，不考虑发生损失的可能。收益与风险均衡的原则，要求企业对每一项财务活动，全面分析其收益性和安全性，按照收益和风险适应的要求来决定财务方案，在实践中趋利避害，提高收益。

在财务活动中，低风险只能获得低收益，高收益则往往要承担高风险。例如，企业持有较多的现金，可以增强企业财务的安全性和偿债能力，但是却只能获得较低的收益(银行存款)甚至完全没收益(库存现金)；又如，发行债券融资相比发行股票融资，可以提高权益资本利润率，但是按期支付固定利息和到期偿还债券本金，则增大了企业的偿债风险。无论是投资者，还是受资者，都要求收益与风险相适应，风险越大，则要求收益也越高。只是对于不同的经营者而言，对风险可能持有不同的态度。有的经营者宁愿回报低也不愿意承担更高的风险；反之，有的经营者则宁愿冒更大的风险，也要追求高回报。

在企业财务管理实务中，无论企业所面临的内外环境如何，无论经营者的心理状态是稳健还是进取，都应对风险和收益做出全面的分析和权衡，做到既能降低风险，又能得到较高的回报，特别要注意把高风险、高回报的项目与低风险、低回报的项目适当的搭配组合，分散风险，使风险与收益均衡，从而既降低风险，又能得到较高的收益，甚至化风险为机遇，在危机中寻找机会。

6. 归口分级管理原则

在规模较大的现代化企业中，对财务活动必须实行归口分级管理。所谓归口分级管理，是指在企业总部的统一领导的前提下，合理安排各级单位和各级职能部门的权责关系，充分调动各级职能部门各个单位的积极性。统一领导下的归口分级管理，是民主集中制在企业财务管理中的具体运用。

以施工企业为例，企业通常分为总部、项目部、施工队等三级，在总部、项目部设立若干职能部门或专职人员。在财务上实行统一领导、归口分级管理，就是要按照物资管理同资金管理相结合、资金使用和资金管理相结合、管理责任同管理权限相结合的要求，合理安排企业内部各单位在资金、成本、收入等管理上的权责关系。总部是企业行政工作的指挥中心，企业财务管理的主要权力集中在总部。同时要对项目部、施工队、采购部、后勤服务部等单位给予一定的权限，建立财务分级管理责任制。企业的各项财务指标要逐级分解并落实到各级单位，各级单位要核算其直接费用、资金占用等财务指标，定期进行考核，对经济效益好的单位给予物质奖励。财务部门是组织和推动全企业财务管理工作的主要部门，而采购、施工生产等部门则直接负责组织各项施工生产经营活动，使用各项资金和物资，发生各项费用，参与创造和实现生产成果。要在加强财务部门记账管理的同时，实行各职能部门的分级管理，按其业务范围确定其财务管理的职责和权限，核定指标，定期考核。这样，就可以调动各级各部门财务管理的积极性。

统一领导下的分级归口管理，包含专业管理和群众管理相结合的要求。企业财务部门是专职财务管理部门，而其他各级各部门的管理则带有群众管理的性质。通常在总部、项目部设有专职财务人员，而在施工队等则由广大员工直接参与财务管理。统一领导下的分级归口原则，也可以说就是在企业财务管理中实行民主管理。

7. 利益关系协调原则

企业财务管理要组织资金的活动，因而必然各方面存在着密切的经济利益关系。实行利益关系协调原则，就是在财务管理中利用经济手段协调国家、投资者、债权人、购销客户、经营者、劳动者、企业内部各部门各单位之间的经济利益关系，维护有关各方面的合法权益。有关各方利益关系的协调，是企业财务目标顺利实现的必不可少的条件。

企业内部和外部经济利益的调整在很大程度上都是通过财务活动来实现的。企业对投资者要做到资本保全，并合理安排红利分配同盈余公积提取的关系，在各投资者之间合理分配利润；对债权人要按期还本付息；企业与企业之间要实行等价交换原则，并且通过折扣、罚金和赔款等形式来促使各方认真履行经济合同，维护各方的经济利益；在企业内部对于生产经营经济效果好的单位应予以必要的物质激励，并且运用各种结算手段划清各单位的经济责任和经济利益；在职工之间实行按劳分配原则，把职工的收入和劳动成果联系起来。所有这些都要通过财务管理来实现。在财务管理中，应当正确运用价格、股利、利息、奖金、罚款等经济手段，启动激励与约束机制，合理补偿，奖优罚劣，处理好各方面的经济利益关系，以保障企业生产经营顺利、高效运行。处理各种经济利益关系，要遵守国家法律，认真执行政策，保障各方面应得的利益，防止搞优质不优价、同股不同酬的不正当做法。

在经济生活中，个人利益与集体利益、局部利益与全局利益、近期利益与长远利益往往会发生矛盾，而这些矛盾往往是不可能完全靠经济利益的调节来解决的。在处理物质利益关系的时候，也应注重思想沟通，提倡顾全大局。

8. 弹性原则

财务管理应努力实现收支平衡并略有余地。略有余地就是留有弹性。企业在财务管理中保持合理的弹性，是基于以下考虑：a. 施工企业所面临的财务管理环境复杂多变，企业不可能完全预见甚至控制那些不确定性情况及其影响；b. 施工企业财务管理人员的素质和能力有局限，不可避免出现失误甚至错误；c. 财务预测、决策与计划都是对未来的一种预判和规划，由于不确定性因素的客观存在和多样性，不可能做到完全准确。

在施工企业财务管理中贯彻弹性原则的关键在于防止弹性过大或过小，弹性过大会造成浪费，而弹性过小会给企业带来较大的风险。确定弹性是否合理必须考虑如下因素：a. 企业适应财务环境的能力的大小；b. 不利条件出现的可能性的大小；c. 不利条件出现对财务目标实现的影响程度的大小；d. 企业管理层对风险所持的态度。

9. 优化原则

企业财务管理过程是一个不断分析、比较和选择，以实现最优的过程。这是财务管理目标所决定的。在财务管理实践中，项目投资方案的评价与择优、最佳现金持有量的确定、存货经济批量的确定、最佳资本结构的确定、股利政策的选择、企业筹资额的确定、量本利分析等都是最优化原则的具体体现。

第三节　施工企业财务管理的环境

一、财务管理环境的概念及分类

（一）财务管理环境的概念

施工企业财务管理环境，就是指施工企业财务管理以外的、并对施工企业财务管理系统有影响作用的一切系统的总和。例如，国家的政治经济形势、国家经济法规的完善程度、企业所面临的市场状况、企业的生产条件等都会对施工企业的财务管理产生重要影响。因此，都属于施工企业财务管理环境的内容。

（二）施工企业财务管理环境的分类

为了能对施工企业财务管理环境进行更深入细致的研究，有必要对施工企业财务管理环境进行如下分类：

1. 按财务管理环境包括的范围划分

财务管理环境可以划分为宏观财务管理环境和微观财务管理环境。

（1）宏观财务管理环境

宏观财务管理环境是指对财务管理有重要影响的宏观方面的各种因素，如一个国家或地区的政治经济形势、经济发展水平、金融市场状况等。宏观环境的变化，一般对所有企业的财务管理都会产生影响。

(2) 微观财务管理环境

微观财务管理环境是指对财务管理有重要影响的微观方面的各种因素，如企业组织形式、生产状况、产品市场销售状况、资源供应状况等。微观环境的变化一般只对特定企业的财务管理产生影响。

2. 按财务管理环境与企业的关系划分

财务管理环境可以分为企业外部财务管理环境和企业内部财务管理环境。

(1) 企业外部财务管理环境

企业外部财务管理环境是指企业外部的影响企业财务管理的各种环境因素，如一个国家或地区的政治经济形势、法律制度、企业所面临的市场状况等。外部环境构成比较复杂，要求施工企业财务管理人员认真调查研究，收集资料，以便分析研究，并加以全面认识、充分利用。

(2) 企业内部财务管理环境

企业内部财务管理环境是指企业内部的影响企业财务管理的各种环境因素，如企业的生产情况、技术状况、经营规模、资产结构、资本结构、生产经营周期等。相对而言，企业内部财务管理环境比较简单，往往有现成数据资料，具有能够比较把握和加以利用等特征。

企业内部财务管理环境一般属于微观财务管理环境，而企业外部财务管理环境，有的属于宏观财务管理环境，如政治经济形势、法律制度，有的则属于微观财务管理环境，如企业的产品销售市场状况、企业资源的供应情况等。

3. 按财务管理环境的变化情况划分

施工企业财务管理环境可以分为静态财务管理环境和动态财务管理环境。

(1) 静态财务管理环境

静态财务管理环境是指那些处于相对稳定状态的影响财务管理环境的各种因素，通常是那些相对容易预见、变化不大的财务管理环境部分，它们对财务管理的影响也相对比较平衡、起伏不大。因此，这类财务管理环境一经被认识后，一般无须经常予以调整、研究，而是作为已知条件加以对待，如地理环境、法律制度等，属于静态财务管理环境。

(2) 动态财务管理环境

动态财务管理环境是指那些处于不断变化状态的影响财务管理的各种因素。从长远来看，所有财务管理环境都是变化的。因此，这里所谓的动态财务管理环境，是指那些变化性强、预见性差的财务管理环境部分。在市场经济体制下，商品市场上的销售数量、销售价格，资金市场上的资金供需状况及利息率的高低，都是处于不断变化当中，属于动态财务管理环境。在财务管理中，应着重研究、分析动态财务管理环境，并及时采取相应对策，提高企业对财务管理环境的适应能力和应变能力，提高企业财务管理水平。

二、研究施工企业财务管理环境的意义

随着社会经济的不断发展，经济管理的要求不断提高，要求财务管理理论和方法不断

发展变化，以适应企业经济的发展需要。因此，财务管理环境研究具有重要意义，具体表现在以下几个方面：

① 通过对财务管理环境的研究，可以使企业财务管理人员正确、全面地认识财务管理发展的历史规律，掌握财务管理的发展趋势。

② 通过财务管理环境的研究，可以正确地认识影响财务管理的各种环境因素，不断增强财务管理工作对财务管理环境变化的适应能力。

③ 通过财务管理环境的研究，可以不断地推动财务管理理论研究，尽快建立起适应市场经济发展的财务管理体系。

三、施工企业财务管理的内部环境

施工企业财务管理的内部环境是指存在于施工企业内部并对财务活动产生影响的客观因素，包括施工企业的组织形式、企业内部财务管理体制、财务管理组织机构、财务管理人员构成及素质等。其中，企业组织形式及财务管理体制是最主要的因素。

（一）企业的组织形式

财务管理的原则、程序和方法与企业的组织形式密切相关。典型的企业组织形式有三种：个人独资企业、合伙制企业以及公司制企业。

1. 个人独资企业

个人独资企业又称业主制企业，是由业主个人独自出资创立并独自经营的企业组织形式。在我国，是指在中国境内设立，由一个自然人投资，财产为投资者个人所有，企业的财产与投资者的财产不可分割，投资人以其个人财产对企业债务承担无限责任的经营实体。业主制或个人独资企业属于与经商法人相对称的经商自然人主体范畴。业主制或个人独资企业不具有法人主体资格。这类企业一般规模较小，经营灵活，易于控制，企业全部盈利归业主，业主承担个人所得税，企业不必缴纳企业所得税。在我国，法律上并没有对这类企业的出资方式加以规定和限制，因此这类企业组织形式的存在，有利于激发民间资金的投资热情，是对公有制经济的必要补充，有助于推动公有制经济的健康发展。

（1）个人独资企业的优点

① 创立容易。如只需要很少的注册资金，不需与他人协商并取得一致等。

② 维持个人独资企业的固定成本较低。如政府对其监管较少，对其规模也没什么限制，企业内部比较容易协调等。

③ 不需要缴纳企业所得税。

（2）个人独资企业的缺点

① 业主对企业债务承担无限责任，有时企业的损失会超过业主最初对企业的投资，需要用个人其他财产偿还债务。

② 企业存续的年限受限于业主的寿命。

③ 难以从外部获得大量资金用于经营。

2. 合伙制企业

合伙制企业又称合伙企业，是指由两个或两个以上合伙人共同出资、共同经营、共享收益、共担风险，对企业的债务负有连带清偿责任的企业组织形式。合伙企业不具有法人主体资格，也无独立承担民事责任的能力。合伙制企业又分为一般合伙和有限合伙两种。前者的每一合伙人对企业债务都负有连带无限责任；后者的普通合伙人对企业债务负有连带有限责任，即以其合伙出资为最高清偿额度。

通常，合伙人是两个或两个以上的自然人，有时也包括法人或其他组织。合伙企业的优缺点与个人独资企业类似，只是程度不同而已。此外，法律规定，合伙企业的合伙人对企业债务须承担无限、连带责任。每个合伙人都可能因无法偿还企业债务而失去原始投资以外的其他财产。如果其中一个合伙人无法偿还其应分担的债务，其他合伙人必须承担连带责任，即有责任替其偿还债务。法律还规定合伙人转让其所有权时需要征得其他合伙人的同意，有时甚至还需要修改合伙协议。因此，其所有权转让比较困难。

3. 公司制企业

公司是指依照《公司法》组建设立，以营利为目的的企业组织形式，具有法人主体资格。公司制企业是现代企业制度的最主要的组织形式。公司制企业一般具有以下特点：a. 依法设立的公司，由登记机关发给公司营业执照，设立公司必须依法制定公司章程，公司章程对公司、股东、董事、监事、高级管理人员具有约束力；b. 公司是企业法人，有独立的法人财产，享有法人财产权，并以其全部财产对公司的全部债务承担有限责任；c. 公司法定代表人依照公司章程的规定由董事长、执行董事或经理担任，并依法登记；d. 公司依法自主经营、自负盈亏和照章纳税，对出资者承担保值增值责任；e. 公司实行所有权与经营权相分离、激励与约束相结合的内部管理体制；f. 公司的产权由公司股东共有，股东依法享有资产收益、参与重大决策、选择经营管理者等权利；g. 公司实行有限责任制，股东对公司债务以其出资额为限承担有限责任；h. 股东不得抽资退股，但可依法将其所持股份转让给第三方。

公司制企业跟个人独资企业和合伙制企业相比，其突出优点是股东承担有限责任、股权可以转移、公司经营寿命长、筹资渠道宽等；其缺点是设立程序较严格、复杂，容易产生内部控制问题，公司和股东双重纳税等。

公司制企业主要有有限责任公司、股份有限公司、无限责任公司和两合公司四种形式。但在我国主要有有限责任公司和股份有限公司两种基本形式。

(1) 有限责任公司

有限责任公司(简称有限公司)的股东以其认缴的出资额为限对公司承担有限责任。

有限责任公司由5个以下股东出资设立。有限责任公司的注册资本为在国家工商行政管理局登记的全体股东认缴的出资额。公司全体股东的出资额不得低于注册资本的20%，也不得低于法定的注册资本的最低限额，其余部分由股东自公司成立之日起的两年内缴足。有限责任公司注册资本的最低限额为人民币3万元。股东可依法用货币出资，也可以用实物资产、无形资产和土地使用权等可以用货币估价并可以依法转让的非货币资产出资。全体股东的货币出资额不得低于有限责任公司注册资本的30%。有限责任公司成立后向全体股东签发出资证明书。有限责任公司建立股东名册，记载于股东名册的股东，依名册主张行使股东权利。股东之间可以相互转让全部或部分股权，股东向股东以外的其他人员转让股权，应征得其他股东过半数股东的同意，其他股东半数以上不同意转让的，由不同意转让的股东购买下该转让的股权，若不购买的，视为同意转让。经股东同意转让的股权，在同等条件下，其他股东有优先购买权。

在我国，《公司法》将一人有限责任公司和国有独资企业划归为有限责任公司，并予以特别规定：

① 一人有限责任公司是指只有一个自然人股东或一个法人股东的有限责任公司。一人有限责任公司注册资本的最低限额为人民币 10 万元。股东应一次足额缴纳公司章程规定的出资额。一个自然人只能投资设立一个一人有限责任公司，该一人有限责任公司不能投资设立新的一人有限责任公司。一人有限责任公司应当在公司登记中注明自然人独资或法人独资，并在公司营业执照中载明。一人有限责任公司不设股东会。

② 国有独资公司是指由国家或有权代表国家投资的机构单独出资，由国务院或地方各级人民政府授权本级人民政府国有资产监督管理机构履行出资人职责的有限责任公司。国家独立出资创办的国有企业，在我国称为国有独资公司。国有独资公司不设股东会，由国有资产监督管理部门行使股东会职权。

(2) 股份有限公司

股份有限公司(简称股份公司)的股东以其认购的股份为限对公司承担有限责任。股份公司的设立可以有两种方式：发起设立和募集设立。发起设立是由发起人认购公司所发行的全部股份。募集设立则是由发起人认购公司所发行的部分股份，其余股份面向社会公众公开募集或者向特定对象募集。设立股份有限公司发起人应当在 2 人以上 200 人以下，其中须有半数以上的发起人在中国境内有固定住所。股份有限公司采用发起设立方式设立的，注册资本为在国家工商行政管理局登记的全体发起人认购的股本总额。公司全体发起人的首次出资额不得低于注册资本的 20%，其余部分由发起人自公司成立之日起两年内缴足，在缴足前不得向他人募集股份。股份公司采用募集方式设立的，注册资本为在国家工商行政管理局登记的实收股本总额。股份公司注册资本的最低限额为人民币 500 万元。以发起方式设立股份公司的，发起人应当书面认定公司章程规定其认购的股份。一次性缴纳的，应当缴纳全部出资；分期缴纳的，应当缴纳首期出资。以非货币资产出资的，应依法办理其财产的产权转移手续。股份公司的资本划分成等额股份，每一股份金额相等。股份采取股票的形式。股票是公司签发给股东所持有股份的凭证。股份的发行实行公平、公正的原则，同种类的每一股份具有同等权利。同次发行的同种类股票，每股的发行条件和价格应当相同。股票发行价格可以是按面值发行，也可以是溢价发行，也可以是折价发行(但我国不允许折价发行)。股票采用纸面形式或国务院证券监督管理机构规定的其他形式发行。公司发行的股票可以是记名股票，也可以为无记名股票。但向发起人发行的股票必须是记名股票。公司发行记名股票的，应当置备股东名册；发行无记名股票的，公司应当记载其股票数量、编号及发行日期(我国不允许发行无记名股票)。

总之，有限责任公司与股份有限公司的区别主要表现在：

在有限责任公司中，a. 每个股东以其认缴的出资额为限对公司承担有限责任，公司以其全部财产对其债务承担有限责任；b. 以出资证明书证明股东出资份额；c. 不能发行股票，不能公开募集资本；d. 股东的出资不能随意转让；e. 财务不必公开。

在股份有限公司中，a. 资本划分成等额股份；b. 可以公开发行股票募集资本；c. 股东以其所认购的股份对公司承担有限责任，公司以其全部资产对公司债务承担有限责任；d. 股票可以自由转让；e. 财务公开，特别是上市公司，其财务必须公开。

(3) 公司制企业的优点

① 无限存续。如即使一个公司最初的所有者和经营者都退出了公司，仍然可以继续存在。

② 容易转让所有权。公司的所有者权益被划分为若干股权份额，每个股权份额都可以单独转让，无需经过其他股东的同意。

③ 有限债务责任。公司债务是法人的债务，不是所有者的债务，所有者的债务责任以其出资额为限。

正是由于公司制企业具有上述优点，使之其更容易在资本市场上筹集到资金。有限债务责任和公司无限存续，降低了投资者的风险；所有权便于转让，提高了投资人资产的流动性。这些特点促使投资人更愿意把资金投资到公司制企业。

(4) 公司制企业的缺点

① 双重课税。公司作为独立法人，其实现的利润需要缴纳企业所得税，企业利润分配给股东，股东还需缴纳个人所得税。

② 组建公司的成本比较高。公司法对于组建公司的要求比组建独资企业与合伙企业高，并且需要提交一系列法律文件，通常花费的时间较长。公司成立后，政府对其监管比较严格，需要定期提交各种报告。

③ 存在代理问题。经营者和所有者分开以后，经营者成为代理人，所有者称为委托人，代理人可能为了自身利益而伤害委托人的利益。

(二) 施工企业财务管理体制

企业财务管理体制，是指规范企业财务行为、协调企业同各方利益关系人财务关系的制度。企业财务管理体制改革是经济体制改革的重要组成部分。研究和改革财务管理体制，不仅对加强企业财务管理、提高经济效益具有重要作用，而且对于促进和配合财税、金融、经济、投资、计划等体制的改革也具有重要意义。

建立企业财务管理体制，主要应规范企业对外财务行为和财务关系，规范企业内部的财务运行方式和财务关系。

1. 企业总体财务管理体制

企业总体财务管理体制是现代企业制度的重要组成内容，主要是解决企业对外的财务行为和财务管理问题。

建立企业财务管理体制，应当按照社会主义市场经济体制和完善企业经营机制的基本要求来进行。要使企业适应市场的要求，成为依法自主经营、自负盈亏、自我发展、自我约束的商品生产和经营单位，成为独立享有民事权利和承担民事义务的企业法人，要建立适应市场经济要求、产权明晰、权责明确、政企分开、管理科学的现代企业制度。各类企业应当按照自身的产权制度和组织形式，在所有权和经营权分离的原则下，确立自主经营、自负盈亏的财务管理模式。

国家的有关法律法规对企业的财务行为做出了明确的规范，如公司法、税法、证券法等。企业安排其总体财务管理体制，要在国家法律法规的指导和约束下，研究如下问题：

① 建立企业资本金制度。要明确企业资金供应的来源渠道，各种资金的筹集方式，股票、债券的发行和流通、各类企业的最低出资限额，资本金登记制度，资本金保全要求等。

② 建立固定资产折旧制度。要明确固定资产的划分标准和资金来源，计提折旧固定资产范围和分类，折旧年限、计提折旧的方法、加速折旧的应用等。

③ 建立成本开支范围制度。要明确企业各种支出的计列方式，允许进入成本、期间费用的支出范围和支出标准，还要规范成本的计算方法。

④ 建立利润分配制度。要研究确认收入实现的标准，利润的构成，利润总额和所得税后利润中允许调整和扣除的项目，税后利润中盈余公积金的提取，向投资者分配利润的顺序，等等。

2. 企业财务分权分层管理

现代企业应适应公司治理结构，建立起适当的财务治理结构。财务治理结构就是规范所有者和经营者财务权限、财务责任和财务利益的制度安排。对于一个财务管理主体(又称理财主体)来说，要建立“两权三层”的财务治理结构。

(1)“两权三层”管理的基本框架

所有者和经营者是针对同一理财主体而言的。研究企业内部财务管理体制，首先要建立起理财主体的概念。理财主体是独立进行财务活动、实施自主理财的单位或个人，它同时也界定了财务活动的空间范围。只有先明确了谁是理财主体，才能明确财务管理的权限和责任的归属，也才能把某一财务主体的资金及其所涉及的财务关系同其他财务主体区分开来。就各种组织形式的企业而言，独资、合伙企业是理财主体，但不是法人企业，股份有限公司和有限责任公司既是理财主体又是法人实体。大型企业下设的分公司不是理财主体，而企业集团所控制的子公司是理财主体。建立了理财主体这一前提条件，才能明确所有者和经营者，才能探讨他们从不同角度对该理财主体进行财务管理。对于一个理财主体而言，在所有权和经营权分离的情况下，所有者和经营者对企业财务管理有着不同的权限，要进行分权管理。这就是所谓的“两权”。

按照公司的组织结构，所有者财务管理和经营者财务管理，分别由股东大会、董事会、经理层(其中包括财务经理)来实施，进行财务分层管理。这就是所谓的“三层”。在公司制组织形式下，股东作为出资者拥有财产所有权(股权)，所以股东大会实行所有者财务管理。董事会比较特殊，它与股东大会之间是一种信托托管关系。董事是股东的委托人，承担受托责任，受股东大会的信任委托，托管公司的法人财产和负责公司的经营。董事会拥有约束的法人财产和有约束的经营权。企业的董事大多是从股东中选举产生的，而且出资额较大的股东才被选为董事，企业的法人代表、董事长往往是出资额最大的股东。因此，董事会成员既代表出资人，又受雇于全体股东。董事会具有所有者财务管理和经营者财务管理的两种职能，董事会对企业财务管理在行使权限方面代表出资者，而在承担责任方面代表经营者。总经理和董事会之间是委托代理关系，拥有企业经营管理权。总经理及企业经理层对企业财务管理属于经营者财务管理。

过去人们往往认为，企业财务管理就是财务经理的财务管理。但美国学者认为：“管理财务学可用财务经理的职能和责任来确定其涵义。”“两权三层”财务治理结构的建立，是对传统理财观念的一个突破。

(2)“两权三层”管理的内容

所有者财务管理的对象是所有者投入企业的资本，而经营者财务管理的对象则是企业的法人财产。这两个管理对象的差别是两权分离的结果，它表明出资者只对投入的资本及其权益行使产权管理，而经营者则对构成企业法人的全部财产行使产权管理，对出资者承担保值增值的责任。三个层次财务管理的内容如下：

① 股东大会。着眼于企业的长远发展和主要目标，实施重大的财务战略，进行重大的财务决策。如决定公司的经营方针和投资计划；审议批准年度财务预算、财务决策；审议批准利润分配方案或亏损弥补方案；对增加或减少公司注册资本做出决定；对发行公司债券做出决定；对公司合并、分立、解散和清算做出决定；等等。

② 董事会。着眼于企业的中、长期发展，实施具体财务战略，进行财务决策。如决定公司的经营计划和投资方案；制订年度财务预算方案、决策方案；制订利润分配方案或亏损弥补方案；制订增加或减少公司注册资本的方案；制订发行公司债券的方案；拟订公司合并、分立、解散和清算的方案；决定公司内部财务管理机构的设置；聘任或者解聘经理和财务负责人；等等。

③ 经理层。经理层对董事会负责，着眼于企业短期经营行为，执行财务战略，进行财务控制。如：组织实施公司年度经营计划和投资计划；组织实施年度财务预算方案；组织实施利润分配或亏损弥补方案；组织实施增加或减少注册资本的方案；组织实施发行公司债券的方案；组织实施公司合并、分立、解散和清算的方案；拟订内部财务管理机构设置方案；提请聘任或者解聘经理和财务负责人，聘任或解聘财务管理人员；等等。

随着现代企业财务管理实践的发展，企业各层次财务管理的内容还会进一步丰富起来。

3. 企业内部财务管理方式

企业内部财务管理方式主要是规定企业内部各项财务活动的运行方式，确定企业内部各级各部门之间的财务关系。它与企业总体财务管理体制相适应，同时根据企业规模大小、工作基础强弱研究决定。

确定企业内部财务管理方式，是加强企业财务管理的重要措施。

(1) 单一组织的企业内部财务管理方式

单一组织的企业，其内部财务管理方式大体上有集中管理和分散管理两种方式。

① 小型企业通常采用集中管理(集权管理、一级管理)方式。财务管理权集中于企业总部，企业总部统一安排企业各项资金、处理财务收支、核算成本和盈亏；二级单位一般只负责管理、登记所使用财产、物资，记录直接开支的费用，不负责资金管理、不核算成本和盈亏，不进行收支结算。

② 大中型企业通常采用分散管理(分权管理、分级管理)。除了总部统一安排各项资金、处理财务收支、核算成本和盈亏外，二级单位要负责本单位资金管理、核算本单位成本，有时还要计算本单位盈亏，并对各二级单位之间的相互经济往来进行计价结算，对于资金、成本等核定计划指标，定期进行考核。

在实行内部经济责任制的企业，确定企业内部财务管理体制主要应解决好以下几个方面的问题：

a. 资金控制制度。要将流动资金占用指标分解落实到各级各部门，对二级单位要核定在产品资金定额，有的要核定生产储备资金定额，使生产单位对资金占用要承担一定的经济责任，并定期考核，必要时还可对其核定固定资产需要量。

b. 收支管理制度。除了要将成本分解落实到各级各部门外，使之对比收支，确定经营成果。生产单位领用材料物资，应向材料物资仓库按内部结算价格支付款项，作为其费用。生产单位的产品转移给其他内部生产单位同样应视为有偿转让，按内部结算价格向接收单位收取款项，作为其收入。这样，内部生产单位就有了完整的资金收支概念。

c. 内部结算制度。企业应建立内部结算中心，内部各二级单位的经济往来，诸如材料物资、半成品的领用，劳务的供应等，均要按实际数量和内部结算价格进行计价结算，并采用相应的内部结算凭证(如内部结算单、内部托收单、内部支票等)办理严格的结算手续，以分清经济责任，加强经济核算和责任考核。

d. 物质奖励制度。要根据各内部单位经济指标的完成情况，主要是根据其资金使用、经营成果情况，给予奖励。各生产单位还要根据员工的劳动成果采取一定的方式进行奖励。

企业内部财务管理方式，应根据各个企业的自身情况加以确定，其内容不应千篇一律，采取的具体形式也可以是多种多样。在经营层内部财权的安排上，有的集权程度要高一些，有的则分权程度要高一些。没有绝对的集权，亦没有绝对的分权，各个企业的差别在于集权或分权程度的高低有别而已。

(2) 大型企业集团内部财务管理方式

大型企业集团内部财务管理大体上有以下几种方式：集权式财务管理体制、分权式财务管理体制和混合式财务管理体制。

① 集权式财务管理体制。所谓集权制，就是指重大财务决策权都集中在母公司，母公司对子公司采取严格控制和统一管理方式的财务管理体制。集权制的优点在于：由集团最高管理层统一决策，有利于规范各成员企业的行动，促使集团整体政策目标的贯彻与实现；最大限度地发挥企业集团的各项资源的复合优势，集中力量，达到企业集团的整体目标；有利于发挥母公司财务专家的作用，降低子公司财务风险和经营风险；有利于统一调度集团资金，保证资金头寸，降低资金成本。但集权制的缺点也很明显：集权制首先要求最高决策管理层必须具有极高的素质与能力，同时必须能够高效率地汇集起各方面详尽的信息资料，否则可能导致主观臆断，以致出现重大的决策错误；同时财务管理权限高度集中于母公司容易挫伤子公司的积极性，抑制子公司的灵活性和创造性；还可能由于信息传递时间长，延误决策时机，缺乏对市场的应变力与灵活性。

② 分权式财务管理体制。分权制是指大部分的重大决策权集中在子公司，母公司对子公司以间接管理方式为主的财务管理体制。分权制的优点在于：可以调动子公司各层次管理者的积极性；市场信息反应灵敏，决策快捷，易于捕捉商业机会，增加创利机会；使最高层管理人员将有限的时间和精力集中于企业最重要的战略决策问题上。分权制的缺点主要表现在：难以统一指挥和协调，有的子公司因追求自身利益而忽视甚至损害公司整体利益；弱化母公司财务调控功能，不能及时发现子公司面临的风险和重大问题；难以有效约束经营者，从而造成子公司“内部控制人”问题。

③ 混合式财务管理体制。混合制即适度的集权与适度的分权相结合的财务管理体制。恰当的集权与分权相结合既能发挥母公司财务调控职能，激发子公司的积极性和创造性，

又能有效控制经营者及子公司风险。所以适度的集权与分权相结合的混合制是很多企业集团财务管理体制所追求的目标。但是如何把握其中的“度”，则是一大难题。

4. 企业内部财务管理机构

企业内部财务管理机构的设置，应根据企业规模大小的不同而有所差别。同时，它同经济发展水平和经济管理体制有着更为密切的关系。

根据西方发达国家的经验，在企业总经理领导下可设置财务副总经理(财务总监)来主管企业财务与会计工作。在财务副总经理(财务总监)的下面可设财务部和会计部，分别由财务部经理(财务主任)和会计部经理(会计主任)担任主管人员，其下面再根据工作内容分别设若干专业岗位。

企业内部的财务管理机构要分工明确、有职有权、权责分明。在小型企业，可以不单独设置财务管理机构，财务工作附属于会计机构。在大中型企业，一般要求单独设置在财务总监或分管财务工作的副总经理领导下的财务管理机构(财务部)，全面负责企业的财务管理工作，其负责人直接对财务总监或分管财务管理工作的副总经理负责。财务总监或分管财务管理工作的副总经理直接领导财务机构负责人(财务部经理)和会计机构负责人(会计部经理)。财务机构负责人(财务部经理)全面负责企业资金筹集、使用和收益分配；会计机构负责人(会计部经理)全面负责会计事务、税务核算工作。

根据我国经验，企业财务部门的主要职责可以规定为如下几项：a. 筹集资金；b. 负责固定资产投资；c. 负责流动资金管理；d. 负责证券投资及其管理；e. 负责利润的分配、负责财务预测、财务计划和财务分析工作；f 负责财务监督；g. 其他财务工作。

(三) 施工企业内部财务管理方式

施工企业内部的财务管理方式主要是规定企业组织内部各项财务活动的运行方式，确定企业组织内部各级职能部门之间的财务关系。企业内部的财务管理方式应充分考虑所在行业特点、企业业务类型、企业经营规模等实际情况，应有利于提高企业财务管理效率。企业内部财务管理方式大体上有集权制和分权制两种方式。集权制和分权制的主要区别在于财务管理权限是向高层集中还是向基层分散。一般而言，小型企业一般采用集权管理方式(集权制)，资金调度、收支管理、成本费用及盈亏核算管理集中在企业总部。企业内部所属各单位一般只负责登记和管理所使用的财产物资，记录直接开支的费用。大中型施工企业一般采用分权管理方式(分权制)，企业总部负责统一安排资金调度、处理收支、核算成本费用和盈亏；企业内部所属各单位要负责部分资金管理、核算相关成本费用，有的甚至还要计算盈亏、进行内部往来的计价结算，并按核定指标定期考核计划完成情况。

施工企业属于劳动密集型企业。特别是建筑工程总承包企业，往往实行分权制的形式，即“总公司—分公司—项目部—施工队”四个层级的管理模式，如果是企业集团，则实行的是“集团总部(母公司)子公司(事业部)—分公司—项目部—施工队”五个层级的管理模式。项目部作为二级(这里的二级是泛指不是特指)核算与管理组织，拥有相对独立自主的资金使用自主权和项目经营自主权。各项目经理部在公司内部银行都设有独立的资金账户，在保证按“项目目标管理责任书”的有关约定完成各项上缴费用的前提下，项目不对其账户下的工程款拥有完全的自主支配权，公司一般不得越权拆借支配。在公司授权范围内，项目部有权与业主及有关单位洽谈施工合同及设计变更、工期顺延、工程索赔等有关事宜；按照“项目目标管理责任书”的要求，项目部拥有承建项目的施工生产指挥权、技术质量管理权、施工进度控制权、建筑材料采购权以及项目成本核算权等；项目部有权决定完成各项承包指标后施工项目剩余利润的分配和本项目部成员的薪酬及奖励办法。

四、施工企业财务管理的外部环境

（一）经济环境

财务管理的经济环境是指影响企业财务管理的各种经济因素，如经济周期、经济发展水平、经济体制、金融环境、税收环境等。

1. 经济周期

在市场经济条件下，一个国家或地区的经济一般不会出现较长时间的持续增长或衰退，通常表现为在波动中前进和发展，经济的这种循环就叫经济周期。

经济周期并非以同样方式或程度影响所有产业或企业。由于经济周期对一个国家或地区经济影响的严重性，西方财务学者探索出了企业在经济周期中的财务策略。

经济周期性波动对企业财务管理产生重要影响。一般而言，在萧条阶段，由于整个宏观环境不景气，企业处于紧缩状态之中，产销量下降，投资锐减，有时资金紧张，有时又出现资金闲置。在繁荣阶段，一般说来，市场需求旺盛，销售额大幅度上升，企业为了扩大生产，就要求扩大投资，如增添机器设备、置备存货、增加劳动力等，这就要求财务人员迅速筹集所需资金，以满足发展对企业资金的需要。因而，要求财务人员必须了解经济周期性波动的规律，及时准确预测经济变化情况，适时调整企业财务政策、措施。

2. 经济发展水平

财务管理水平必须适应经济发展水平的要求，经济发展促进财务管理的发展，经济越发展，财务管理越重要。从世界范围来看，按经济发展阶段和经济发展水平习惯地把不同国家或地区划分为发达国家、发展中国家和不发达国家三大群体。我国属于发展中国家这一群体。发展中国家经济发展水平不高，但都在千方百计地提高经济发展水平，一般呈现出以下特征：基础普遍比较薄弱、经济发展速度较快、经济政策变更频繁、国际交往日益增多。其财务管理一般具有以下特征：a. 财务管理的总体发展水平在世界上处于中间地位，但发展速度较快；b. 与财务管理有关的法规政策变更频繁，给企业财务管理造成许多困难；c. 财务管理实践中还存在着财务目标不明确、财务管理方法简单等不尽如人意的地方。

3. 经济体制

所谓经济体制，就是指对有限资源进行配置而制定并执行决策的各种机制。现阶段世界范围典型的经济体制主要有两种：计划经济体制和市场经济体制。

计划经济体制的基本特征在于：a. 基层企业单位没有决策权，决策权归属于某一高层权力机构(或计划委员会)或某几个高层权力机构(如计划委员会、企业主管部门、财政部门等)；b. 决策制定是通过有关计划文件的形式自上而下最终下达给基层企业；c. 基层企业必须执行这些决策指令，并努力完成决策指令中所规定的各项计划指标。

市场经济体制的基本特征在于：a. 没有来自高层权力机构的指令或命令(就算有也十

分有限)；b. 企业的经营决策由企业根据市场供需关系的变化和市场价格的变动所提供的信息来做出；c. 企业不断对市场信息做出迅速反应，以便不断调整其各项决策。

显而易见，计划经济体制下，企业财务管理的权力较小，企业的筹资决策权、投资决策权都归属于高层决策机构，企业只有执行权，而无决策权，这也就决定了企业财务管理的内容比较单一、财务管理方法比较简单、财务管理发展水平较低。而在市场经济体制下，筹资决策权、投资决策权归属于企业，企业是自主经营、自负盈亏、自担风险的经营实体，企业必须根据自身条件和外部环境变化及时迅速做出各种各样的财务决策，并组织其有效实施，因此，财务管理内容比较丰富，财务管理方法比较复杂，财务管理发展水平较高。

4. 通货膨胀

通货膨胀是现代经济生活中普遍存在的经济现象。20 世纪 70 年代末期至 80 年代早期，世界各主要资本主义国家几乎都经历了较为严重的通货膨胀。近年来，发展中国家通货膨胀也较严重。持续的通货膨胀，给各个国家和地区的社会经济带来了诸多不利的影响，从而也给企业财务管理活动带来了重大的影响。主要表现在：

① 由于原材料价格上涨、囤积物资、债权资产膨胀、积压滞销等原因，导致普遍的流动资金需求膨胀以及投资饥渴导致长期资金需求膨胀。

② 引起企业利润虚增，企业资金流失。

③ 引起借款利率上升，加大企业的筹资成本。

④ 引起企业有价证券价格下降，增加企业的筹资难度。

⑤ 政府紧缩银根，银行信贷风险增大，投机领域吸引大量资金，导致资金供给的相对不足等。

5. 产业及行业状况

企业财务管理的产业及行业环境主要包括以下几个方面：

① 行业寿命周期：是行业现状和未来前景的重要制约因素。

② 行业规模结构：包括行业的总体规模(生产能力)与社会对本行业产品总需求之间的平衡关系，以及行业集中度等。

③ 政府产业政策导向：是指政府对某一特定产业部门及特定行业所持的态度，以及由此所决定的具体产业政策。

④ 行业内的竞争结构。根据美国著名战略学家迈克尔·波特的波特理论，行业的激烈竞争，其根源在于其内在的竞争结构。一个行业中存在五种基本的竞争力量，即新进入者的威胁、行业中现有企业之间的竞争、替代产品及服务的威胁、供应者讨价还价的能力、用户讨价还价的能力。这五种基本竞争力量的现状、消长趋势和综合强度，决定了行业竞争的激烈程度和行业的获利能力。行业内的竞争结构特点和企业在其中的地位，在很大程度上决定了企业财务战略模式的选择。

(二) 金融环境

金融环境的变化对企业财务管理有着十分重要的影响。财务管理人员必须了解金融市场、金融机构及相关的各种法律法规和规章制度。

1. 金融市场

(1) 金融市场的概念

在市场经济条件下，企业要通过各种渠道筹集资金，就需要有融通资金的场所。我国自改革开放以来，已经逐步建立和发展了金融市场。这是发挥市场机制，实现资金最优配置，提高资金使用效益的需要。金融市场是指资金供应者和资金需求者双方通过某种形式融通资金达成交易的场所。

(2) 金融市场的特点

金融市场具有如下特点：

① 金融市场主要是以资金为交易对象的市场，是由资金供给和资金需求形成的市场，资金的供需双方通过金融市场分别达到各自的目的。

② 金融市场是一个抽象的市场，除资本市场中证券交易有固定场所外，许多交易是通过经纪人的电信联系来实现的。

(3) 金融市场的分类

为了能够进一步把握金融市场的特性，金融市场可以按不同标准进行多种多样的分类：

① 金融市场按营业的性质，可以分为资金市场、外汇市场和黄金市场。

② 金融市场按时间的长短，可以分为货币市场和资本市场。货币市场是资金的短期(一般为一年以内)市场，资本市场是资金的长期(一般为一年以上)市场。

③ 金融市场按发行或交易过程，可以分为一级市场(又称初级市场)和二级市场。一级市场又称发行市场，是由新证券第一次发行而形成的市场；二级市场又称交易市场，是指由旧证券买卖而形成的市场。

④ 金融市场按交易区域可以分为国际金融市场、国家金融市场和地区金融市场。

在金融市场中，与企业财务管理密切相关的资金市场，按具体交易对象划分，主要有以下几种：

① 短期借贷市场。短期借贷市场是指融通短期资金的市场。短期借贷市场期限一般在一年之内，主要是为了满足企业临时性或季节性的资金周转需要。对企业提供短期借贷的主要是商业银行和非银行金融机构，贷款的方式有信用贷款和抵押贷款。

在西方，企业与企业之间可以直接或通过经纪人发生借贷关系，这种脱离商品交易活动而进行的企业间的借贷行为，在我国是不允许的。

② 短期债券市场。短期债券市场是指企业为筹集短期资金而发行的期限在一年以内的债券，如短期融资券。企业的债券通常通过银行和其他金融机构发行。

③ 票据承兑与贴现市场。目前主要是商业汇票的贴现市场。商业汇票是在商品交易活动中反映债权债务的发生、转移和偿付而使用的信用工具。商业汇票持有人在票据未到期前如需要资金时，可以凭票据到银行或其他金融机构申请贴现，取得货币资金。金融机构所持的票据，还可以用来向中央银行申请再贴现或向其他金融机构办理转贴现。

④ 长期借贷市场。长期借贷市场相对于短期借贷市场而言，其融通资金的期限大多在一年以上。贷款利率根据借贷期限长短和资金供求关系确定，分为固定利率和浮动利率两种。长期借贷市场既可以满足企业对长期资金的需要，也可平衡短期资金供应不稳定造成的影响。

⑤ 长期债券市场。长期债券是企业为筹集长期资金而发行的债券。此项债券如可上市流通，则企业在资金多余时可向证券交易市场购入自身所发行的债券，清偿债务。

⑥ 股票市场。发行股票是股份有公司筹集长期资金的重要手段。企业发行股票通常是委托银行或其他金融机构进行。

(4) 金融市场的构成要素

金融市场的内容是由金融市场主体和金融市场客体组成。

① 金融市场主体是指市场交易者，包括从事金融活动的主体及其他主体类型，前者是指银行和非银行金融机构，是金融市场的中介机构，是连接资金供应者和资金需求者的桥梁。后者则是资金供应者和资金需求者。资金供应者通过金融市场把闲置资金进行投放以期获得相应的回报；而资金需求者则期望通过金融市场筹集到能满足其生产经营和发展所需资金。

② 金融市场客体是指金融市场上交易的对象，如货币资金、外汇、黄金、有价证券等，而在建筑行业主要是指业主、项目工程、承包商和发包商。

资金供应者与资金需求者之间有时进行直接交易，但更多时候是通过一定的金融机构进行间接交易。

- 资金供应者与资金需求者之间进行直接交易。
- 资金供应者与资金需求者之间通过投资银行进行间接交易。
- 资金供应者与资金需求者之间通过其他金融机构进行间接交易。

资金从供应者手中转移到资金需求者手中，大多需要通过金融机构来完成。企业财务人员若想有效地筹集资金，必须对金融机构有所了解。这些金融机构主要包括：经营存贷款业务的金融机构，主要包括商业银行、储蓄银行和信用合作社；经营证券业务的金融机构，如投资银行；其他金融机构，如基金组织、保险公司等。

2. 金融体系及其作用

金融市场、金融机构和资金供应者、资金需求者所构成的资金集中与分配系统，称为金融体系。

健全的金融体系，是资金的供应者和资金的需求者自由地参加交易，为实现资金自由融通提供了便利条件，也有利于引导资金流向最有利的部门，因而对于促进一个国家或地区的经济发展具有十分重要的意义。其作用主要体现在：a. 健全的金融体系有利于企业迅速筹集生产经营所需资金；b. 健全的金融体系有利于企业资金得到最合理的运用；c. 金融体系的构成将影响企业的筹资方式。

3. 金融市场的利率

金融市场环境中的利率、汇率、通货膨胀率等具有特殊的支配作用。其中，官方的基准利率是国家中央银行协助政府调控国内经济发展的主要手段。金融市场上的交易是通过资金的交易价格即利息率体现出来的。人们通常所说的利息率是指名义利息率，其组成内容，用公式表述为：

市场利率=纯粹利率+通货膨胀附加率+变现附加率+违约风险附加率+到期风险附加率

① 纯粹利率，是指无通货膨胀、无风险情况下的利率。一般而言，国库券的利率可视为纯粹利率。纯粹利率受平均利润率、资金供求关系和国家宏观调控的影响。

② 通货膨胀附加率，是指由于通货膨胀会削弱货币购买力，并降低投资者的实际报酬率，因而确定市场利率时，通常将通货膨胀率计入数值，以补偿通货膨胀可能造成的损失。

③ 变现附加率。由于各种有价证券的变现能力是不同的，国库券和大型企业蓝筹股变现能力强；反之，一些小型企业的债券因为鲜为人知而不易变现。因此，投资人要求以变现附加率作为一种预计补偿。

④ 违约风险附加率。这里的违约是指借款人未能按时还本付息。一般说来，信用等级越低，违约风险就会越大，债权人要求的利率就会越高。

⑤ 到期风险附加率，是指因到期时间长短不同而形成的利率差别。一般说来，长期贷款或长期债券因利率波动而造成价格波动的机会多且大，因此要求比短期贷款或短期债券预留更多的补偿余地。

（三）税收环境

税收是国家财政收入的重要组成部分。任何企业都必须依照国家税收法律、法规的规定正确计算并缴纳各种税收，以保证国家的财政收入，确保国家机器的正常运转。各种税收的调整会直接影响企业盈利水平的高低。从过去情况来看，我国施工企业的税负主要包括营业税、城市维护建设税、教育费附加以及企业所得税。对于施工企业而言，应充分考虑加强纳税管理、合理税务筹划，一方面要严格遵守国家税收法律、法规；另一方面要尽可能降低企业税负，实现纳税利益最大化。

第四节　施工企业财务管理的价值观念

一、资金时间价值

任何理财活动，都是在特定的时间范围和空间范围内进行的，如果不考虑时间价值，就无法正确地比较企业不同时期的财务收支，也无法客观地评价项目和企业价值或企业绩效。时间价值原理正确地揭示了不同时点上资金之间的换算关系，是财务决策的重要工具。

（一）资金时间价值的概念

资金时间价值又称货币时间价值，是指资金经历一定时间的投资和再投资所增加的价值，是一定量的资金在不同时点上价值量的差额。

资金时间价值的本质是在资金周转使用过程中产生的，通过资金的循环和周转而实现的资金增值。

资金投入生产经营过程后，其数额随着时间的延续不断增长。资金的循环和周转以及因此实现的货币增值，需要或多或少的时间，每完成一次循环，货币就增加一定数额，周转的次数越多，增值额也越大。因此，随着时间的延续，货币总量在循环和周转中按几何级数增长，使得货币具有时间价值。资金的时间价值相当于没有风险和没有通货膨胀条件下的社会平均资金利润率。每个企业在进行投资决策时，都希望至少要取得符合社会平均利润率的回报。因此，资金时间价值成为评价投资方案的基本标准。

货币随时间的延续而增值，现在的 1 元钱与将来的 1 元多钱甚至是几元钱在经济上是等效的。由于不同时间单位货币的价值不相等，因此不同时间的货币收入不宜直接进行比较，需要把它们折算到相同的时间基础上，然后才能进行大小的比较和比率的计算。

（二）资金时间价值在施工企业财务管理中的作用

资金时间价值在施工企业财务管理中的作用主要表现在以下几个方面：

1. 资金时间价值是企业筹资决策的重要依据

在企业短期筹资决策中，短期借款、应付账款、票据贴现等筹资方式的选择和利用，都涉及资金时间价值的计量。

在企业长期筹资决策中，一般都要计算资金成本。资金成本与货币时间价值有着密切的联系。首先，资金成本是筹资方为了筹集资金所付出的代价，但从投资方(资金所有者一方)来看则是其让渡资金使用权所要求得到的必要的报酬。筹资方要付出多大代价，资金所有者要求得到多少报酬，主要取决于资金的时间价值。当然，实际的资金成本还要受风险价值等其他因素的影响和制约。其次，资金成本的计算还应考虑资金时间价值并采用贴现方法确定。

同时，在长期筹资决策中，还会遇到还本方式、付息方式的选择，需要将各期现金流出量换算成现值，因此，也属于资金时间价值的计量和比较形式。

2. 资金时间价值是进行投资决策的重要依据

在短期投资决策中，资金时间价值的计算通常用机会成本来反映。例如，现金的持有量决策、信用政策决策、存货最佳采购批量决策等都存在机会成本的计算问题。只有考虑资金时间价值，正确地计算机会成本，才能正确地进行短期投资决策。

在长期投资决策中，考虑资金时间价值的动态分析方法(贴现现金流量法)已经居于主导地位。不论是分析项目投资在经济上是否可行，还是比较各项目投资方案在经济上的优劣，都需要将项目投资的现金流量按时间价值率(及附加的风险补偿率)换算成现值，才能做出进一步的经济评价。

综上所述，资金时间价值贯穿于施工企业财务管理的全过程，是施工企业进行筹资决策和投资决策的重要依据。

（三）资金时间价值的计算原理

在施工企业财务管理中，要正确进行筹资决策、短期经营决策和长期投资决策，就必须弄清楚在不同时点上收付的资金价值之间的数量关系，掌握各种时间价值的计算原理。

资金时间价值有相对数和绝对数两种表现形式，绝对数叫资金时间价值额，相对数叫资金时间价值率。一般用“终值”和“现值”两个概念来表示不同时点的价值。“终值”是指现在收到或付出一定数量的资金经过一定时间后的价值，包括本金和时间价值，又称“本利和”“到期值”。“现值”是指以后某一个时点收到或付出的一定数量的资金的现在价值，又称“本金”。

进行现值和终值的换算，目前有单利和复利两种利息计算方法。收(付)款方式又可以分为一次性收(付)款、等额系列收(付)款和不等额系列收(付)款 3 种方式。由于资金随时间推移的增长过程跟复利的计算过程在数学上相似，因此，在换算时广泛采用复利计算的各种方法。一次性收付款的终值和现值也称复利终值和复利现值。

除非特别指明，在计算利息时，给出的利率都是年利率，年利率在换算成月利率和日利率时，一般按一年12个月、每个月30天折算。

以下是在资金时间价值计算中，常用的符号：P——现值；F——终值；A——年金；I——利息；i——利率、折现率；n——折现期。

1. 单利终值与现值的计算

在单利方式下，本金能带来利息，利息必须在提出以后再以本金形式投入才能生利，否则不能生利。

（1）单利终值

单利终值的一般计算公式为：

$$F=P+P\times i\times n=P\times(1+i\times n)$$

（2）单利现值

单利现值的计算与单利终值的计算是互逆的。由终值计算现值，称为贴现（或折现）。单利现值一般计算公式为：

$$P=F/(1+i\times n)$$

2. 复利终值与现值的计算

在复利方式下，本能生利，利息在下期则转列为本金与原来的本金一起计算。

（1）复利终值

复利的终值是一定量的本金按复利计算若干期后的本利和。复利终值一般计算公式为：

$$F=P\times(1+i)^{n}$$

（2）复利现值

复利现值是复利终值的逆运算，它是指今后某一特定时间收到或付出一笔款项，按折现率（i）所计算的现在时点价值。其计算公式为：

$$P=F\times(1+i)^{-n}=F/(1+i)^{n}$$

3. 年金终值与年金现值

（1）年金的概念

年金是指在一定时期内每期期末（或期初）收、付款相等的金额。

按其每次收付发生的时点不同，可分为普通年金、即付年金、递延年金、永续年金等，如折旧、租金、保险金等。

（2）年金的等值计算

① 普通年金（等额现金流量序列）终值和现值的计算。普通年金是指在每期期末收到或支付相等金额的年金形式，又称为后付年金。它的基本特征是从第一期末起各期末都发生系列等额的款项。由于期末收付款项在日常生活中比较普遍，故称为普通年金。

a. 普通年金终值的计算。普通年金终值是一定时期内每期期末付款项的复利现值之和。

b. 普通年金现值的计算。普通年金现值是指在一定时期内，每期期末付款项按给定的折现率折算到期初的现值之和。

② 递延年金终值和现值的计算。递延年金是指最初若干期没有收付款，而随后若干期

等额的系列收付数额。递延年金是普通年金的特殊形式，凡不是从第一年开始的年金都是递延年金。

递延年金的终值实际上就是普通年金的终值，下面简要介绍递延年金的现值的计算。

假设没有年金的期限为 m 期，有年金的期限为 n 期，则递延年金现值的计算方法有两种：

方法一，把递延年金视为 $(n-m)$ 期的普通年金，求出递延期末的现值，然后再将此现值调整到第一期初。其计算公式为：

$$P=A\cdot(P/A,\ i,\ n-m)(P/F,\ i,\ m)$$

方法二，假设递延期中也进行支付，先求出 n 期的年金现值，然后扣除实际未支付的递延的年金现值，即可求出结果。其计算公式为：

$$P=A\cdot(P/A,\ i,\ n)-A\cdot(P/A,\ i,\ m)=[A\cdot(P/A,\ i,\ n)-(P/A,\ i,\ m)]$$

③ 永续年金现值的计算。永续年金是指无限期等额收付的特种年金，可视为普通年金的特殊形式，即期限趋于无穷大的普通年金。在现实工作中，符合永续年金的例子比较少，如存本取息、购买优先股定期取得的固定股利等。由于永续年金持续期无限，没有终止时间，因此不能计算终值而只能计算现值。永续年金现值的公式可通过普通年金现值的计算公式导出：

$$P=A\times\frac{1-(1+i)^{-n}}{i}$$

当 $n\to\infty$ 时，$(1+i)^{-n}$ 的极限为零，故上式可写成：

$$P=\frac{A}{i}$$

4. 名义利率与实际利率

在复利计算中，当利率周期与计息周期不一致时，就出现了名义利率和实际利率的概念。

(1) 名义利率

所谓名义利率 r，是指计息周期利率 i 乘以一个利率周期内的计息周期数 m 所得的利率周期利率。即：$r=i\times m$

若月利率为 0.8%，则年利率为 9.6%。很显然，计算名义利率时忽略了前面各期利息再生的因素，这与单利的计算相同。通常所说的利率周期利率就是名义利率。

(2) 实际利率

若用计息周期利率来计算利率周期利率，并将利率周期内的利息再生因素考虑进去，这时所得的利率周期利率称为利率周期实际利率(又称有效利率)。

已知名义利率 r，一个利率周期内计息 m 次，则计息周期利率 $i=r/m$，在某个利率周期初有资金 P。根据一次支付终值公式可得该利率周期的终值 F。即：

$$F=P\times\left(1+\frac{r}{m}\right)^{m}$$

则该利率周期的利息 I 为：

$$I=F-P=P\times\left(1+\frac{r}{m}\right)^{m}-P=P\times\left[\left(1+\frac{r}{m}\right)^{m}-1\right]$$

则该利率周期的实际利率 i_{eff} 为：

$$i_{\mathrm{eff}}=\frac{I}{P}=\left(1+\frac{r}{m}\right)^{m}-1$$

二、投资风险价值

在市场经济条件下，每个企业都面临着无处不在、无时不在的风险。因此，企业的经济活动大都是在风险和不确定情况下进行的，不考虑风险因素，企业就无法正确地作出决策。

（一）风险的含义

1. 风险的概念

对于大多数企业而言，当前投入资金是因为期望在未来赚取更多的资金。企业财务活动是在一定条件下进行的，未来的财务活动相对于现在来说存在一定的不确定性，因此存在一定的风险性。国家的产业政策、金融环境、技术发展、市场竞争、建设工期、建设资金、通货膨胀等因素的变化，都会对未来的工程建设产生影响，从而使得未来的经济效果具有不确定性。由此可见，风险在财务活动中是广泛存在的，并且对企业实现财务目标有着重要影响。在财务活动中考虑风险报酬原理，正确地揭示风险与报酬的关系，是财务管理的一项基础工作。

风险是指某一事件的预期结果与实际结果的差异程度，这种差异程度越大，风险越大。风险不仅包括负面效应，也包括正面效应。如果企业的一项活动存在多种可能的结果，其未来的财务结果是不确定的，这就认为有风险。若某项活动只有一种结果，就认为没有风险。

在工程建设中，由于建设周期一般较长，在此期间，技术水平、劳动力、材料价格、工程建设的社会经济环境以及自然地理环境等，都具有不确定性，工程建设的经济效果存在着不确定因素，不可能十分精确地估算工程建设的收益，因此，工程建设是具有风险的。

2. 风险的分类

由于企业及其特征非常复杂，风险承受主体又不尽相同，按照一定的标志，对风险进行分类，有利于风险主体正确地认识风险，掌握风险的运动变化规律，有针对性地采用不同的风险对策，实现其基本目标。

以下介绍几种常见的风险分类：

(1) 按风险产生的原因划分

按风险产生的原因分类，风险可以分为自然风险和人为风险。

① 自然风险，是指自然力的不规则变化所导致的物质损毁和人员伤亡，如风暴、洪水地震等。

② 人为风险，是指由于人们的行为及各种政治、经济活动所引起的风险，也称为外在环境风险，一般包括行为风险、经济风险、政治风险、技术风险等。

a. 行为风险是指由于个人或团体的行为，包括过失、行为不当，以及故意行为所造成的风险，如盗窃、抢劫等行为对他人财产或人身造成的损害后果。

b. 经济风险是指在商品生产经营活动中，由于经营管理不善、市场预测失误、价格波动、消费需求变化等所引起的风险；同时，也包括通货膨胀、外汇市场的涨落而导致的风险。

c. 政治风险是指由于政局变化、政权更迭、战争、恐怖主义等引起的风险。

d. 技术风险是指由于科学技术发展的副作用而带来的风险，如各种环境污染等导致的风险。

（2）按风险的性质划分

按风险的性质，可以分为静态风险和动态风险。

① 静态风险，是指在社会政治经济环境正常的情况下，由于自然力的不规则变动和人们的错误判断和错误行为而导致的风险，如地震、洪水等自然灾害，交通事故、工业伤害等意外事故，等等。

② 动态风险，是指由于社会的某些变动，如政治经济、社会、技术、环境等的变动而导致的风险，如人口增加、社会资本增加、生产技术改进，等等。

通常情况下，静态风险只有损失而无获得，其变化较有规则，能够通过大数法则计算、预测风险发生的概率。而动态风险既有损失也可能有获得，其发生的原因较静态风险更加复杂，并且规律性不强，难以通过大数法则进行计算、预测。

（3）按照风险的来源划分

按照风险的来源，即就个别投资主体而言，可以分为市场风险和公司特有风险。

① 市场风险，是指那些影响所有公司的因素所引起的风险，如通货膨胀、经济衰退、战争等。该风险不能通过多元化投资予以分散，故称为不可分散风险或系统风险。

② 公司特有风险，是指发生于个别公司的特有事件造成的风险，如工人罢工、新产品开发失败、某投资项目失败等。该风险可以通过多元化投资予以分散，故称为可分散风险或非系统风险。

（4）按承受能力划分

按承受能力，可以分为可承受风险和不可承受风险。

① 可承受风险，是指企业在研究自身承受能力、财务状况的基础上确认能够承受损失的最大限度。当风险低于这一限度时称为可承受风险。

② 不可承受风险，是指企业在研究自身承受能力、财务状况的基础上确认已经超过企业能够承受损失的最大限度。这种风险就称为不可承受风险。

需要注意的是，不同企业的风险承受能力是有所不同的，对于不同企业而言，可承受风险和不可承受风险是不固定的。同样程度的风险，对于一些企业而言是可承受的，而对于另一些企业而言则是不可承受的。同时，对于同一企业而言，可承受风险与不可承受风险也不是一成不变的，在一定时期内是不可承受风险，随时间的变化，其又可能变为可承受风险。

（5）按风险的具体内容划分

按照风险的具体内容，可以分为经济周期风险、利率风险、购买力风险、经营风险、财务风险、违约风险、流动风险、再投资风险等。

① 经济周期风险，是指由于经济周期的变化而引起投资报酬变动的风险。因为经济周

期的变化决定了企业的景气程度，从而从根本上决定了企业投资的回报高低。对于经济周期波动风险，企业是无法回避的，当设法减轻。

② 利率风险，是指由于市场利率变动而使投资者遭受损失的风险。投资报酬与市场利率的关系极为密切，两者呈反方向变化，利率上升，投资报酬下降；反之，利率下降，投资报酬上升。中央银行通过调节利率这一货币政策工具，影响社会资金的流向和融资成本的高低，任何企业都无法决定利率的高低，不能影响利率风险。

③ 购买力风险(又称通货膨胀风险)，是指由于通货膨胀而使货币购买力下降的风险。在通货膨胀时期，虽然商品价格普涨，投资者收入有所增加，但是由于货币贬值，购买力水平下降，投资者的报酬可能表面上有所增加，实际反而有所下降。

④ 经营风险，是指生产经营状况的不确定性带来的风险，它是任何商业活动都有的，故又称商业风险。影响经营风险的因素很多，主要有市场竞争状况、政治经济形势、产品种类、企业规模、管理水平等。经营风险可能来自企业内部，也可能来自企业外部。导致经营风险的外部因素主要有经济周期、产业政策、竞争对手等客观因素。导致经营风险的内部因素主要有经营决策能力、企业管理水平、技术开发能力、市场开拓能力等主观因素。其中，内部因素是企业经营风险的主要来源，如决策失误、管理混乱等导致投资失败、质量下降、成本上升，产品开发能力不足导致市场需求下降，市场开拓能力不足导致市场竞争力减弱等。它们都会影响企业的盈利水平，增加经营风险。

⑤ 财务风险(又称为筹资风险)，是指因借款而增加的风险，是筹资决策带来的风险。如果企业全部使用股东的资本，也就没有财务风险(只有经营风险)。财务风险大小受债务资金与权益资金比例的影响。债务资金所占比例越大财务风险程度越大；债务资金所占比例越小，财务风险程度越小。

⑥ 违约风险(又称信用风险)，是指证券发行人无法按时还本付息而使投资者遭受损失的风险。它源于发行人财务状况不佳时出现违约和破产的可能性。违约风险是企业债券的主要风险。一般认为，在各种债券中，企业债券的违约风险是最高的。当然，不同的债券发行企业，其债券的违约风险也各有大小，它受经营能力、盈利水平、规模大小以及行业发展状况等因素的影响。因此，信用评级机构要对中央政府以外发行的其他债券进行评级以反映其违约风险。

⑦ 流动风险(又称变现力风险)，是指无法在短期内以合理价格转让投资的风险。投资者在出售投资时，有两个不确定性，一是以何种价格成交，二是需要多长时间才能成交。投资者对投资于流动性越差的资产，总是要求获得额外的报酬以补偿流动风险。

⑧ 再投资风险，是指所持投资到期再投资时不能获得更好投资机会的风险。如年初长期债券的收益率为8%，短期债券的收益率为9%，某投资者为减少利率风险而购买了短期债券。在短期债券于年底收回时，若市场利率已经降至6%，这时只能找到收益率为6%的投资机会，不如当期购买长期债券，现在仍可获得8%的收益率。

3. 施工企业财务管理风险

对于施工企业而言，从企业财务管理角度来看，风险也就是企业在其各项财务活动中，由于各种难以预料或无法控制的因素作用，使企业的实际财务效益与预计收益发生背离，而且有蒙受经济损失的可能性。具体来说，施工企业财务管理方面的风险大致可以归纳为筹资风险、投资风险、营业风险、财产风险和倒闭风险等内容。

(1) 筹资风险

筹资风险，是指施工企业由于举债而带来的风险。一般来说，负债的比重越大，负债费用越高，负债期限越长，偿债负担越重。严重的，可能直接危及企业的财务状况及生产经营的稳定性。企业全部负债中，短期负债比重越大，短期负债偿债负担越重，对资产的变现能力要求越高。对筹资风险的管理，关键是要保证一个合适的资本结构，维护适当的负债水平。什么样的资本结构是合适的，应视企业的具体情况而定。

(2) 投资风险

筹资是为了投资。投资以后，由于某些因素的影响，使投资效果发生优劣变化，形成风险。从某种程度上说，投资风险是企业最大的风险，其风险因素也极为复杂。如原材料来源与价格、产品生产方向、市场容量、设备技术水平、企业布局、运输等对投资效益均有较大影响，这些因素的不确定性都是导致投资风险的原因。投资风险来自不全面、不可靠的经济信息，以及对信息缺乏科学的分析和研究，来自不切实际的甚至盲目的决策。因此，要搞好投资的管理，关键在于提高企业决策者的决策能力，要及时提供有关信息，搞好风险因素的经济分析，亦即要在认真研究的基础上，识别投资风险的可能性及其原因。在识别风险、确认风险的情况下，群策群力、合理决策、有效投资。

(3) 营业风险

营业风险，是指企业进行供、产、销等具体作业活动中所存在的风险。这种风险表现在许多方面，如：原材料和能源供应地的政治经济情况变动、运输路线及运输方式变动、原材料与能源价格变动、新原料新设备的出现等因素所带来的原材料能源供应方面的风险；由于产品生产方向不对，产品更新时期把握不当，产品质量不好，新产品、新技术开发试验不成功，生产组织不合理等因素带来的生产方面的风险；由于出现新的竞争对手，消费者爱好发生变化，销售决策失误，产品广告不力以及货款回收不及时等因素带来的销售方面的风险；此外，还存在劳动力市场供求关系的变化，通货膨胀的发生，自然气候条件的恶化，以及宏观经济政策等其他方面的因素，也会间接或直接地影响企业的正常经济活动。

(4) 财产风险

财产风险，是指企业财产因不确定性因素影响而带来的风险。如：因地震、台风、洪水、火灾等自然灾害带来的风险；因战争、暴乱等意外事件带来的风险；由于偷盗、丢失、毁损、贪污、抢劫等因素带来的风险等。

(5) 破产倒闭风险

破产倒闭，是指企业由于无力偿还到期债务而宣告终止经营、破产倒闭。企业由于经营管理不善，可能无力偿还到期债务而宣告破产的风险，即为倒闭风险。倒闭风险是一种综合风险，企业举债过多以致资本结构恶化，可能带来倒闭风险；企业投资失误，利润减少，亏损增加可能带来倒闭风险；企业决策不周，计划不当，尤其是现金流转缺乏计划性，即使在盈利的情况下，一样可能导致企业破产倒闭。另外，由于管理不善，发生火灾等自然灾害也可能导致倒闭风险。

(二) 风险价值的衡量

企业的经济活动大多是在风险和不确定情况下进行的，离开了风险因素就无法正确评价企业收益的高低。风险价值原理，揭示了风险同收益之间的关系，跟前述时间价值原理一样，是财务决策的基本依据。企业财务人员应当理解和掌握风险价值的概念和有关计算方法。

1. 风险价值的含义

（1）报酬

对于大多数投资者而言，投入资金都是期望在未来会赚取更多的资金。报酬就为投资者提供了一种恰当地描述投资项目财务绩效的方式。报酬大小可以通过报酬率来衡量，其计算公式如下：

$$投资报酬率=\frac{投资所得-初始投资}{初始投资}\times 100\%$$

（2）确定性投资决策和风险性投资决策

企业的财务决策几乎都是在包含风险和不确定的情况下作出的。离开了风险，企业无法正确评价企业投资报酬的高低。风险是客观存在的。按风险的程度，可以把企业的财务决策分为以下三类：确定性决策、风险性决策和不确定性决策。

① 确定性决策。决策者对未来的情况是完全确定的或者已知的决策，称为确定性决策。例如，投资者购买短期国债，由于国家实力雄厚，到期得到约定报酬几乎是肯定的，因此一般认为这种决策为确定性决策。

② 风险性决策。决策者对未来的情况不能完全确定，但不确定出现的可能性——概率的具体分布是已知或可以合理估计，这种情况下的决策称为风险性决策。

③ 不确定性决策。决策者不仅对未来的情况不确定，而且对不确定性出现的可能性——概率也不确定或不能合理估计，这种情况下的决策称为不确定性决策。

从理论上讲，不确定性是无法计量的，但在财务管理中，通常为不确定性规定了一些主观概率，以便进行定量分析研究。不确定性在被规定了主观概率以后，就与风险十分近似了。因此，在财务管理实务中，对风险和不确定性并不做严格的区分，一般当谈到风险时，可能是风险，但更可能是不确定性。

投资者之所以愿意投资高风险项目，是因为其要求的报酬率足够高，能够补偿其可察觉的投资风险。很明显，如果投资高科技项目的期望报酬率与投资短期国债的报酬率一样的话，就没人愿意投资高科技项目了。

（3）对待风险的态度

风险态度是指企业(个人或团体)对风险所采取的态度。风险态度可分为风险厌恶、风险中立和风险偏好。企业对待风险的态度是由其风险策略、风险偏好和风险容量决定的。整体的风险策略又决定了对待风险的整体方式。风险容量表明企业能够承受多大的风险。因此，企业的整体策略会受到风险策略、风险偏好和风险容量的影响。企业需确定其风险偏好是对风险持敌对态度还是乐意承受风险。

企业的策略会在不同方面受到影响。如果已达到风险容量，企业会寻求开展低风险的活动。但是，如果风险容量高，那么应承接有风险的项目。总体来说，企业的策略很可能包含风险组合或项目，其中一部分比另外一部分承受的风险更大，因此风险组合符合整体风险偏好。高风险偏好表明，企业寻求一些高风险/收益的活动，而低风险偏好则倾向于大量的低风险/收益的活动。

(4) 风险价值的概念

一般而言，投资者在投资时，力求回避风险或降低风险，从而实现投资收益的最大。那么，为什么有的投资人敢于进行风险投资呢？这是因为他可得到高于风险损失以外的更多的额外报酬——风险报酬。

风险价值，是指投资者由于冒风险投资而获得的超过资金时间价值的额外收益，又称风险收益、风险报酬。

风险报酬也有两种表示方式：绝对数形式和相对数形式，即风险报酬额和风险报酬率。

在财务管理实务中，风险报酬通常以相对数——风险报酬率进行计量，以便不同投资方案风险报酬大小的比较。

2. 风险与报酬的关系

在不考虑物价变动的情况下，投资报酬率包括两部分：一部分是资金时间价值，即无风险报酬率；另一部分是风险报酬率。其计算公式如下：

$$投资报酬率=无风险报酬率+风险报酬率$$

无风险报酬率与风险大小无关。如购买国库券的收益率，由于政府信用良好，到期肯定可以按发行时约定足额还本付息，所以可以将其视为无风险报酬率。无风险报酬率的实质是最低的社会平均报酬率。

风险报酬率与风险的大小有关，风险越大则要求的报酬率就越高，与风险程度成正比。

$$风险报酬率=风险报酬斜率\times风险程度$$

用符号表示为：

$$R=R_F+R_R=R_F+bq$$

式中 R——含风险在内的投资报酬率；

R_F——无风险报酬率；

R_R——风险报酬率，$R_R=b\%$；

b——风险报酬斜率(又称风险报酬系数)；

q——风险变异系数。

其中，风险程度用标准差或变异系数来计量。风险报酬斜率取决于全体投资者的风险回避态度，可用统计方法来测定，如果投资者都愿意冒风险，风险报酬斜率就小，反之则大。

3. 风险报酬的计量

在财务管理实务中，风险报酬的计量一般按如下步骤进行：第一，确定概率分布；第二，计算期望值；第三，计算标准差；第四，计算标准离差率；第五，计算风险报酬率；第六，计算投资报酬率。

(1) 确定概率分布

在经济活动中，某一事件在完全相同的条件下可能发生也可能不发生，即可能出现这样的结果亦可能出现那样的结果，这类事件就被称为随机事件。如财务管理中的投资报酬、现金流量等都可以看作是一个个随机事件。

概率就是用百分数或小数来表示随机事件发生的可能性及出现某种结果可能性大小的

数值。

概率分为客观概率和主观概率。客观概率是指用科学的数理统计方法，推断、计算随机事件发生的可能性大小，是对大量历史先例进行统计分析得到的。主观概率是当某些事件缺乏历史统计资料时，由决策人自己或借助于咨询机构或专家凭经验进行估计得出的。

确定概率分布时需注意，概率分布必须符合以下两个要求：a. 出现每种结果的概率为0~1；b. 所有结果的概率之和应等于1。概率越大，表明可能出现的结果的可能性越大。

设 P_i 为第 i 个结果出现的概率，n 为所有可能出现的结果的个数，则概率分布必须符合下列条件：

$$0<P_i<1$$

$$\sum_{i=1}^{n} P_i = 1$$

将随机事件各种可能结果按照一定的规则进行排列，同时列出各种结果出现的相应概率，这一完整的描述称为概率分布。

(2) 计算期望报酬率

将各种可能结果与其所对应的概率相乘，并将乘积相加，即得到各种结果的加权平均值。此处的权重系数为各种结果发生的概率，加权平均值则为期望报酬率，用符号“$\overline{R}$”表示。其计算公式如下：

$$\overline{R} = P_1 \times R_1 + P_2 \times R_2 + \cdots P_n \times R_n = \sum_{i=1}^{n} (P_i \times R_i)$$

式中 R_i——第 i 种结果；

P_i——第 i 种结果的概率；

n——所有可能结果的数目。

但甲投资项目和乙投资项目的风险程度怎样？孰高孰低，还得分别计算其标准离差。

(3) 计算标准离差

标准离差简称标准差，是用以衡量随机变量脱离其期望值的离散程度的指标。一般用希腊字母 δ 表示。标准离差越大，说明随机变量脱离其期望值的离散程度越大，投资项目的风险越高。对两个投资项目的风险程度进行比较时，当两个投资项目的期望报酬率相等时，标准离差越大，其风险程度越大；反之，标准离差越小，风险程度就越小。

标准离差就是方差的平方根。其计算公式如下：

$$\delta = \sqrt{\sum_{i-1}^{n} (R_i - \overline{R})^2 \times P_i}$$

(4) 计算标准离差率

标准离差率就是标准差同期望报酬率的比值，通常用符号 q 来表示。其计算公式如下：

$$q = \frac{\delta}{\overline{R}} \times 100\%$$

标准离差率是一个相对指标，它以相对数反映决策方案的风险程度。

(5) 计算风险报酬率

风险报酬率：$R_R = bq$

在投资决策实务中，风险报酬斜率的确定方法通常有以下两种：

方法一：根据以往同类项目的相关数据确定

方法二：根据决策者的主观经验确定。

在没有同类投资项目可供参考的情况下，可由决策者根据主观经验加以确定。这时，风险报酬斜率的确定，在很大程度上受到决策者个性特征及其对风险的态度的影响。一般来说，根据决策者的个性特征及其对风险的态度不同，大致上决策者可以分为3种类型：

① 风险厌恶者：这类决策者宁愿回报低也不愿意冒更大的风险。

② 风险偏好者：这类决策者甘愿冒风险也要追求高回报。

③ 风险中庸者：这类决策者强调风险与报酬的均衡，注重冒什么样的风险必然要求得到什么样的回报；反之，得到什么样的回报必然要承担什么样的风险。

因此，在确定风险报酬斜率时，风险厌恶者会定得高一些，因此要求得到的风险补偿也就高一些，有利于高风险投资项目被选择。反之，风险偏好者，就会把风险报酬斜率定得低一些，要求得到的风险补偿也就自然低一些，有利于高风险投资项目被否决。

衡量风险的大小的方法很多，较为常见的是使用概率统计方法进行风险的衡量与计算。风险是与各种可能的结果的概率分布相联系的。因此，概率分布中的标准离差、标准离差率等反映实际结果与期望结果偏离程度的指标，往往被用来衡量风险的大小。

风险测度主要是确定随机变量的概率分布以及期望值、标准离差和标准离差率等参数。

(6) 计算投资报酬率

$$投资报酬率=无风险报酬率(R_F)+风险报酬斜率(b)\times风险变异系数(q)$$

(三) 风险管理策略

由于风险的结果可能威胁到企业的生存，因此企业必须采取适当的风险管理策略进行风险管理。

1. 避免风险策略

任何经济单位对待风险的策略，首先考虑的是避免风险。凡风险所造成的损失不能由该项目可能获得利润予以抵消时，避免风险是最可行的简单方法。例如，不进行某项投资，就可以避免该项投资所带来的风险。但避免风险的方法具有很大的局限性：一是只有在风险可以避免的情况下，避免风险才有效果；二是有些风险无法避免；三是有些风险可能避免但成本过大；四是企业消极地避免风险，会使企业安于现状，不求进取。

2. 控制风险策略

经济单位在风险不能避免或在从事某项经济活动势必面临某些风险时，首先想到的是如何控制风险发生、减少风险发生，或如何减少风险发生后所造成的损失，即为控制风险。控制风险主要有两方面意思：一是控制风险因素，减少风险的发生；二是控制风险发生的频率和降低风险损害程度。要控制风险发生的频率就要进行准确的预测，要降低风险损害程度就要果断地采取有效措施。控制风险要受到各种条件的限制，人类的知识及技术虽然已高度发展，但是依然存在诸多困难无法突破，因而无法达到完全控制风险和充分减少损失的目的。

3. 分散与中和风险策略

分散风险，主要指经济单位采取多元经营、多方投资、多方筹资、外汇资产多元化、吸引多方供应商、争取多方客户以分散风险的方式。中和风险，主要是指在外汇风险管理中所采用的决策，如采取减少外汇头寸、期货套期保值、远期外汇业务等措施以中和风险。

4. 承担风险策略

经济单位在既不能避免风险，又不能完全控制风险或分散、中和风险时，只能自己承担风险所造成的损失。经济单位承担风险的方式可以分为无计划的单纯自留或有计划的自己保险。无计划的单纯自留，主要是指对未预测到的风险所造成损失的承担方式；有计划的自己保险是指已预测到的风险所造成损失的承担方式，如提取坏账准备金等形式。

5. 转移风险策略

经济单位为了避免自己在承担风险后对其经济活动的妨害和不利，可以对风险采用各种不同的转移方式，如进行保险或非保险形式转移。现代保险制度是转移风险的最理想方式，如单位进行财产、医疗等方面保险，把风险损失转移给保险公司。此外，单位还可以通过合同条款规定，把部分风险转移给对方。

第十一章 施工企业财务管理实务

本章对施工企业资产管理、财务分析、筹资管理、项目投资管理四个方面的内容进行针对性的阐述。

第一节 施工企业资产管理

一、流动资产管理

（一）流动资产的含义

1. 流动资产的概念

流动资产(Current Assets)是指企业能够在一年内或者超过一年的一个营业周期内变现或者被耗用的资产。流动资产的内容包括库存现金及各种存款、短期投资、应收账款及预付账款、应收票据和存货等。

流动资产属于企业生产经营活动过程中短期置存的资产，是企业资产的重要组成部分，其数额大小及构成在一定程度上制约着企业的财务状况，反映了企业的支付能力和短期偿债能力。

流动资产在周转过程中，从货币形态开始，依次改变其形态，最后又回到货币形态(货币资金、储备资金、固定资金、生产资金、成品资金、结算资金、货币资金)。各种形态的资金与生产流通紧密结合，周转速度快，变现能力强。

2. 流动资产的分类

① 在实物形态上，流动资产基本上体现为各部门以及居民的物资储备。包括：a. 处于生产和消费准备状态的流动资产，是指生产单位储备的生产资料和消费部门及居民储备的消费品；b. 处于待售状态的流动资产，是指生产部门和流通部门库存尚未出售的生产资料和消费品储备以及国家储藏的后备性物资；c. 处于生产过程中的流动资产，是指生产单位的在制品、半成品储备。

② 按照流动性大小可分为速动资产和非速动资产。包括：a. 速动资产是指在很短时间内可以变现的流动资产，如货币资金、交易性金融资产和各种应收款项；b. 非速动资产包

括存货、待摊费用、预付款项、一年内到期的非流动资产以及其他流动资产。

另外，根据流动资产在生产经营过程中的作用不同，流动资产还可分为生产领域的流动资产和流通领域的流动资产；根据流动资产在生产活动中的不同形态，流动资产又可分为货币资金、储备资金、生产资金和成品资金等。

流动资产对企业的生产经营具有极为重要的意义。若流动资产不足，可造成企业经营困难，甚至造成企业停业或倒闭；但若流动资产过多，又可使企业的资本成本上升，从而使企业的资金使用效率下降，实际利润下降。

3. 流动资产的特点

(1) 投资回收期短

投资于流动资产的资金一般在一年或一个营业周期内收回，对企业影响的时间比较短。因此，流动资产投资所需要的资金一般可以通过商业信用、短期银行借款等短期融资方式加以解决。

(2) 流动性强

流动资产的循环周转过程中，包括产、供、销 3 个阶段，其占用形式从现金转化为材料，从材料转化为在产品，再从在产品转化为产成品，从产成品转化为应收账款，应收账款再转化为现金，这种转化循环往复。流动资产的流动性与其变现能力相关，在遇到意外情况时，可迅速变卖流动资产以获取现金。这对于财务上满足临时性资金需求具有重要意义。

(3) 具有并存性

在流动资产的周转过程中，流动资金要经历企业的全部生产经营循环，它将同时以货币资金、储备资金、生产资金和成品资金等不同形态并存于企业之中。

(4) 占用水平的波动性

企业长期资产占用相对比较稳定，而流动资产占用波动性较大，占用量时高时低，主要原因是企业内部生产经营条件处于不断变化之中。例如，根据市场需求而临时对企业生产经营计划的修正、新的投资机会的获取、采购的材料集中到货等，都会引发流动资产波动加大。对于季节性企业来说，由于生产经营活动集中于一年的某段时间内开展，生产季节和非生产季节的流动资产占用水平差别将更大。通常，企业对波动的流动资产投资基本上是采用流动负债来筹资的。

(二) 流动资产管理的要求

流动资产在生产经营过程中起着关键的作用，加强对流动资产的管理十分重要。流动资产管理的要求主要体现在：

1. 合理配置，保持最优流动资产结构

流动资产结构是指各类形态的流动资产占全部流动资产的比重。研究和分析流动资产的结构，掌握企业流动资产的整体分布情况和各个周转阶段上的资产比例关系，可以在占用资金总量一定的情况下，通过合理调配、组织，使流动资产科学地并存于各种形态，协调产、供、销关系，促进生产均衡地进行，并确定其管理重点。

2. 加速流动资产周转，提高其使用效率

流动资产在周转使用过程中依次改变其资产占用形态，顺利地实现循环和周转，是企业再生产能够顺利进行及企业取得盈利的前提。在一定时期内，流动资产周转速度越快，同样数量的流动资金能发挥更大作用，流动资金占用总量越少，从而资金成本越低，企业经济效益越好。因此，加速流动资产周转对企业提高经济效益有重要作用。

3. 正确处理盈利和风险的关系

占有一定数量的流动资产是企业进行生产经营活动的必要条件。流动资产的多少直接影响到企业偿还到期债务、支付利息的能力。流动资产过少，企业偿债能力弱，风险也就变大。因此，在企业资金占用总量一定的情况下，流动资产越多，企业盈利相对越少，风险越小，但是过多的流动资产会增加企业的机会成本。所以，企业应根据自身的要求、不同时期经济发展状况和市场状况，确定流动资产占用数额。处理好盈利和风险的关系，尽量使得盈利达到较高水平，而将风险控制在最低水平。

4. 合理筹集流动资金

筹资管理的具体目标是以最低的成本筹集到所需的资金。所以，在筹集流动资金时应考虑筹资成本的影响因素，如筹资渠道、筹资方式、筹资难易程度、筹资的社会反应等，以求得筹资方式的最优组合，降低综合资金成本。

（三）流动资产日常管理策略

1. 流动资产持有策略

（1）适中型持有策略

适中型持有策略是指在保证流动资产正常需要量的情况下，适当保留一定的保险储备量以防不测的组合策略。在此策略下，流动资产由两部分构成：正常需要量和保险储备量。

① 正常需要量，是指满足企业正常生产经营需要的流动资产占用水平。

② 保险储备量，是指应付意外情况的发生而额外建立的合理储备。保险储备量的大小视企业的生产经营条件、采购环境和材料的可替代性等因素而定。

该策略认为，流动资产的投资水平应保证生产经营的正常进行。由于正常需要量是按企业有关计划制定的，一旦计划发生临时变更，或采购环节遇阻，为保证生产经营的连续性，需建立一定的流动资产储备。

（2）冒险型持有策略

在冒险型持有策略下，企业对流动资产的投资只保证流动资产的正常需要量，不保留或只保留较少的保险储备量，以便最大限度地减少流动资产占用水平，提高企业投资报酬率。

如果降低流动资产投资水平，能继续维持原有销售额的话，则会给企业带来筹资成本的节约，因而会增加企业收益。但是，企业要面对较大的风险：一方面，流动资产占用水平降低将增加企业短期偿债风险；另一方面，流动资产储备过低，有可能会导致企业停工待料和产品脱销，造成企业不应有的损失。因此，冒险型持有策略对企业管理水平提出了较高的要求。

（3）保守型持有策略

与冒险型持有策略相对应，保守的投资组合从稳健经营的角度出发，在安排流动资产时，除保证正常需要量和必要的保险储备量外，还安排一部分额外的储备量，以最大限度地降低企业可能面临的风险。

保守的投资组合将增加流动资产在总资产中的占用比例，在销售额一定的情况下，该策略必然会降低企业的投资报酬率。这是谨慎、保守型财务人员喜欢选择的策略。

2. 营运资金筹集策略

(1) 到期日搭配型筹资策略

到期日搭配筹资(Maturity Matching Approach)，就是将筹资方式的期限选择与资产投资的到期日相结合，即短期性或季节性的流动资产通过短期负债融资，永久性的流动资产和所有的固定资产通过长期负债或主权性资本融资。

一方面，企业流动资产一部分要保持长期占用，即要维持现金、应收账款和存货等流动资产项目的最低占用水平，用长期资金来筹资，比较符合期限一致性和财务稳定性的要求，而流动资产变现性较强，偿债风险较小。另一方面，流动负债的成本也较低，且借贷和偿还条件比较灵活，企业可以随着流动资产波动幅度而相应增加或减少贷款，有助于节约资金成本。因此，该策略较好地体现了成本与风险的均衡性，有利于企业资产结构和资本结构的协调。

(2) 保守型筹资策略

该筹资策略认为，到期日搭配法是有条件的，即企业所需的短期资金随时都能筹集到，且筹资成本不会大幅上扬，如果经济形势发生变化或企业自身环境恶化，随时筹资就会面临困难；有时即使能筹措到，却要以较高的成本为代价。因此，为防止企业信用丧失或成本增加，增加长期资金的筹资比重较为稳定和可靠。在保守筹资策略下，企业所有的固定资产，永久性的流动资产和一部分临时性的流动资产用长期负债和主权资金来筹资，只有一部分临时性的流动资产由短期资金筹集。

该筹资组合能更进一步降低企业偿债风险，有利于保持财务结构的稳定性。但是，长期资金的增加无疑会增加企业的资金成本。值得注意的是，在此筹资策略下，当企业资产占用数额处于低谷时，企业拥有的长期资金可能会超过全部资金需要量，造成资金的闲置和浪费。在此情况下，企业可根据资产波动的期限特征，将暂时多余的资金投资于有价证券，以保持资金的最低收益水平

(3) 积极(冒险)型策略

积极(冒险)型筹资策略是一种与保守型筹资策略相对应的较为进取的融资政策。在此筹资策略下，企业临时性流动资产的全部和永久性流动资产的一部分由短期资金筹集，而另一部分永久性流动资产和全部固定资产则由长期资金筹措。很显然，此政策对筹资成本的偏爱要超过对筹资风险的考虑，偿债风险在3种筹资策略中是最高的，因为短期债务到期的再融资包含了一定的风险性。可见，用短期资金融入的永久性流动资产比例越大，该种融资政策的进取性就越强。根据风险收益权衡原则，高期望获利水平是以高风险为代价的，这正是许多理财能手愿意选择此冒险政策的原因。

二、固定资产管理

(一) 固定资产的含义

1. 固定资产的概念

所谓固定资产，是指施工企业为进行施工生产经营活动和其他活动，如建筑工程施工、

提供劳务、出租或经营管理而持有的、单项价值较高、使用寿命较长的有形资产，如房屋、建筑物、施工机械设备、运输设备等。

值得注意的是，有些资产的单位价值虽然低于规定标准，但属于企业的主要劳动资料，也应列入固定资产；有些劳动资料的单位价值虽然超过规定标准，但更换频繁、易于损坏，也可以不作为固定资产；不属于生产经营主要设备的物品，单位价值在2000元以上并且使用期限超过两年的，一般也应当作为固定资产管理。

2. 固定资产的特征

固定资产是施工企业的主要劳动资料，是施工企业施工生产经营的重要物质基础。固定资产具有以下三个特征。

① 施工企业持有固定资产是为了施工生产、提供劳务、出租或经营管理，而不是直接用于销售。施工企业持有固定资产的目的是施工生产、提供劳务、出租或经营管理，即企业持有的固定资产是企业的劳动工具或手段，而不是用于出售的产品或商品。其中“出租”的固定资产，是指企业以经营租赁方式出租的机械设备类固定资产，不包括以经营租赁方式出租的房屋建筑物，后者属于企业的投资性房地产，不属于固定资产。

② 施工企业的固定资产使用寿命较长，往往超过一个会计年度。固定资产的使用寿命，是指企业使用固定资产的预计期间，或者该固定资产所能进行基建施工或提供劳务的数量。通常情况下，固定资产的使用寿命是指固定资产的预计使用期间，比如自用房屋建筑物的使用寿命表现为企业对该房屋建筑物的预计使用年限。对于某些机械设备或运输设备等固定资产，其使用寿命表现为该固定资产所能生产产品或提供劳务的数量，例如运输汽车，按其预计行驶里程或运输货物总量估计使用寿命。

固定资产使用寿命超过一个会计年度，意味着固定资产属于非流动资产，随着使用和磨损，通过计提折旧方式逐渐减少其账面价值。对固定资产计提折旧和减值准备，均属于固定资产后续计量。

③ 施工企业的固定资产是有形资产。固定资产具有实物特征，这一特征将固定资产与无形资产区别开来。有些无形资产可能同时具有固定资产的其他特征，但由于其没有实物形态，所以，这种无形资产不属于固定资产。

3. 固定资产的分类

施工企业的固定资产种类复杂，数量繁多，在企业施工生产经营活动中所起的作用也各不相同。为了加强对固定资产的管理，应对其按不同标准进行科学分类。

(1) 固定资产按经济用途分类

施工企业的固定资产按经济用途可以分为生产经营用固定资产和非生产经营用固定资产。

① 生产经营用固定资产，是指直接服务于企业施工生产基建施工、经营活动过程的固定资产，例如服务于基建施工生产、经营活动的房屋建筑物、施工机械、运输设备等。

② 非生产经营与固定资产，是指不直接服务于企业施工生产基建施工、经营活动过程的固定资产，如职工食堂、浴室、职工医院、职工宿舍等。

固定资产这种划分可以考查施工企业各种用途固定资产构成是否合理。

（2）固定资产按使用情况分类

施工企业的固定资产按使用情况可以分为使用中固定资产、未使用固定资产和不需用固定资产。

① 使用中固定资产，是指正在使用中的生产经营用固定资产和非生产经营用固定资产。季节性停用固定资产、大修理停用固定资产、以经营租赁方式出租给其他单位使用的固定资产以及替换使用的固定资产均视为在使用中的固定资产。

② 未使用固定资产，是指已经构建完成但尚未交付的固定资产以及因为进行改建、扩建等原因暂停使用的固定资产。

③ 不需用固定资产，是指本企业多余的或不适用于企业基建施工、生产经营以及其他活动的固定资产。

固定资产的这种划分有助于考查企业固定资产的利用效率的高低。

（3）固定资产按所有权情况分类

施工企业固定资产按所有权情况分为自有固定资产和租入固定资产。

① 自有固定资产，是指施工企业自行购置建造、所有权归属于施工企业所有的固定资产。

② 租入固定资产，是指施工企业以经营租赁方式租入的固定资产。固定资产的这种划分有助于分析考查企业固定资产的自给情况。

（4）固定资产按经济用途、使用情况以及所有权情况综合分类

在施工企业会计核算与财务管理实务中，固定资产通常按经济用途、使用情况以及所有权情况综合分类，分为如下几类：

① 生产经营用固定资产；

② 非生产经营用固定资产；

③ 租出固定资产；

④ 不需用固定资产；

⑤ 未使用固定资产；

⑥ 融资租入固定资产；

⑦ 土地，是指过去已经估价单独入账的土地。

固定资产的这种分类的意义有两方面：一是企业财务实务中固定资产分类核算和管理的依据；二是企业财务实务中固定资产分类计提固定资产折旧的依据。

（二）固定资产的确认与计量

1. 固定资产的确认

固定资产在符合定义的前提下，应同时满足以下两个条件，才能够加以确认。

（1）与该固定资产有关的经济利益很可能流入企业

作为资产最重要的特征是预期会给企业带来经济利益。企业在确认固定资产时，需要判断与该项固定资产有关的经济利益很可能流入企业。如果与该项固定资产有关的经济利益很可能流入企业，同时符合固定资产确认的其他条件，那么就应该将其确认为固定资产；否则，不能确认为固定资产。

(2) 该固定资产的成本能够可靠地计量

成本能够可靠地计量是资产确认的一项基本条件。企业在确定固定资产成本时必须取得确凿的证据，而且需要根据所获得的最新资料，对固定资产的成本进行合理的估计。比如，企业对于已经达到预定可使用状态但尚未办理竣工决算的固定资产，需要根据工程预算、工程造价或者工程实际发生的成本等资料，按估计价值确定其成本。办理竣工决算后，再按照实际成本调整原来的暂估价值。

财务实务中，在确认固定资产时，一般按如下两个标准确认：一是使用寿命在一年以上的生产经营主要设备；二是使用寿命超过 2 年且单项价值在 2000 元以上的非生产经营主要设备。否则，若上述条件不具备，则作为低值易耗品归属到周转材料内。

2. 固定资产的计量

(1) 固定资产的初始计量

固定资产的初始计量，是指确定固定资产的取得成本。固定资产应当按照成本进行初始计量。

成本包括施工企业为取得某项固定资产达到预定可使用状态前所发生的一切合理的、必要的支出。在实务中，施工企业取得固定资产的方式多种多样，如外购、自行建造、投资者投入、非货币性资产交换、债务重组、企业合并、融资租赁等方式。取得方式不同，其成本构成具体内容及确定方法也不尽相同。

① 外购固定资产。外购固定资产的成本，包括外购过程中的购买价款、相关税费、使固定资产达到可使用状态前所发生的可归属于该项固定资产的运输费、装卸费、安装调试费和专业人员服务费。若购入的是生产经营用固定资产，其外购过程中所支付的增值税进项税额可以从企业销项税额中抵扣，不计入固定资产的初始入账价值。

② 自行建造固定资产。自行建造固定资产的成本，由建造该项固定资产达到可使用状态之前所发生的必要支出构成，包括物资购买成本、人工成本、缴纳的相关税费、应予资本化的借款费用以及应分摊的间接费用构成等。

企业自行建造固定资产包括自营建造和出包建造两种方式。无论何种方式，都应按照实际发生的支出确定其成本。

a. 自营方式建造固定资产，其成本应当按自营建造过程中所消耗的直接材料、直接人工、直接机械费等构成。

b. 出包方式建造固定资产，其成本由发包企业按照合同规定的结算方式和工程进度定期与承包商办理的结算工程价款以及发包方所发生的应有该项固定资产所负担的待摊支出等构成，但企业为建造固定资产以出让方式获得土地使用权而支付的土地出让金不计入该项固定资产成本。

③ 投资者投入固定资产。投资者投入固定资产的成本，应按合同约定或协议约定价值确定，但合同或协议约定价值不公允的除外。若投资合同或协议所约定价值不公允，应按该项固定资产的公允价值作为其入账成本。

④ 以非货币性资产交换、债务重组、企业合并方式取得的固定资产。这类固定资产成本应分别参照《企业会计准则第 7 号——非货币性资产交换》《企业会计准则第 12 号——债务重组》以及《企业会计准则第 20 号——企业合并》等会计准则的规定。

⑤ 融资租赁租入固定资产。以融资租赁方式租入固定资产，视为企业自有固定资产，以最低租赁付款额的现值与租赁资产公允价值两者中的低者作为其入账成本。最低租赁付款额是指在租赁期间承租方被要求支付给出租方的全部款项，包括租金、与承租方和出租方均无关的第三方或承租方担保资产余值、名义买价等。

（2）固定资产的后续计量

固定资产的后续计量包括固定资产持有期间的计量、固定资产的后续支出的计量和固定资产的期末计量。

① 固定资产持有期间的计量。按现行财务会计制度规定，固定资产在持有期间，应采用系统合理的分摊方法估计固定资产的损耗价值并计入各期的成本费用。

② 固定资产的后续支出的计量。固定资产的后续支出，是指在固定资产使用过程中所发生的更新改造支出、修理支出等。后续支出的处理原则是：符合固定资产确认条件的，应予以资本化，计入固定资产成本，同时将被替换部分的账面价值扣除；不符合固定资产确认条件的，应当予以费用化，计入当期损益。

③ 固定资产的期末计量。按照现行财务会计制度规定，在会计期期末，应将固定资产原账面净值与其可收回金额进行比较。若其可收回金额低于其原账面价值，则意味着该项固定资产已经发生减值，就应该就其差额计提减值准备，并计入当期损益；若其可收回金额高于其账面净值，则不计提减值准备。这是为了充分贯彻谨慎性原则的要求。

（三）固定资产的日常管理

由于固定资产是施工企业基建施工、生产经营活动中重要的劳动资料，且固定资产种类复杂、数量繁多、单项价值较高、技术性强、分散在企业的各个部门和各级单位，如何管好固定资产，不但关系到企业固定资产的安全完整，而且关系到能不能充分发挥固定资产的使用效能，保障施工企业基建施工、生产经营活动的正常进行。为提高施工企业固定资产的使用效率、保护固定资产的安全完整，必须加强固定资产的日常管理。

固定资产的日常管理包括以下几个方面的内容：

1. 固定资产取得时的管理

施工企业可以通过多种方式获得基建施工、生产经营活动所需的各项固定资产，企业所取得的各项固定资产均应严格按照现行财务制度规定的入账成本的确定方法及时确定其入账成本，并及时确认入账。其取得成本包括在取得固定资产过程中以及达到可使用状态前所发生的一切必要的合理的开支，包括买价、进口关税、运杂费(运输费、保险费、仓储费、包装费等)、安装调试费等。对于企业新取得的固定资产，管理部门应协调有关部门深入现场，根据有关凭证认真办理验收手续、清点数量、检查质量、核实造价和买价，以便发现问题并及时解决。

2. 固定资产使用中的管理

(1) 制定固定资产目录

制定固定资产目录是为了明确固定资产核算和管理范围。企业应根据国家相关财务制度规定和企业固定资产实际管理状况，按一定方法把固定资产目录编制成册，并按照管理权限，经董事会或股东大会或经理会议或类似机构的批准，按照法律、行政法规的规定，报送有关部门备案。由固定资产的使用部门或保管部门编制固定资产目录，以便于企业随时了解企业固定资产分布状况。

(2) 建立固定资产账目、卡片

为了详细、准确、及时地反映企业固定资产增减变化和使用、转移等情况，企业财务部门和各使用单位都应建立各自相应的账目并经常核对。固定资产卡片是按每项固定资产单独设立的、详细登记固定资产的类别、编号、名称、规格、预计使用年限、原值以及发生的固定资产修理、内部转移、停止使用等情况。调出或报废固定资产时，应根据有关凭证注销卡片，并另行归档保管。固定资产卡片一式多份，分别由财务部门、固定资产管理部门、固定资产使用部门和各有关部门分别持有、保存。建立固定资产卡片有利于固定资产管理，做到有物有卡，促使固定资产使用单位管好用好固定资产。

(3) 实行固定资产归口分级管理制度

固定资产管理，首先要建立健全固定资产管理制度，严格购建、验收、使用、保管、调拨、盘点清查和报废清理等各项手续，防止短缺、失修、损害或降低技术性能。固定资产归口分级管理就是指在固定资产管理中正确安排好各方面的权责关系，把固定资产管理和生产技术管理结合起来，激励各职能部门、各级单位职工积极参与管理的一种行之有效的固定资产管理制度。其基本内容包括：

① 固定资产归口管理，是指在企业经理和总会计师(或财务总监)的领导下，在企业财务部门的统一协调下，按固定资产的类别归口给各有关职能部门负责管理。如施工机械、生产设备归设备管理部门负责管理，运输设备归运输部门负责管理，房屋建筑物、管理用具归行政部门负责管理等。各归口管理部门负责对所管理固定资产进行合理使用、维护和修理，定期对固定资产的使用保管情况进行检查，并认真遵守有关制度，保护固定资产的安全完整。

② 固定资产分级管理，是指在归口管理的基础上，根据“谁使用、谁管理”的原则，按固定资产的使用地点分别把固定资产的管理责任落实到工程处、施工队、班组甚至员工个人，实行分级管理，并对归口职能部门负责。固定资产的归口分级管理还应和各部门、各级单位、员工个人的物质利益相结合，根据管理固定资产的责任履行情况进行奖惩，实行内部固定资产管理责任制。这样可以做到层层负责任，件件有人管，使固定资产的安全保管和有效利用得到可靠保障。

(4) 定期检查盘点固定资产

施工企业应定期进行固定资产的检查和盘点工作。对盘盈、盘亏、毁损的固定资产，应当查明原因，写出书面报告，并根据企业的管理权限，经董事会或股东大会，或经理会议或类似机构批准后，在期末结账前处理完毕。

(5) 实行固定资产更新年限的经济性原则

固定资产更新需要企业投入一大笔资金，而且存在更新的经济寿命和技术寿命的问题，所以在固定资产更新时需要进行相应的决策分析，根据经济合理的原则确定何时进行更新。

(6) 确保固定资产的充分使用和固定资产生产最大可能性原则

固定资产在一定程度上的闲置和浪费会使施工企业造成不必要的支出，因而要将施工企业固定资产全部投入使用，尽量避免固定资产的闲置和浪费。对于未使用的固定资产应将其尽快投入使用，对于不需要的固定资产，若有一定经济价值，应将其出租或者进行其他产品的生产加工，否则就应将其立即出售或处理以及时收回资金，使生产经营和服务领域固定资产所占比重最大。非生产经营领域的固定资产应适当占有一定的比例，要体现出非生产经营性固定资产对企业生产的积极作用。

（7）计提减值准备

企业固定资产应当按现行财务制度规定在会计期末对比其账面价值和可收回金额，若其可收回金额低于其账面价值，则应当按其差额计提固定资产减值准备，并相应确认减值损失计入当期损益。

3. 固定资产处置的管理

（1）固定资产调出与报废的管理

企业应设立固定资产登记簿，将固定资产增减变动情况及内部转移情况及时登记在固定资产登记簿上，并相应建立固定资产增减变动、转移交接和报废情况等手续制度。企业调出固定资产时要核实有关调拨手续、查对实物、按质计价，并办好报批手续。固定资产报废时，也要按规定办理报废手续，经批准报废清理的固定资产，财务部门要会同其他有关部门到现场参加鉴定，核实实物，做好残料入库及变价收入的入账等工作。

（2）固定资产出售的管理

企业应将不需用的固定资产进行及时处理，如进行出售。出售固定资产时应对固定资产的价值进行考察，并办理相关的会计手续，在明细账里进行核算。

第二节　施工企业财务分析

一、财务分析的意义

1. 财务分析的含义

财务分析，是指企业以价值形式、依据财务报告及其他数据资料，采用一系列分析技术和方法，对一定期间的财务活动过程和结果进行研究和评价，借以认识财务活动规律、促进企业提高经济效益的一种财务管理活动。

2. 财务分析的意义

财务分析与评价是财务管理的重要方法之一，它是对财务报告所提供的财务信息作进一步加工和处理，为所有者、债权人和企业管理层等财务信息使用者进行财务预测和财务决策提供依据。

（1）财务分析与评价的主体是财务信息使用者

财务信息使用者大致可以划分为现实利益主体、潜在利益主体和决策服务主体等三个方面。其中，现实利益主体是指目前与企业存在经济利益关系的经济组织或个人，主要包括企业所有者（股东）、债权人及经营者等；潜在利益主体是指即将对企业实施投资行为的资本所有者；决策服务主体是指需要根据对企业的财务分析与评价，为企业各利益主体的投资决策提供决策信息支持的经济组织或个人，如投资研究与咨询机构等。需要说明的是这里的决策服务主体并非排除在企业的利益主体之外，他们本身既可能是企业的现实利益主体，也可能是企业的潜在利益主体，也就是说，决策服务主体与企业现实利益主体和潜在利益主体之间存在着交叉或重叠的关系。

(2) 财务分析与评价的依据是企业财务报告及相关环境信息

企业财务报告信息和财务相关环境信息，是财务分析与评价的主要依据。其中财务报告包括财务报表和财务报表附注两个部分。相关环境信息则是指非财务性质的或受某些条件限制无法在财务报告里披露的、对企业财务状况和经营成果的现状及其变化趋势存在或将产生影响的各种环境信息。它具体又可分为企业的内部环境信息和外部环境信息两个方面。需要说明的是，财务报告信息与环境信息并无明确的区分界限。事实上，财务报告信息中的许多内容所反映的也是有关企业财务的环境信息，例如，财务报表附注里的有关会计假设的说明、会计政策及其变更情况的说明等均属于环境信息的范畴。

(3) 财务分析与评价的视角是多元化的

从性质上看，财务分析与评价的视角包括财务状况、经营成果、现金流量及各项财务能力(诸如偿债能力、获利能力、营运能力、营销能力、发展能力等)；从时间上看，财务分析与评价的视角包括财务现状、财务趋势及财务前景等；从投资决策的相关性看，财务分析与评价的视角包括投资的预期收益与风险等。上述各项财务分析与评价视角的内容之间也是相互交叉、相互重叠的。例如，无论是企业财务现状、企业财务发展趋势、财务发展前景的分析与评价，还是企业预期收益与风险的分析与评价，均需要从财务状况、经营业绩以及内在的财务能力等方面进行分析与评价，而一个企业的财务状况、经营业绩以及财务能力的每一个方面均须从现状、趋势、前景以及对预期收益与风险的影响等方面进行考察和评价。

(4) 财务分析与评价的目的在于为特定决策提供理性的财务信息支持

所谓理性的财务信息，是指能够反映企业财务各个构成内容之间相互依存、相互制约的内在联系，能够揭示企业财务变化趋势和特征的财务分析与评价信息。财务报告所提供的财务信息与财务决策所需的财务信息是有一定差距的。财务报告作为对一个企业在一定期间的会计核算数据的分类汇总，它能够说明企业在既定时间的财务状况和经营成果，也能够通过财务报表附注说明这些财务状况和经营成果的构成及成因。但财务报告所揭示的信息只是对企业财务现象的一种客观描述，具有外在性的特征，其给予财务信息使用者的也相应只能是一种有关企业财务现象的感性认识，是一种陈述性财务信息。在规范、健康的市场经济条件下，企业各利益主体的决策是一种以预期收益与风险为依据的理性决策。这种理性决策的前提在于获得对企业经营状况和财务状况的理性认识，即获得有关企业财务内在联系上的、规律性的认识，是一种财务评判性信息。因此，作为财务决策的信息应当是能够揭示企业财务的内在联系及其变化规律的、具有预测价值的理性信息。要使各利益主体能够正确决策，就必须实现财务信息的理性化，其有效手段就是财务分析与评价。

二、财务分析与评价的目的

1. 企业所有者财务分析与评价的目的

企业所有者是指为企业提供主权资金的投资人，对于作为主要企业组织形式的股份有限公司来讲是指公司的普通股股东。

企业所有者进行财务分析，主要是为了明确以下几个方面的问题：

① 企业目前和未来较长时期内的经营发展前景如何？

② 企业未来的潜在收益及投资报酬率如何？

③ 企业收益是否稳定？是否受重大变动的影响？

④ 企业目前的财务状况如何？决定财务状况的因素是什么？

⑤ 企业的资本结构如何？其对风险和报酬的影响是什么？

⑥ 企业与竞争者相比处于何种位置？其优势和劣势是什么？

2. 企业债权人财务分析与评价的目的

企业的债权人是指给企业提供借款的单位或个人，主要包括为企业提供融资服务的金融机构、向企业提供商品或服务的赊销商、通过证券市场公开发行债券的债券持有人等。债权人进行财务分析，主要需要明确以下内容：

① 企业为什么需要额外筹集资金？

② 企业还本付息所需资金的可靠来源是什么？

③ 企业对于以前的短期债务与长期债务是否存在违约行为？这种违约行为是否仍然存在？

④ 企业未来在哪些方面还需要额外筹集资金？

3. 企业经营者财务分析与评价的目的

企业经营者是指受企业所有者委托对企业进行经营管理、实现企业目标的企业经营管理层。企业经营者通过财务分析，主要需要明确以下问题：

① 企业的财务状况如何？资源分布是否合理，资本结构是否优化？

② 企业的偿债能力、营运能力、获利能力如何？

③ 企业财务与会计基础工作、财务与会计管理水平如何？

④ 企业计划完成情况、发展趋势以及国内外同行、同类企业相比差距在何处？

4. 政府及相关管理机构财务分析与评价的目的

政府有关行政管理部门主要包括国有资产管理部门、工商、税务、社会保障管理部门等。政府以社会管理者的身份通过对企业财务报告进行分析，了解社会资源的配置状况与效益，预测财政收入的增长状况，评估企业的财务状况与经营成果对所在行业的影响等，以便据此加强宏观经济的调控及有关宏观经济政策的制定，履行自己的监督管理职责。

5. 中介机构财务分析与评价的目的

中介机构主要是指会计师事务所以及其他咨询机构。通过财务分析，旨在客观、公正地提供审计报告及其他信息使用者所需的财务信息。

6. 企业职工财务分析与评价的目的

企业职工基于自身的职业发展规划，需要分析评价企业经营的持续性和盈利能力，分析评价其工资福利报酬和工作环境的公允性，分析评价其退休金的保障程度，并根据财务报表信息签订和履行劳动补偿合同。

7. 社会公众财务分析与评价的目的

社会公众最关注企业兴衰及其发展情况。为此依据企业所提供的财务信息，着重分析企业目前的发展状况及其未来发展趋势。

8. 其他利益关系人财务分析与评价的目的

其他利益关系人包括供应商、顾客、并购分析师和媒体等多个方面。

(1) 供应商

供应商为了决定建立长期合作关系，需要分析公司的长期债务偿还能力和盈利能力；为了决定信用政策，需要分析公司的短期债务偿还能力。

(2) 顾客

顾客关心自身与公司的长期关系，关注公司的售后服务以及今后的优惠，需要分析评价公司的财务实力、发展趋势和持续供应能力等。

(3) 并购分析师

并购分析师关心的是分析确定潜在兼并对象的经济价值和评估其在财务上和经营上的兼容性。

(4) 媒体

媒体基于对资本市场的监督和提供投资建议，也会分析评价公司的财务状况、经营成果和现金流量等情况。

三、财务分析与评价的作用

由于财务报告主要是以分类的方式提供各种财务信息，还缺乏一定的综合性，无法深入地揭示企业各方面的财务能力，无法反映企业在一定时期内的发展变化趋势。因此，为了提高财务信息的利用程度，需要对这些财务信息做进一步的加工处理，以便更深入、全面地反映企业的各种财务能力和发展趋势。财务分析与评价就是完成这一任务的主要方法和途径。

在实务中，通过财务分析可以发挥如下重要作用：

① 通过财务分析，可以全面评价企业在一定时期内的各种财务能力，包括偿债能力、营运能力、盈利能力、发展能力和营销能力，从而分析企业经营活动中取得的成绩和存在的问题，总结财务管理工作的经验教训，促进企业改善经营管理、提高企业经营管理和财务管理水平。

② 通过财务分析，可以为企业外部投资者、债权人和其他利益相关者提供更加系统的、完整的财务信息，便于他们更加深入地了解企业的财务状况、经营成果和现金流量情况，为其进行投资决策、信贷决策和其他经济决策提供依据。

③ 通过财务分析，可以检查企业内部各职能部门和单位计划完成情况，考核和评价各职能部门和单位的经营业绩，有利于企业建立和健全完善的业绩评价体系，协调各种财务关系，保证企业财务目标的顺利实现。

财务分析是对企业财务报告所提供的财务信息的进一步加工处理，其目的是为财务信息使用者提供更具相关性的财务信息，以提高其决策质量。

四、财务分析与评价的内容

尽管不同利益主体财务分析与评价各有侧重，但就企业总体来看，财务分析与评价的主要内容可以归纳为四个方面：偿债能力分析、营运能力分析、盈利能力分析和发展能力分析。其中偿债能力是财务目标实现的稳健保证，营运能力是财务目标实现的物质基础，盈利能力是两者共同作用的结果，同时也对两者的增强起着推动作用。四者相辅相成，共同构成企业财务分析的基本内容。

1. 偿债能力分析

偿债能力(又称财务安全性)，是指企业偿还到期债务的能力。通过对企业财务报告等会计资料进行分析，可以了解企业资产的流动性、负债水平以及偿还债务的能力，从而评价企业的财务状况和财务风险，为企业管理层、投资者和债权人提供偿债能力的财务信息。

2. 营运能力分析

营运能力(又称资产周转能力)，是指企业资产的利用和管理能力。企业的生产经营过程就是利用资产取得收益的过程。资产是企业进行生产经营活动不可或缺的经济资源，其利用和管理能力直接关系到企业收益水平的高低，它体现了企业的经营能力。对企业营运能力的分析，可以了解到企业资产的保值和增值情况，分析企业资产的利用效率、管理水平、资金周转状况、现金流量状况等，为评价企业的资产管理水平和经营管理水平提供依据。

3. 盈利能力分析

赚取利润是所有企业从事生产经营活动的主要目标之一，同时它也反映了企业的综合素质。企业要生存和发展，不仅要确保收能抵支，而且还必须获得较高的盈利，这样才能确保企业生存和不断发展所需资金、确保企业在竞争中立于不败之地。无论是投资者还是债权人或是企业管理层，都十分关心企业的获利能力，盈利能力强可以提高企业偿还债务的能力，提升企业的信誉，对企业获利能力的分析不仅看其获取利润的绝对数，还要看相对数，这些均可以通过财务分析来实现。

4. 发展能力分析

无论是企业管理层，还是投资者、债权人，都十分关注企业的发展能力，这直接关系到他们的切身利益。通过对企业的发展能力分析，可以判断企业的发展潜力，预测企业的经营前景，从而为企业管理层和投资者、债权人进行经营决策和投资决策提供重要依据，避免决策失误给其带来重大的经济损失。

5. 财务趋势分析

财务趋势分析，是指通过对企业连续若干期的财务信息和财务指标进行分析，判断企业未来发展趋势，了解企业的经营活动和财务活动所存在的问题，为企业未来的经济决策提供依据。

6. 财务综合分析

财务综合分析，是指全面分析和评价企业各方面的财务状况，对企业风险、收益、成本、现金流量等进行分析和评价，为提高企业财务管理水平、改善经营业绩提供必要的信息。

五、财务分析与评价的原则

财务分析与评价的原则是指通过财务分析与评价所获得的财务信息应达到的质量标准和财务信息处理应遵循的规则两个方面。财务信息的质量标准体现了财务信息使用者对财务分析与评价信息的质量要求，提供评价信息有用程度的标准，即“什么才是有用的财务分析与评价信息”。信息处理规则是为了确保财务分析与评价目标的实现，在获得财务分析与评价信息时应遵循的一般行为规范，主要解决“如何提供有用的财务分析与评价信息”的问题，指导财务分析与评价人员如何正确选择财务分析与评价方法。

1. 财务分析与评价信息的质量要求

(1) 相关性

相关性原则是指财务分析与评价信息必须与相关信息需要者的决策相关，以避免造成信息使用者的决策失误。它具体是指：

① 可预测性。财务分析与评价信息必须起到能预测未来的作用。

② 反馈性。财务分析与评价信息必须能够反映企业整体及各部门、各环节的经营绩效。

③ 及时性。信息是有时效性的，不及时的信息对经营决策用处不大甚至是无用的。

(2) 可靠性

可靠性原则是指财务分析与评价信息应能够被信赖。它具体包括以下两层含义：

① 客观性。财务分析与评价信息应能与已经发生或正在发生的经济事实保持一致，能如实反映企业的财务状况、经营成果和现金流量。

② 精确性。精确性是指财务分析与评价人员所测算数据的允许误差程度。财务分析与评价信息的真实性不强、精确程度低，其可靠性就难以保证。

(3) 可比性

可比性原则包括以下两个方面：

① 横向可比(又称行业可比性)，即财务分析与评价信息应做到能够与行业内其他不同企业之间具有可比性。这种可比性要求在对企业财务进行分析与评价时，应尽可能采用行业内通用的分析评价指标和分析评价方法；对于行业内财务制度或有关法规已做出明确规定的指标和计算方法，财务分析与评价人员应共同遵守；对于行业内财务制度或有关法规未做出明确规定的指标和计算方法，应遵守行业惯例，没有行业惯例的，应在分析与评价报告(或备忘记录)中注明所采用的分析与评价指标和分析与评价方法。

②纵向可比(又称期间可比性)，即财务分析与评价信息应做到能够同一企业内部不同期间之间进行比较。要做到不同期间可比，要求对企业进行财务分析与评价时，应保持各个不同期间财务分析与评价指标、分析与评价方法的稳定性与一致性，对于因为财务会计方法与财务会计政策变更所产生的差异，应在评价中进行必要的调整，不能调整的，应在分析与评价报告(或备忘记录)中予以解释说明。

(4) 清晰性

清晰性(又称可理解性)，是指财务分析与评价主体所出具的财务分析与评价报告应简单明了，便于信息使用者所理解。实现这一原则，有赖于：

① 分析与评价指标选择的常规性。即分析与评价时应尽可能选择所熟悉的常规指标。对于必须使用的非常规指标，则应在分析与评价中对于该指标的意义、计算方法等予以说明，以免各决策主体误解。

② 报告陈述的通俗性。即分析与评价报告的语言表述应尽可能大众化，评价结论应尽量做到简明易懂，尽量为众多非专业人士所接受，对于必须使用的专业术语，也应在分析与评价报告中就该术语的内涵与外延作出合理的解释。

2. 财务分析与评价信息处理规则

(1) 一致性

一致性原则，是指对同一企业不同时期要尽量依据相同的概念、采用相同的指标、使用相同的方法和程序来处理信息，在对不同企业进行比较分析时也尽量保持一致性。强调一致性，能尽量避免分析技术本身变动可能对分析结果所造成的影响，使评价结果更加客观、可靠。

(2) 适应性

适应性原则是指所提供的财务分析与评价信息对信息使用者决策过程的满足程度和协调程度。该原则要求财务分析与评价具有灵活性，财务分析与评价人员应可以同时加工出几种类型而不仅仅是单一类型的财务分析与评价信息。同时，还须使用与决策过程相协调的数据处理程序，使财务分析与评价信息能适应各方面的决策层次的不同需要。适应性原则是相关性原则的具体要求，但与一致性原则又存在着一定的矛盾。

(3) 系统性

系统性原则要求财务分析与评价的方法、程序、指标能够相互配合，形成一个较完整的体系。它具体是指：

① 综合性，即应把分析与评价对象看成是一个有机整体，全面分析与重点分析相结合。

② 经济性，即应尽量减少数据的数量和重复处理过程，降低信息加工成本。

(4) 稳健性

稳健性原则是指在财务分析与评价时，由于决策大多与未来的不确定性相关，为避免决策者的决策失误，应尽量保持谨慎、稳健的态度，不高估业绩、不低估风险和损失，以增强信息的可靠性。

六、财务分析与评价的一般程序

无论是企业的管理层，还是投资者、债权人，在作出财务评价和经济决策时，都必须进行充分的财务分析。为确保财务分析的有效进行，财务分析时必须遵循科学的程序。

财务分析的一般程序包括以下几个步骤：

① 明确财务分析目的和范围，搜集分析与评价所需的经济资料；

② 选择适当的分析方法，确定分析指标；

③ 进行因素分析，抓住主要矛盾；

④ 为经济决策提供各种建议。

七、财务分析与评价的基本方法

财务分析与评价方法是实现财务分析与评价目标的手段和方式，财务分析与评价应当全面分析与重点分析相结合、定量分析与定性分析相结合，以达到系统、全面、客观地反映并评价企业财务状况和经营业绩的目的。

1. 比较分析法

比较分析法又称对比分析法。这一方法是将同一个财务指标在不同时期或不同情况下的执行结果进行对照比较，以确定其增减变动差异，从而分析评价财务指标状况优劣。其主要作用在于揭示客观存在的差异，利用这种差异可以考察任务完成情况，显示财务指标变动趋势，从而评价企业经营管理的工作绩效。

在企业财务分析实务中，运用比较分析法须注意财务指标之间的可比性：计算口径、计算基础、计算的时间、企业规模(经营规模、财务规模)等，都应尽可能确保一致。比较分析法的具体运用常见的有以下两种形式：

(1) 绝对数比较

其基本模式为：绝对数差异=实际数-标准数

实际运用中，可以作为标准数的是计划数(或定额数)、历史数(上年同期数、历史上最高水平数)、同行业其他企业数(同行业先进水平数、同行业平均水平数)等。

将指标数值进行绝对数比较，主要揭示指标数值的变动数量，直观地判断指标变动规模的大小。所以，绝对数差异也就是该指标的增减变动额。

(2) 相对数比较

其基本模式为：相对数差异(差异率)= 绝对数差异÷标准数×100% =(实际数-标准数)÷标准数×100%

将指标数值进行相对数比较，主要揭示指标数值的变动程度或变动幅度，从而判断指标相对变动的水平。因此，相对数差异也就是指标的增减变动率。

2. 趋势分析法

把反映某种经济现象发展趋势的一系列指标数值，按时间先后顺序排列而成的数列叫时间动态数列。趋势分析，是指将两个或两个以上连续期的同一财务指标进行对比，以确定时间动态数列增减变动趋势的分析方法。由于企业的生产经营活动始终处于不断运动发展变化之中，采用该方法能从动态上考察企业的财务状况、经营成果和现金流量等各项指标的发展特征和变化规律，得出上升、下降或稳定不变等结论，从而鉴定企业管理水平并从发展变化中寻求其变动的原因、性质，并由此预测企业未来的发展变化趋势。

在具体运用趋势分析法时，一般又有两种分析方式：一是编制趋势报表；二是计算趋势比率。

(1) 趋势报表

趋势报表主要有以下 3 种：比较报表、共同比报表、比较共同比报表。

(2) 趋势比率

趋势比率(又称发展速度指标)，表明某一经济指标在一定时期内的发展速度。它是全部时间动态数列中各个比较期数值与基期数值的相对比率或相对差异。同样，由于作为比较标准的时期不同，发展速度指标分为定基发展速度和环比发展速度两种。

① 定基发展速度(又称定基比率)，是指将企业以后各期的某一财务指标数值除以固定的基期的该同一财务指标数值所求得的趋势比率，一般用来分析发展情况。其计算公式如下：

$$定基发展速度=\frac{K_n}{K_0}\times 100\%$$

② 环比发展速度(又称环比比率)，是指将企业以后各期的某一财务指标数值除以其前一期的该同一财务指标数值所求得的趋势比率。其计算公式如下：

$$定基发展速度=\frac{K_n}{K_{n-1}}\times 100\%$$

另外，由于各个时期经济活动的发展变化，不可能是绝对均衡的，在各个时期有快有慢，为了反映期间内发展变化的一般水平，需要计算平均发展速度。平均发展速度是环比发展速度的平均值，这种平均值一般用几何平均数来表达。其计算公式如下：

$$定基发展速度=\sqrt[n]{\frac{K_n}{K_0}}-1$$

在实际分析工作中，有时也用增长速度(增长率)来反映，与比较分析法中的相对数差异原理一样。增长速度与发展速度的关系可以表述为：

$$增长速度=发展速度-1$$

采用趋势分析法进行财务分析，应当注意这样几个问题：

① 用于对比的不同时期的指标在计算口径上应力求保持一致。企业由于受到外界经济政策、财务制度的变化以及物价变动的影响，因而要对这些因素的影响作适当的调整。

② 要特别注意不同时期的一些重大经济活动对有关指标所造成的影响。例如企业扩充资本、增加对外投资、发生天灾人祸等，所有这些重要的经济事项都可能对某一时期的有关指标甚至几个时期的有关指标造成较大波动。这些因素在进行分析时都要加以剔除，以利在正常情况下作出准确的判断，针对性地采取各项有效措施。

3. 比率分析法

比率就是用倍数或比例所表现的分数。比率分析法，是指通过计算两个财务指标的比值，以此来揭示企业财务状况和经营成果的一种分析方法。比率分析法与比较分析法虽然都是将两个数据进行对比，但比较分析法一般是对同质指标进行比较，而比率分析法主要是将不同质但相关的不同指标进行比较。而比较分析法的分析结果主要强调绝对差异的大小，相对差异只是对绝对差异的辅助说明；比率分析法的分析结果则纯粹是以相对数表示，借以说明指标数值之间的相互关系。

比率的形式很多，按它们在财务分析评价中起的作用和计算财务比率的财务指标之间的关系不同，财务比率可以分为相关比率、结构比率和动态比率三大类。

(1) 相关比率

相关比率，是指两个企业经济活动中两个性质不相同但相关的财务指标相除所求得的比值，用以评价企业的财务状况和经营业绩，如流动比率、速动比率等。

相关比率的特征在于强调指标之间的相关性，而不是对指标本身变动做直接比较。两个相关的指标一旦形成相关比率，则能反映各项财务指标之间的比例关系是否合理，便于企业加强管理与控制，对财务经营活动各环节进行协调平衡。相关比率的形式比较灵活，可以根据实际需要进行不同组合。

(2) 结构比率

结构比率(又称构成比率)，是指用总体指标的各个构成部分除以总体指标所求得的比值。它反映的是各该构成部分占总体指标的比重，如流动资产占总资产的比重、人工费占项目成本的比重等，一般以百分数形式表示。

结构比率可以分析评价总体指标的构成内容的特征及构成是否合理，进一步掌握事物变化的规律性；可以显示总体指标的内部构架，表现各个构成部分之间的联系以及在总指标中所占地位的重要程度，便于分清主次因素，突出分析工作的侧重点。

(3) 动态比率

动态比率(又称趋势比率)，是指将同一企业连续若干期的同一财务指标相除所求得的比值，以揭示企业的发展变化趋势。

4. 因素分析法

一个经济指标往往受多个因素的影响和制约，而每一个因素对该经济指标的影响程度又各有不同。只有将这一综合性的经济指标分解成各个构成因素，才能从数量上把握每一个因素对该经济指标的影响程度，给进一步分析工作指明方向。

因素分析法，是指为了深入分析某一财务指标，而将该指标按构成因素进行分解，分别测定各个因素变动对该项指标的影响程度的一种分析方法。采用比较分析法将不同时间和空间的财务指标进行比较，可以找出指标数值的数据，描述企业财务状况和经营业绩，从而提出所应分析的问题。但比较分析法却不能测定指标数值变动的原因，这就需要采用因素分析法来测算指标受到哪些因素的影响以及对总体指标的影响程度和影响方向，以便揭示指标差异的原因，进而更深入、全面地理解和认识企业的财务状况和经营业绩。因素分析法有多种不同的计算方式，其中最常见的是因素替代法和相差额计算法。

(1) 因素替代法

因素替代法又称连环替代法、连锁替代法，其基本思想是：总体指标是受各种具有相互依存关系的连锁因素的相互影响的。首先，把总体指标分解为各项有次序性的连锁因素的乘积；然后，顺次把其中一个因素视为可变因素，其他因素暂时不变，依次逐项进行替代，每次替代在上一次基础上进行；最后，将每一次替代后的结果反向两两相减，从而测算出各个因素变动对总体指标的影响程度和影响方向。

假设某一总体性经济指标为 S，可以分解为 A、B、C 三个连锁因素的乘积，其关系表述为：$S=A\times B\times C$，则有：

标准数指标：$S_0=A_0\times B_0\times C_0$

实际数指标：$S_1=A_1\times B_1\times C_1$

第一步，确定分析对象。对总体指标的因素分析，一般是将该指标用比较分析法所计算出的绝对差异作为分析对象，即分析对象为：$\Delta S=S_1-S_0$

第二步，进行因素替代。假定影响总体指标的因素是依次变动的，当某个因素由标准数变为实际数时，就会引起指标数值的变动。因此，则有：

标准数值：$S_0=A_0\times B_0\times C_0$ (1)

替代 A 因素：$S_2=A_1\times B_0\times C_0$ (2)

替代 B 因素：$S_3=A_1\times B_1\times C_0$ (3)

替代 C 因素：$S_1=A_1\times B_1\times C_1$ (4)

第三步，测算各因素的影响。各因素变化后总体指标的数值与因素变化前总体指标的数值的差额，就是该因素变动对总体指标的影响。

A 因素的影响：(2)-(1)=S_2-S_0

B 因素的影响：(3)-(2)=S_3-S_2

C 因素的影响：(4)-(3)=S_1-S_3

最后，将三大因素各自的影响数汇总就应该等于总差异：S_1-S_0。

利用因素分析法，一方面可以全面分析某一综合性经济指标的各个因素对该指标影响程度；另一方面也可以单独寻求某一个因素对该经济指标的影响程度。

(2) 差额计算法

差额计算法是因素替代法的变形应用，其计算分析结果与连环替代法相同，其基本计算分析原理如下：

标准数：$S_0=A_0\times B_0\times C_0$

实际数：$S_1=A_1\times B_1\times C_1$

A 因素变动的影响：$(A_1-A_0)\times B_0\times C_0$

B 因素变动的影响：$A_1\times(B_1-B_0)\times C_0$

C 因素变动的影响：$A_1\times B_1\times(C_1-C_0)$

八、财务分析与评价的前提和假设

为了确保财务分析工作的有序进行，不断提高财务分析的可信度，财务分析工作还应遵循以下 4 个前提假设。

① 财务报告中所反映的财务信息真实可靠。

② 财务分析主体合规合法。这里的财务分析主体主要是指与企业有关、需要分析企业财务信息的部门、单位、法人、自然人等。

③ 财务分析过程要相对独立。这样做是为了避免相关内部人员虚构财务信息、操纵某些指标的计算，保证财务分析报告的真实可靠。

④ 财务分析的企业要有比较完善的会计核算程序和内部控制制度。

第三节 施工企业筹资管理

一、施工企业筹资概述

无论是创立企业，还是满足持续不断的生产经营活动，或者是开展对外投资以及调整企业资本结构，都需要不断的筹集和融通资金。施工企业筹集资金，是指根据其施工生产经营活动、对外投资及调整资本结构的需要，运用各种筹资方式，从不同筹资渠道和金融市场，经济有效地筹措和集中所需资金的一种经济行为。资金筹集是施工企业资金运动的起点，是创建施工企业并确保其持续发展的前提，也是决定施工企业资金运动规模和生产经营发展程度的重要环节，是企业财务管理的重要组成内容。

（一）施工企业筹资的主要动机

不同项目主体往往具有不同的筹资目的，其基本目的是保证项目的资金需要，但不同的建设项目，往往受特定动机的驱使。归纳起来，施工企业筹资动机主要有四类，即创建筹资动机、扩张筹资动机、调整筹资动机、混合筹资动机。

1. 创建筹资动机

创建筹资动机是在企业创立或者新建项目时，为满足正常生产经营活动所需的铺底资金、使企业获得大量的资本金或满足大量基础设施和建设项目主体正常需要所产生的筹资动机。按照我国企业法人登记管理条例的规定，企业或项目要申请开业，必须有法定的资本金。所谓法定资本金，是指国家规定开办企业必须筹集的最低资本金数额，即企业设立时必须有最低限额的本钱。为此，要想设立企业，必须采用吸收直接投资或者发行股票等方式筹集一定数量的资金，从而形成企业的资本金，并取得注册会计师的验资证明，然后再向国家工商行政管理部门办理注册登记后才能开展正常的生产经营活动。

2. 扩张筹资动机

扩张筹资动机是企业根据自身或社会发展需要，扩大企业生产经营规模或追加对外投资而产生的追加筹资动机。任何企业的发展，都是以资金的不断投放作前提的。任何具有良好的发展前景，处于企业成长期、市场需求或消费增长期的企业通常会产生这种筹资动机。

例如，企业产品供不应求，需要增加市场供应；开发适销对路的新产品；追加有利的对外投资规模；开拓具有发展前途的对外投资领域等，都需要追加筹资。扩张筹资动机产生的直接结果，是企业的资产总额和资本总额都会增加。

3. 调整筹资动机

企业的调整筹资动机是企业因为现有资本结构不合理而调整现有资本结构的需要而产生的筹资动机。资本结构是指企业各种资本来源的构成及其比例关系。企业的资本结构是因为企业采取了各种不同的筹资方式组合而形成的，不同筹资方式组合会形成不同的资本结构。任何企业都希望具有合理和相对稳定的资本结构，但随企业内外条件的变化，资本结构可能变得不合理，这时就需要采取不同方式对不合理的资本结构予以调整，使之趋于合理。

4. 混合筹资动机

外部环境的任何变化都可能会影响到企业的经营。比如通货膨胀引起企业原材料价格上涨造成资金占用量的增加，从而增加企业的资金需求等，因此，企业就需要为扩大经营而增加长期资金，同时又要改变原有的资本结构，即混合筹资动机。这种筹资，既会增加企业资本总额，又能调整资本结构。

（二）施工企业筹资原则

施工企业筹集资金，必须遵循以下几个原则：

1. 合理确定资金需要量，努力提高筹资效果

不论通过何种渠道、采取何种方式筹措资金，都应该预先确定资金的需要量，既要确定流动资金的需要量，又要确定长期资金的需要量。筹集资金固然要广开财路，但也必须有一个合理的限度。即要使资金的筹集量与需要量相适应，防止筹资不足而影响企业生产经营和发展或筹资过剩而降低筹资效益。

2. 周密研究资金投向，大力提高投资效果

投资是决定应否筹资以及筹资多少的重要因素之一。投资收益与融资成本相权衡，决定着要不要筹资，而投资规模则决定着筹资的数量。因此，必须确定有利的资金投向，才能做出筹资决策，避免不顾投资效果而盲目筹资。

3. 适时取得所筹资金，保证资金投放需要

筹集资金要按照资金投放和使用的时间来合理安排，使筹资与用资在时间上相匹配，避免所筹集资金到位过早而造成投放前的闲置，也要防止所筹集资金滞后而贻误投资的有利时机。

4. 认真选择筹资来源，力求降低成本

企业筹集资金可以采用多种筹资方式从多个筹资渠道筹措资金，不同渠道和方式的筹资难易程度、资本成本和财务风险是有所不同的。因此，要综合考察各种不同筹资渠道和筹资方式，研究各种资金来源的构成，求得最佳的筹资组合，以便降低组合的筹资成本。

5. 合理安排资本结构，保持适当偿债能力

企业的资本结构一般是由权益资本和债务资本构成的。企业债务资本所占的比率要与权益资本的多少和偿债能力的高低相适应。要合理安排资本结构，既要防止负债过多导致企业财务风险过大、偿债能力低下，又要有效地利用负债经营，充分发挥负债融资的杠杆作用，借以提高权益资本的收益水平，进而增加股东财务收益和企业价值。

6. 遵守国家有关法律法规，维护各方合法权益

企业的筹资活动，影响着社会资金的流向和流量，涉及有关各方的经济权益。企业筹措资金必须接受国家宏观指导与调控，遵守国家有关法律法规，实行公平、公正、公开的以上各原则可概括为：合理性、效益性、及时性、节约性、比例性和合法性六项原则。

（三）施工企业的筹资渠道和筹资方式

筹资渠道是指企业或工程项目筹集资金来源方向和通道，体现着所筹集资金的来源与

流量。筹资方式是指企业取得资金的具体形式，体现着不同的经济关系（所有权关系或债权关系）。资金从哪里来和如何取得资金，两者既有区别又有联系。一定的筹资方式，可能只适用于某一特定的筹资渠道，但同一渠道的资金往往可以采用不同的方式取得，而同一筹资方式又往往可以适用于不同的资金渠道。了解资金的筹资渠道是为了掌握每种筹资渠道的特点，有利于开展筹集资金的工作；掌握资金筹集方式是为了选择不同筹集手段，有效地组织资金筹集和组合。

1. 施工企业的筹资渠道

施工企业可供选择的资金渠道很多，主要包括国家资金（政府财政资金、国资部门资金）、银行信贷资金、非银行金融机构资金（保险公司、信托投资公司、专业财务公司、共同基金、养老基金）、其他企业资金、民间资金、企业内部资金、国外和中国港澳台资金等。

（1）国家资金

国家资金包括政府财政资金与国资部门资金。国有施工企业的资金来源大部分还是来自国家以各种方式所投入资金。政府财政资金具有广阔的来源和稳固的基础，构成国有企业重要的资金来源。随着中央和地方两级国有资产监督管理委员会的成立，国资部门资金即成为国有企业重要的资金来源。

（2）银行信贷资金

银行信贷资金主要是以银行向企业发放各种贷款的方式进入企业的生产经营活动中。

在我国，由于证券市场不发达，银行信贷资金是企业相当重要的资金来源。工商银行、建设银行等商业银行以及国家开发银行、进出口信贷银行、中国农业发展银行等政策性银行，均可向企业提供各种短期贷款和长期贷款。由于银行信贷资金来源于居民个人储蓄存款、单位存款等经常增长的来源，财力雄厚，贷款方式适应企业的各种需要，且有利于加强宏观控制，因此构成我国企业经营所需的主要资金来源。

（3）非银行金融机构资金

各级政府部门主办的非银行金融机构，如信托投资公司、证券公司、融资租赁公司、保险公司、企业集团的财务公司等，它们除了专门经营存款贷款业务、承销证券等外，还可将一部分并不立即使用的资金以各种方式向企业投资。非银行金融机构财务实力相比银行较小，主要起辅助作用。但由于它们资金供应更加灵活，因此有更为广阔的发展前景。

（4）其他单位资金

其他法人企业和事业单位在生产经营过程中，往往会有部分暂时闲置资金，甚至可较长时间地腾出部分资金，这些资金可在企业之间相互融通。随着横向经济联合的开展，企业与企业之间的资金融通和资金联合有了广泛的发展。其他企业的资金可以有多种方式投入，如联营、入股、购买企业债券以及各种商业信用，既有长期稳定的联合，又有短期临时的融通。企业与企业之间的资金融通，有助于促进企业之间的经济联系，开拓本企业的经营业务。

（5）民间资金

民间资金包括本企业职工资金和城乡居民资金。本企业职工入股，可以有效地提高职工的生产积极性和发挥主人翁精神。同样也可以以发行股票、债券的方式吸收城乡居民闲散资金，这些资金将对企业经营起到必要的补充作用。

(6) 企业自留资金

企业内部形成的资金，主要是指企业利润所形成的经营积累，此项经营积累是企业生产经营资金的重要补充来源，包括按照税后利润一定百分比提取的盈余公积金和未分配完留待以后年度继续分配的利润。至于在企业内部形成的折旧基金，它只是资金的一种转化形式，企业资金总量并不因此有所增加，但它增加企业周转可以使用的营运资金，可以满足生产经营的需要。

(7) 外国和中国港澳台资金

国外以及我国港、澳、台投资者持有的资本，可以依法以各种形式对我国企业进行投资，同样构成企业一项重要的资金来源渠道。

上述各种渠道资金，除债务以外，都体现着一定的经济成分，包括国家所有、劳动者集体所有、私人经营者所有、外国投资者和港澳台地区投资者所有。各企业应根据生产经营活动的项目及其在国民经济中的地位，选择适当的资金供应渠道。

企业对资金的需要有长期和短期之分，其划分标准一般是资金占用时间的长短。一般来说，供长期(一般在一年以上)使用的资金为长期资金，供短期(一般在一年以内)使用的资金为短期资金。长期资金需要采用长期筹资方式筹集，短期资金需要采用短期筹资方式筹集。

长期资金主要用于新产品的开发和推广、生产规模的扩大、设备的更新改造，资金的回收期比较长。长期资金一般采用发行股票、发行债券、银行长期借款、融资租赁、累积盈余等方式来筹集。

短期资金主要用于流动资金中临时需要部分，包括可供随时支付的现金、应收账款、应收票据、材料采购、发放工资等，一般在短期内可以收回。短期资金可采用银行短期借款、商业信用、商业票据以及应付费用等短期筹资方式来解决。

2. 施工企业的筹资方式

目前，我国施工企业资金取得的方式有多种形式，如吸收直接投资、发行股票、企业内部积累、发行债券、银行借款、融资租赁和商业信用筹资等。筹资渠道是客观存在的，而筹资方式则是企业的主观能动行为。因此，企业筹资管理的主要内容是针对客观存在的筹资渠道，如何选择合理的筹资方式来筹措企业所需资金。

认识筹资方式的种类及其属性，有助于企业财务合理的筹资方式并有效地进行筹资组合，达到降低资金成本，最大限度地回避筹资风险的目的。

(四) 施工企业筹资的分类

施工企业筹集资金可以按不同的标志分类。对筹集资金进行多种分类，有助于企业弄清各种筹资对企业资金成本和偿债风险的影响，便于企业科学合理地进行筹资决策。

1. 按所筹集资金的性质分类

按所筹集资金的性质分类是最常见的分类方法，可分为债务资金和权益资金。

(1) 债务资金

债务资金又称负债资金、借入资金。它是企业依法筹集并按约定使用、到期偿还的资金，主要包括从银行或非银行金融机构借入的各种借款、发行的企业债券、融资租赁和商业信用等。相比自有资金，债务资金具有以下特征：

① 债务资金体现企业与资金提供者之间的债权债务关系，属于企业所承担的债务。

② 筹资企业对债务资金在双方所约定期限内享有使用权，并承担按期付息、到期还本的责任，若不能履约还本付息，筹资企业将可能破产倒闭，因而偿债压力和筹资风险较大。

③ 资金提供方(债权人)仅有权要求筹资企业(债务人)按期付息和到期还本，无权参与筹资企业的经营和管理决策，对筹资企业的经营后果不承担责任。

④ 企业债务资金的筹集主要是通过银行、非银行金融机构、其他企业和居民个人等渠道，采用银行借款、发行企业债券、融资租赁和商业信用等方式筹集。

(2) 权益资金

权益资金又称权益资本、自有资金、自有资本。依法筹集的资本金以及企业经营活动过程中形成的利润积累，归企业长期拥有、自主支配，包括资本金、资本公积金、盈余公积金和未分配利润。权益资金具有如下特点：

① 权益资金的所有权归属于企业的所有者，所有者据此参与企业经营活动和投资活动的重大决策并取得收益，并对企业的经营后果承担责任。

② 权益资金归企业长期甚至永久占有，形成法人财产权。在企业持续经营期间，投资者除可以依法转让外，不得以任何方式抽回资金；企业经营者依法拥有完整、独立的财产支配权。

③ 对筹资企业来说，权益资金没有到期日，没有还本付息的压力，筹资风险较低。

④ 权益资金主要可以通过政府财政资金、其他企业资金、居民个人资金、企业自留资金、非银行金融机构资金、外商资金等渠道，采用吸收直接投资、发行股票或企业内部积累等方式去获得。

需要说明的是，在特定条件下，有些债务资金可以转换成企业的权益资金。比如，当企业出现财务困难不能偿还到期债务时，可以跟债权人协商并取得债权人的让步进行债务重组，将不能偿还的到期债务转换成股权，成为企业的权益资金；但需注意的是，权益资金是不能够转换成企业的债务资金的。

还需注意的是，企业筹资实务中还有一类同时兼有权益资金和债务资金特性的资金筹集，称为混合性筹资。混合性筹资主要是借助各种衍生工具，如发行可转换债券、发行认股权证等筹集资金。

对于我国施工企业而言，其筹集资金通常是权益资金筹集和债务资金筹集。

2. 按筹资活动是否通过金融机构分类

按筹集资金是否以金融机构为媒介分类，分为直接筹资和间接筹资。

(1) 直接筹资

直接筹资是指企业的筹资活动不通过银行等金融机构，而直接以吸收资金所有者直接投入，或向资金供应者借入或发行股票、发行债券等方式进行的资金筹集。直接筹资主要有发行股票、发行债券、吸收直接投资等，既可以筹集股权资金，也可以筹集债务资金。

(2) 间接筹资

间接筹资是指企业借助于银行等金融机构进行的筹资，其主要形式为银行借款、非银行金融机构借款和融资租赁等。它是我国目前企业最为重要的筹资途径，具有手续简便和筹资效率高等优点；但筹资范围相对较窄，筹资渠道和筹资方式相对单一。间接筹资形成的主要是债务资金。

(3) 按所筹集资金使用期限不同分类

按资金使用期限不同分类，分为长期筹资和短期筹资。长期筹资指使用期在一年以上的资金，其目的是形成和更新企业的生产和经营能力，扩大企业的生产经营规模，或为对外投资筹集资金。长期筹资一般采取发行股票、债券，向银行中长期借款和保留盈余等方式筹集。短期筹资通常是指一年以内使用的资金，其目的主要是用于企业的流动资产和资金的日常周转。短期筹资一般采用商业信用、银行短期贷款、商业票据等方式筹资。

二、短期筹资管理

（一）短期筹资政策

1. 短期筹资的概念

短期筹资是指筹集在一年内或超过一年的一个营业周期内到期的资金，通常是指短期负债筹资。

2. 短期筹资的特征

短期筹资通常具有如下特征：

① 筹资速度快。由于短期筹资的期限较短，债权人承担的风险相对较小，往往顾虑较少，不需要像长期筹资那样对筹资方进行全面、复杂的财务调查，因此短期资金更容易筹集。

② 筹资弹性好。在筹集长期资金时，资金提供者出于资金安全方面的考虑，通常会向筹资方提出较多的限制性条款或相关约束条件；而短期筹资的限制性条款或相关约束条件却相对较少，使得筹资方在资金使用和配置上显得更加灵活、富有弹性。

③ 筹资成本低。当筹资期限较短时，债权人所承担的利率风险相对较小，因此向筹资方索取的资金使用成本也相对较低。

④ 筹资风险大。短期筹资通常需要在短期内偿还，因而要求筹资方在短期内拿出足够的资金偿还债务，这对筹资方的资金营运和配置提出了较高的要求，如果筹资方在资金到期时不能够及时偿还资金，就有陷入财务危机的可能性。此外，短期负债利率通常波动较大，无法在较长时期内将融资成本锁定在某个较低水平，因此也有可能高于长期负债的利率水平。

3. 短期筹资的分类

短期筹资可以按不同标准分为不同类型，其常见的分类方式主要有以下几种：

(1) 按应付金额是否确定分类

按应付金额是否确定，可以分为应付金额确定的短期负债和应付金额不确定的短期负债。

① 应付金额确定的短期负债，是指根据合同或法律规定，到期必须偿还，并有确定金额的短期负债，如短期借款、应付账款、应付票据等。

② 应付金额不确定的短期负债，是指要根据企业的生产经营状况、到一定时期才能确定应付金额的短期负债或应付金额需要估计的短期负债，如应缴税费、应付股利等。

(2) 按短期负债的形成情况分类

按短期负债的形成情况，可以分为自发性短期负债和临时性短期负债。

① 自发性短期负债，是指产生于企业正常的持续生产经营活动中，不需要正式安排，由于结算程序的原因自然形成的那部分短期负债。企业正常的持续生产经营活动中，由于法定结算程序的原因，使得一部分应付款项的支付时间晚于形成时间，这部分已形成但尚未支付的短期负债便成为企业暂时性的资金来源，如商业信用、应付职工薪酬、应缴税费等。

② 临时性短期负债，是指因为企业临时性的资金需求而发生的负债，由财务人员根据企业对短期资金的需求情况，通过人为安排而形成的短期负债，如短期银行借款等。

4. 短期筹资政策的类型

企业的短期筹资政策一般是针对不同类型的资产来说的。企业的资产按其周转时间的长短(即流动性或变现能力)可以分为短期资产(流动资产)和长期资产(非流动资产，这里主要指固定资产)两大类。短期资产进一步又可以分为临时性短期资产和永久性短期资产。

企业的短期筹资政策也就是对临时性短期资产、永久性短期资产和固定资产的来源进行管理。通常有以下三种可供选择的筹资政策：配合型筹资政策、激进型筹资政策和稳健型筹资政策。

(1) 配合型筹资政策

配合型筹资政策是指企业的负债结构与公司资产的寿命周期相对应。其特点是：临时性短期资产所需资金用临时性短期负债来筹集，永久性短期资产和固定资产所需资金用自发性短期负债、长期负债和股权资本筹集。配合型筹资政策的基本思想是：企业将资产和资金来源在期限上和数量上相匹配，以降低公司不能偿还到期债务的风险，同时采用较多的短期负债筹资也可以使资本成本保持较低水平。这一政策可以用以下公式来表示：

临时性短期资产=临时性短期负债

永久性短期资产+固定资产=自发性短期负债+长期负债筹资+股权资本

在这种筹资政策下，只要企业短期筹资计划严密，实现现金流动与预期安排一致，则在经营低谷时，企业除自发性短期负债外没有其他短期负债，只有在企业经营高峰时期，公司才会举措临时性短期负债。

但是，由于现金流动和各类资产使用寿命的不确定性，往往做不到资产与负债的完全搭配。在企业经营高峰时期，一旦企业的销售和经营不理想，未能取得预期的现金流入，便会发生难以偿还到期临时性短期债务的情况。因此，配合型筹资政策只是一种理想化的筹资政策，在实践中较难以实现。

(2) 激进型筹资政策

激进型筹资政策的特点是：临时性短期负债不但要满足临时性短期资产的需要，还要满足一部分永久性短期资产的需要，有时甚至全部短期资产都要由临时性负债来支持。这一筹资政策可以用如下公式表示：

临时性短期资产+部分永久性短期资产=临时性短期负债

永久性短期资产-临时性短期负债满足部分+固定资产=自发性短期负债+长期负债+股权资本

一方面，由于临时性短期负债的资本成本相对于长期负债和股权资本一般较低，而这一筹资政策下临时性短期负债所占比例较大，因此该政策下，企业资本成本低于配合型筹资政策。但是另一方面，由于企业未来满足永久性短期资产的长期、稳定的资金需要，必然要在临时性短期负债到期后重新举债或申请债务展期，将不断地举债和还债，从而加大企业筹资和还债的风险。因此，激进型筹资政策是一种高报酬、高风险的筹集政策。

(3) 稳健型筹资政策

稳健型筹资政策的特点是：临时性短期负债只满足部分临时性短期资产的需要，其他短期资产和长期资产，用自发性短期负债、长期负债和股权资本筹集满足。该政策可以用如下公式表示：

部分临时性短期资产=临时性短期负债

永久性短期资产+靠临时性短期负债未筹足的短期资产+固定资产=自发性短期负债+长期负债+股权资本

这种政策下，临时性短期负债在企业的全部资金来源中所占的比例较小，企业保留较多的营运资本，可降低公司无法偿还到期债务的风险，同时蒙受短期利率变动损失的风险也较小，但降低风险的同时也降低了企业的报酬，因为长期负债和股权资本在企业全部资金来源中所占的比例较大，其资本成本高于临时性短期负债，而且在企业生产经营淡季，企业仍然要负担较高的长期负债利息。及时将过剩的长期资金投资于短期有价证券，其投资收益一般也会低于长期负债的利息，所以稳健型筹资政策是一种低风险、低报酬的筹资政策。

5. 短期筹资政策与短期资产持有政策的配合

如前所述，一般而言，企业的短期资产持有政策有三种：宽松的资产持有政策、适中的资产持有政策和紧缩的资产持有政策。企业的短期资产持有政策与企业短期筹资政策之间存在紧密的内在联系。短期资产持有政策和短期筹资政策需要协调配合。当公司采用某种短期资产持有政策时，必然要求公司选择与之相适应的短期筹资政策，从而形成一个完整的资金运转体系。这一配合关系一般有以下几种情况：

(1) 公司采用宽松的短期资产持有政策

当公司采用宽松的短期资产持有政策时，一定销售额水平上有较多的短期资产支持，使公司资金短期风险和偿债风险较小；而由于短期资产投资比例较大，使企业盈利能力较低。此时，使用不同的短期筹资政策与之对应会产生不同的效果：采用风险和报酬均衡的配合型筹资政策，对宽松的短期资产持有政策起不到中和作用，企业总体来说还是风险低、报酬低；采用高风险、高报酬的激进型筹资政策，用大量短期负债筹资，则可以在一定程度上平衡企业过多地持有短期资产带来的低风险、低报酬，使企业总的风险、报酬基本均衡；若采用低风险、低报酬的稳健型筹资政策，与宽松的短期资产持有政策的效果叠加，使企业总的风险更小、报酬更低。

(2) 企业采用适中的短期资产持有政策

当企业采用适中的短期资产持有政策时，一定销售额水平上的短期资产数量适中，公司的风险和报酬适中。此时分别采用三种短期筹资政策与之配合，也会产生不同的综合效果：采用配合型筹资政策，则会使企业总体风险和报酬处于一个平均水平；采用激进型筹资政策，则可以在一定程度上提高企业总的风险和报酬；若采用稳健型筹资政策，则降低了企业总的风险和报酬。

(3) 企业采用紧缩的短期资产持有政策

当企业采用紧缩的短期资产持有政策时，一定销售额水平上短期资产比例较小，使得企业资金短期风险和偿债风险较大，但同时盈利能力也较高。此时同样分别采用三种短期筹资政策与之配合，也会产生不同的综合效果：采用配合型筹资政策，对企业总体风险和报酬没有太大影响，总体来说企业的风险依然较高、报酬也相对较高；采用激进型筹资政策，则出现了两个高风险、高报酬的政策的叠加，进一步加大了企业的风险，但也同时进一步提升了企业的报酬；若采用稳健型筹资政策，则对紧缩的持有政策会产生平衡作用。

6. 短期筹资政策对公司风险和报酬的影响

不同的短期筹资政策对企业的风险和报酬将产生不同的影响。

在资金总量不变的情况下，短期筹资增加，可导致报酬增加。也就是说由于使用了较多的成本较低的短期筹资，企业利润会增加。

但是，此时如果短期资产所占比例保持不变，那么短期负债的增加会导致流动比率下降，短期偿债能力减弱，进而增加企业的偿债风险。

(二) 自发性负债筹资

自发性负债筹资，是指企业正常生产经营过程中产生的、由于结算程序的原因自然形成的短期负债。自发性负债筹资主要包括两大类：商业信用和应付费用。

1. 商业信用

商业信用，是指商品交易中延期付款或延期交货所形成的借贷关系，是企业之间的一种直接信用关系。商业信用是由商品交易中钱与货在时间上的分离而产生的。它产生于银行信用之前，但在银行信用出现之后它依然存在，在企业经济活动中仍然发挥着十分重要的作用，是企业筹集短期资金的重要方式。

商业信用运用广泛，在短期负债融资中占有相当大的比重。工程项目中大供应商所提供的金额较大的设备，允许购货方以延期付款的方式支付货款。这实际上是向工程项目主体融通了资金。

(1) 商业信用的条件

信用条件是指卖方对付款时间和现金折扣所做的具体规定，如“2/10，n/30”便属于一种信用条件，其含义是若买方在 10 天内付款，可以得到 2%的付款优惠，超过 10 天付款，就没有付款优惠，信用期为 30 天。从总体上看，信用条件主要有以下几种形式：

① 预付货款。这是买方在未得到货物或劳务之前向卖方支付货款，一般发生在以下几种情况：一是卖方已知买方信用欠佳；二是生产周期长、售价高的商品或劳务；三是卖方所提供的商品属于紧俏商品。

② 延期付款，但不提供现金折扣。在这种信用条件下，卖方允许买方在交易发生后一定时期内按发票金额付款。在这种情况下，买卖双方存在商业信用，买方可因延期付款而获得暂时的资金来源。

③ 延期付款，但早付款有现金折扣。在这种信用条件下，若买方提前付款，会得到卖方给予一定的现金折扣，若买方放弃现金折扣，则必须在一定时期内付清账款。这主要是卖方为了加快收现速度，加速资金回笼。

（2）商业信用的形式

施工企业利用商业信用筹集短期资金，主要有以下两种形式：

① 赊购商品。赊购商品是一种最典型的、最常见的商业信用形式。在此种形式下，买卖双方发生商品交易、劳务供应，买方在收到商品、接受劳务后并不立即支付现金，而是延迟一定时间以后再付款。

② 预收货款。在这种形式下，卖方要先向买方收取部分或全部货款或劳务款，但要延迟一定时间以后才向买方交货或提供劳务，这等于向买方先借一笔资金，是另一种典型的商业信用形式。通常，买方对于紧俏商品乐于采用这种形式，以便取得商品，或者卖方提供的是耗用资金量特别大、生产周期较长的大宗商品或劳务，若买方不先期垫付一部分资金将会影响产品生产或劳务提供进度，卖方也会向买方分次分期预收货款，如工业生产中的飞机、船舶，以及工程建设等。

商业信用的具体形式有应付账款、应付票据、预收账款等。

（3）应付账款

应付账款是企业购买货物或接受劳务暂未付款而欠对方的账项，即卖方允许买方在购货或接受劳务后一定时期内支付货款的一种形式。卖方利用这种方式旨在促销，而对买方来说延期付款则等于向卖方借用资金购进商品或接受劳务，可以满足企业短期资金需要。

施工企业的应付账款主要包括应付购货款和应付分包工程款。

与应收账款相对应，应付账款也有付款期、折扣条件等信用条件。应付账款可以分为：a. 免费信用，即买方企业在规定的折扣期内享受折扣而获得的信用；b. 有代价信用，即买方企业放弃折扣付出代价而获得的信用；c. 展期信用，即买方企业超过规定的信用期推迟付款而强制获得的信用。

① 应付账款的成本。企业采用应付账款这一商业信用形式融资也要付出一定的代价，即融资的成本。应付账款的信用代价根据应付账款的形式也分为三种：

a. 免费信用。如果卖方没有提供现金折扣，或者能尽快地付款而获得现金折扣，那么买方利用卖方的商业信用就没有成本。

b. 有代价信用。当卖方提供了现金折扣，而买方没有获得折扣则意味着买方要承受因放弃折扣而造成的隐含利息成本（实质是一种机会成本）。一般而言，买方放弃现金折扣的成本计算公式为：

$$放弃现金折扣成本=折扣百分比/(1-折扣百分比)\times 360/(信用期-折扣期)$$

c. 展期成本。若买方超出规定的信用期限再付款，则买方利用商业信用的隐含利息成本将降低。推迟付款的时间越长，其利息成本就越小。

② 利用现金折扣的决策。在附有信用条件的情况下，因为获得不同信用要承担不同的成本，买方企业便要在用哪种信用之间做出决策。一般说来：如果能以低于放弃折扣的隐含利息成本的利率借入资金，则应该在现金折扣期内用借入的资金支付货款，享受现金折扣；反之，企业应该放弃现金折扣。如果在折扣期内将应付账款用于短期投资，所得的收

益率高于放弃折扣的隐含利息成本，则应放弃折扣而去追求更高的收益。如果企业因缺乏资金而欲展延付款期，则需在降低了的放弃折扣成本与展延付款期带来的损失之间做出选择。展延付款期带来的损失主要是指因企业信誉恶化而丧失供应商乃至其他贷款人的信用，或日后招致苛刻的信用条件。

（4）应付票据

应付票据是企业进行延期付款商品交易时开具的反映债权债务的票据。根据承兑人的不同，应付票据分为商业承兑汇票和银行承兑汇票两种。支付期最长不超过6个月。应付票据可以带息，也可以不带息。应付票据的利率一般比银行借款的利率低，且不用保持相应的补偿余额和支付协议费，所以应付票据的筹资成本低于银行借款成本。但是应付票据到期必须归还，如若延期便要交付罚金，因而风险较大。

（5）预收账款

预收账款是卖方企业在交付货物之前向买方预先收取部分或全部货款的信用形式。对于卖方来讲，预收账款相当于向买方借用资金后用货物抵偿。预收账款一般用于生产周期长、资金需要量大的货物销售。

此外，企业往往还存在一些在非商品交易中产生、但亦为自发性筹资的应付费用，如应付职工薪酬、应交税费、其他应付款等。应付费用使企业受益在前、费用支付在后，相当于享用了收款方的借款，一定程度上缓解了企业的资金需要。

在实际业务中，在施工企业间竞争激烈的情况下，有时会出现施工企业垫资承包工程的情况，实际上是施工企业向工程发包方提供商业信用，这种情况下施工企业往往面临较大的信用风险。

（6）商业信用融资方式的优缺点

① 商业信用融资方式的优点主要有：

a. 筹资便利。利用商业信用筹集资金非常方便，因为商业信用与商品买卖同时进行，属于一种自然性融资，不用做非常正规的安排，也无需另外办理正式筹资手续。

b. 筹资成本低。如果没有现金折扣，或者企业不放弃现金折扣，以及使用不带息应付票据和采用预收货款，则企业采用商业信用筹资没有实际成本。

c. 限制条件少。与其他筹资方式相比，商业信用筹资限制条件较少，选择余地较大，条件比较优越。

② 商业信用融资方式的缺点主要有：

a. 期限较短。采用商业信用筹集资金，期限一般都很短，如果企业要取得现金折扣，期限则更短。

b. 筹资数额较小。采用商业信用筹资一般只能筹集小额资金，而不能筹集大量的资金。

c. 有时成本较高。如果企业放弃现金折扣，必须付出非常高的资金成本，而且当商业信用不规范、当事人信誉度低时，风险较大。

2. 应付费用

应付费用，是指企业在生产经营过程中因为结算关系而形成的各种应付而未付的费用。因其从发生到实际支付之间有一定时间间隔，从而形成企业暂时性的资金来源。如应付职工薪酬、各种应缴税费等。

（三）短期借款

短期借款是指企业向银行和其他非银行金融机构借入的期限在 1 年以内的借款。在短期负债融资中，短期借款的重要性仅次于商业信用。短期借款可以随企业的需要安排，便于灵活使用，且取得亦较简单。但其突出的缺点是短期内要归还，特别是在带有诸多附加条件的情况下更使风险加剧。

1. 短期借款的种类

按照借款的目的和用途可分为生产周转借款、临时借款、结算借款等；按偿还方式可分为一次性偿还借款和分期偿还借款；按利息支付方法不同，短期借款可分为收款法借款、贴现法借款和加息法借款；按有无担保可分为抵押借款和信用借款等。

2. 短期借款的还本付息方式

（1）本金偿还方式

短期借款的本金偿还方式有到期一次性偿还和贷款期内定期偿还两种方式。一般而言，贷款人希望采取后一种偿还方式，而借款人则希望采取前一种付款方式。

（2）借款利息的支付方法

一般来讲，借款企业可以用三种方法支付银行贷款利息。

① 收款法。收款法是在借款到期时向银行支付利息的方法。银行向工商企业发放的贷款大都采用这种方法收息。

② 贴现法。贴现法是银行向企业发放贷款时，先从本金中扣除利息部分，而到期时借款企业则要偿还贷款全部本金的一种计息方法。采用这种方法，借款人借款的实际利率高于名义利率。

$$贴现法的实际利率=名义利率/(1-名义利率)\times 100\%$$

③ 加息法。加息法是银行发放分期等额偿还贷款时采用的利息收取方法。在分期等额偿还贷款的情况下，银行要将根据名义利率计算的利息加到贷款本金上，计算出贷款的本息和，要求企业在贷款期内分期偿还本息之和的金额。由于贷款分期均衡偿还，借款企业实际上只平均使用了贷款本金的半数，却支付全额利息。

（四）短期融资券

1. 短期债券融资的概念

短期融资券，又称商业票据、短期债券，是由大型工商企业或金融企业发行的短期无担保本票，是一种新兴的短期资金筹集方式。

商业票据是由债务人开出，允诺一定时间内以一定金额支付给债权人的债务凭证。规模大、信誉好的公司可通过出售商业票据借入短期资金，因此商业票据可成为企业进行短期融资的重要途径。商业票据的发行者主要是一些信誉卓著、实力雄厚的公司，商业票据的面额一般较大。

2. 短期融资券的种类

按不同的标准，可以将短期融资券分为不同类型。

（1）按发行方式分类

按发行方式不同，可分为经纪人代销的短期融资券和发行人直接销售的短期融资券。

① 经纪人代销的短期融资券(又称间接销售短期融资券)，是指先由发行人卖给经纪人、再由经纪人卖给最终投资者的短期融资券。企业委托经纪人发行短期融资券，要向经纪人支付一定数额的手续费(佣金)。

② 发行人直接销售的短期融资券，是指发行人直接销售给最终投资者的短期融资券，通常是经营金融业务的企业。发行这种短期融资券可以节省间接发行时应支付给经纪人的手续费。

根据我国《银行间债券市场非金融企业债务融资工具管理办法》的相关规定，我国非金融企业发行短期融资券必须由符合条件的金融机构承销，企业不得自行销售公司自己所发行的短期融资券。

(2) 按发行人分类

按发行人的不同，可以分为金融企业的短期融资券和非金融企业的短期融资券。

① 金融企业的短期融资券，主要是指由各大公司所属的财务公司、各种投资信托公司、银行控股公司等发行的短期融资券。这类短期融资券一般采用直接发行的方式。

② 非金融企业的短期融资券，是指那些没有设立财务公司的工商企业所发行的短期融资券。这类企业一般规模不大，多采用间接发行的方式。

(3) 按发行和流通范围分类

按发行和流通范围不同，可以分为国内短期融资券和国外短期融资券。

① 国内短期融资券，是指一国发行者在国内金融市场上发行并流通的短期融资券。发行这种短期融资券只需遵循本国法规和金融市场惯例。

② 国外短期融资券，是指一国发行者在本国金融市场以外的其他国家或地区的金融市场上发行并流通的短期融资券。发行这种短期融资券必须遵循相关国家的法律法规和国际金融市场惯例。

3. 短期融资券的发行程序

在我国，企业发行短期融资券，一般要按如下程序进行。

① 做出筹资决策；

② 选择承销商；

③ 办理信用评级；

④ 向审批机关提出申请；

⑤ 审批机关审查和批准；

⑥ 正式发行，筹集资金。

4. 短期融资券的成本

短期融资券的成本包括利息成本和非利息成本。其中利息成本取决于贴现率；非利息成本主要是发行和销售过程中的一些费用，包括评级费、保证费、承销费等。

短期融资券以贴现方式发行，通过票据贴现，持票人将未到期票据以低于票面金额的价格售出，取得货币资金，到期支付给买方票面金额。商业票据的年融资成本由票据的期限和借款利率水平所决定。年融资成本的计算公式为：

$$短期融资券资本成本率=\frac{票面利率}{1-票面利率\times\frac{票据期限}{360}}\times100\%$$

发行短期融资券的企业一般都保持有备用的信用额度，以便为出售短期融资券时发生的问题提供保证。如果一家公司不能偿还到期短期融资券，就可以动用备用的信用额度。对于这种备用的信用额度，一般银行要按年收取0.25%~0.5%的费用，这将导致成本增加。

5. 短期融资券的评级

商业票据到期必须归还，风险较大。另外，对于投资人而言，由于面临票据发行人到期无法付款的风险，因此票据市场上对票据发行人的资信等级要求很严格，信用等级低的票据发行成本相对较高。

三、长期筹资管理

企业要保持长期生存和发展，需要经常性持有一定规模的长期资本。其主要原因在于：购建固定资产、取得无形资产、开展长期投资、垫资于长期性流动资产等。企业的长期资本一般是通过吸收投入资本、发行股票、发行债券、长期借款和融资租赁等方式取得或形成的。

（一）长期筹资概述

1. 长期筹资的概念

长期筹资，是指企业作为筹资主体，根据其经营活动、投资活动和调整资本结构等长期资金需要，通过长期筹资渠道和资本市场，运用长期筹资方式，经济有效地筹措和集中长期资本的活动。长期筹资是企业筹资的主要内容。因此，长期资金筹集对于任何一个企业都是必要的。

2. 长期筹资的意义

① 任何企业在生存发展过程中，都需要始终维持一定的资本规模，由于生产经营活动的发展变化，往往需要追加筹资。

② 企业为了稳定一定的供求关系并获得一定的投资收益，对外开展投资活动，往往也需要筹集资本。

③ 企业根据内外外环境变化，适时调整企业资本结构，也需要及时地筹集资本。

3. 长期筹资的原则

长期筹资是企业的基本财务活动，是企业扩大生产经营规模和调整资本结构所必须采取的行为。为了经济有效地筹集长期资本，长期筹资必须遵循合法性、效益性、合理性和及时性等基本原则。

① 合法性原则。在筹资时要遵守财经法规，履行责任，维护权益，避免损失。

② 效益性原则。要认真分析投资机会，分析筹资成本和投资效益，寻求最优筹资组合。

③ 合理性原则。要合理确定筹资数量和资本结构，另外还要考虑筹资的期限。

④ 及时性原则。在筹资与投资时，要在时间上协调，并注重时间因素的影响。

4. 长期筹资的渠道

企业的长期筹资需要通过一定的筹资渠道和资本市场，不同的渠道各有特点和适用性，需要加以认真分析研究。

企业长期筹资的渠道主要包括政府财政资本、银行信贷资本、非银行金融机构资本、其他法人资本、民间资本、企业内部资本、外商资本。

5. 长期筹资的类型

按照资本属性的不同，企业的长期筹资可分为股权性筹资、债务性筹资和混合性筹资。

(二) 权益资本筹集

1. 权益资本筹集概述

权益筹资(又称股权筹资)，形成企业的股权资本，亦称权益资本、主权资本、自有资本。权益融资是指以吸收直接投资、发行股票和企业内部利润积累等方式筹集资金。权益资金是企业投资者对企业的投资以及其企业经营活动所实现的税后净利中留存企业的部分，是投资者在企业中享有权益和承担责任的依据，在企业账面上体现为权益资本，是企业依法取得并长期拥有，可自主调配运用的资本。

根据我国有关法规制度规定，企业的股权资本划分为实收资本(股份公司称为股本)、资本公积、盈余公积和未分配利润。按照国际惯例，股权资本一般分为投入资本(相当于我国的实收资本或股本、资本公积)和留存收益(也称留存利润、保留盈余)(相当于我国的盈余公积和未分配利润)两大部分。

权益资本的形成方式包括：一是投资者以货币或者非货币资产出资或者增资；二是企业通过利润分配从净利润中提取公积金；三是暂不或暂少向投资者分配利润，从而得到生产经营资金。从根本上说真正能够给企业资本总量、资本结构带来立竿见影的，是投资者的出资或者增资。

股权性筹资具有以下特征：

① 股权资本的所有权归属于企业的所有者。企业的所有者依法凭其所有权参与企业的经营管理和利润分配，对企业债务承担有限责任。

② 企业对股权资本依法享有经营权。

2. 企业资本金制度

资本金是权益资本的主要组成部分，一定数额的资本金也是企业取得债务资本、保持适当偿债能力的必要保证。

(1) 资本金的概念及构成

资本金，是指企业在工商行政管理部门登记的注册资金。资本金在不同类型的企业中的表现形式有所不同。股份有限公司的资本金被称为股本，股份有限公司以外的一般企业的资本金被称为实收资本。项目资本金，是指在项目总投资中，由投资者认缴的出资额，对投资项目来说是非债务性资金。

资本金按照投资主体可分为国家资本金、法人资本金、个人资本金及外商资本金。

① 国家资本金指有权代表国家投资的政府部门或者机构以国有资产投入企业形成的资本金。

② 法人资本金指其他法人单位以其依法可以支配的资产投入企业形成的资本金。

③ 个人资本金指社会公众以个人合法财产投入企业形成的资本金。

④ 外商资本金指外国投资者以及我国香港、澳门和台湾地区投资者向企业投资而形成的资本金。

(2) 资本金的筹集

① 资本金的出资方式。按照我国相关法律规定，资本金的出资方式包括货币资金和实物、工业产权、非专利技术、土地使用权等无形资产作价出资或通过发行股票的方式来筹集资本金。对于作价出资作为资本金的，必须经过有资格的资产评估机构依照有关法律法规评估作价，不得高估或者低估。其中，以工业产权、非专利技术、土地使用权等无形资产作价出资的比例不得超过资本金总额的 20%，特殊情况下可超过 20%，但最多不超过 30%。

② 资本金的筹集期限。公司应当按国家有关法律、法规以及合同、章程的规定，确定一次筹集还是分期筹集资本金：

一次性筹集资本金的，应从营业执照签发之日起 6 个月内筹足。

分期筹集资本金的，最后一期出资应当在营业执照签发之日起 3 年内缴清。其中第一次筹集的投资者出资不得低于 15%，并且应当在营业执照签发之日起 3 个月内缴清。同时，企业筹集的资本金，必须聘请中国注册会计师验资并出具验资报告，由企业据以发给投资者出资证明书。投资者如未按合同、协议和公司章程的约定按时、足额出资，即为投资者违约，应承担违约责任。

③ 资本金的法定额度。法定资本金是指创办企业必须持有最低数额的资本金。《中华人民共和国公司法》对公司注册资本的最低限额(即资本金的法定额度)的主要规定为：股份有限公司注册资本的最低限额为人民币 500 万元；股份有限公司的注册资本最低限额需高于上述所定限额的，由法律、行政法规另行规定。有限责任公司注册资本的最低限额为人民币 3 万元。法律、行政法规对有限责任公司注册资本的最低限额有较高规定的，从其规定。一人有限责任公司的注册资本最低限额为人民币 10 万元。

(3) 资本金的管理

为保障所有者权益，准确核算企业盈亏，确保资本金的安全和完整，需要对公司的资本金加强管理。制订资本金管理办法的根本目的，是促使本公司逐步实现自主经营、自负盈亏、自我约束的经营机制。资本金管理的原则是保全资本金，管理范围包括资本金管理、待转资本金(资本公积、盈余公积)的管理。

① 严格执行资本金保全制度。公司筹集的资本，公司依法享有经营权。经营期内，投资者除依法经过规定程序和合法手续进行资本转让外，不得以任何方式抽回投资。投资者必须按合同，协议履行出资义务，分享公司利润，分担风险及亏损，公司或其他投资者违约，不履行义务，要依法追究违约责任。

② 财务部门为资本金的管理部门，财务部要建立健全资本金核算制度和手续。公司应设置“实收资本”或“股本”科目，并按资本金的构成分别设置明细分类账户，详细记录和反映资本金的增加、减少及结存情况。

③ 实收资本与注册资本必须保持一致，当公司增加资本、用资本公积或盈余公积转增资本金时，必须向工商行政管理部门办理注册资本变更登记手续。除特殊情况按规定程序报批准机关审批后，公司经营期内发生的其他任何经济业务，均不得冲减资本金。

④ 资本公积是一种资本的储备形式(准资本)，可以按法定程序转化为资本。因此，必须加强资本公积的核算和管理，全面真实地记录和反映资本公积金的形成和增减变动。其中接受捐赠实物资产、资产评估增值、投资准备不得用作转增资本。

⑤ 盈余公积是公司按规定从税后利润中提取的积累资金，既可用于弥补以后年度亏损或作为股利分配，也可转增资本金。因此公司必须加强盈余公积的核算与管理，按《公司法》规定和股东大会决议提取法定盈余公积、任意盈余公积和公益金，当法定盈余公积达到注册资本的50%时，可不再提取。公司用法定盈余公积转增资本后，其留存数额不得小于注册资本的25%。

(4) 企业资本金制度的作用

企业资本金制度是国家对企业有关资本金的筹集、管理以及企业所有者的责权利等所做的法律规范。它主要体现在《公司法》及其他有关法规制度中。

建立企业资本金制度的主要作用在于以下4个方面：

① 有利于明晰产权关系，保障所有者权益。

② 有利于维护债权人的合法权益。

③ 有利于保障企业生产经营活动的正常进行。

④ 有利于正确计算盈亏，合理评价企业经营成果。

企业资本金是企业资金来源的主要组成部分。此外，在企业各种资金来源中必然还存在大量的各种债务。随着市场经济的不断发展，企业不可避免地要承担相当比重的债务。企业的负债，除一部分是在商品交易、劳务供应活动中因临时资金融通的需要而筹集的以外，有相当一部分是为了满足生产经营活动长期发展、弥补自有资金不足的需要而筹集的。

3. 吸收投入资本

(1) 吸收投入资本的主体和种类

吸收投入资本是指非股份制企业以协议等形式吸收国家、其他企业、社会个人和外商等直接投入的资本，形成企业投入资本的一种筹资方式。吸收投入资本和发行股票是权益资本筹集的方式，发行股票有股票这种有价证券作为中介，而吸收投入资本不以证券为中介。

吸收投入资本是非股份制企业筹集权益资本的基本方式。

筹集投入资本的主体是进行投入资本筹资的企业。现代企业主要有3种企业制度：独资制、合伙制和公司制。在我国，公司制企业主要有股份有限公司和有限责任公司(含国有独资公司)两种。采用投入资本筹资的主体只能是资本不分为等额股份、不发行股票的企业，包括独资企业、合伙企业和有限责任公司；从所有制角度看，则有国有企业、集体企业、私营企业、合资或合营企业。

投入资本可以按所形成权益资本的构成进行分类：a. 国家直接投资；b. 其他企业、事业单位等法人的直接投资；c. 本企业职工和城乡居民个人的直接投资；d. 外国投资者和我国港、澳、台地区投资者的直接投资。

(2) 吸收投入资本的主要出资形式

① 现金出资。用货币资金对企业投资是吸收投入资本中重要的出资形式。企业有了货币资金，可以采购施工生产所需的各种材料物资和机械设备、支付各种费用，有很大的灵

活性。因此，企业要争取投资者尽可能采用现金方式出资。外国的公司法或投资法对现金投资在资本总额中的份额一般都有规定。我国《有限责任公司规范意见》中规定，货币出资额不得少于公司法定注册资本最低限额的50%，但目前尚无普遍性的规定，其他各种组织形式的企业则需在投资过程中由出资各方协商确定。

② 实物投资。实物投资是指以房屋、建筑物、设备等固定资产和原材料、燃料、商品等流动资产所进行的投资。实物投资应符合以下条件：a. 适合企业生产、经营、研究开发等的需要；b. 技术性能良好；c. 作价公平合理。投资实物的价格，可以由出资各方协商确定，也可以聘请专业资产评估机构评估确定。

③ 工业产权、非专利技术和商誉投资。工业产权通常是指商标权、专利权等。企业吸收工业产权、非专利技术和商誉投资，应符合以下条件：a. 有助于企业研究、开发和生产新的高技术产品；b. 有助于企业提高生产效率，改进产品质量；c. 有助于企业降低生产消耗。因此，在吸收此项资产投资时，要进行周密的可行性研究，分析其先进性、效益性和技术更新的速度，并合理作价，以免吸收此项投资以后在短期内就发生明显的贬值。

④ 土地使用权投资。土地使用权，是指土地经营者对其依法取得的土地在一定期限内有进行建筑、生产或其他活动的权利。土地使用权具有相对的独立性，在土地使用权存续期间，包括土地所有者在内的其他任何人和单位，不能随意收回土地和非法干预使用权人的经营活动。使用权人依法可以用土地使用权进行投资。企业吸收土地使用权投资应符合以下条件：a. 适合企业科研、生产、销售等活动的需要；b. 地区、交通条件适宜。在我国，土地属于国家所有，可以进行投资的仅是土地的使用权，而不是其所有权。企业获得土地使用权后，不能出售或抵押。

(3) 吸收投入资本的程序

企业吸收其他单位的直接投资，一般要遵循如下程序：

① 确定筹资数量；

② 物色投资单位；

③ 协商投资事项；

④ 签署投资协议；

⑤ 取得所筹集资金。

4. 发行股票

股份有限公司为筹措自有资本是通过发行股票来实现的。

(1) 股票的概念

股票是指股份有限公司发行的、表示股东按其持有的股份享有权益和承担义务的可转让凭证，是持有人拥有公司股份的凭证，它代表持股人在公司拥有的所有权。股票持有人即为公司的股东。公司股东作为出资人按投入公司的资本额享有所有者的资产收益、公司重大决策和选择管理者的权利，并以所持股份为限对公司承担责任。

股票筹资是股份公司筹措权益资本的基本方式。

(2) 股票的种类

股份公司往往会根据不同的筹资者和投资者的不同需要，发行各种不同的股票。根据不同标准，可以对股票进行不同的分类。

① 股票按股东权利和义务，分为普通股股票和优先股股票。这是最主要、最常见的分类。本节着重介绍普通股股票，优先股股票详见本章后述的“混合性筹资”。

普通股股票，简称普通股，是股份有限公司依法发行的具有投票表决权、管理权与决策权、股利不固定的股票。普通股票具有股票最一般的特征，是股份有限公司资本的最基本组成部分。在我国，股份公司只发行普通股。

普通股具有以下特点：a. 普通股股东对公司有经营管理权；b. 普通股股利分配在优先股之后进行，并依公司盈利情况而定；c. 公司结算清算时，普通股东对公司剩余财产的请求权位于优先股东之后；d. 公司增发新股时，普通股东具有优先认股权，可以优先认购公司所发行的股票。

② 按股票有无记名，可分为记名股票和不记名股票。记名股是在股票票面上记载股东姓名或名称的股票。这种股票除了股票上所记载的股东外，其他人不得行使其股权，且股份的转让有严格的法律程序与手续，需办理过户。我国《公司法》规定，向发起人、国家授权投资的机构、法人发行的股票，应为记名股。不记名股是票面上不记载股东姓名或名称的股票。这类股票的持有人即股份的所有人，具有股东资格，股票的转让也比较自由、方便，无需办理过户手续。

③ 按股票是否标明金额，可分为面值股票和无面值股票。面值股票是在票面上标有一定金额的股票。持有这种股票的股东，对公司享有的权利和承担的义务大小，依其所持有的股票票面金额占公司发行在外股票总面值的比例而定。无面值股票是不在票面上标出金额，只载明所占公司股本总额的比例或股份数的股票。

无面值股票的价值随公司财产的增减而变动，而股东对公司享有的权利和承担义务的大小，直接依股票标明的比例而定。目前，我国《公司法》不承认无面值股票，规定股票应记载股票的面额，并且其发行价格不得低于票面金额。

④ 按投资主体的不同，可分为国家股、法人股、个人股和外资股。国家股是有权代表国家投资的部门或机构以国有资产向公司投资而形成的股份。法人股是企业法人依法以其可支配的财产向公司投资而形成的股份，或具有法人资格的事业单位和社会团体以国家允许用于经营的资产向公司投资而形成的股份。个人股是社会个人或公司内部职工以个人合法财产投入公司而形成的股份。外资股是境外投资者以外币资本投入公司而形成的股本。

⑤ 按发行对象和上市地区的不同，又可将股票分为 A 股、B 股、H 股和 N 股等。A 股是供中国内地个人或法人买卖的，以人民币标明票面金额并以人民币认购和交易的股票。B 股、H 股和 N 股是专供外国和中国港、澳、台地区投资者买卖的，以人民币标明票面金额但以外币认购和交易的股票。其中，B 股在上海、深圳上市；H 股在香港上市；N 股在纽约上市。

(3) 股票的发行程序

各国对股票的发行程序都有严格的法律规定，未经法定程序发行的股票无效。公司发行股票，分为设立发行和增资发行两种情况。

① 公司设立发行原始股基本程序如下：a. 发起人议定公司注册资本，并认缴股款；b. 提出发行股票的申请；c. 公告招股说明书，制作认股书，签订承销协议；d. 招认股份，缴纳股款；e. 召开创立大会，选举董事会、监事会，办理公司设立登记，交割股票。

② 公司增发新股基本程序如下：a. 作出发行新股的决议；b. 提出发行新股的申请；c. 公告招股说明书；d. 招认股份；e. 改选董事、监事，办理变更登记。

(4) 股票的发行方法与推销方法

① 股票的发行方法。股票发行的具体方法主要有以下 3 种：

a. 公开发行与不公开发行。公开发行是指股份有限公司为筹集资金，通过证券经销商公开向社会公众发行股票，公开发行也称为公募发行。公开发行的好处是，有利于股东队伍的扩大和产权的分散化，有利于克服垄断和提高股票的适销性。不公开发行是指股份有限公司向公司内部职工和与公司有关的法人(发起人)发售股票。向公司内部职工发行股票也称为内部发行。向与公司有关的法人发行也称为私募发行。

b. 直接发行和间接发行。直接发行是股份有限公司自己承担发行股票的责任和风险，而股票发行的代办者及证券的经销商只收取一定的手续费，而不承担股票发行的风险。间接发行是指股份有限公司把股票委托给投资银行、信托投资公司、证券公司、股票经销商等金融机构包销，包销者赚取差价收益，销售余额包下来等，而股份有限公司不负担风险。

c. 增资发行。增资发行是指已发行股票的股份有限公司，在经过一定的时期后，为了扩充股本而发行新股票。增资发行分有偿增资和无偿增资。

有偿增资可分为配股与向社会增发新股票。配股又分为向股东配股和第三者配股。向股东配股是指股份有限公司增发股票时对老股东按一定比例分配公司新股票的认购权，准许其按照一定的配股价格优先认购新股票。股东配股是公司增资发行中经常采取的一种发行方式。向第三者配股是指公司向股东以外的公司职工、公司往来客户、银行及有友好关系的特定人员发售新股票。由于发售新股票的价格低于老股票的市场价格，第三者往往可以获得较大的利益。这种增资发行的方式采用时必须慎重，否则会成为公司拉关系走后门的手段。

无偿增资就是指所谓的送股。无偿增资可分为积累转增资和红利转增资。积累转增资是指将法定盈余公积金或资本公积金转为资本送股，按比例赠给老股东。红利转增资是指公司将当年分派给股东的红利转为增资，采用新发行股票的方式代替准备派发的股息和红利。

② 股票的推销方式。股票的发行是否成功，最终取决于能否将股票全部推销出去。股份公司公开向社会公开发行股票，其推销方式不外乎两种选择，即自销或委托承销。

a. 自销方式，是指股份公司自行直接将股票出售给投资者而不经过证券经营机构承销。自销方式可以节约股票发行成本，但发行风险完全由发行公司完全承担。这种推销方式并不普遍，一般仅适用于发行风险较小、手续较为简单、数量不多的股票发行。在国外，主要在知名度高、有实力的公司向现有股东推销股票时采用。

b. 承销方式，是指发行公司将股票销售业务委托给证券承销机构代理。证券承销机构是指专门从事证券买卖业务的金融中介机构，在我国主要为证券公司、信托投资公司等，在美国一般是投资银行，在日本则是称为“干事公司”的证券公司。承销方式是发行股票普遍采用的推销方式。我国《公司法》规定，公司向社会公开发行股票，不论是公司设立发行原始股还是公司增资发行新股，均应当由依法设立的证券经营机构承销。

承销方式包括包销和代销两种具体方式。

a）股票发行的包销，是由发行公司与证券经营机构签订承销协议，全权委托证券承销机构代理股票的发售业务。采用这种办法，一般由证券承销机构买进股份公司公开发行的全部股票，然后将所购股票转销给社会上的投资者。在规定的募股期限内，若实际招募股份数达不到预定发行股份数，剩余部分由证券承销机构全部买下来。

发行公司选择包销方式，可以促进股票顺利出手，及时筹足资本，还不用承担发行风险；不利之处在于要将股票以较低的价格出售给承销证券经营机构，且实际付出的发行成本较高。

b）股票发行的代销，是由证券经营机构代理股票发售业务，若募股期满实际募股数达不到发行股份数，证券承销机构不负责承购剩余股份，而是将未售出的股份归还给发行公司，发行风险由发行公司承担。

根据我国法律规定，公司拟公开发行股票的面值总额超过人民币 3000 万元或者预期销售总额超过人民币 5000 万元的，应当由承销团承销。承销团由两个以上承销机构组成，一般包括总承销商、副总承销商、分销商。主承销商由发行人按照公开竞争的原则，通过竞标或协商办法确定。

（5）股票发行价格的确定

股票的发行价格，是由股份公司将股票出售给投资者所采用的价格，也就是投资者认购股票时所支付的价格。股票发行价格通常是由发行公司根据股票面值、股市行情和其他有关因素确定。公司设立首次发行股票时，由发起人决定；公司增发新股时，由公司董事会或股东大会决定。

① 股票价值的种类。股票的价值通常有票面价值、账面价值、市场价值 3 种。

a. 票面价值(简称面值)，是指股票票面上标明的金额，以每股为单位，用每股的资本数额来表示。它在公司经营过程中只表明股东投入资本在公司资本总额中所占的比例，也是确定股东所有权、表决权、收益分配权的依据，与企业资产并无直接关系。

b. 账面价值(即净资产价值)，是指股票所包含的实际资产价值。它是根据公司财务报表资料计算出来的结果，数字准确，可信度高，所以它是证券经营者分析股票价格、股票投资者进行投资评估分析的依据之一。公司股票的账面价值高，则股东可能享受的收益就多，这时如果股票价格较低，则对投资者有利。

c. 市场价值(又称市价)，是指股票在股票市场上进行交易中具有的价值。它通常与企业的盈利能力直接相关，并受诸多因素的影响，是一种经常变动的数值。它直接反映股票市场行情，所以成为投资者的直接参考依据。

② 新股发行价格的计算。新股发行价格的作价方法有多种，主要包括以下 3 种：

a. 分析法，是以资产净值为基础计算，接近于前述账面价值。其计算公式如下：

$$\text{每股价格}=\frac{\text{资产总值}-\text{负债总值}}{\text{投入资本总额}}\times\text{每股面值}$$

b. 综合法，是指以公司收益能力为基础计算，接近于市场价值。其计算公式如下：

$$\text{每股价格}=\frac{\text{年平均利润}\div\text{行业资本利润率}}{\text{投入资本总额}}\times\text{每股面值}$$

c. 市盈率法，是指以市盈率为基础，乘以每股利润计算确定，能充分反应市价和盈利之间的关系。其计算公式如下：

$$每股价格=市盈率\times每股利润$$

③ 股票发行价格决策。股票发行价格可根据面值和有关计算方法求得，但具体发行时还要结合具体情况加以确定。股份公司在不同时期、不同状态下对不同类的股票，可采用不同的方法确定其发行价格。一般而言，由于不同的发行目的和种类，股票的发行价格通常分为等价发行、时价发行和中间价发行。

a. 等价发行(也称平价发行或面值发行)，是指按股票面值所确定的价格发行股票。等价发行的优点是简便易行，不受股市变动的影响。缺点是不能根据市场上股票价格的水平来确定股票的发行价格。如果股份有限公司经营业绩佳、信誉好，等价发行就会造成供不应求，企业也得不到溢价发行的好处。如果公司经营不善，声誉欠佳，等价发行也会销售不出去。因此，等价发行适合于经营不错，但声誉较小，尤其是初次发行股票的公司使用。

b. 时价发行。时价(也称市价)即以公司原发行同种股票的现行市价为基准来选择增发新股的发行价格。采用时价发行股票，考虑了股票的现行市场价值，可以促进股票的顺利发行。在西方国家，时价发行股票较为流行。美国已完全推行时价发行。

c. 中间价发行，是指按股票市场价值与面值的中间值作为股票的发行价。例如，某公司股票的现行市价为20元，每股面值为1元，若发行公司按每股$(20+1)\div2=10.5$元的价格增发该种新股票，就是按中间价发行。显然，中间价兼具时价和等价的特点。

对于股票发行价格的确定，也可以按照发行价格与其面值的关系分为以下3种：

a）平价发行(也称等价发行或面值发行)，前已详述，此处不再重复。

b）折价发行，是指股票发行价格低于票面价值发行股票，是根据股票发行人与承销商之间的协议，将股票面额打一定的折扣之后发行。一般公司都不采用这种发行价格，因为它影响公司的形象和声誉，似乎公司经营不善或信誉较差。有的国家还用法律明确规定不准折价发行。实际上折价发行在特殊的条件下还是可行的。我国在最初搞股份制试点时就采用过折价发行。当时由于公民缺乏金融意识，市场没有多少股票需求，因此，不得已采用折价发行。我国《公司法》已明确规定，股票发行时，不能采取折价发行的方式。

c）溢价发行，是指用高于股票票面额的价格发行股票。《公司法》规定，以超过票面金额为股票发行价格的，须经国务院证券管理部门批准。以超过票面额发行股票所得溢价款列入公司资本公积金。股票溢价发行的原因是股票的投资回报率高于市场利率，投资者愿意以较高的价格购买公司的股票，溢价发行可以使股份有限公司获得很可观的一部分溢价收入，因此对溢价发行具有很强的冲动。定价时一般要参考的因素主要有市盈率(按5~8倍的市盈率)、已上市的同类公司股票的交易价格、市场利率等。溢价发行股票时，制定的股票发行价格要经过有关部门批准。

(6) 普通股融资的优缺点

与其他筹资方式相比，普通股筹措资本具有如下优点：

① 发行普通股筹措资本具有永久性，无到期日，不需归还。这对保证公司对资本的最低需要、维持公司长期稳定发展极为有益。

② 发行普通股筹资没有固定的股利负担，股利的支付与否和支付多少，视公司有无盈利和经营需要而定，经营波动给公司带来的财务负担相对较小。由于普通股筹资没有固定

的到期还本付息的压力，所以筹资风险较小。

③ 发行普通股筹集的资本是公司最基本的资金来源，它反映了公司的实力，可作为其他方式筹资的基础，尤其可为债权人提供保障，增强公司的举债能力。

④ 由于普通股的预期收益较高并可一定程度地抵消通货膨胀的影响(通常在通货膨胀期间，不动产升值时普通股也随之升值)，因此普通股筹资容易吸收资金。

但是，运用普通股筹措资本也有一些缺点：

① 普通股的资本成本较高。首先，从投资者的角度讲，投资于普通股风险较高，相应地要求有较高的投资报酬率。其次，对于筹资公司来讲，普通股股利从税后利润中支付，不像债券利息那样作为费用从税前支付，因而不具抵税作用。此外，普通股的发行费用一般也高于其他证券。

② 以普通股筹资会增加新股东，这可能会分散公司的控制权。此外，新股东分享公司未发行新股前积累的盈余，会降低普通股的每股净收益，从而可能引发股价的下跌。

(三) 长期债务筹资

债务融资，是指向银行、其他金融机构、其他企业单位等借入的，具有特定偿还时间、偿还利息和本金的融资方式。按融资资金使用期限的长短，可分为长期负债融资和短期负债融资两大类。

在我国企业财务实务中，长期债务融资方式主要包括长期借款、企业债券和融资租赁3种。

1. 长期借款

长期借款，是指企业向银行或其他非银行金融机构借入的使用期超过1年的借款，主要用于构建固定资产和满足长期流动资金占用的需要。

(1) 长期借款的种类

长期借款的种类很多，企业可根据自身的情况和各种借款条件选用。我国目前各金融机构的长期借款主要有：

① 按照用途，分为固定资产投资借款、更新改造借款、科技开发和新产品试制借款等。

② 按照提供贷款的机构，分为政策性银行贷款、商业银行贷款等。此外，企业还可以从信托投资公司取得实物或货币形式的信托投资贷款，从财务公司取得各种中长期贷款等。

③ 按照有无担保，分为信用贷款和抵押贷款。信用贷款指不需企业提供抵押品，仅凭其信用或担保人信誉而发放的贷款。抵押贷款是指要求企业以抵押品作为担保的贷款。长期贷款的抵押品通常是房屋、建筑物、机器设备、股票、债券等。

(2) 银行借款的条件

按照国际惯例，银行借款往往会附加一些信用条件，主要有授信额度、周转授信协议、补偿性余额等。

① 授信额度，是指借款企业与银行间正式或非正式协议规定的企业借款的最高限额。通常在授信额度内，企业可随时按需要向银行申请借款。例如，在正式协议下，银行给予某企业的授信额度为10000万元，该企业已借用6000万元且尚未偿还，则该企业仍可申请借款4000万元，银行将予以保证。但在非正式协议下，银行不承担按最高借款限额保证贷

款的法律义务。

② 周转授信协议，是一种经常被大公司使用的正式授信额度。与一般授信额度不同，银行对周转信用额度负有法律义务，并因此向企业收取一定的承诺费，一般按企业使用的授信额度的一定比率(0.2%)计算收取。

③ 补偿性余额，是银行要求借款企业保持按贷款限额或实际借款额的10%~20%的平均存款余额留存银行。银行通常都有这种要求，目的是降低银行贷款风险，提高贷款的有效利率，以补偿银行的损失。

(3) 企业对贷款银行的选择

借款企业除了需要考虑借款种类、借款成本等因素之外，还需对贷款银行进行分析、考察，并做出选择。借款企业对贷款银行的选择，通常要考虑如下因素：

① 银行对贷款风险的政策。银行通常都会对其贷款的风险做出政策性的规定。一些银行倾向于保守政策而只愿意承担较小的贷款风险；一些银行则富有开拓性，敢于承担较大的风险。这与银行的实力和环境有关。

② 银行与借款企业的关系。银行与借款企业的现存关系，是由以往借贷业务形成的，一个企业可能与多家银行之间存在业务往来，且这种关系的亲密度并不相同。当借款企业面临财务困难时，有的银行可能会大力支持，向企业投放贷款，帮助企业度过难关；而有的银行则可能恰恰相反，向企业施加更大的压力，迫使企业偿还贷款或付出高昂的代价。

③ 银行为借款企业提供的咨询与服务。有的会主动帮助借款企业分析研究企业潜在的财务问题，提出解决问题的建议和办法，为企业提供咨询与服务，同企业交流相关信息。这对借款企业具有重要的参考价值。

④ 银行对贷款专业化的区分。一般而言，大银行都设有不同类别的部门，分别处理不同行业的贷款业务，如工业制造、商品批发与零售、建筑业、房地产开发与经营等，这种专业化的区分，影响不同行业的企业对银行的选择。

(4) 长期借款的程序

一般而言，企业向银行举借长期借款的基本程序如下：

① 借款企业提出申请；

② 贷款银行进行审批；

③ 签订借款合同；

④ 企业取得借款；

⑤ 企业偿还借款。

(5) 借款合同的内容

借款合同，是就借贷款双方当事人各方权利和义务作出约定的契约。借款企业的借款申请经贷款银行审查批准后，双方即在平等协商的基础上签订借款合同。

① 借款合同的基本条款。根据我国相关法律法规，借款合同一般应具备以下基本条款：a. 借款种类；b. 借款用途；c. 借款金额；d. 借款期限；e. 借款利率；f. 还款资金来源及还款方式；g. 保证条款；h. 违约责任等。

② 借款合同的限制条款。由于长期贷款的偿还期限长、风险较大，因而，除借款合同的基本条款外，按照国际惯例，贷款银行对借款企业通常都约定有一些限制性条款。这些

限制性条款主要有以下 3 类：

a. 一般性限制条款。它主要包括：企业必须有一定额度的现金及其他流动资产以保持其资产合理的流动性及支付能力；限制企业发放现金股利；限制企业资本支出的规模；限制企业借入其他长期资金等。

b. 例行性限制条款。多数借款合同都有这类条款，一般包括：借款企业定期向贷款银行报送财务报表；不能出售太多的资产；债务到期要及时偿还；禁止应收账款的转让等。

c. 特殊性限制条款。如：要求企业主要领导人购买人身保险；规定借款的用途不得改变等。这类限制条款只在特殊情形下才生效。

(6) 长期借款的成本

长期借款的利率通常高于短期借款，但若企业信誉好或抵押品流动性强，仍然可以争取到较低的长期借款利率。长期借款利率有固定利率和浮动利率两种。浮动利率通常有最高、最低限，并在借款合同中明确。对于借款企业来讲，若预测市场利率将上升，应与银行签订固定利率合同；反之，则应签订浮动利率合同。

除利息之外，银行还会向借款企业收取其他费用，如实行周转信贷协定所收取的承诺费、要求借款企业在本银行中保持补偿余额所形成的间接费用。这些费用会增大长期借款的成本。

(7) 长期借款的偿还方式

由于长期借款涉及的金额大、期限长，因此，企业应预先对借款的偿还做好安排，常见的偿还方式有以下 3 种：

① 到期一次还本付息；

② 分期付息，到期还本；

③ 定期偿还本金和利息等。

无论采用何种方式偿还借款，企业都应计算出每年需支付的利息和偿还的本金，利息作为财务费用在税法允许的范围内可抵减所得税，本金用税后利润偿还，这些都可通过编制还款计划表来完成。

(8) 长期借款融资的优缺点

① 长期借款融资的优点主要有：

a. 融资速度快。在借贷双方协商一致，签订合同后，借方即可获得资金，而不必经过证券管理部门的审核批准，手续简单，能迅速筹集到所需资金。

b. 借款弹性好。企业与金融机构可以直接接触，可通过直接商谈来确定借款的时间、数量、利息、偿付方式等条件。在借款期间，如果企业情况发生了变化，也可与金融机构进行协商，修改借款合同。借款到期后，如有正当理由，还可延期归还。

c. 融资成本低。企业向金融机构借款，不必像发行证券需要支付较高的发行费用，融资费用低；长期借款的利息，可在所得税前支付，具有抵税作用。

d. 可以发挥财务杠杆的作用。长期借款的利息相对普通股来说是固定的，因此与债券融资、优先股融资相似，具有财务杠杆的作用，当企业获得丰厚的利润时，普通股股东会享受到更多的利益。

②长期借款筹资的缺点主要有：

a. 财务风险较大。企业举借长期借款，必须定期还本付息。在经营不利的情况下，可能会产生不能偿付的风险，甚至导致破产。

b. 限制条款较多。企业与金融机构签订的借款合同中，一般都有较多的限制条款，如指定借款的用途等，这些条款可能会限制企业的经营活动。

c. 融资数量有限。利用长期借款融资不能像发行股票那样在大范围内筹集大额资金。

2. 企业债券

(1) 债券的概念及其分类

债券是发行人依照法定程序发行，约定在一定期限内还本付息的有价证券。这里所说的企业债券，指的是期限超过 1 年的公司债券，其发行目的通常是为建设大型项目筹集大笔长期资金。

债券按发行主体不同，可分为政府债券、金融债券、公司债券 3 种。

① 政府债券，是指政府为筹集资金而发行的债券。主要包括国债、地方政府债券等，其中最主要的是国债。政府债券对于保障国家非盈利性基础设施建设具有重要作用。

② 金融债券，是指由商业银行等金融机构作为发行主体，为筹集资金而向社会公开发行的债券。在我国目前金融债券主要由国家开发银行、进出口银行等政策性银行发行。

③ 公司债券，是指企业依照法定程序发行，约定在一定期限内还本付息的债券。公司发行债券是为项目建设和经营资金需要而发行的，也称为企业债券。与前两种债券相比，企业债券的利率较高。

(2) 企业债券的种类

企业债券可以按照不同的标准进行分类。企业债券具体分类情况如下：

① 公司债券按是否记名分类，可分为记名债券和无记名债券。

a. 记名债券，是指债券上记载持有人的姓名或名称，并在发行单位或代理机构进行登记的债券。转让时原持有人要背书，办理相应的过户手续。

b. 无记名债券，是指不需要在债券上记载持有人的姓名或名称，也不需要在发行代理机构登记的债券。此种债券可随意转让，不需办理过户手续。

② 公司债券按有无抵押担保分类，可以分为抵押债券和信用债券。

a. 抵押债券(又称担保债券)，是指公司所发行的有特定财产作为担保品的债券。按担保品的不同又可分为不动产抵押债券、动产抵押债券、信托抵押债券。信托抵押债券是指公司以其持有的有价证券为担保而发行的债券。

抵押债券还可按抵押品的先后担保顺序分为第一抵押债券和第二抵押债券。公司结算清算时，只有在第一抵押债券全部清偿后，才能对第二抵押债券进行清偿，因此第二抵押债券的利息率也相对高于第一抵押债券。

b. 信用债券(又称无担保债券)，是指公司发行的没有抵押品作为担保、完全凭企业信用发行的债券。这种债券通常只有信誉良好的公司发行，利息率一般高于抵押债券。

③ 公司债券按付息方式不同，分为贴现债券、零息债券、附息债券。

a. 贴现债券，是指债券券面上不附有息票，发行时按规定的折扣率，以低于债券面值的价格发行，到期按面值支付本息的债券。贴现债券的发行价格与其面值的差额即为债券的利息。

b. 零息债券，是指债券到期时和本金一起一次性付息、利随本清，也可称为到期付息债券。付息特点是其利息一次性支付，本金到期时支付。

c. 附息债券，是指债券券面上附有息票的债券，是按照债券票面载明的利率及支付方式支付利息的债券。息票上标有利息额、支付利息的期限和债券号码等内容，持有人可从债券上剪下息票，并据此领取利息。

④ 公司债券按利率确定方式不同，可分为固定利率债券、浮动利率债券。

a. 固定利率债券，是指在发行时规定利率在整个偿还期内不变的债券。

b. 浮动利率债券，是指发行时规定债券利率随市场利率定期浮动的债券，其利率通常根据市场基准利率加上一定的利差来确定。浮动利率债券往往是中长期债券。由于利率可以随市场利率浮动，采取浮动利率债券形式可以有效地规避利率风险。

⑤ 公司债券按偿还期限不同，可分为短期债券、中期债券、长期债券。

a. 短期债券，是指偿还期限在 1 年以内的债券。

b. 长期债券，是指偿还期限超过 1 年的债券。长期债券可根据需要进一步划分为中期债券和长期债券。

⑥ 公司债券按是否参与企业利润分配，可分为参与债券和非参与债券。

a. 参与债券，是指债券持有人除可获得预先规定的利息收益外，还享有一定程度参与发行企业收益分配的权利，其参与利润分配的方式与比例必须事先规定。实务中这种债券较少见。

b. 非参与债券，是指持有人无权参与发行企业利润分配的权利。实务中企业所发行债券大多为非参与债券。

⑦ 公司债券按债券持有人的特定收益，可分为收益债券、可转换债券和附认股权债券。

a. 收益债券，是指只有当发行企业有税后利润可供分配时才支付利息的一种公司债券。这种债券对发行企业来说，不必承担固定的利息负担；对投资者来说，风险较大，收益也可较高。

b. 可转换债券，是指根据发行企业债券募集办法的规定，债券持有人可将其转换为发行公司的股票的债券。发行可转换债券的公司，应规定转换办法，并应按转换办法向债券持有人换发股票。债券持有人有权选择是否将其所持债券转换为股票，发行这种债券，既为投资者增加灵活的投资机会，又可为发行企业调整资本结构或缓解财务压力提供便利。

c. 附认股权债券，是指所发行债券附带允许债券持有人按特定价格认购股票的一种长期选择权。这种认股权通常随债券发行，具有与可转换债券相类似的属性。附认股权债券的票面利率与可转换债券一样，通常低于一般的企业债券。

⑧ 按能否上市，可分为上市债券和非上市债券。

a. 上市债券，是指经有关机关审批，可以在证券交易所上市流通的债券。

b. 非上市债券，是指不能在证券交易所上市流通的债券。

债券上市无论是对发行企业还是对投资者都有一定好处：

a. 上市债券因为符合一定的标准，信用度较高，能卖较好的价钱。

b. 债券上市有利于提高发行公司的知名度。

c. 上市债券成交速度快、变现能力强，更易吸引投资者。

d. 上市债券交易便利，成交价格比较合理，有利于公平筹资和投资。

债券发行企业欲使其债券上市，需要具备规定的条件，并提出申请，遵循一定的程序。

(3) 发行企业债券的资格与条件

① 发行债券的资格。在我国，根据《公司法》的规定，股份有限公司、国有独资公司和两个以上的国有企业或其他两个以上的国有投资主体设立的有限责任公司，可以发行公司债券。

② 发行债券的条件。根据国际惯例，企业发行债券必须符合规定的条件。一般包括发行债券的最高限额，发行企业自有资本最低限额、企业的盈利能力、债券利率水平等。

在我国，根据《公司法》《证券法》和《公司债券发行试点办法》的规定，企业发行公司债券必须符合下列条件：

a. 股份有限公司净资产不得低于人民币 3000 万元，有限责任公司净资产不得低于人民币 6000 万元；

b. 累计债券总额不超过公司净资产的 40%；

c. 最近 3 年平均可供分配利润足以支付公司债券一年的利息；

d. 筹资的资金投向符合国家产业政策；

e. 债券利率不得超过国务院限定的利率水平；

f. 公司的内部控制制度健全，内部控制制度的完整性、合理性、有效性不存在重大缺陷；

g. 经资信评级机构评级，债券信用级别良好；

h. 国务院规定的其他条件。

此外，发行公司债券所筹集的资本，必选按审批机关批准的用途使用，不得弥补亏损和非生产性支出。如发行可转换债券，还应当符合股票发行的条件。若债券发行公司出现下列情形之一的，不得再次发行公司债券：

a. 前一次发行的公司债券尚未募足的；

b. 对已发行的公司债券或者其他债务有违约行为或延迟支付本息的事实，且仍处于继续状态的；

c. 违反有关规定，改变公开发行公司债券所募集资金的用途；

d. 最近 36 个月内公司财务会计文件存在虚假记载，或公司存在重大违法行为；

e. 本次申请发行文件存在虚假记载、误导性陈述或重大遗漏；严重损害投资者合法权益和社会公共利益的其他情形。

(4) 公司债券的发行程序

公司发行债券需要遵循一定的程序，并办理相关手续。

① 做出发行债券决议。公司在实际发行债券前，必须经由公司董事会或股东大会作出发行债券的决议，具体决定发行公司债券总额、票面金额、发行价格、募集办法、债券利率、偿还日期及方式等。

我国股份有限公司、有限责任公司发行公司债券，由董事会制订方案，股东大会作出决议；国有独资公司发行公司债券，应由国家授权投资的机构或国家授权的部门作出决议。

在国外，公司发行债券一般经董事会决议，由 2/3 以上董事出席，且超过出席董事的半数通过。

② 提出债券发行申请。按照国际惯例，公司发行债券须向主管部门提交申请，未经批准，公司不得发行债券。公司申请发行债券由国务院证券管理部门批准。公司应提交公司登记证明、公司章程、公司债券募集办法、资产评估报告和验资报告。

③ 公告债券募集办法。发行公司债券的申请经批准后，公开向社会发行债券，应当向社会公众公告债券募集办法。根据《公司法》规定，公司债券募集办法中应当载明的主要事项有：发行公司名称、募集债券资金的用途、债券总额和债券的票面金额、债券利率的确定方式、还本付息的期限和方式、债权担保情况、债券的发行价格、发行的起止日期、公司净资产额、已发行尚未到期的公司债券总额、公司债券的承销机构，等等。

若公司发行可转换债券，还应在债券募集办法中规定具体的转换办法。

④ 委托证券机构发售。公司债券的发行方式一般有私募发行和公募发行两种。私募发行是指由债券发行公司将直接发售给投资者的发行方式。这种发行方式因受限制，极少采用。公募发行是指债券发行公司通过承销团向社会公众发售债券的发行方式。在这种发行方式下，发行公司要与承销团签订承销协议。承销团由数家证券公司或投资银行组成。承销团的承销方式有代销和包销(详见股票发行与销售)。

公募发行是世界各国通常采用的债券发行方式。美国甚至强制要求对某些债券(如电力、制造业公司债券)必须采用公募发行方式。在我国，有关法律、法规亦明确规定采用公募发行债券。

⑤ 交付债券，收缴债券款，登记债券存根簿。发行公司公募发行公司债券，由证券承销机构发售时，投资者直接向承销机构付款购买，承销机构代理收取债券款并交付债券；然后，发行公司向证券承销机构收缴债券款并结算预付的债券款。

根据《公司法》的规定，公司发行的公司债券，必须在债券上载明公司名称、债券面值、利率、偿还期限等事项，并由董事长签名，公司盖章。

公司发行的债券，还应在设置的公司债券存根簿中登记。对于记名债券，应载明的事项包括：债券持有人的姓名或名称及住所；债券持有人取得债券的日期及债券的编号；债券总额、债券面值金额、债券利率、债券还本付息的期限与方式；债券的发行日期。

对于无记名债券，应在债券存根簿上载明债券总额、利率、偿还期限与方式、发行日期及债券的编号等事项。

(5) 公司债券的发行价格

债券的发行价格是指债券发行时使用的价格，也即投资者购买债券时所支付的价格。公司在发行债券前，必须依据有关因素，采用一定方法，确定债券的发行价格。

① 债券发行价格的影响因素。债券发行价格的形成受诸多因素的影响，主要有 4 种：

a. 债券票面价值，即面值。债券售价的高低，从根本上取决于面值的大小，它是企业将来需要偿还的本金数额。

b. 债券的利率。它是债券利息标准，利率越高，企业偿还的利息成本也就越高。

c. 市场利率。它是衡量债券利率高低的参照指标，与债券价格成反比。

d. 债券期限。债券发行期限越长，则风险越大，售价越低。

② 债券发行价格的确定方法。企业债券的发行价格通常有 3 种情况，即平价、折价、溢价。

平价是以债券票面金额的价格为发行价格。溢价是指以高出债券票面金额的价格为发行价格；折价是指以低于债券票面金额的价格为发行价格。债券发行价格的计算公式为：

企业债券发行价格=债券利息的现值+债券本金的现值

$$企业债券发行价格 = \sum_{t=1}^{n}[债券利息 \times (1 + 市场利率)^{-t} + 债券面值 \times (1 + 市场利率)^{-t}]$$

式中 n——债券期限，年；

t——支付利息的时间。

（注：市场利率为年利率；利息分期支付）

（6）债券的信用评级

根据《证券法》和《上市公司债券发行管理办法》的规定，公司发行债券，应当委托具有资格的资信评级机构进行信用评级和跟踪评级。

① 债券评级的意义。公司公开发行债券通常由债券评信机构评定债券等级。债券的信用评级对于发行公司和债券投资者都有重要意义。对于发行公司而言，债券的信用等级影响着债券的发行效果。信用等级越高的债券，能以较低的利率发行，借以降低债券融资成本；信用等级较低的债券，表示债券风险较大，需要以较高的利率发行。对于债券投资者而言，债券的信用等级便于投资者进行债券投资的选择。信用等级较高的债券，较易得到债券投资者的信任；信用等级较低的债券，表示风险较大，投资者一般会谨慎选择投资。

② 债券的信用等级。债券的信用等级表示债券质量的优劣，反映债券还本付息能力的强弱和债券投资风险的大小。

按国际惯例，公司债券等级一般分为 3 等 9 级。这是由美国信用评级机构标准普尔公司和穆迪投资者服务公司（穆迪公司）分别采用的。

标准普尔公司：

AAA 最高级；AA 高级；A 上中级。

BBB 中级；BB 中下级；B 投机级。

CCC 完全投机级；CC 最大投机级；C 规定盈利付息但未能盈利付息。

Aaa 最高质量；Aa 高质量；A 上中质量。

Baa 下中质量；Ba 具有投机因素；B 通常不值得正式投资。

Caa 可能违约；Ca 高投机性，经常违约；C 最低级。

一般认为，只有前 3 个等级的公司债券是值得投资的。

③ 债券的评级程序。公司债券评级的基本程序包括以下 3 个方面的内容：a. 发行公司提出评级申请；b. 评级机构评定债券等级；c. 评级机构跟踪检查。

④ 债券的评级方法。债券评级机构在评定债券等级时，需要进行分析判断，采用定性和定量分析相结合的方法，一般针对以下 3 个方面进行分析判断：

a. 公司发展前景：包括分析判断公司所处行业的状况，如是朝阳产业还是夕阳产业；分析评级公司的发展前景、竞争能力、资源供应的可靠性等。

b. 公司财务状况：包括分析评价公司的债务状况、偿债能力、盈利能力、周转能力和财务弹性，以及持续的稳定性和发展变化趋势。

c. 公司债券的约定条件：包括分析评价公司发行债券有无担保及其他限制条件、债券期限、还本付息方式等。

此外，对在海外或国际证券市场上发行债券，还要进行国际风险分析，主要是进行政治、社会、经济的风险分析，作出定性判断。

在我国，一些省市的信用评级机构对企业债券按行业分为工业企业债券和商业企业债券；按筹资用途分为用于技改项目的债券和用于新建项目的债券。在企业债券信用评级工作中，一般主要考察企业概况、企业素质、财务质量、项目状况、项目前景、偿债能力。其中，企业概况只作参考，不计入总分。其余 5 个方面是：

a. 企业素质，主要考察企业领导群体素质、经营管理状况与竞争能力，占总分的 10%。

b. 财务质量，一般分资金实力、资金信用、周转能力、经济效益等内容，采用若干具体指标来测算计分，占总分的 35%，影响最大。

c. 项目状况，主要考察项目的必要性和可行性，计分一般占总分的 15%左右。

d. 项目前景，包括项目在行业中的地位、作用和市场竞争能力、主要经济指标增长前景预测等，计分最高占总分的 10%。

e. 偿债能力，主要分析债券到期时偿还资金来源的偿债能力，包括分析偿债资金来源占全部到期债券的比例和偿债资金来源占已发行全部到期债券的比例，计分一般占总分的 30%左右。

在评估中，财务质量以定量分析为主，其余 4 个方面尚缺乏具体的定量指标，仍以定性分析为主，在操作中很大程度上依赖于评估人员的经验与水平，弹性很大。

（7）长期债券融资的优缺点

① 长期债券融资的优点主要体现在：

a. 筹资规模大。债券属于直接融资，发行对象分布广泛，市场容量相对较大，且不受金融中介机构自身资产规模及风险管理的约束，可以筹集的资金数量也较多。

b. 具有长期性和稳定性。债券的期限可以较长，且债券的投资者一般不能在债券到期之前向企业索取本金，因而债券筹资方式具有长期性和稳定性。

c. 具有财务杠杆的作用。长期债券的利率一般是固定的，无论发行公司盈利状况如何，公司只需向持有人支付固定的利息，且这些利息可以在税前扣除。因此，当企业获得丰厚的利润时，普通股股东会享受更多的利益。

② 长期债券融资的缺点主要体现在：

a. 发行成本高。企业公开发行公司债券的程序复杂，需要聘请保荐人、会计师、律师、资产评估机构以及资信评级机构等中介，发行成本较高。

b. 信息披露成本高。发行债券需要公开披露募集说明书及其引用的审计报告、资产评估评级报告等多种文件。债券上市后也需要披露定期报告和临时报告，信息披露成本较高。同时也对保守企业的经营、财务等信息及其他商业机密不利。

c. 限制条件多。发行债券的契约书中的限制条款通常比优先股及短期债务更为严格，可能会影响企业的正常发展和以后的筹资能力。

3. 融资租赁

(1) 租赁的含义及种类

租赁是指出租人在承租人给予一定报酬的条件下，授予承租人在约定的期限内占有和使用财产权利的一种契约行为。租赁合约规定双方的权利与义务，其具体内容需要通过双方协商、谈判确定，因此租赁的形式多种多样。

① 按租赁合约的当事人分类，租赁可以分为直接租赁、杠杆租赁和售后租回3种。

a. 直接租赁，是指出租人直接向承租人提供租赁资产的租赁形式。直接租赁只涉及出租人和承租人两方。

b. 杠杆租赁，是指出租人购入租赁资产时只支付购买所需款项的一部分(通常为资产价值的20%~40%)，其余款项则以该项资产为抵押，向贷款人借入款项。

c. 售后租回，是指出租人首先将某项资产卖给出租方，再将该资产租回的一种租赁形式。在这种租赁形式下，承租方一方面通过出售资产获得了现金；另一方面又通过租赁满足了对资产的需要，而租金却可以分期支付。

② 按租赁期分类，租赁可分为短期租赁和长期租赁。

a. 短期租赁，是指租赁期明显短于租赁资产的经济寿命的租赁。

b. 长期租赁，是指租赁期接近租赁资产的经济寿命的租赁。

③ 按租金是否超过租赁资产成本分类，租赁可分为不完全补偿租赁和完全补偿租赁。

a. 不完全补偿租赁是指租金不足以补偿租赁资产全部成本的租赁。

b. 完全补偿租赁是指租金超过租赁资产全部成本的租赁。

④ 按照租赁是否可以撤销分类，租赁可以分为可撤销租赁和不可撤销租赁。

a. 可撤销租赁，是指合同中注明承租人可以随时解除合约的租赁。

b. 不可撤销租赁，是指租赁合同中注明在租赁期未到之前，不可以单方面解除租赁协议的租赁。

⑤ 按出租人是否负责租赁资产的维修分类，租赁可分为毛租赁和净租赁。

a. 毛租赁，是指由出租方负责租赁资产维修的租赁。

b. 净租赁，是指由承租人负责租赁资产维修的租赁。

⑥ 按与租赁资产所有权相关的全部风险与报酬是否转移分类，租赁可分为经营租赁与融资租赁。

a. 经营租赁，是指除融资租赁以外的其他租赁。典型的经营租赁是指短期的、不完全补偿的、可撤销的毛租赁，对于出租人来讲，经营租赁是让渡资产的使用权获取收入，属于经营活动；对于承租人来说，经营租赁是购买资产的短期使用权，也属于经营活动。

b. 融资租赁，是由租赁公司按承租单位的要求融通资金购买承租单位所需要的大型机械设备，在较长的契约或合同期内提供给承租单位使用的租赁业务。对于承租人来说，只有融资租赁属于企业的融资活动。

(2) 租赁的程序

① 选择租赁公司；

② 办理租赁委托；

③ 签订购货协议；

④ 签订租赁合同；

⑤ 办理验货与投保；

⑥ 支付租赁费用；

⑦ 租赁期满处理租赁资产。

（3）融资租赁的概念

融资租赁是出租人根据承租人的需要购入资产，将其租给承租人使用，并按期收取租金的租赁方式。融资租赁是以融通资金为主要目的的租赁，是融资与融物相结合的、带有商品销售性质的借贷活动，是现代企业筹集资金的一种新形式。其特点有：一般由承租企业向租赁公司提出正式申请，由租赁公司融资购进设备租给承租企业，承租人对设备及供应商有选择的权利和义务；租期较长，大都在资产耐用年限的一半以上；由承租人负责设备的维修、保养和保险，但无权自行拆卸改装；在合同有效期内，不能单方面解除合同；租赁期满，按事先约定的办法处置设备，一般有退还或续租、留购 3 种选择，通常由承租企业留购，所有权一般归承租人。

融资租赁是金融业发展过程中，银行资本与商业资本相互渗透与结合的产物，是一种实物信用与银行信用相结合的金融业务。融资租赁作为一种融资方式，与传统的长期贷款、分期付款及其他融资方式相比，具有其独特的优势。它对于企业迅速获得所需资产投入、提高资金利用效率，降低风险，促进经营管理的改善都有重要的作用。

（4）融资租赁的确认条件

① 在租赁期届满时，租赁资产的所有权转移给承租人。

② 承租人有购买资产的选择权，所订立的购价预计将远远低于行使选择权时租赁资产的公允价值的，因而在租赁开始日就可合理地确定承租人将会行使这种选择权。

③ 租赁期占资产尚可使用年限的大部分，这里的“大部分”掌握在租赁期占租赁开始日租赁资产使用寿命的 75%以上（含 75%）。

④ 就承租人而言，租赁开始日最低租赁付款额的现值几乎相当于租赁开始日租赁资产原账面价值；就出租人而言，租赁开始日最低租赁收款额的现值几乎相当于租赁开始日租赁资产原账面价值。

⑤ 租赁资产性质特殊，如果不做较大改造，只有承租人才能使用。

（5）融资租赁的形式

① 直接租赁。购置租赁资产的资金全部由出租人支付。

② 售后租回租赁（返回租赁）。承租人将拥有的设备先按账面价值或市场价值出售给租赁公司，再从租赁公司原封不动地租回。通过售后回租，承租人可将长期资产转化为流动资产。

③ 杠杆租赁。出租人只提供购置租赁资产所需的一部分价款，其余部分以出租资产为抵押，向银行、保险公司或投资公司等金融机构借款支付，购入租赁资产出租给承租人。

（6）租金的确定

决定租金的因素很多，有租赁设备的购置成本、利息、租赁手续费、租赁期限、租金的支付方式。租金计算方法主要有平均分摊法和等额年金法。

① 平均分摊法。平均分摊法是先以商定的利息率和手续费率计算出租赁期间的利息和

手续费，然后连同设备成本按次平均分配。每次应付租金的计算公式为：

$$R=[C-S+I+F]/n$$

式中 R——每次支付租金；

S——租赁设备的残值；

F——租赁手续费；

C——租赁设备购置成本；

I——租赁期间利息；

n——支付租金期数。

② 等额年金法。等额年金法是运用年金现值的计算原理计算每期应付租金的方法。

后付等额租金方式下每次支付租金的计算公式为：

$$R=P/(P/A,\ i,\ n)$$

式中 R——每次支付租金；

P——等额租金现值；

$(P/A,\ i,\ n)$——等额租金现值系数；

n——支付租金期数；

i——租费率

(7) 融资租赁决策

承租人在决定是否租赁一项资产时，通常面临两个问题：第一个问题是该项资产是否值得投资，第二个问题是该项资产通过租赁还是自行购置取得。在进行租赁分析时，通常假设第一个问题已经解决，即投资于该资产将有正的净现值，现在只需要分析应如何取得该资产，即是租赁取得还是自行取得。

承租人的融资租赁分析，是借款筹资和租赁筹资的方案比较。如果通过租赁取得所需资产，则出租人提供购置所需的资金，承租人需要支付一系列的租金，同时获得资产的使用权。如果自行购置所需资产，公司需要筹集购置资产所需要的资金，同时获得资产的所有权。在比较这两个方案时，通常假设自行购置的资金来源于借款，而不管实际上资金来源于股权筹资、经营现金的积累或其他来源。这样假设的原因是：租赁筹资和借款筹资的风险十分相似，具有可比性。典型的租金现金流出是年金形式的等额系列付款，它与偿还债务本息的现金流相似。这就为我们分析融资租赁提供了一个出发点，即计算租赁税后现金流量及现值和举债购买现金流量的现值，然后比较并决策。

(8) 融资租赁的优缺点

① 融资租赁具有如下优点：

a. 承租人不必像一般性购买那样立即支付大量的资金就可取得所需要的资产或设备，因此，融资租赁能帮助企业解决资金短缺和想要扩大生产的问题。企业通过先付很少的资金得到自己所需的生产设备或资产后，通过投入生产，可以用设备所生产的产品出售所得支付所需偿还的租金。这样，可以减轻购置资产的现金流量压力。

b. 可以减少资产折旧的风险。在当今这个科技不断进步、生产效率不断提高的时代，资产的无形损耗是一种必然产生的经济现象，对企业的发展有着重大的影响。任何拥有设备的单位都得承担设备的无形损耗，而租赁则有助于减少这种损耗，有助于企业充分利用资源。

c. 融资租赁容易获得。如果从银行等金融机构筹措资金，通常要受到严格的限制，想要获得贷款的条件非常苛刻，租赁协议中各项条款的要求则宽松很多。此外，租赁业务大多都是通过专业性的公司来进行的，租赁公司的专业特长及经验能为承租人找到更有利的客户。

d. 实现“融资”与“融物”的统一，使得融资速度更快，企业能够更快地投入生产。

e. 租金费用可在所得税前扣除，承租企业能享受税收利益。

② 融资租赁具有如下缺点：

a. 融资租赁的资本成本较高。一般来说，租赁费要高于债券利息。公司经营不景气时，租金支出将是一项沉重的财务负担。且租期长，一般不可撤销，企业资金运用受到制约。

b. 采用租赁筹资方式如不能享有设备残值，也可视为承租企业的一种机会损失。

（四）混合性筹资

混合性筹资通常包括发行优先股筹资和发行可转换债券筹资，以及发行认股权证筹资。

1. 发行优先股融资

（1）优先股的概念所谓优先股，是同普通股相对应的一种股权形式，持有这种股份的股东在盈余分配和剩余财产分配上优先于普通的股东。但是，这种优先是有限度的，在通常情况下，优先股股东的表决权要受到限制或者被剥夺。

（2）优先股的特点优先股与普通股相比，具有某些共性，如无到期日，公司发行优先股所筹集资本亦属于权益资本。但是，它又具有公司债券的某些特征，因此，优先股被视为一种混合性证券与普通股相比，优先股主要具有以下特点：

① 优先分派固定的股利。优先股东通常优先于普通股东分派股利，且股利一般是固定的，受公司经营状况和盈利状况的影响较小。所以，优先股类似固定利息的债券。

② 优先分配公司剩余财产。当公司因解散、破产等进行清算时，优先股股东将优先于普通股股东分配公司的剩余财产。

③ 优先股股东一般无表决权。在公司股东大会上，优先股股东一般没有表决权，通常也无权参与公司的经营管理，仅在涉及优先股东权益问题时享有表决权。因此，优先股东不大可能控制整个公司。

④ 优先股可由公司赎回。发行优先股的公司，按照公司章程的相关规定，根据公司的需要，可以以一定的方式将所发行的优先股回购，以调整公司的资本结构。

（3）优先股的种类

① 累积优先股和非累积优先股。积优先股是指在某个营业年度内，如果公司所获的盈利不足以分派规定的股利，日后优先股的股东对往年来付给的股息，有权要求如数补给。对于非累积的优先股，虽然对于公司当年所获得的利润有优先于普通股获得分派股息的权利，但当该年公司所获得的盈利不足以按规定的股利分配时，非累积优先股的股东不能要求公司在以后年度中予以补发。一般来讲，对投资者来说，累积优先股比非累积优先股具有更大的优越性。

② 参与优先股与非参与优先股。当企业利润增大时，除享受既定比率的利息外，还可以跟普通股共同参与利润分配的优先股，称为“参与优先股”。除了既定股息外，不再参与利润分配的优先股，称为“非参与优先股”。一般来讲，参与优先股较非参与优先股对投资

者更为有利。

③ 可转换优先股与不可转换优先股。可转换的优先股是指允许优先股持有人在特定条件下把优先股转换成为一定数额的普通股。否则，就是不可转换优先股。可转换优先股是近年来日益流行的一种优先股。

④ 可收回优先股与不可收回优先股。可收回优先股是指允许发行该类股票的公司，按原来的价格再加上若干补偿金将已发生的优先股收回。当该公司认为能够以较低股利的股票来代替已发生的优先股时，就往往行使这种权利；反之，就是不可收回的优先股。

(4) 优先股融资的优缺点

① 优先股融资的优点主要体现在：

a. 不分散普通股股东的控制权。由于优先股股东不参加公司的经营管理，没有投票权，故发行优先股不会分散普通股股东对公司的控制权。

b. 可改善公司的财务状况。由于优先股不必偿还本金，因此，通过优先股筹集资金，可减少公司的偿债风险和压力，保持公司良好的状况。

c. 可产生财务杠杆的作用。由于优先股股息固定，因此，当公司发行优先股而获得丰厚的利润时，普通股股东会享受到更多的利益。

② 优先股融资的缺点主要体现在：

a. 融资成本较高。优先股成本低于普通股，但高于债券，股利不能像债券利息一样在税前扣除。

b. 股息固定可能影响企业的发展。固定了的优先股股息使项目主体无法根据需要保留更多的利润用于投资，从而对项目主体的利润分配形成负担。

2. 发行可转换债券筹资

(1) 可转换债券的特性

可转换债券(也称可转债)，是指公司发行并规定债券持有人在一定期限内按约定的条件可将其转换为发行公司普通股的债券。从筹资公司的角度来看，发行可转换债券具有债务和股权的双重属性，属于一种混合性证券筹资。利用可转换债券筹资，发行公司赋予可转换债券持有人可将其转换成该公司股票的权利。因而，对发行公司而言，在可转换债券转换成股票之前需要定期向持有人支付利息。如果在规定的转换期内，持有人未行使转换权，发行公司还要到期偿还债券本金。在这种情况下，可转换债券筹资与普通公司债券筹资相似，具有债务筹资的属性。如果在规定的转换期内，持有人行使转换权，将其转换成公司股票，则发行公司将债券负债转化成股东权益从而具有股权筹资的属性。

(2) 可转换债券的发行资格与条件

根据国家有关规定，上市公司和重点国有企业具有发行可转换债券的资格，但应经省级政府或国务院有关企业主管部门推荐，报证监会审批。《上市公司证券发行管理办法》规定，上市公司发行可转换债券，除了满足发行债券的一般条件外，还应符合下列条件：

① 最近3个会计年度加权平均净资产收益率不得低于6%。扣除非经常性损益后的净利润与扣除前的净利润相比，以低者作为加权平均净资产收益率计算的依据。

② 本次发行后累计公司债券总额不得超过公司最近一期期末净资产额的40%。

③ 最近3个会计年度实现的年均可分配利润不少于公司债券1年的利息。

此外，上市公司可以公开发行认股权和债券分离交易的可转换公司债券(简称分离交易的可转换公司债券)。分离交易的可转换公司债券，是指发行人一次捆绑发行公司债券和认股权证两种交易品种，并可同时上市、分别交易的公司债券形式。发行分离交易的可转换公司债券，除了满足发行债券的一般条件外，还应符合下列条件：

① 公司最近一期期末未经审计的净资产不得低于人民币15亿元。

② 最近3个会计年度实现的年均可分配利润不得少于债券1年的利息。

③ 最近3个会计年度经营活动产生的现金流量净额平均不少于公司债券1年的利息，但符合“最近3个会计年度加权平均净资产收益率平均不低于6%(扣除非经常性损益后的净利润与扣除前的净利润相比，以低者作为加权平均净资产收益率的计算依据)”条件的公司除外。

④ 本次发行后累计公司债券总额不得超过公司最近一期期末净资产额的40%，预计所附认股权全部行权后募集的资金总量不超过拟发行公司债券金额。

(3) 可转换债券的转换

可转换债券的转换涉及转换期限、转换价格和转换比率。

① 可转换债券的转换期限。可转换债券的转换期限，是指按发行公司的约定，持有人可将其转换为股票的期限。一般而言，可转换债券的转换期限的长短与可转换债券的期限相关。在我国，可转换债券的期限按规定最短为1年，最长期限为6年。分离交易的可转换公司债券的期限最短为1年。

按照规定，上市公司发行可转换债券，在发行结束6个月后，持有人可依据约定的条件随时将其转换成股票。重点国有企业发行的可转换债券，在该企业改制为股份有限公司且其股票上市后，持有人可依据约定的条件随时将债券转换成股票。

可转换债券转换成股票后，发行公司股票上市的证券交易所应当安排股票上市流通。

② 可转换债券的转换价格。可转换债券的转换价格，是指以可转换债券转换为股票的每股价格。这种转换价格通常由发行公司在发行可转换债券时约定。

按照我国有关规定，上市公司发行可转换债券的，以发行可转换债券前一个月股票的平均价格为基准，上浮一定幅度作为转换价格。重点国有企业发行可转换债券的，以拟发行股票的价格为基准，折扣一定比例作为转换价格。

可转换债券的转换价格并非固定不变。公司发行可转换债券并约定转换价格后，由于又增发新股、配股以及其他原因引起公司股份发生变动的，应当及时调整转换价格，并向社会公众公告。

③ 可转换债券的转换比率。可转换债券的转换比率，是指以每份可转换债券所能转换的股份数，等于可转换债券的面值除以转换价格。

可转换债券持有人请求转换时，其所持可转换债券面额有时会出现不足以转换为1股股票的余额，发行公司应当以现金偿付。

(4) 可转换债券融资的优缺点

① 发行可转换债券是一种特殊的融资方式，其优点主要表现在：

a. 有利于降低资金成本。可转换债券的利率通常低于普通债券利率，故在转换前，可转换债券的资本成本低于普通公司债券；转换成股票后，又可节省股票的发行成本，从而降低股票的融资成本。

b. 有利于筹集更多资本。可转换债券的转换价格通常高于发行时的股票价格，因此，可转换债券转换后，其筹资额大于即时发行股票的融资额；另外也有利于稳定公司的股价。

c. 有利于调整资本结构。可转换债券是一种兼具债务融资和股权融资双重属性的融资方式。可转换债券在转换前属于发行公司的一种债务，若发行公司希望可转换债券持有人将所持可转换债券转换成股票，还可以借助诱导，促其转换，借以调整资本结构。

d. 有利于避免筹资损失。当公司股票价格在一段时期内连续高于转换价格超过某一幅度时，发行公司可按赎回条款中事先约定的价格赎回可转换债券，从而避免筹资损失。

② 发行可转换债券筹资也有不足，具体表现在：

a. 可转换债券转换成股票后，将失去利率较低的好处。

b. 若确需股票融资，但股价并未上升，可转换债券持有人不愿转股时，发行公司将不得不偿还债券本金，给企业造成偿债压力。

c. 若可转换债券转股时股价高于转换价格，则发行遭受筹资损失。

d. 回售条款的规定可能使发行公司遭受损失，当公司的股票价格在一定时期内连续低于转换价格并达到一定幅度时，可转换债券持有人可按事先约定的价格将所持债券回收，从而使发行公司受损。

3. 发行认股权证筹资

发行认股权证是上市公司的一种特殊筹资手段，其主要功能是辅助公司的股权性筹资，并可直接筹措现金。

(1) 认股权证的特点

认股权证，是指由股份公司发行的可认购其所发行股票的一种买入期权。它赋予持有者在一定期限内以事先约定的价格购买发行公司一定股份的权利。

对于筹资公司来说，发行认股权证是一种特殊的融资方式。认股权证本身含有期权条款，其持有者在认购股份前，对发行公司既不拥有债权也不拥有股权，而只是一种股票认购权。尽管如此，发行公司可以通过发行认股权证筹措现金，还可用于公司成立时对承销商的一种补偿。

(2) 认股权证的作用

在公司的融资实务中，认股权证的运用十分灵活，对发行公司具有一定的作用。具体表现在：

① 为公司筹集额外的现金。认股权证不论是单独发行还是附带发行，大多都为发行公司筹措一笔额外现金，增强公司的资本实力和营运能力。

② 促进其他方式的运用。单独发行的认股权证有利于将来发售股票。附带发行的认股权证可以促进其所依附证券发行的效率。例如，认股权证依附于债券发行，用以促进债券的发售。

(3) 认股权证的种类

在国内外的公司筹资实务中，认股权证的形式多种多样，可以分为不同种类。

① 长期与短期的认股权证。认股权证按照允许认股的期限可以分为长期认股权证和短期认股权证。长期认股权证的认股期限通常持续几年，有的是永久性的。短期认股权证的

认股期限比较短，一般在90天以内。

② 单独发行与附带发行的认股权证。认股权证按发行方式可分为单独发行的认股权证和附带发行的认股权证。单独发行的认股权证是指不依附于其他证券而独立发行的认股权证。附带发行的认股权证是指依附于债券、优先股、普通股或短期票据发行的认股权证。

③ 备兑认股权证与配股权证。备兑认股权证是每份备兑权证按一定比例含有几家公司的若干股份。配股权证是确认股东配股权的证书，它按股东的持股比例定向派发，赋予股东以优惠的价格认购发行公司一定份数的新股。

(五) 长期债务融资与权益融资评价

债务融资和权益融资两种融资方式各有其优缺点，企业应根据实际需要决定采用何种长期融资方式。债务融资是指企业通过举债筹措资金，资金供给者作为债权人享有到期收回本息的融资方式。相对于股权融资，它具有以下3个特点：

① 有限期性。债务融资筹集的资金具有使用上的时间性，需到期偿还。

② 可逆性。企业采用债务融资方式获取资金，负有到期还本付息的义务。

③ 负担性。企业采用债务融资方式获取资金，需支付债务利息，从而形成企业的固定负担。

股权融资是指资金不通过金融中介机构，借助股票这一载体直接从资金盈余部门流向资金短缺部门，资金供给者作为所有者(股东)享有对企业控制权的融资方式。它具有以下3个特点：

① 永久性。股权融资筹措的资金具有永久性，无到期日，不需归还。

② 不可逆性。企业采用股权融资无须还本，投资人欲收回本金，需借助于流通市场。

③ 无负担性。股权融资没有固定的股利负担，股利的支付与否和支付多少视公司的经营需要而定。

第四节 施工企业项目投资管理

一、企业投资的意义

企业投资是指企业对现在所持有资金的一种投放和运用，如购置各种经营性资产或购买各种金融资产，或者是取得这些资产的权利，其目的在于期望在未来一定时期内获得相应的投资回报。在市场经济条件下，企业能否将资金投放到回报高、风险小、回收快的项目上去，对于企业的生存和发展具有十分重要的意义。

① 企业投资是实现财务管理目标的基本前提。企业财务管理目标是不断提升企业价值，为股东创造财富。因此，要求企业采取各种措施不断增加盈利、降低风险。企业要想获得更多的盈利，就必须进行投资，才能获得投资效益。

② 企业投资是企业生产经营和发展的必要手段。随着社会经济不断发展、科学技术不断进步，企业无论是维持简单再生产还是实现扩大再生产，都必然要进行一定的投资。首先，要维持简单再生产，就必须及时对所有固定资产设施进行更新，对产品和生产工艺不

断改进，不断提高员工技术水平等。其次，要实现扩大再生产，就必须新增固定资产投入、增加员工人数、提升员工素质、提高生产工艺技术水平等。企业只有通过一系列的投资活动，才能不断增强企业实力、拓展企业市场。

③ 企业投资是企业降低经营风险的重要方法。企业把资金投放到生产经营的薄弱环节或关键环节，可以促进各种经营能力配套、平衡，形成更大的综合生产能力。如把资金投向多个行业、多个领域，实现经营多元化，则更能够拓展企业的市场销售和增加企业盈余的稳定性。这些都是降低企业经营风险的重要方法。

二、企业投资的分类

为了全面了解企业投资行为，加强投资管理，有必要对企业投资按不同的标准进行分类。

1. 按照投资与企业生产经营活动的关系分类

(1) 直接投资

直接投资，是指企业将资金直接投放于企业的生产经营活动或直接投放于其他企业的生产经营活动，以赚取生产经营利润的投资。

(2) 间接投资

间接投资(又称证券投资)，是指企业将资金投放到有价证券等金融资产，以取得利息、股利或资本利得的投资。

2. 照投资回收时间的长短分类

(1) 短期投资

短期投资(又称为流动资产投资)，是指企业将资金投放于能够且准备在一年以内收回的各种流动资产上的投资，如对现金、应收账款、存货、短期有价证券等的投资。

(2) 长期投资

长期投资，是指在一年以上才能够收回的投资。如购建房屋建筑物、机器设备等固定资产，新产品、新技术、新工艺、新材料的研发，购买其他企业发行的企业债券，长期持有其他企业的股权(股票)，兼并、收购其他企业等。

3. 按照投资在企业生产经营过程中的作用分类

(1) 初创投资

初创投资，是指创建企业阶段所进行的投资，这种投资形成企业的原始资产，为企业后续的生产经营创造必要的条件。

(2) 后续投资

后续投资，是指企业创立以后为了保持生产经营的正常进行和不断发展壮大所进行的各种投资。后续投资主要包括维持简单再生产所进行的更新性投资和为实现扩大再生产所进行的追加性投资，以及为调整生产经营方向所进行的转移性投资。

4. 按照投资的方向分类

(1) 对内投资

对内投资，是指把资金投放到企业内部的生产经营活动的投资。如购建固定资产、储备存货等。这种投资旨在扩大企业内涵再生产。

(2) 对外投资

对外投资，是指企业以现金、实物、无形资产等方式或以购买股票、债券等有价证券方式对其他单位进行的投资。这种投资旨在实现经营多元化，从而分散风险，实现企业外延扩大再生产。

一般而言，对内投资都是直接投资；对外投资可以是直接投资，也可以是间接投资。

三、企业投资管理的原则

企业进行投资的根本目的在于赚取利润、增加企业价值。企业能否实现这一目标，关键在于企业能否抓住有利的投资机会，做出正确的投资决策。因此，企业在进行投资管理与决策时必须坚持如下原则。

(1) 认真做好市场调查，及时捕捉投资机会

捕捉投资机会是企业投资活动的起点，也是企业投资决策的关键。在市场经济条件下，投资机会不是固定不变的，而是不断变化的，它受诸多因素的影响，其中最主要的是市场需求的变化。企业在投资之前，必须认真进行市场调查和市场分析，寻求最有利的投资机会。市场是在不断变化、发展的，对于市场和投资机会的关系，也应从动态的角度加以把握。

正是由于市场的不断变化和发展，才有可能出现一个又一个新的投资机会。随着社会经济不断发展，人民收入水平不断提高，人们的消费需求也在不断发展变化，而众多的投资机会正是出现在这些变化之中的。

(2) 遵循科学投资决策程序，做好项目投资的可行性分析

在市场经济条件下，企业的投资决策都必然面临一定的风险。为了确保投资决策的正确有效，必然要求投资决策者按照科学的投资决策程序，认真进行项目投资的可行性分析。项目投资的可行性分析的主要目的在于对项目投资工程技术上的可行性、国民经济上的可行性以及财务上的可行性进行分析论证，运用各种技术和方法计算分析相关指标，以合理确定不同项目投资的优劣。财务部门则是对企业的资金进行规划和控制的部门，财务人员必须参与项目投资的可行性分析。

(3) 及时足额地筹集资金，保证项目投资的资金供应

企业的项目投资，特别是大型项目投资，其投资建设期长，所需资金量大，一旦开工建设就必须有足够的资金供应，确保项目投资建设进度的顺利进行，否则就会造成项目投资建设的中断，出现“半拉子工程”，给企业造成巨大损失。因此，在项目投资开工建设前，必须科学合理地预测项目投资所需资金的数量以及时间进度，采用适当的方法，筹措资金，保证项目投资建设的顺利完成，尽快产生投资效益。

(4) 认真研究项目投资的风险，做好项目投资风险控制

报酬与风险是共存的。一般而言，报酬越大风险也就越高，报酬的增加是以风险的增大为代价的，而风险的增加又将会引起企业价值的下降，不利于企业财务目标的实现。因此，企业在进行项目投资时，必须在考虑报酬的同时认真权衡风险情况，只有在报酬与风险达到均衡时，才有可能不断增加企业价值，实现企业的财务目标。

四、企业项目投资及其分类

企业项目投资通常是指长期投资中的固定资产投资。在企业的全部投资中，项目投资具有十分重要的地位。对企业的稳定与发展、未来盈利能力、长期偿债能力都具有十分重要的意义。

1. 企业项目投资的特点

与企业其他类型的投资相比，项目投资具有如下5个特点：

(1) 影响时间长

作为长期投资的项目投资发挥作用的持续时间较长，可以达几年、十几年甚至几十年才能收回全部投资。因此，项目投资对企业未来的生产经营活动和财务状况将产生重大影响，其投资决策的成败对企业未来的命运产生至关重要的影响，甚至是决定性的。

(2) 投资数额大

项目投资，特别是战略性的扩大生产力投资，一般都需要较多的资金，其投资数额往往在企业总资产中占有相当大的比重。因此，项目投资对企业的融资、未来的现金流量和财务状况都会产生深远的影响。

(3) 不经常发生

项目投资一般不会频繁发生，特别是大规模、具有战略意义的项目投资，一般要几年甚至几十年才发生一次，因此，必然要求企业对项目投资作出慎重决策。

(4) 变现能力差

作为长期投资的项目投资，由于其回收期较长，在短期内变现的能力很差。因此，项目投资一旦完成，具有不可逆转性。

(5) 投资风险大

由于项目投资的上述特点，也就决定了项目投资的风险大。因此，必然要求企业在投资决策过程中认真做好风险评估以及在项目投资运行寿命期内做好风险控制，尽可能降低风险，提高投资效益。

2. 企业项目投资的投资主体

财务管理里的投资主体是企业而非个人、政府或专业投资机构。投资主体不同，其投资目的也必然有所不同，并因此导致其决策评价标准和决策评价方法等多方面存在区别。企业从金融市场上融资，然后投资于固定资产、流动资产等，期望获取相应的投资回报，以增加企业的盈利、提升企业价值。企业从金融市场上获取资金进行投资，必然要求其投资回报超过金融市场上资金供应者所要求的回报率，超过部分才会增加企业盈利、增加企业价值。因此，投资项目优劣的评价标准应以融资成本为基础。

3. 企业项目投资的类型

按照不同标准，项目投资可以分为不同的类型。

(1) 按照投资对企业的影响分类

① 战略性投资，是指对企业全局产生重大影响的投资，如并购其他企业、扩大企业生产经营规模、开发新产品等。战略性投资可能是为了实现多元化经营，也可能是为了实现对被投资企业施加重大影响甚至控制。其特点在于所需资金一般较多、回收时间较长、投

资风险较大。由于战略性投资往往会扩大企业生产经营规模和生产经营活动范围、甚至改变生产经营活动方向，因此对企业的生存和发展影响深远，所以这类投资必须严格按照科学的投资程序进行严密的分析研究才能作出决策。

② 战术性投资，即只关系到企业某一局部的具体业务投资，如设备的更新改造、原有产品的升级换代、产品成本的降低等投资项目。战术性投资主要是为了维持企业现有生产能力、维持企业现有市场份额，或者是利用闲置生产能力增加企业收益，因此其投资所需资金较少、回收时间较短、风险相对较小。短期性投资一般属于战术性投资。

(2) 按照投资对象不同分类

① 固定资产投资，即将资金投放于房屋建筑物、机器设备、运输设备、工器具等固定资产。

② 无形资产投资，即将资金投放于专利权、非专利技术、商标权等无形资产。

③ 其他资产投资，即将资金投放于上述资产之外的其他长期性资产，如土地使用权、商誉、开办费等。

(3) 按照项目投资的顺序与性质分类

① 先决性投资，是指必须对某项目进行投资，才能使其后或同时进行的其他项目投资实现收益。例如，企业为了扩大生产能力引进新的生产线，为使新的生产线能够正常运转，就必须有电力保障，这里的电力项目投资就属于先决性投资。

② 后续性投资，是指在原有基础上进行的项目投资，投资建成后将发挥原项目同样作用或更有效地发挥同一作用或性能，能够完善或取代现有项目的投资。

(4) 按照项目投资的时序与作用分类

① 创建企业投资，是指为创建一个新企业，包括在生产、经营、生活条件等方面的投资。投入资金通过建设成为新建企业的原始资产。例如，新建一个分公司或子公司。

② 简单再生产投资，是指为更新生产经营中已经不再满足生产经营需要的过时设备所进行的投资。其特点是把原来的生产经营过程中回收的资金重新再投入生产经营过程，维持原有的生产经营规模。

③ 扩大再生产投资，是指为了扩大企业现有的生产经营规模所进行的投资。这时企业需要追加投入资金进行投资，从而扩大企业的资产规模。

(5) 按照增加利润的途径分类

① 增加收入的投资，是指通过扩大企业生产经营规模或营销活动来增加企业的收入，进而增加利润的投资。其投资决策规则是评价项目投产后所产生的现金流量是否能证明该项投资是可行的。

② 降低成本的投资，是指维持企业现有生产经营规模，通过降低生产经营成本、间接增加企业利润的投资。其投资决策规则是评价项目投产后企业在降低成本中所获得的收益是否能证明该项目是可行的。

(6) 按照项目投资之间的关系分类

① 独立性投资，是指当采纳或放弃某一项目(或方案)时，并不影响另一项目(或方案)的采纳或放弃。如某施工企业收购某建材厂与施工企业自身的施工生产活动就属于两个彼此独立的项目投资。

② 相关性投资，是指当采纳或放弃某一项目(或方案)时，就必须采纳或放弃另一项目(或方案)的项目投资。如某施工企业投资建设某一工业生产厂房和相关生产设备的投资就属于相关性投资。

③ 互斥性投资，是指接受某一项目投资就必须放弃另一项目投资，简言之，就是非此即彼，几个可行项目中只能选其一。如某开发商在同一块土地上要么开发普通的高层住宅要么开发高档别墅，要么开发写字楼，在这几个方案中只能选其一，就属于互斥性投资。

研究项目投资的分类，可以更好地掌握项目投资的性质和彼此之间的相互关系，有利于投资决策者抓住重点，分清主次。明确项目投资的分类，有利于企业投资决策者作出正确的决策。

4. 项目投资决策程序

(1) 项目投资决策程序

① 确定投资目标。项目投资决策首先要弄清楚所进行的项目投资所要达到的目的或者需要解决的问题。

② 提出备选方案。项目投资决策目标确定以后，就要提出备选方案。有时只有一个备选方案，有时可能提出多个备选方案。提出备选方案是项目投资决策分析的重要环节。决策分析就是建立在备选方案的基础之上的。

③ 搜集可计量信息。在提出备选方案后，要就每一方案尽可能多地搜集可计量的信息，如项目投资的未来现金流入量、流出量等。这些信息可以从本企业以及其他企业以前同类或类似项目投资中获取，再根据具体情况进行适当的调整。

④ 比较分析。在完成信息搜集的基础上，选择并利用适当的项目投资评价方法，计算分析各备选方案的相关评价指标，判断各方案是否可行。

⑤ 最终决策。在对各备选方案进行比较分析的基础上，充分考虑各种可计量和不可计量信息，然后再最终提出最优方案。

(2) 项目投资管理程序

项目投资决策是在掌握了大量资料的基础上进行的，它是整个项目投资管理过程的重要环节。从项目整个寿命周期来看，项目投资管理包括项目机会研究、编制项目建议书、项目可行性研究、项目评估、项目实施、项目后评价等环节。项目投资决策正是在对项目进行机会研究、可行性研究和评估的基础上进行的。

① 项目机会研究。在项目识别、构思和设想阶段进行的研究称为机会研究，它通过对企业资源、社会和市场调查以及预测确定项目，选择最有利的投资机会。它可以分为一般机会研究和特定项目机会研究。

② 编制项目建议书。

③ 项目可行性研究。

④ 项目评估。

⑤ 项目实施。

⑥ 项目后评价。

5. 项目投资决策应考虑的因素

(1) 货币时间价值

固定资产投资金额大、投资回收期长。固定资产投资支出的资金既可能是一次性的，也可能是分期分次的。而这些投资支出将会在固定资产整个寿命期内分期分次逐渐收回，不同时间收付的资金其时间价值大小是不同的。因此，企业在进行固定资产投资决策时必须考虑货币时间价值的影响，即将不同时间所发生的资金收付按统一口径计算其时间价值，这样得出的结论才能更客观、可靠。

(2) 现金流量

在投资决策中，无论是把资金投资在公司内部形成各种资产，还是投向企业外部形成联营投资，都需要用特定指标对投资的可行性进行分析，这些指标的计算都是以投资项目的现金流量为基础的，因而，现金流量是评价投资项目(方案)是否可行时必须计算的一个基础性数据。

现金流量，是指在投资活动过程中，由于某一投资项目而引起的现金流入或现金流出的数量。在投资决策分析中，“现金”是一个广义的概念，它不仅包括货币资金，也包括与投资项目相关的非货币资产的变现价值。比如在某项目投资时，投入的是企业原有固定资产的价值，这时的“现金”就包含该固定资产的变现价值或其重置成本。

项目投资决策中之所以使用现金流量，是因为传统财务会计按照权责发生制原则计算确定企业的收入和成本费用，并以收入减去成本费用后的利润作为收益，用来评价企业的经济效益。在长期投资决策中则不能以按这种方法计算的收入和成本支出作为评价项目经济效益好坏的基础，而应以现金流入作为项目的收入，以现金流出作为项目的支出，以净现金流量(NCF)作为项目的净收益，并据此来评价投资项目的经济效益。投资决策之所以要以按收付实现制计算的现金流量作为评价项目经济效益的基础，主要原因是：采用现金流量有利于科学地考虑资金时间价值因素。科学的投资决策必须认真考虑资金时间价值，这就要求在决策分析时一定要弄清楚每笔收入款项和支出款项的具体时间，因为不同时间的资金具有不同的价值。因此，在衡量方案优劣时，应根据各投资项目寿命周期内各年的现金流量，按照资本成本，结合资金的时间价值来确定。而利润的计算并不考虑资金收付的时间，因为它是以权责发生制为基础的。

利润与现金流量的差异具体表现在以下 5 个方面：

① 购置固定资产一次性付出大量现金时不计入成本，而在未来投资寿命期内分次计入成本。

② 在投资寿命期将固定资产价值以折旧费的形式分次计入成本时却不需要支付现金。

③ 在计算利润时不考虑垫支流动资金数量和回收时间。

④ 只要销售行为已经确定，就计算为当期的销售收入，尽管其中一部分并未于当期收到现金。

⑤ 项目寿命终了时，以现金形式收回的固定资产残值和垫支流动资金在计算利润时也得不到反映。

可见，要在投资决策中考虑时间价值因素，就必须利用现金流量而不是利润来衡量项目的优劣。采用现金流量才能使投资决策更加符合客观实际情况。在长期投资决策中，应用现金流量能更科学、更客观地评价投资方案的优劣，而利润则明显地存在不科学、不客观的成分。这是因为：

① 利润计算没有一个统一的标准，在一定程度上要受存货估价、费用分摊和折旧方法的不同选择的影响。因而，利润的计算比现金流量的计算具有更大的主观性，以此作为决策的主要依据不太可靠。

② 利润反映的是某一期间的"应计"现金流量，而不是实际现金流量。若以未实际收到现金的收入作为收益，具有较大的风险，容易高估投资项目的经济效益，存在不科学不合理的成分。

(3) 资本成本

在固定资产投资决策中所说的资本成本，是指为筹集投资所需资金而发生的成本。企业进行固定资产投资，必然需要大额资金，需从企业外部获取，如向银行借款、发行债券、发行股票等，企业必须向资金供应者支付利息或股利，并发生相关融资费用，这就是资本成本(或资金成本)。

资本成本是企业固定资产投资决策中应当考虑的一个重要因素。在固定资产投资决策中，它是固定资产投资项目在财务上是否可行的一个"取舍率"，即如果固定资产投资项目的实际投资报酬率高于资本成本，该项目可取；反之，如果固定资产投资项目的实际投资报酬率低于资本成本，则应舍弃。由于资本成本是投资者必须通过投资项目的未来报酬加以补偿的部分，补偿后如有剩余额，才能给企业带来新增利润。因此，资本成本是固定资产投资项目是否可行的最低投资报酬率标准，故又将资本成本称为固定资产投资项目的"极限利率"。

(4) 投资的风险报酬

企业的固定资产投资项目，都存在一定程度的风险。风险是与不确定性联系在一起的。因此，企业进行任何投资，只要存在不确定性，就必然存在风险。也就是说，对于施工企业而言，进行任何固定资产投资，风险是客观存在的。

投资者都希望投资风险较小的项目。但是，由于企业在经营管理上、财务运作上、经营技巧上等方面的需要，往往又会寻求那些风险虽大但效益高的投资项目。投资回报高，其风险也必然大，投资风险小，其回报也必然低。因此，施工企业在进行固定资产投资决策时，必须慎重考虑。既要考虑其投资回报，又要考虑其风险程度。

考虑投资风险因素后的预期投资报酬率超过未考虑投资风险因素的投资报酬率的差额部分，即为投资的风险报酬。从理论上讲，一个投资项目的预期投资报酬率由无风险报酬率(货币时间价值)、通货膨胀率和投资的风险报酬率 3 部分组成，即：预期投资报酬率=无风险报酬率+风险报酬率+通货膨胀率。如果不考虑通货膨胀因素，则有：预期投资报酬率=无风险报酬率+风险报酬率。

结 语

随着我国工业现代化进程的日益加快，为了能够做好工程项目的管理工作，必须要认真落实经济评价工作，通过经济评价工作不仅可以避免工程项目投资的风险，还可以实现工程项目的经济性。在保证工程质量的前提下，可以从一定程度上节约投资成本，进而保证建设企业经济效益的最大化，也可以促进我国工程项目建设向着健康方向发展，促进我国社会经济的进一步发展。

企业作为社会经济活动的主体之一，保持长期的低成本，不仅是企业获得市场竞争的最大优势，同时也是企业生存和发展的关键所在。当前，从我国现代企业发展的长远目标来分析，我们必须坚持不断创新企业的成本控制，并积极引进国外先进的成本控制理念、方法和模式，善于和敢于运用科学、合理、高效的控制技术、方法和模式，进一步健全完善我国企业成本控制体系，逐步降低我国企业各方面的成本，进而获取最大的经济、社会及生态效益。

参 考 文 献

[1] 王永祥，陈进，李明．工程项目经济分析[M]．北京：北京理工大学出版社，2011.
[2] 朱红章．工程项目经济评价[M]．武汉：武汉大学出版社，2010.
[3] 邓铁军．工程项目经济与管理[M]．长沙：湖南大学出版社，2015.
[4] 王建廷，王振坡．建设工程项目管理及工程经济[M]．重庆：重庆大学出版社，2012.
[5] 清华大学土木工程系组编，崔京浩，卢有杰．项目经济学[M]．北京：中国水利水电出版社，2006.
[6] 张加瑄．工程技术经济学[M]．北京：中国电力出版社，2009.
[7] 李慧民．工程经济与项目管理[M]．北京：中国建筑工业出版社，2009.
[8] 刘虹，郭星原．现代工程经济学与项目管理研究[M]．西安：西安地图出版社，2013.
[9] 赵权．企业成本控制技术[M]．广州：广东经济出版社，2003.
[10] 高立法，曹云虎，殷子谦．现代企业成本控制实务[M]．北京：经济管理出版社，2008.
[11] 舒天戈，邱卫东．节约化管理：企业精细控制成本的方法[M]．成都：四川大学出版社，2015.
[12] 郭继秋，唐慧哲．工程项目成本管理[M]．北京：化学工业出版社，2005.
[13] 郑裕权．企业财务管理学[M]．广州：中山大学出版社，2000.
[14] 汤谷良，王化成．企业财务管理学[M]．北京：经济科学出版社，2000.
[15] 俞文青．施工企业财务管理[M]．上海：立信会计出版社，2009.
[16] 李荣融．企业财务管理信息化指南[M]．北京：经济科学出版社，2001.
[17] 宋献中．税收筹划与企业财务管理[M]．广州：暨南大学出版社，2002.
[18] 李柏龄．现代企业财务管理技巧[M]．上海：文汇出版社，2000.
[19] 俞文青．施工企业财务管理．第 3 版[M]．上海：立信会计出版社，2009.
[20] 任凤辉，张思纯．施工企业财务管理[M]．北京：机械工业出版社，2008.
[21] 祝锡萍．新编企业财务管理[M]．北京：电子工业出版社，2011.
[22] 李雪松．企业财务管理咨询与诊断[M]．北京：中国经济出版社，2003.
[23] 赵玉萍．建筑施工企业财务管理[M]．北京：机械工业出版社，2008.
[24] 董淼，张彦明，王海东．现代企业财务管理[M]．哈尔滨：哈尔滨工程大学出版社，2013.
[25] 孙茂竹，姚岳．成本管理学[M]．北京：中国人民大学出版社，2013.
[26] 陈胜群．企业成本管理战略[M]．上海：立信会计出版社，2000.
[27] 吴雪林．目标成本管理[M]．北京：经济科学出版社，2006.
[28] 聂永刚．企业成本控制与风险管理[M]．北京：科学出版社，2012.
[29] 周宁，谢晓霞，郑筠．现代企业成本控制与优化[M]．北京：机械工业出版社，2012.
[30] 美国管理行政学院．成本控制最佳实务．[M]第 2 版．北京：经济科学出版社，2006.